M000288158

CREER

VIVIENDO LA HISTORIA DE LA
BIBLIA PARA SER COMO JESÚS

SELECCIONES DE LA
NUEVA VERSIÓN INTERNACIONAL

CREER

VIVIENDO LA HISTORIA DE LA
BIBLIA PARA SER COMO JESÚS

EDITOR GENERAL
RANDY FRAZEE

La misión de Editorial Vida es ser la compañía líder en satisfacer las necesidades de las personas con recursos cuyo contenido glorifique al Señor Jesucristo y promueva principios bíblicos.

CREER, NVI
Edición en español publicada por
Editorial Vida – 2015
Miami, Florida

©2015 por Editorial Vida
Este título también está disponible en formato electrónico.

Originally published in the USA under the title:
Believe, NIV
Copyright ©2015 by Zondervan
Published by permission of Zondervan, Grand Rapids, Michigan 49530.
All rights reserved

Editora en Jefe: *Graciela Lelli*
Traducción: *Belmonte traductores*
Adaptación del diseño al español: *Grupo Nivel Uno, Inc.*

A menos que se indique lo contrario, todos los textos bíblicos han sido tomados de La Santa Biblia, Nueva Versión Internacional® NVI® © 1999 por Biblica, Inc.® Usados con permiso. Todos los derechos reservados mundialmente.

CATEGORÍA: BIBLIAS / Nueva Versión Internacional / Texto

IMPRESO EN ESTADOS UNIDOS DE AMÉRICA
PRINTED IN THE UNITED STATES OF AMERICA

ISBN: 978-0-8297-6615-8 (tapa dura)
15 16 17 18 DCI 10 9 8 7 6 5 4 3 2 1

ISBN: 978-0-8297-6688-2 (rústica)
15 16 17 18 DCI 10 9 8 7 6 5 4 3 2 1

Tabla de contenido

SER

¿Quién estoy llegando a ser?

Prefacio

Un distinguido sociólogo se embarcó en una búsqueda para responder a esta pregunta: «¿Cómo se convirtió el movimiento marginal a favor de Jesús en la fuerza religiosa dominante en el mundo occidental tan solo en unos pocos siglos?». Según sus cálculos, el número de cristianos aumentó hasta los 33.882.008 creyentes para el año 350 A.D.[1] ¡Un movimiento que comenzó con Jesús y un puñado de sus seguidores creció a un ritmo sorprendente! Este profesor no era personalmente cristiano, pero quedó fascinado por la influencia de la vida de Jesús en el mundo entero.

Lo que descubrió en sus aventuras a través de la historia fue a un grupo de personas muy comunes y corrientes que terminó haciendo cosas poco comunes y extraordinarias. Tales personas valoraban a aquellos que los demás menospreciaban. Cuando dos devastadoras epidemias de varicela y sarampión barrieron de una cuarta a una tercera parte de la población del Imperio Romano, los seguidores de Cristo no solo cuidaron de los suyos, sino también se ocuparon de aquellos cuyas familias los habían dejado en las calles para que murieran. Las personas acudían en masa a esta nueva comunidad fundada sobre una extraña expresión de amor. Cualquiera que decía «sí» a la invitación de vida de Jesús era animado a pertenecer.

Este científico social que no era creyente, al final de su extensa búsqueda, escribió estas palabras: «Por lo tanto, al concluir este estudio, me resulta necesario confrontar lo que me parece ser *el factor supremo* en el auge del cristianismo [...] creo que fueron las doctrinas particulares de la religión las que permitieron que el cristianismo estuviera entre los movimientos de revitalización más generalizados y exitosos de la historia. Y fue el modo en que esas doctrinas se llevaron a la práctica, el modo en que dirigieron acciones organizacionales y conductas individuales, lo que condujo al auge del cristianismo».[2]

Ellos simplemente, por fe, creyeron con todo su corazón las poderosas verdades enseñadas en las Escrituras. Y eso los transformó

---

1. Rodney Stark, *The Rise of Christianity: A Sociologist Reconsiders History* (New Jersey: Princeton University Press, 1996), p. 10.
2. Ibíd., p. 211.

desde dentro hacia afuera. Sus acciones valerosas y llenas de amor hacia su familia, sus vecinos e incluso personas extrañas eran solo muestras de lo que estaba fluyendo desde el interior.

¿Cuáles son las verdades centrales que estos seguidores creían y cambiaron de modo tan radical sus vidas para bien? Esas verdades constituyen el contenido del libro que ahora tienes en tus manos: *Creer*.

Los diez primeros capítulos de *Creer* detallan las *creencias* esenciales de la vida cristiana. En conjunto, responden a la pregunta: «¿Qué creo?».

Los siguientes diez capítulos hablan de las prácticas esenciales de la vida cristiana. En conjunto, responden a la pregunta: «¿Qué debería hacer?».

Los diez capítulos finales contienen las virtudes esenciales de la vida cristiana. En conjunto, responden a la pregunta: «¿Quién estoy llegando a ser?».

Cuando pases la página y leas la primera creencia central sobre Dios mismo, recuerda que *creer* es una palabra que implica acción. Dios está cuidando de ti personalmente al embarcarte en esta jornada. Él no desea que tan solo creas estas verdades en tu mente, sino quiere que creas con todo tu corazón en su Palabra como el sistema operativo para tu vida. Él anhela transformar tu vida y tu familia para bien y por siempre. Quiere que te sumes al movimiento. Quiere poner algo «extra» en tu existencia «ordinaria» de modo que puedas vivir una vida «extraordinaria» en Cristo. Lo que él hizo tan radicalmente en el principio, lo está haciendo de nuevo en la actualidad si tú solo CREES.

Aquí está mi oración por ti:

«Padre, tú conoces plenamente al lector que tiene este libro en sus manos. Lo conoces por su nombre. Le amas profundamente; siempre lo has hecho y siempre lo harás. A medida que realiza este increíble viaje, dale la fe para creer tus verdades con todo su corazón. Obra en su interior. Que esa buena obra se muestre por medio de su boca, oídos, manos y pies para influenciar positivamente a las personas que tú has puesto a su alrededor. Que cuando termine de leer la última página, pueda susurrarte a ti y después gritarle al mundo: ¡CREO!».

Randy Frazee
Editor general

Introducción

Toda la Escritura es inspirada por Dios y útil para enseñar,
para reprender, para corregir y para instruir en la justicia.
2 Timoteo 3.16

Secciones del libro

Mientras viajas a través de *Creer*, leerás tres secciones de diez
capítulos cada una:

PENSAR. Los diez primeros capítulos de *Creer* detallan las
Creencias esenciales de la vida cristiana. En conjunto, responden a la pregunta: «¿Qué creo?».

ACTUAR. Los siguientes diez capítulos hablan de las Prácticas
esenciales de la vida cristiana. En conjunto, responden a la pregunta: «¿Qué debería hacer?».

SER. Los diez capítulos finales contienen las Virtudes esenciales de la vida cristiana. En conjunto, responden a la pregunta:
«¿Quién estoy llegando a ser?».

Escrituras

Creer incluye las palabras reales inspiradas por Dios que encontramos en la Biblia. No se trata de las palabras de una persona o una
denominación sobre estos temas tan importantes y transformadores.
Solo el texto de la Biblia constituye la fuente de nuestra enseñanza
con respecto a cada una de estas verdades. *Creer* contiene pasajes
de las Escrituras que fueron seleccionados con toda consideración
y cuidado, porque hablan directamente sobre la determinada creencia, práctica o virtud destacada en cada capítulo. Leerás una historia
del Antiguo Testamento, una historia del Nuevo Testamento y varios
versículos de apoyo tomados de toda la Biblia. Los textos bíblicos
usados en *Creer* se han tomado de la Nueva Versión Internacional
(NVI).

Estructura de los capítulos

Cada capítulo contiene varios elementos para guiarte en tu jornada a través de *Creer*.

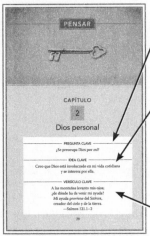

Las claves
Pregunta clave
La pregunta clave plantea el problema o tema que tratará el capítulo.

Idea clave
La idea clave te da las palabras que puedes utilizar a fin de expresar tu creencia. Intenta memorizar las ideas clave de modo que puedas «saber que sabes» lo que crees.

Versículo clave
El versículo clave es el texto bíblico más importante sobre ese tema en específico. Resulta importante aprender de memoria estos treinta versículos, de forma que tengas a tu disposición el poder de la Palabra de Dios cuando lo necesites.

Nuestro mapa
La sección *Nuestro mapa* te orienta en cuanto a la creencia, práctica o virtud que estás a punto de explorar. Podrás obtener una imagen general acerca de lo que trata el capítulo y contar con un resumen de las temáticas que se tratarán.

Transiciones
Los párrafos de transición entre el texto bíblico aparecen en *cursivas*. Los mismos se escribieron para guiarte a través del capítulo y conectar los puntos entre cada historia. Las transiciones han sido preparadas con todo cuidado para evitar decirte qué creer. Resulta importante que la Escritura misma sea la que te guíe a decidir cuál será tu creencia. Estos segmentos tienen la función de ayudarte a profundizar en lo que respecta al significado y la importancia de la Escritura.

Historias clave

Busca los símbolos de la *Historia clave* al inicio y el final de una historia del Antiguo Testamento y una del Nuevo Testamento en cada capítulo. Los personajes bíblicos que protagonizan tales historias son los que mejor ejemplifican esa creencia, práctica o virtud.

Verdades esenciales

A medida que lees el texto de las Escrituras, verás verdades esenciales o ideas principales destacadas en **negritas**. Las verdades esenciales constituyen el núcleo del mensaje de ese pasaje bíblico en particular y te ayudan a comprender por qué el mismo fue seleccionado para trasmitir esa verdad.

Preguntas de reflexión

Hay cinco preguntas para la reflexión contenidas en cada capítulo. Estas preguntas y sugerencias tienen la intención de ayudarte a obtener el máximo provecho de tu lectura. Cuando llegues a una pregunta, haz una pausa y reflexiona. Tu comprensión de la Biblia crecerá si apartas un tiempo para explorar los asuntos que plantean esas preguntas. Puedes anotar tus respuestas y observaciones en un diario, la guía de estudio que acompaña a *Creer*, o simplemente en el propio libro. Luego conversa sobre tus descubrimientos con alguna persona. Compartir tus pensamientos con otros es una manera extraordinaria de profundizar lo que has aprendido.

Lo que creemos

Al final de cada capítulo, la sección *Lo que creemos* ofrece una síntesis del mismo. Las grandes ideas sobre la creencia, práctica o virtud son recapituladas en un resumen útil, para que así puedas recordar todo lo que aprendiste en el capítulo y organizarlo de una manera cohesiva.

Páginas finales

Al final de libro, el epílogo te da una idea del impacto global que ha tenido esta historia en el mundo. También encontrarás un *Índice de citas bíblicas*, el cual lista todas las referencias de las Escrituras que aparecen en el libro.

Llévalo al próximo nivel

Creer constituye una campaña completamente comprometida con la Biblia, la cual cuenta con recursos que toda la iglesia, una escuela o un grupo pueden experimentar juntos. Si has experimentado *La historia* y te preguntas qué viene a continuación y cómo profundizar más, entonces *Creer* es el siguiente paso para ti. Si no has experimentado *La historia* y estás buscando una herramienta que los ayude a ti y tu iglesia, organización o grupo pequeño a entender la Biblia como una narrativa general, entonces *La historia* será también un recurso útil para que explores tu fe. A fin de saber más sobre *Creer* y *La historia*, visita www.creerlahistoria.com.

¿Qué creo?

El que es bueno, de la bondad que atesora en el corazón produce el
bien; pero el que es malo, de su maldad produce el mal, porque de
lo que abunda en el corazón habla la boca.
—*Lucas 6.45*

L o que creamos en nuestro corazón definirá en qué nos converti-
remos. Dios quiere que llegues a ser como Jesús. Para eso te creó.
Esa es la manera de vivir más veraz y poderosa. El viaje para *llegar a
ser* como Jesús comienza con *pensar* como Jesús.

Los siguientes diez capítulos te presentarán las creencias clave
de la vida cristiana. Jesús no solo enseñó estas creencias, sino que
también las ejemplificó cuando caminó por esta tierra. Debido a que
vivimos a partir del corazón, adoptar estas verdades clave tanto en
nuestra mente como en nuestro corazón es el primer paso para llegar
a ser verdaderamente semejantes a Jesús.

Cada uno de los siguientes capítulos contiene versículos de las
Escrituras enfocados en una creencia particular. Estás a punto de
descubrir lo que Dios quiere que sepas y creas acerca de estos importantes temas. Aventúrate en cada página con la pasión de aprender y
entender. Después pregúntate en oración: «¿Qué es lo que *yo* creo?».

Adoptar plenamente estas fantásticas verdades en tu corazón quizá no sea algo que se produzca al final de la lectura de cada capítulo.
Si eres sincero, tal vez te lleve más tiempo, pero no te preocupes. La
vida cristiana es un viaje. No hay atajos. A medida que cada uno de
los conceptos clave se afiance en tu corazón, con la increíble ayuda de
la presencia de Dios en tu vida, cambiarás para bien.

Cuando comienzas a *pensar* como Jesús, estás en buen camino
para *llegar a ser* como él.

CAPÍTULO

1

Dios

--- PREGUNTA CLAVE ---

¿Quién es Dios?

--- IDEA CLAVE ---

Creo que el Dios de la Biblia es el único Dios verdadero: Padre, Hijo y Espíritu Santo.

--- VERSÍCULO CLAVE ---

Que la gracia del Señor Jesucristo, el amor de Dios y la comunión del Espíritu Santo sean con todos ustedes.

—2 Corintios 13.14

NUESTRO MAPA

La creencia en Dios constituye el mismísimo fundamento de la fe cristiana. El cristianismo es el único sistema de creencias espirituales que emana de un Dios Creador que no tuvo principio, interactúa con su creación como una entidad plural, y muestra preeminencia sobre todos los otros dioses y seres. En este capítulo leeremos pasajes de las Escrituras que describen cómo podemos conocer acerca de Dios, todos los aspectos de su esencia y lo que estos significan para nosotros:

- *Dios se revela a sí mismo.*
- *El único Dios verdadero.*
- *Dios en tres personas: Padre, Hijo y Espíritu Santo.*
- *La Trinidad en nuestras vidas.*

DIOS SE REVELA A SÍ MISMO

Todo comienza con Dios. La Biblia nunca trata de defender la existencia de Dios. Se asume. Dios se ha revelado a sí mismo de forma tan poderosa mediante su creación, tanto a nivel macro como micro, que finalmente nadie tendrá excusa para no depositar su confianza en él.

Dios, en el principio, creó los cielos y la tierra.

GÉNESIS 1.1

Los cielos cuentan la gloria de Dios,
el firmamento proclama la obra de sus manos.
Un día comparte al otro la noticia,
una noche a la otra se lo hace saber.
Sin palabras, sin lenguaje,
sin una voz perceptible,
por toda la tierra resuena su eco,
¡sus palabras llegan hasta los confines del mundo!

SALMOS 19.1–4

Porque desde la creación del mundo las cualidades invisibles de Dios, es decir, su eterno poder y su naturaleza divina, se perciben claramente a través de lo que él creó, de modo que nadie tiene excusa.

ROMANOS 1.20

¿De qué forma ves las cualidades invisibles
de Dios reveladas en la naturaleza?

ÉL ÚNICO DIOS VERDADERO

Desde el principio hasta el fin, la Biblia revela que hay solamente un Dios verdadero. Sin embargo, ¿quién es él? El libro de Deuteronomio da una mirada hacia atrás luego de que Moisés hubiera sacado a los israelitas de la esclavitud en Egipto. Durante ese tiempo, Dios se había revelado como el único Dios verdadero y todopoderoso al faraón mediante las diez plagas. Ahora había crecido una nueva generación en el desierto y estaba lista para heredar la tierra que Dios le había prometido a Abraham. Moisés le ofreció a la segunda generación una serie de discursos de despedida para recordarles que escogieran, adoraran y siguieran al único Dios verdadero: el Dios de Abraham, Isaac y Jacob. Si lo hacían, todo les iría bien.

«Éstos son los mandamientos, preceptos y normas que el SEÑOR tu Dios mandó que yo te enseñara, para que los pongas en práctica en la tierra de la que vas a tomar posesión, para que durante toda tu vida tú y tus hijos y tus nietos honren al SEÑOR tu Dios cumpliendo todos los preceptos y mandamientos que te doy, y para que disfrutes de larga vida. Escucha, Israel, y esfuérzate en obedecer. Así te irá bien y serás un pueblo muy numeroso en la tierra donde abundan la leche y la miel, tal como te lo prometió el SEÑOR, el Dios de tus antepasados.

»Escucha, Israel: El SEÑOR nuestro Dios es el único SEÑOR. Ama al SEÑOR tu Dios con todo tu corazón y con toda tu alma y con todas tus fuerzas. Grábate en el corazón estas palabras que hoy te mando. Incúlcaselas continuamente a tus hijos. Háblales de ellas cuando estés en tu casa y cuando vayas por el camino, cuando te acuestes y cuando te levantes. Átalas a tus manos como un signo; llévalas en tu frente como una marca; escríbelas en los postes de tu casa y en los portones de tus ciudades.» DEUTERONOMIO 6.1–9

¿Cuáles son algunos de los requerimientos principales
de Dios para su pueblo? ¿Por qué piensas que él hace
énfasis en esas cosas?

Tras la muerte de Moisés, Josué se convirtió en el siguiente gran líder de los israelitas. Se le encomendó guiar al pueblo hasta la tierra prometida. Dios estaba con ellos y luchó a su favor cuando comenzaron a conquistar la tierra. Bajo el liderazgo de Josué, los israelitas se mantuvieron firmes en su búsqueda de Dios. Antes de que Josué muriera, reunió a todo el pueblo y le encomendó el firme desafío de escoger por ellos mismos servir al Señor, el único Dios verdadero.

Josué reunió a todas las tribus de Israel en Siquén. Allí convocó a todos los jefes, líderes, jueces y oficiales del pueblo. Todos se reunieron en presencia de Dios. Josué se dirigió a todo el pueblo, y le exhortó:

—Así dice el Señor, Dios de Israel: "Hace mucho tiempo, sus antepasados, Téraj y sus hijos Abraham y Najor, vivían al otro lado del río Éufrates, y adoraban a otros dioses. Pero yo tomé de ese lugar a Abraham, antepasado de ustedes, lo conduje por toda la tierra de Canaán y le di una descendencia numerosa. Primero le di un hijo, Isaac; y a Isaac le di dos hijos, Jacob y Esaú. A Esaú le entregué la serranía de Seír, en tanto que Jacob y sus hijos descendieron a Egipto.

»"Tiempo después, envié a Moisés y Aarón, y herí con plagas a Egipto hasta que los saqué a ustedes de allí. Cuando saqué de ese país a sus antepasados, ustedes llegaron al Mar Rojo y los egipcios los persiguieron con sus carros de guerra y su caballería. Sus antepasados clamaron al Señor, y él interpuso oscuridad entre ellos y los egipcios. El Señor hizo que el mar cayera sobre éstos y los cubriera. Ustedes fueron testigos de lo que les hice a los egipcios. Después de esto, sus antepasados vivieron en el desierto durante mucho tiempo. A ustedes los traje a la tierra de los amorreos, los que vivían al este del río Jordán. Cuando ellos les hicieron la guerra, yo los entregué en sus manos; ustedes fueron testigos de cómo los destruí para que ustedes poseyeran su tierra. Y cuando Balac, hijo de Zipor y rey de Moab, se dispuso a presentarles combate, él envió al profeta Balán hijo de Beor para que los maldijera. Pero yo no quise escuchar a Balán, por lo cual él los bendijo una y otra vez, y así los salvé a ustedes de su poder. Finalmente, cruzaron el río Jordán y llegaron a Jericó, cuyos habitantes pelearon contra ustedes. Lo mismo hicieron los amorreos, ferezeos, cananeos, hititas, gergeseos, heveos y jebuseos. Pero yo los entregué en sus manos. No fueron ustedes quienes, con sus espadas y arcos, derrotaron a los dos reyes amorreos; fui yo quien por causa de ustedes envié tábanos, para que expulsaran de la tierra a sus enemigos. A ustedes les entregué una tierra que no trabajaron y ciudades que no construyeron. Vivieron en ellas y se alimentaron de viñedos y olivares que no plantaron."

»Por lo tanto, ahora ustedes entréguense al Señor y sírvanle fielmente. Deshágense de los dioses que sus antepasados adoraron al otro lado del río Éufrates y en Egipto, y sirvan sólo al Señor. Pero si a ustedes les parece mal servir al Señor, elijan ustedes mismos a quiénes van a servir: a los dioses que sirvieron sus antepasados al otro lado del río Éufrates, o a los dioses de los amorreos, en cuya tierra ustedes ahora habitan. Por mi parte, mi familia y yo serviremos al Señor.

El pueblo respondió:

—¡Eso no pasará jamás! ¡Nosotros no abandonaremos al Señor por servir a otros dioses! El Señor nuestro Dios es quien nos sacó a nosotros y a nuestros antepasados del país de Egipto, aquella tierra de servidumbre. Él fue quien hizo aquellas grandes señales ante nuestros ojos. Nos protegió durante todo nuestro peregrinaje por el desierto y cuando pasamos entre tantas naciones. El Señor expulsó a todas las que vivían en este país, incluso a los amorreos. Por esa razón, nosotros también serviremos al Señor, porque él es nuestro Dios.

Entonces Josué les dijo:

—Ustedes son incapaces de servir al Señor, porque él es Dios santo y Dios celoso. No les tolerará sus rebeliones y pecados. Si ustedes lo abandonan y sirven a dioses ajenos, él se les echará encima y les traerá desastre; los destruirá completamente, a pesar de haber sido bueno con ustedes.

Pero el pueblo insistió:

—¡Eso no pasará jamás! Nosotros sólo serviremos al Señor.

Y Josué les dijo una vez más:

—Ustedes son testigos contra ustedes mismos de que han decidido servir al Señor.

—Sí, sí lo somos —respondió toda la asamblea.

Josué replicó:

—Deshágense de los dioses ajenos que todavía conservan. ¡Vuélvanse de todo corazón al Señor, Dios de Israel!

El pueblo respondió:

—Sólo al Señor nuestro Dios serviremos, y sólo a él obedeceremos.

Aquel mismo día Josué renovó el pacto con el pueblo de Israel. Allí mismo, en Siquén, les dio preceptos y normas, y los registró en el libro de la ley de Dios. Luego tomó una enorme piedra y la colocó bajo la encina que está cerca del santuario del SEÑOR. Entonces le dijo a todo el pueblo:

—Esta piedra servirá de testigo contra ustedes. Ella ha escuchado todas las palabras que el SEÑOR nos ha dicho hoy. Testificará contra ustedes en caso de que ustedes digan falsedades contra su Dios.

Después de todo esto, Josué envió a todo el pueblo a sus respectivas propiedades.

Tiempo después murió Josué hijo de Nun, siervo del SEÑOR, a la edad de ciento diez años. Fue sepultado en la parcela que se le había dado como herencia, en el lugar conocido como Timnat Sera, en la región montañosa de Efraín, al norte del monte Gaas. Durante toda la vida de Josué, el pueblo de Israel había servido al SEÑOR. Así sucedió también durante el tiempo en que estuvieron al frente de Israel los jefes que habían compartido el liderazgo con Josué y que sabían todo lo que el SEÑOR había hecho a favor de su pueblo. JOSUÉ 24.1–31

Por desdicha, los israelitas no cumplieron su promesa de seguir al único Dios. Mediante la repetida desobediencia del pueblo, Dios debilitó la influencia de Israel —445 años después de que Josué muriera— dividiendo a la nación en dos reinos: el reino del norte de Israel y el reino del sur de Judá. Israel no tuvo ningún buen rey durante sus más de 200 años de existencia. El rey Acab fue particularmente malvado, introduciendo en Israel la adoración al dios pagano Baal. No obstante, el Señor demostró mediante el profeta Elías que él, no Baal ni ningún otro «dios», es el único Dios verdadero.

[Acab] fue al encuentro de Elías y, cuando lo vio, le preguntó:

—¿Eres tú el que le está causando problemas a Israel?

—No soy yo quien le está causando problemas a Israel —respondió Elías—. Quienes se los causan son tú y tu familia, porque han abandonado los mandamientos del SEÑOR y se han ido tras los baales. Ahora convoca de todas partes al pueblo de Israel, para que se reúna conmigo en el monte Carmelo con los cuatrocientos cincuenta profetas de Baal y los cuatrocientos profetas de la diosa Aserá que se sientan a la mesa de Jezabel.

Acab convocó en el monte Carmelo a todos los israelitas y a los profetas. **Elías se presentó ante el pueblo y dijo:**

—¿Hasta cuándo van a seguir indecisos? Si el Dios verdadero es el Señor, deben seguirlo; pero si es Baal, síganlo a él.

El pueblo no dijo una sola palabra. Entonces Elías añadió:

—Yo soy el único que ha quedado de los profetas del Señor; en cambio, Baal cuenta con cuatrocientos cincuenta profetas. Tráigannos dos bueyes. Que escojan ellos uno, y lo descuarticen y pongan los pedazos sobre la leña, pero sin prenderle fuego. Yo prepararé el otro buey y lo pondré sobre la leña, pero tampoco le prenderé fuego. Entonces invocarán ellos el nombre de su dios, y yo invocaré el nombre del Señor. ¡El que responda con fuego, ése es el Dios verdadero!

Y todo el pueblo estuvo de acuerdo.

Entonces Elías les dijo a los profetas de Baal:

—Ya que ustedes son tantos, escojan uno de los bueyes y prepárenlo primero. Invoquen luego el nombre de su dios, pero no prendan fuego.

Los profetas de Baal tomaron el buey que les dieron y lo prepararon, e invocaron el nombre de su dios desde la mañana hasta el mediodía.

—¡Baal, respóndenos! —gritaban, mientras daban brincos alrededor del altar que habían hecho.

Pero no se escuchó nada, pues nadie respondió. Al mediodía Elías comenzó a burlarse de ellos:

—¡Griten más fuerte! —les decía—. Seguro que es un dios, pero tal vez esté meditando, o esté ocupado o de viaje. ¡A lo mejor se ha quedado dormido y hay que despertarlo!

Comenzaron entonces a gritar más fuerte y, como era su costumbre, se cortaron con cuchillos y dagas hasta quedar bañados en sangre. Pasó el mediodía, y siguieron con su espantosa algarabía hasta la hora del sacrificio vespertino. Pero no se escuchó nada, pues nadie respondió ni prestó atención.

Entonces Elías le dijo a todo el pueblo:

—¡Acérquense!

Así lo hicieron. Como el altar del Señor estaba en ruinas, Elías lo reparó. Luego recogió doce piedras, una por cada tribu descendiente de Jacob, a quien el Señor le había puesto por nombre Israel. Con las piedras construyó un altar en honor del Señor, y alrededor cavó una zanja en que cabían quince litros de cereal. Colocó la leña, descuartizó el buey, puso los pedazos sobre la leña y dijo:

—Llenen de agua cuatro cántaros, y vacíenlos sobre el holocausto y la leña.

Luego dijo:

—Vuelvan a hacerlo.

Y así lo hicieron.

—¡Háganlo una vez más! —les ordenó.

Y por tercera vez vaciaron los cántaros. El agua corría alrededor del altar hasta llenar la zanja.

A la hora del sacrificio vespertino, el profeta Elías dio un paso adelante y oró así: «Señor, Dios de Abraham, de Isaac y de Israel, que todos sepan hoy que tú eres Dios en Israel, y que yo soy tu siervo y he hecho todo esto en obediencia a tu palabra. ¡Respóndeme, Señor, respóndeme, para que esta gente reconozca que tú, Señor, eres Dios, y que estás convirtiendo a ti su corazón!»

En ese momento cayó el fuego del Señor y quemó el holocausto, la leña, las piedras y el suelo, y hasta lamió el agua de la zanja. **Cuando todo el pueblo vio esto, se postró y exclamó: «¡El Señor es Dios! ¡El Señor es Dios!»**

Luego Elías les ordenó:

—¡Agarren a los profetas de Baal! ¡Que no escape ninguno!

Tan pronto como los agarraron, Elías hizo que los bajaran al arroyo Quisón, y allí los ejecutó.   1 Reyes 18.16–40

¿Por qué Dios tiene que probar una
y otra vez que él es el único Dios verdadero?

Dios en tres personas: Padre, Hijo y Espíritu Santo

*A lo largo de todo el Antiguo Testamento, la gente recibió una invitación a adorar al único Dios verdadero, sin embargo, ¿qué sabemos acerca de este asombroso Dios, este Dios lleno de milagros y maravillas creativas? Los cristianos creen que Dios es tres personas, una «Trinidad». Aunque la palabra «Trinidad» no se encuentra en la Biblia, en el comienzo mismo de la historia de Dios, la historia de la creación, vemos indicaciones de que Dios es un ser plural. Génesis 1.26 dice: «Entonces Dios dijo: **Hagamos** a los seres humanos a **nuestra** imagen, para que sean como **nosotros**». Dios constituye en sí mismo una pequeña comunidad.*

La historia de la creación nos narra que fuimos creados a imagen de Dios. Cuando él hizo al primer ser humano, Adán, quería que experimentara la comunidad y la relación que ha existido eternamente dentro de la Trinidad. Es por eso que hizo a Eva. Nota que Adán y Eva no son dos seres separados. Eva salió de Adán, y se convirtieron en dos personas distintas que comparten un solo ser, así como Dios. Dios es tres personas distintas que comparten un solo ser.

Ésta es la historia de la creación de los cielos y la tierra. Cuando Dios el SEÑOR hizo la tierra y los cielos, aún no había ningún arbusto del campo sobre la tierra, ni había brotado la hierba, porque Dios el SEÑOR todavía no había hecho llover sobre la tierra ni existía el hombre para que la cultivara. No obstante, salía de la tierra un manantial que regaba toda la superficie del suelo. **Y Dios el SEÑOR formó al hombre del polvo de la tierra, y sopló en su nariz hálito de vida, y el hombre se convirtió en un ser viviente.** Dios el SEÑOR plantó un jardín al oriente del Edén, y allí puso al hombre que había formado. Dios el SEÑOR hizo que creciera toda clase de árboles hermosos, los cuales daban frutos buenos y apetecibles. En medio del jardín hizo crecer el árbol de la vida y también el árbol del conocimiento del bien y del mal. GÉNESIS 2.4–9

Dios el SEÑOR tomó al hombre y lo puso en el jardín del Edén para que lo cultivara y lo cuidara, y le dio este mandato: «Puedes comer de todos los árboles del jardín, pero del árbol del conocimiento del bien y del mal no deberás comer. El día que de él comas, ciertamente morirás.» **Luego Dios el SEÑOR dijo: «No es bueno que el hombre esté solo. Voy a hacerle una ayuda adecuada.»** Entonces Dios el SEÑOR formó de la tierra toda ave del cielo y todo animal del campo, y se los llevó al hombre para ver qué nombre les pondría. El hombre les puso nombre a todos los seres vivos, y con ese nombre se les conoce. Así el hombre fue poniéndoles nombre a todos los animales domésticos, a todas las aves del cielo y a todos los animales del campo. Sin embargo, no se encontró entre ellos la ayuda adecuada para el hombre. Entonces Dios el SEÑOR hizo que el hombre cayera en un sueño profundo y, mientras éste dormía, le sacó una costilla y le cerró la herida. **De la costilla que le había quitado al hombre, Dios el SEÑOR hizo una mujer y se la presentó al hombre,** el cual exclamó:

«Ésta sí es hueso de mis huesos
y carne de mi carne.

Se llamará "mujer"
porque del hombre fue sacada.»

Por eso el hombre deja a su padre y a su madre, y se une a su mujer, y los dos se funden en un solo ser. GÉNESIS 2.15–24

Al recordar Génesis 1.26: «Hagamos al ser humano a nuestra imagen y semejanza», Dios se evidencia claramente como un ser plural desde el mismo comienzo de la Biblia. Entonces, ¿cuáles son las identidades de estas personas individuales de Dios, y cómo constituyen un solo ser? Al acudir a las palabras de apertura del Evangelio de Juan, la respuesta se aclara cada vez más.

En el principio ya existía el Verbo, y el Verbo estaba con Dios, y el Verbo era Dios. Él estaba con Dios en el principio. Por medio de él todas las cosas fueron creadas; sin él, nada de lo creado llegó a existir. En él estaba la vida, y la vida era la luz de la humanidad. Esta luz resplandece en las tinieblas, y las tinieblas no han podido extinguirla. JUAN 1.1–5

El «Verbo» aquí describe a Jesús, el que nació de la virgen María. Juan hace referencia a él como «Dios», como divino. Juan también afirma que Jesús se hallaba ahí en el principio. Jesús era Dios, y al mismo tiempo estaba con Dios. Jesús, el Verbo divino, participó con Dios para crear todo lo que vemos y todo lo que aún tenemos que ver.

¿Quién era la otra persona? La segunda frase de la Biblia nos dice que el Espíritu Santo también estaba presente en la creación: «La tierra no tenía forma y estaba vacía, y la oscuridad cubría las aguas profundas; y el Espíritu de Dios se movía en el aire sobre la superficie de las aguas» (Génesis 1.2). Así que Jesús y el Espíritu estuvieron presentes en la creación del mundo, estas dos personas son Dios. ¿Es así? ¿Quién más compone la Persona de Dios? Avancemos hasta el bautismo de Jesús a la edad de 30 años para descubrir la respuesta. Mientras lees este relato, considera las apariciones de las tres personas de la Trinidad.

En el año quince del reinado de Tiberio César, Poncio Pilato gobernaba la provincia de Judea, Herodes era tetrarca en Galilea, su hermano Felipe en Iturea y Traconite, y Lisanias en Abilene; el sumo sacerdocio lo ejercían Anás y Caifás. En aquel entonces, la palabra de Dios llegó a Juan hijo de Zacarías, en el desierto. Juan recorría toda la región del Jordán predicando el bautismo de arrepentimiento para el perdón de pecados. Así está escrito en el libro del profeta Isaías:

> «Voz de uno que grita en el desierto:
> "Preparen el camino del Señor,
>   háganle sendas derechas.
> Todo valle será rellenado,
>   toda montaña y colina será allanada.
> Los caminos torcidos se enderezarán,
>   las sendas escabrosas quedarán llanas.
> Y todo mortal verá la salvación de Dios."»   LUCAS 3.1–6

La gente estaba a la expectativa, y todos se preguntaban si acaso Juan sería el Cristo.

—Yo los bautizo a ustedes con agua —les respondió Juan a todos—. Pero está por llegar uno más poderoso que yo, a quien ni siquiera merezco desatarle la correa de sus sandalias. Él los bautizará con el Espíritu Santo y con fuego. Tiene el rastrillo en la mano para limpiar su era y recoger el trigo en su granero; la paja, en cambio, la quemará con fuego que nunca se apagará.

Y con muchas otras palabras exhortaba Juan a la gente y le anunciaba las buenas nuevas.   LUCAS 3.15–18

Un día en que todos acudían a Juan para que los bautizara, Jesús fue bautizado también. Y mientras oraba, se abrió el cielo, y el Espíritu Santo bajó sobre él en forma de paloma. Entonces se oyó una voz del cielo que decía: «Tú eres mi Hijo amado; estoy muy complacido contigo.»   LUCAS 3.21–23 ⚷

Tres personas distintas se revelan plenamente en las Escrituras para conformar la identidad del único Dios verdadero: el Padre, el Hijo Jesús y el Espíritu. Y los tres estuvieron involucrados en el bautismo de Jesús: el Padre habló, el Hijo fue bautizado y el Espíritu Santo descendió sobre el Hijo. A lo largo de los siglos, los seguidores de Jesús han llegado a denominar al único Dios verdadero la «Trinidad»: tres personas que comparten un ser. Aunque este concepto es muy difícil de entender en su totalidad, no resulta irrelevante para nuestras vidas.

¿De qué maneras has experimentado a Dios como Padre?
¿Y como Jesús el Hijo? ¿Y como el Espíritu Santo?

LA TRINIDAD EN NUESTRA VIDA

Con el mismo espíritu de Josué en el Antiguo Testamento, Pablo llamó a las personas de la primera iglesia a declarar la identidad del único Dios verdadero. Durante sus viajes, él visitó el gran Areópago en Atenas, Grecia. Los intelectuales que vivían allí construyeron altares a muchos dioses. Nota cómo edificaron incluso un altar «a un dios desconocido» en caso de que hubieran olvidado a alguno y se ofendiera con ellos. Pablo declaró la identidad de este Dios como siendo aquel que creó todo en el principio (ver Génesis 1—2) y que ahora se había revelado en la segunda persona de la Trinidad, Jesucristo. Sus palabras a los atenienses se aplican a todos aquellos que creen: Dios está en todas partes y no hay nada en este mundo que sus manos no hayan tocado. La Trinidad se halla entretejida en cada aspecto de nuestra vida.

Mientras Pablo los esperaba [a Silas y Timoteo] en Atenas, le dolió en el alma ver que la ciudad estaba llena de ídolos. Así que discutía en la sinagoga con los judíos y con los griegos que adoraban a Dios, y a diario hablaba en la plaza con los que se encontraban por allí. Algunos filósofos epicúreos y estoicos entablaron conversación con él. Unos decían: «¿Qué querrá decir este charlatán?» Otros comentaban: «Parece que es predicador de dioses extranjeros.» Decían esto porque Pablo les anunciaba las buenas nuevas de Jesús y de la resurrección. Entonces se lo llevaron a una reunión del Areópago.

—¿Se puede saber qué nueva enseñanza es esta que usted presenta? —le preguntaron—. Porque nos viene usted con ideas que nos suenan extrañas, y queremos saber qué significan.

Es que todos los atenienses y los extranjeros que vivían allí se pasaban el tiempo sin hacer otra cosa más que escuchar y comentar las últimas novedades.

Pablo se puso en medio del Areópago y tomó la palabra:

—¡Ciudadanos atenienses! Observo que ustedes son sumamente religiosos en todo lo que hacen. Al pasar y fijarme en sus lugares sagrados, encontré incluso un altar con esta inscripción: A UN DIOS DESCONOCIDO. Pues bien, eso que ustedes adoran como algo desconocido es lo que yo les anuncio.

»El Dios que hizo el mundo y todo lo que hay en él es Señor del cielo y de la tierra. No vive en templos construidos por hombres, ni se deja servir por manos humanas, como si necesitara de algo. Por el contrario, él es quien da a todos la vida, el aliento y todas las cosas. De un solo hombre hizo todas las naciones para que habitaran toda la tierra; y determinó los períodos de su historia y las fronteras de sus territorios. Esto lo hizo Dios para que todos lo busquen y, aunque sea a tientas, lo encuentren. En verdad, él no está lejos de ninguno de nosotros, "puesto que en él vivimos, nos movemos y existimos". Como algunos de sus propios poetas griegos han dicho: "De él somos descendientes".

»Por tanto, siendo descendientes de Dios, no debemos pensar que la divinidad sea como el oro, la plata o la piedra: escultura hecha como resultado del ingenio y de la destreza del ser humano. Pues bien, Dios pasó por alto aquellos tiempos de tal ignorancia, pero ahora manda a todos, en todas partes, que se arrepientan. Él ha fijado un día en que juzgará al mundo con justicia, por medio del hombre que ha designado. De ello ha dado pruebas a todos al levantarlo de entre los muertos.

Cuando oyeron de la resurrección, unos se burlaron; pero otros le dijeron:

—Queremos que usted nos hable en otra ocasión sobre este tema.

En ese momento Pablo salió de la reunión. Algunas personas se unieron a Pablo y creyeron. Entre ellos estaba Dionisio, miembro del Areópago, también una mujer llamada Dámaris, y otros más.

HECHOS 17.16–34

¿Qué significa la frase de Pablo: «Puesto que en él vivimos, nos movemos y existimos»? ¿Por qué piensas que fue necesario decirle esto a ese grupo de atenienses?

El poder y la identidad del único Dios verdadero se enfatizan a través de los escritos de Pablo, incluyendo las últimas palabras de 2 Corintios, las cuales incluyen la bendición que sigue.

Que la gracia del Señor Jesucristo, el amor de Dios y la comunión del Espíritu Santo sean con todos ustedes. 2 CORINTIOS 13.1–14

Nota que los tres miembros de la Trinidad participan en nuestra vida. Dios el Padre nos ama y busca una forma de que volvamos a tener una relación con él. Jesús, la segunda persona de la Trinidad, nos provee el camino de regreso al Padre ofreciéndose a sí mismo como sacrificio en nuestro lugar. Y ahora que creemos, el Espíritu Santo, la tercera persona de la Trinidad, mantiene una comunión con nosotros mientras viajamos a través de la vida, guiándonos y consolándonos a cada paso del camino.

LO QUE CREEMOS

La Biblia nunca trata de probar la existencia de Dios, sino que esta simplemente se asume como un hecho. Dios se ha revelado con claridad a través de la creación, en sucesos tales como el bautismo de Jesús y en nuestras propias conciencias, de modo que al final nadie tiene excusa. La pregunta clave que nos hicimos al inicio de este capítulo se responde en esencia con la declaración del único Dios verdadero. El Dios que protegió a Israel y demostró su poder por sobre los falsos dioses declaró: «¡YO SOY!».

El viaje de fe comienza con nuestra creencia en Dios. Al igual que los primeros cristianos, nosotros también estamos llamados a hacer nuestra propia declaración personal. ¿Creemos en el único Dios verdadero? ¿Aceptamos la Biblia en cuanto a que Dios existe en tres personas?

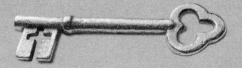

CAPÍTULO

2

Dios personal

¿Se preocupa Dios por mí?

IDEA CLAVE

Creo que Dios está involucrado en mi vida cotidiana
y se interesa por ella.

VERSÍCULO CLAVE

A las montañas levanto mis ojos;
¿de dónde ha de venir mi ayuda?
Mi ayuda proviene del Señor,
creador del cielo y de la tierra.
—Salmos 121.1–2

NUESTRO MAPA

El Dios de la Biblia es el único Dios verdadero: Padre, Hijo y Espíritu Santo. Él es el eterno Dios todopoderoso y omnisciente. Sin embargo, ¿es bueno? ¿Está involucrado en su creación? ¿Nos ama? ¿Tiene un plan para nosotros? ¿Está intercediendo e interviniendo para hacer que los acontecimientos de nuestra vida y nuestro mundo cumplan su propósito? Pensemos en las siguientes historias y decidamos por nosotros mismos.

Podemos considerar estas preguntas mientras leemos los pasajes de las Escrituras que aparecen en este capítulo, los cuales exploran las tres formas en que Dios nos muestra que es un Dios personal:

- *Dios es bueno.*
- *Dios tiene un plan.*
- *Dios se interesa por nosotros.*

DIOS ES BUENO

Abraham y Sara, los grandes patriarca y matriarca del pueblo israelita, se llamaban en un principio Abram y Sarai. Dios le había prometido a Abraham que sería el padre de una gran nación, no obstante, ¿cómo puede alguien ser el padre de una nación si no tiene hijos?

Mientras lees el pasaje de Génesis 16, busca algunas formas en las cuales Dios le mostró su bondad a Abraham, Sara y Agar.
¿Qué impacto tuvo esto sobre ellos?

Saray, la esposa de Abram, no le había dado hijos. Pero como tenía una esclava egipcia llamada Agar, Saray le dijo a Abram:

—El Señor me ha hecho estéril. Por lo tanto, ve y acuéstate con mi esclava Agar. Tal vez por medio de ella podré tener hijos.

Abram aceptó la propuesta que le hizo Saray. Entonces ella tomó a Agar, la esclava egipcia, y se la entregó a Abram como mujer. Esto ocurrió cuando ya hacía diez años que Abram vivía en Canaán.

Abram tuvo relaciones con Agar, y ella concibió un hijo. Al darse cuenta Agar de que estaba embarazada, comenzó a mirar con desprecio a su dueña. Entonces Saray le dijo a Abram:

—¡Tú tienes la culpa de mi afrenta! Yo puse a mi esclava en tus brazos, y ahora que se ve embarazada me mira con desprecio. ¡Que el Señor juzgue entre tú y yo!

—Tu esclava está en tus manos —contestó Abram—; haz con ella lo que bien te parezca.

Y de tal manera comenzó Saray a maltratar a Agar, que ésta huyó al desierto. Allí, junto a un manantial que está en el camino a la región de Sur, la encontró el ángel del Señor y le preguntó:

—Agar, esclava de Saray, ¿de dónde vienes y a dónde vas?

—Estoy huyendo de mi dueña Saray —respondió ella.

—Vuelve junto a ella y sométete a su autoridad —le dijo el ángel—. De tal manera multiplicaré tu descendencia, que no se podrá contar.

»Estás embarazada, y darás a luz un hijo,
    y le pondrás por nombre Ismael,
    porque el Señor ha escuchado tu aflicción.
Será un hombre indómito como asno salvaje.
Luchará contra todos, y todos lucharán contra él;
    y vivirá en conflicto con todos sus hermanos.

Como el Señor le había hablado, Agar le puso por nombre «El Dios que me ve», pues se decía: «Ahora he visto al que me ve.» Por eso también el pozo que está entre Cades y Béred se conoce con el nombre de «Pozo del Viviente que me ve».

Agar le dio a Abram un hijo, a quien Abram llamó Ismael. Abram tenía ochenta y seis años cuando nació Ismael. Génesis 16.1–16

Abraham y Sara habían intentado «ayudar a Dios» haciendo que Abraham tuviera un hijo con Agar. El resultado fue una debacle para todas las personas involucradas. No obstante, en esta historia vemos el comienzo de un patrón: Dios toma nuestros tropiezos y los convierte en algo bueno. Agar se convirtió involuntariamente en partícipe de la falta de fe de Abraham y Sara. Sin embargo, Dios oyó su clamor y la ayudó. La historia continúa...

Tal como el Señor lo había dicho, se ocupó de Sara y cumplió con la promesa que le había hecho. Sara quedó embarazada y le dio un hijo a Abraham en su vejez. Esto sucedió en el tiempo anunciado por Dios. Al hijo que Sara le dio, Abraham le puso por nombre Isaac. Cuando su hijo Isaac cumplió ocho días de nacido, Abraham lo circuncidó, tal como Dios se lo había ordenado. Abraham tenía ya cien años cuando nació su hijo Isaac. Sara dijo entonces: «Dios me ha hecho reír, y todos los que se enteren de que he tenido un hijo, se reirán conmigo. ¿Quién le hubiera dicho a Abraham que Sara amamantaría hijos? Sin embargo, le he dado un hijo en su vejez.» El niño Isaac creció y fue destetado. Ese mismo día, Abraham hizo un gran banquete. Pero Sara se dio cuenta de que el hijo que Agar la egipcia le había dado a Abraham se burlaba de su hijo Isaac. Por eso le dijo a Abraham:

—¡Echa de aquí a esa esclava y a su hijo! El hijo de esa esclava jamás tendrá parte en la herencia con mi hijo Isaac.

Este asunto angustió mucho a Abraham porque se trataba de su propio hijo. Pero Dios le dijo a Abraham: «No te angusties por el muchacho ni por la esclava. Hazle caso a Sara, porque tu descendencia se establecerá por medio de Isaac. Pero también del hijo de la esclava haré una gran nación, porque es hijo tuyo.»

Al día siguiente, Abraham se levantó de madrugada, tomó un pan y un odre de agua, y se los dio a Agar, poniéndoselos sobre el hombro. Luego le entregó a su hijo y la despidió. Agar partió y anduvo errante por el desierto de Berseba. Cuando se acabó el agua del odre, puso al niño debajo de un arbusto y fue a sentarse sola a cierta distancia, pues pensaba: «No quiero ver morir al niño.» En cuanto ella se sentó, comenzó a llorar desconsoladamente.

Cuando Dios oyó al niño sollozar, el ángel de Dios llamó a Agar desde el cielo y le dijo: «¿Qué te pasa, Agar? No temas, pues Dios ha escuchado los sollozos del niño. Levántate y tómalo de la mano, que yo haré de él una gran nación.»

En ese momento Dios le abrió a Agar los ojos, y ella vio un pozo de agua. En seguida fue a llenar el odre y le dio de beber al niño. Dios acompañó al niño, y éste fue creciendo; vivió en el desierto y se convirtió en un experto arquero; habitó en el desierto de Parán y su madre lo casó con una egipcia. GÉNESIS 21.1–21

Aunque Agar e Ismael no eran los personajes principales en la línea de la historia bíblica, aun así Dios proveyó para ellos y les prometió bendecir a sus descendientes. Él lo hizo porque es un Dios compasivo y personal.

Otro personaje bíblico en cuya vida vemos lo mucho que Dios está involucrado y se interesa por su pueblo es David, el poeta, cantor, pastor, guerrero y rey, que escribió y cantó desde lo más profundo de su corazón mientras transitaba por la vida y se encontraba con el único Dios verdadero. David compuso muchos de los salmos que se encuentran en nuestra Biblia. Él escribió siendo un joven pastor mientras contemplaba los millones de estrellas que Dios creó; escribió mientras era perseguido por el rey Saúl; escribió mientras era rey de Israel; y escribió mientras se acercaba al final de sus días sobre la tierra. Los cantos que David y los otros salmistas escribieron expresan su relación íntima y personal con Dios.

Oh SEÑOR, soberano nuestro,
   ¡qué imponente es tu nombre en toda la tierra!

¡Has puesto tu gloria sobre los cielos!
Por causa de tus adversarios
   has hecho que brote la alabanza
de labios de los pequeñitos y de los niños de pecho,
   para silenciar al enemigo y al rebelde.
Cuando contemplo tus cielos,
   obra de tus dedos,
la luna y las estrellas que allí fijaste,
   me pregunto:
«¿Qué es el hombre, para que en él pienses?
¿Qué es el ser humano, para que lo tomes en cuenta?»

Pues lo hiciste poco menos que un dios,
   y lo coronaste de gloria y de honra:
   lo entronizaste sobre la obra de tus manos,
todo lo sometiste a su dominio;
   todas las ovejas, todos los bueyes,
todos los animales del campo,
   las aves del cielo, los peces del mar,
y todo lo que surca los senderos del mar.

Oh SEÑOR, soberano nuestro,
   ¡qué imponente es tu nombre en toda la tierra!

SALMOS 8.1–9

El SEÑOR es mi pastor, nada me falta;
   en verdes pastos me hace descansar.

Junto a tranquilas aguas me conduce;
me infunde nuevas fuerzas.
Me guía por sendas de justicia
por amor a su nombre.

Aun si voy por valles tenebrosos,
no temo peligro alguno
porque tú estás a mi lado;
tu vara de pastor me reconforta.

Dispones ante mí un banquete
en presencia de mis enemigos.
Has ungido con perfume mi cabeza;
has llenado mi copa a rebosar.

La bondad y el amor me seguirán
todos los días de mi vida;
y en la casa del Señor
habitaré para siempre.   Salmos 23.1–6 🔑

Señor, tú me examinas,
tú me conoces.
Sabes cuándo me siento y cuándo me levanto;
aun a la distancia me lees el pensamiento.
Mis trajines y descansos los conoces;
todos mis caminos te son familiares.
No me llega aún la palabra a la lengua
cuando tú, Señor, ya la sabes toda.
Tu protección me envuelve por completo;
me cubres con la palma de tu mano.
Conocimiento tan maravilloso rebasa mi
comprensión;
tan sublime es que no puedo entenderlo.

¿A dónde podría alejarme de tu Espíritu?
¿A dónde podría huir de tu presencia?
Si subiera al cielo,
allí estás tú;
si tendiera mi lecho en el fondo del abismo,
también estás allí.

Si me elevara sobre las alas del alba,
  o me estableciera en los extremos del mar,
aun allí tu mano me guiaría,
  ¡me sostendría tu mano derecha!
Y si dijera: «Que me oculten las tinieblas;
  que la luz se haga noche en torno mío»,
ni las tinieblas serían oscuras para ti,
  y aun la noche sería clara como el día.
¡Lo mismo son para ti las tinieblas que la luz!

Tú creaste mis entrañas;
  me formaste en el vientre de mi madre.
¡Te alabo porque soy una creación admirable!
¡Tus obras son maravillosas,
  y esto lo sé muy bien!
Mis huesos no te fueron desconocidos
  cuando en lo más recóndito era yo formado,
cuando en lo más profundo de la tierra
  era yo entretejido.
Tus ojos vieron mi cuerpo en gestación:
  todo estaba ya escrito en tu libro;
todos mis días se estaban diseñando,
  aunque no existía uno solo de ellos.

¡Cuán preciosos, oh Dios, me son tus pensamientos!
¡Cuán inmensa es la suma de ellos!
Si me propusiera contarlos,
  sumarían más que los granos de arena.
Y si terminara de hacerlo, aún estaría a tu lado.

SALMOS 139.1–18

¿Cómo has experimentado el conocimiento personal que Dios
tiene de ti? ¿Cuándo has sabido que él estaba buscando
tu corazón? ¿Cuál fue el resultado?

Te exaltaré, mi Dios y rey;
  por siempre bendeciré tu nombre.
Todos los días te bendeciré;
  por siempre alabaré tu nombre.

Grande es el SEÑOR, y digno de toda alabanza;
su grandeza es insondable.
Cada generación celebrará tus obras
y proclamará tus proezas.
Se hablará del esplendor de tu gloria y majestad,
y yo meditaré en tus obras maravillosas.
Se hablará del poder de tus portentos,
y yo anunciaré la grandeza de tus obras.
Se proclamará la memoria de tu inmensa bondad,
y se cantará con júbilo tu victoria.
El SEÑOR es clemente y compasivo,
lento para la ira y grande en amor.
El SEÑOR es bueno con todos;
él se compadece de toda su creación.
Que te alaben, SEÑOR, todas tus obras;
que te bendigan tus fieles.
Que hablen de la gloria de tu reino;
que proclamen tus proezas,
para que todo el mundo conozca tus proezas
y la gloria y esplendor de tu reino.
Tu reino es un reino eterno;
tu dominio permanece por todas las edades.
Fiel es el SEÑOR a su palabra
y bondadoso en todas sus obras.
El SEÑOR levanta a los caídos
y sostiene a los agobiados.
Los ojos de todos se posan en ti,
y a su tiempo les das su alimento.
Abres la mano y sacias con tus favores
a todo ser viviente.
El SEÑOR es justo en todos sus caminos
y bondadoso en todas sus obras.
El SEÑOR está cerca de quienes lo invocan,
de quienes lo invocan en verdad
Cumple los deseos de quienes le temen;
atiende a su clamor y los salva.
El SEÑOR cuida a todos los que lo aman,
pero aniquilará a todos los impíos.
¡Prorrumpa mi boca en alabanzas al SEÑOR!
¡Alabe todo el mundo su santo nombre,

por siempre y para siempre!   SALMOS 145.1–21

DIOS TIENE UN PLAN

Cuarenta años después de la muerte de David, la nación de Israel se dividió en dos, lo cual trajo como resultado dos naciones: el reino del norte de Israel y el reino del sur de Judá. Todos los reyes de Israel hicieron lo malo ante los ojos del Señor. En Judá, solo unos cuantos reyes resultaron buenos. Uno de ellos fue Ezequías. Él sirvió valientemente al Señor en tiempos peligrosos.

Después, cuando tenía unos 38 años, Ezequías se enfermó y estaba a punto de morir. Se sentía devastado y le rogó al Señor que tuviera misericordia. Como respuesta, el Señor se acercó a él con un mensaje impactante y un tierno cambio de planes. Sabemos por la Biblia que Dios tiene un plan para nuestra vida en lo personal y nuestros días están contados. Quizá no nos responda como deseamos, pero a veces alterará el plan que tiene para nosotros debido a una petición nuestra.

Por aquellos días Ezequías se enfermó gravemente y estuvo a punto de morir. El profeta Isaías hijo de Amoz fue a verlo y le dijo: «Así dice el SEÑOR: "Pon tu casa en orden, porque vas a morir; no te recuperarás."»

Ezequías volvió el rostro hacia la pared y le rogó al SEÑOR: «Recuerda, SEÑOR, que yo me he conducido delante de ti con lealtad y con un corazón íntegro, y que he hecho lo que te agrada.» Y Ezequías lloró amargamente.

No había salido Isaías del patio central, cuando le llegó la palabra del SEÑOR: «**Regresa y dile a Ezequías, gobernante de mi pueblo, que así dice el SEÑOR, Dios de su antepasado David: "He escuchado tu oración y he visto tus lágrimas. Voy a sanarte, y en tres días podrás subir al templo del SEÑOR. Voy a darte quince años más de vida.** Y a ti y a esta ciudad los libraré de caer en manos del rey de Asiria. Yo defenderé esta ciudad por mi causa y por consideración a David mi siervo."»

Entonces Isaías dijo: «Preparen una pasta de higos.» Así lo hicieron; luego se la aplicaron al rey en la llaga, y se recuperó.

2 REYES 20.1–7

Mientras que la historia de Ezequías se enfoca en la longitud de su vida, la historia de Jeremías se remonta hasta antes de que naciera. Jeremías fue un profeta que vivió cuando el reino estaba dividido. Él residió en el reino del sur de Judá y le profetizó al pueblo acerca de su conquista y exilio pendientes a manos de los babilonios. Tanto en la vida de Ezequías como en la de Jeremías, Dios no se muestra distante ni ambivalente, sino cercano y amoroso. Nota cuán específicas y detalladas fueron las advertencias de Dios, y sin embargo, cómo le asegura ahora a Jeremías sobre su intervención y protección.

Éstas son las palabras de Jeremías hijo de Jilquías. Jeremías provenía de una familia sacerdotal de Anatot, ciudad del territorio de Benjamín. La palabra del Señor vino a Jeremías en el año trece del reinado de Josías hijo de Amón, rey de Judá. También vino a él durante el reinado de Joacim hijo de Josías, rey de Judá, y hasta el fin del reinado de Sedequías hijo de Josías, rey de Judá; es decir, hasta el quinto mes del año undécimo de su reinado, cuando la población de Jerusalén fue deportada.

La palabra del Señor vino a mí:

**«Antes de formarte en el vientre, ya te había elegido;
antes de que nacieras, ya te había apartado;
te había nombrado profeta para las naciones.»**

Yo le respondí: «¡Ah, Señor mi Dios! ¡Soy muy joven, y no sé hablar!»

Pero el Señor me dijo: «No digas: "Soy muy joven", porque vas a ir adondequiera que yo te envíe, y vas a decir todo lo que yo te ordene. No le temas a nadie, que yo estoy contigo para librarte.» Lo afirma el Señor.

Luego extendió el Señor la mano y, tocándome la boca, me dijo: «He puesto en tu boca mis palabras. Mira, hoy te doy autoridad sobre naciones y reinos, para arrancar y derribar, para destruir y demoler, para construir y plantar.»

La palabra del Señor vino a mí, y me dijo:

«¿Qué es lo que ves, Jeremías?»

«Veo una rama de almendro», respondí.

«Has visto bien —dijo el Señor—, porque yo estoy alerta para que se cumpla mi palabra.»

La palabra del Señor vino a mí por segunda vez, y me dijo:

«¿Qué es lo que ves?»

«Veo una olla que hierve y se derrama desde el norte», respondí. Entonces el Señor me dijo: «Desde el norte se derramará la calamidad sobre todos los habitantes del país. Yo estoy por convocar a todas las tribus de los reinos del norte —afirma el Señor—.

»Vendrán, y cada uno pondrá su trono
a la entrada misma de Jerusalén;
vendrán contra todos los muros que la rodean,
y contra todas las ciudades de Judá.
Yo dictaré sentencia contra mi pueblo,
por toda su maldad,
porque me han abandonado;
han quemado incienso a otros dioses,
y han adorado las obras de sus manos.

»Pero tú, ¡prepárate! Ve y diles todo lo que yo te ordene. No temas ante ellos, pues de lo contrario yo haré que sí les temas. Hoy te he puesto como ciudad fortificada, como columna de hierro y muro de bronce, contra todo el país, contra los reyes de Judá, contra sus autoridades y sus sacerdotes, y contra la gente del país. Pelearán contra ti, pero no te podrán vencer, porque yo estoy contigo para librarte», afirma el Señor.   JEREMÍAS 1.1–19

El papel de Jeremías fue revelar el plan global que Dios estaba desplegando a través de Israel. Él le advirtió fielmente al reino del sur de Judá acerca de su infidelidad y la inminente disciplina de Dios. Sabía desde el principio que no escucharían, pero su tarea era simplemente ser fiel y valiente y entregar el mensaje de Dios. Tres veces atacaron los temibles babilonios a Jerusalén y se llevaron a algunas de las personas a Babilonia. En el año 597, después de la segunda deportación, Dios le dio a Jeremías la tarea de escribirles una carta a esos exiliados para recordarles que, como Jeremías había experimentado personalmente, Dios tenía un plan grande y bueno para sus vidas.

Ésta es la carta que el profeta Jeremías envió desde Jerusalén al resto de los ancianos que estaban en el exilio, a los sacerdotes y los profetas, y a todo el pueblo que Nabucodonosor había desterrado de Jerusalén a Babilonia. Esto sucedió después de que el rey Jeconías había salido de Jerusalén, junto con la reina madre, los eunucos, los jefes de Judá y de Jerusalén, los artesanos y los herreros. La carta fue enviada por medio de Elasá hijo de Safán, y de Guemarías hijo de Jilquías, a quienes Sedequías, rey de Judá, había enviado al rey Nabucodonosor, rey de Babilonia. La carta decía:

Así dice el SEÑOR Todopoderoso, el Dios de Israel, a todos los que he deportado de Jerusalén a Babilonia: «Construyan casas y habítenlas; planten huertos y coman de su fruto. Cásense, y tengan hijos e hijas; y casen a sus hijos e hijas, para que a su vez ellos les den nietos. Multiplíquense allá, y no disminuyan. Además, busquen el bienestar de la ciudad adonde los he deportado, y pidan al SEÑOR por ella, porque el bienestar de ustedes depende del bienestar de la ciudad.» Así dice el SEÑOR Todopoderoso, el Dios de Israel: «No se dejen engañar por los profetas ni por los adivinos que están entre ustedes. No hagan caso de los sueños que ellos tienen. Lo que ellos les profetizan en mi nombre es una mentira. Yo no los he enviado», afirma el SEÑOR.

Así dice el SEÑOR: «Cuando a Babilonia se le hayan cumplido los setenta años, yo los visitaré; y haré honor a mi promesa en favor de ustedes, y los haré volver a este lugar. **Porque yo sé muy bien los planes que tengo para ustedes —afirma el SEÑOR—, planes de bienestar y no de calamidad, a fin de darles un futuro y una esperanza.** Entonces ustedes me invocarán, y vendrán a suplicarme, y yo los escucharé. Me buscarán y me encontrarán, cuando me busquen de todo corazón. Me dejaré encontrar —afirma el SEÑOR—, y los haré volver del cautiverio. Yo los reuniré de todas las naciones y de todos los lugares adonde los haya dispersado, y los haré volver al lugar del cual los deporté», afirma el SEÑOR. JEREMÍAS 29.1–14

¿Cómo Dios les mostró a los cautivos en Babilonia que aún cuidaba de ellos y se preocupaba por sus vidas?

DIOS SE INTERESA POR NOSOTROS

Jesús, el Hijo de Dios, vino a la tierra. Nació como un bebé humano y vivió entre nosotros. Su llegada despeja cualquier duda acerca de la cercanía de Dios a nuestra vida. Jesús es Emanuel, «Dios con nosotros». Cuando se reunió una gran multitud en un monte junto al mar de Galilea, Jesús le enseñó a ese cansado y fatigado grupo acerca del interés intrínseco de Dios en sus vidas.

⟳🔑 «Por eso les digo: No se preocupen por su vida, qué comerán o beberán; ni por su cuerpo, cómo se vestirán. ¿No tiene la vida más valor que la comida, y el cuerpo más que la ropa? Fíjense en las aves del cielo: no siembran ni cosechan ni almacenan en graneros; sin embargo, el Padre celestial las alimenta. ¿No valen ustedes mucho más que ellas? ¿Quién de ustedes, por mucho que se preocupe, puede añadir una sola hora al curso de su vida?

»¿Y por qué se preocupan por la ropa? Observen cómo crecen los lirios del campo. No trabajan ni hilan; sin embargo, les digo que ni siquiera Salomón, con todo su esplendor, se vestía como uno de ellos. Si así viste Dios a la hierba que hoy está en el campo y mañana es arrojada al horno, ¿no hará mucho más por ustedes, gente de poca fe? **Así que no se preocupen diciendo: "¿Qué comeremos?" o "¿Qué beberemos?" o "¿Con qué nos vestiremos?"** Porque los paganos andan tras todas estas cosas, y el Padre celestial sabe que ustedes las necesitan. Más bien, busquen primeramente el reino de Dios y su justicia, y todas estas cosas les serán añadidas. Por lo tanto, no se angustien por el mañana, el cual tendrá sus propios afanes. Cada día tiene ya sus problemas.» MATEO 6.25–34 ⟳🔑

¿Por qué Jesús quería que dejáramos de preocuparnos? ¿De qué forma ser libres de la preocupación demuestra nuestra confianza en la provisión y el cuidado de Dios?

Tras la muerte de Jesús en la cruz, él regresó de nuevo al cielo con el Padre. Después, Dios el Espíritu Santo descendió sobre todos los que creyeron en Jesús. El lugar de morada de Dios ya no estaría más en los templos construidos por manos humanas, sino en lo profundo del espíritu de su pueblo. Desde adentro hacia fuera el Espíritu Santo nos habla, ministra, afirma, dirige, desafía y capacita. Con una pluma en la mano, el apóstol Pablo le enseñó a la iglesia que se reunió en Roma acerca de esta gran verdad.

Por tanto, hermanos, tenemos una obligación, pero no es la de vivir conforme a la naturaleza pecaminosa. Porque si ustedes viven conforme a ella, morirán; pero si por medio del Espíritu dan muerte a los malos hábitos del cuerpo, vivirán. ROMANOS 8.12-13

Así mismo, en nuestra debilidad el Espíritu acude a ayudarnos. No sabemos qué pedir, pero el Espíritu mismo intercede por nosotros con gemidos que no pueden expresarse con palabras. Y Dios, que examina los corazones, sabe cuál es la intención del Espíritu, porque el Espíritu intercede por los creyentes conforme a la voluntad de Dios.

Ahora bien, sabemos que Dios dispone todas las cosas para el bien de quienes lo aman, los que han sido llamados de acuerdo con su propósito. Porque a los que Dios conoció de antemano, también los predestinó a ser transformados según la imagen de su Hijo, para que él sea el primogénito entre muchos hermanos. A los que predestinó, también los llamó; a los que llamó, también los justificó; y a los que justificó, también los glorificó.

¿Qué diremos frente a esto? **Si Dios está de nuestra parte, ¿quién puede estar en contra nuestra? El que no escatimó ni a su propio Hijo, sino que lo entregó por todos nosotros, ¿cómo no habrá de darnos generosamente, junto con él, todas las cosas?** ¿Quién acusará a los que Dios ha escogido? Dios es el que justifica. ¿Quién condenará? Cristo Jesús es el que murió, e incluso resucitó, y está a la derecha de Dios e intercede por nosotros. ¿Quién nos apartará del amor de Cristo? ¿La tribulación, o la angustia, la persecución, el hambre, la indigencia, el peligro, o la violencia? Así está escrito:

> «Por tu causa siempre nos llevan a la muerte;
> ¡nos tratan como a ovejas para el matadero!»

Sin embargo, en todo esto somos más que vencedores por medio de aquel que nos amó. Pues estoy convencido de que ni la muerte ni la vida, ni los ángeles ni los demonios, ni lo presente ni lo por venir, ni los poderes, ni lo alto ni lo profundo, ni cosa alguna en toda la creación, podrá apartarnos del amor que Dios nos ha manifestado en Cristo Jesús nuestro Señor.

ROMANOS 8.26–39

¡Qué amor tan increíble siente Dios por su pueblo! En el espíritu de este amor, Santiago, el medio hermano del Señor, les escribió una carta práctica a los primeros discípulos de Jesús. Les recordó que Dios se interesaba y se involucraba en sus vidas cotidianas, aunque ellos también tenían un papel que desempeñar. Como creyentes, podemos reconocer el interés de Dios en nuestra vida,

incluso en tiempos de prueba. Podemos buscar a Dios y pedirle sabiduría. Debemos también tener cuidado de no culparlo de nuestras pruebas y tentaciones, dándonos cuenta de que cada buena dádiva proviene de su mano.

Mientras lees el pasaje de Santiago 1, pregúntate cómo Dios muestra su cuidado y preocupación por nosotros cuando atravesamos temporadas difíciles en la vida.

Santiago, siervo de Dios y del Señor Jesucristo,

a las doce tribus que se hallan dispersas por el mundo:

Saludos.

Hermanos míos, considérense muy dichosos cuando tengan que enfrentarse con diversas pruebas, pues ya saben que la prueba de su fe produce constancia. Y la constancia debe llevar a feliz término la obra, para que sean perfectos e íntegros, sin que les falte nada. Si a alguno de ustedes le falta sabiduría, pídasela a Dios, y él se la dará, pues Dios da a todos generosamente sin menospreciar a nadie. Pero que pida con fe, sin dudar, porque quien duda es como las olas del mar, agitadas y llevadas de un lado a otro por el viento. Quien es así no piense que va a recibir cosa alguna del Señor; es indeciso e inconstante en todo lo que hace.

El hermano de condición humilde debe sentirse orgulloso de su alta dignidad, y el rico, de su humilde condición. El rico pasará como la flor del campo. El sol, cuando sale, seca la planta con su calor abrasador. A ésta se le cae la flor y pierde su belleza. Así se marchitará también el rico en todas sus empresas.

Dichoso el que resiste la tentación porque, al salir aprobado, recibirá la corona de la vida que Dios ha prometido a quienes lo aman.

Que nadie, al ser tentado, diga: «Es Dios quien me tienta.» Porque Dios no puede ser tentado por el mal, ni tampoco tienta él a nadie. Todo lo contrario, cada uno es tentado cuando sus propios malos deseos lo arrastran y seducen. Luego, cuando el deseo ha concebido, engendra el pecado; y el pecado, una vez que ha sido consumado, da a luz la muerte.

Mis queridos hermanos, no se engañen. Toda buena dádiva y todo don perfecto descienden de lo alto, donde está el Padre que

creó las lumbreras celestes, y que no cambia como los astros ni se mueve como las sombras. Por su propia voluntad nos hizo nacer mediante la palabra de verdad, para que fuéramos como los primeros y mejores frutos de su creación. SANTIAGO 1.1–18

LO QUE CREEMOS

El Dios de la Biblia es el único Dios verdadero y es todopoderoso y omnisciente. Mientras leemos las páginas de la Biblia, descubrimos una y otra vez que Dios es bueno. Su sentir y sus intenciones con respecto a nosotros se basan siempre en lo que es correcto, justo y bueno. Él también está llevando a cabo su grandioso y buen plan para restaurar su visión original de estar con nosotros, en comunidad. Y se involucra en cada detalle de nuestra vida individual. Su plan nos ofrece esperanza, prosperidad y un futuro. En conclusión: Dios se interesa por nosotros. Cuando entendemos esta creencia básica no solo en nuestra mente, sino también en nuestro corazón, somos capaces de vivir cada día con gozo, esperanza y una gran confianza.

CAPÍTULO

3

Salvación

─────────── PREGUNTA CLAVE ───────────

¿Cómo tengo una relacion con Dios?

─────────── IDEA CLAVE ───────────

Creo que una persona obtiene una buena relación con Dios
por la gracia divina mediante la fe en Jesucristo.

─────────── VERSÍCULO CLAVE ───────────

Porque por gracia ustedes han sido salvados mediante la fe;
esto no procede de ustedes, sino que es el regalo de Dios,
no por obras, para que nadie se jacte.
—*Efesios 2.8–9*

NUESTRO MAPA

Hasta el momento hemos aprendido que el Dios de la Biblia es el único Dios verdadero: Padre, Hijo y Espíritu Santo. También hemos aprendido que no es una deidad distante, desinteresada de nuestro mundo y nuestra vida. Él es un Dios personal y está cerca. Es completamente bueno. Tiene un plan y un propósito para nuestra vida. Y se preocupa profundamente por nosotros. Ahora, vamos a considerar la que puede ser la pregunta más importante de todas: «¿Cómo tengo una relación con Dios?».

En este capítulo, estaremos leyendo un conjunto de pasajes de las Escrituras sobre la salvación que nos cuentan la más grande historia de amor que haya existido:

- El problema: no nacimos disfrutando de una relación con Dios.
- La solución: hay solo una solución y nuestro Dios la proveyó.
- El resultado: una relación eterna con nuestro amoroso Dios.

EL PROBLEMA: NO NACIMOS DISFRUTANDO DE UNA RELACIÓN CON DIOS

Satanás, el gran engañador, se disfrazó de serpiente, una de las criaturas buenas de Dios, y se dispuso a engañar a Adán y Eva para que desobedecieran a su Dios bueno y compasivo. Después de crear a Adán y Eva, Dios les había dicho que no comieran del fruto de cierto árbol que se hallaba en el jardín de Edén. Sin embargo, Satanás sugirió que no estaba siendo honesto al advertirles de los resultados de comer el fruto prohibido. La artimaña del gran engañador tuvo éxito, de modo que Adán y Eva rechazaron voluntariamente a Dios y su promesa de vida juntos en el huerto.

Las consecuencias de la rebelión de Adán y Eva se trasmitieron a su descendencia, y luego una y otra vez a cada generación a partir de entonces. Todo ser humano que nace recibe este «virus» en la concepción y después actúa según esa naturaleza a lo largo de su vida. La Biblia le llama a esto pecado. El mismo crea muerte, tanto muerte física en nuestro cuerpo como la muerte espiritual debido a la separación de Dios.

⚬—ᴮ Dios el Señor plantó un jardín al oriente del Edén, y allí puso al hombre que había formado. Dios el Señor hizo que creciera toda clase de árboles hermosos, los cuales daban frutos buenos y apetecibles. En medio del jardín hizo crecer el árbol de la vida y también el árbol del conocimiento del bien y del mal. Génesis 2.8–9

Dios el Señor tomó al hombre y lo puso en el jardín del Edén para que lo cultivara y lo cuidara, y le dio este mandato: «Puedes comer de todos los árboles del jardín, pero del árbol del conocimiento del bien y del mal no deberás comer. El día que de él comas, ciertamente morirás.» Génesis 2.15–17

La serpiente era más astuta que todos los animales del campo que Dios el Señor había hecho, así que le preguntó a la mujer:

—¿Es verdad que Dios les dijo que no comieran de ningún árbol del jardín?

—Podemos comer del fruto de todos los árboles —respondió la mujer—. Pero, en cuanto al fruto del árbol que está en medio del jardín, Dios nos ha dicho: "No coman de ese árbol, ni lo toquen; de lo contrario, morirán."

Pero la serpiente le dijo a la mujer:

—¡No es cierto, no van a morir! Dios sabe muy bien que, cuando coman de ese árbol, se les abrirán los ojos y llegarán a ser como Dios, conocedores del bien y del mal.

La mujer vio que el fruto del árbol era bueno para comer, y que tenía buen aspecto y era deseable para adquirir sabiduría, así que tomó de su fruto y comió. Luego le dio a su esposo, y también él comió. En ese momento se les abrieron los ojos, y tomaron conciencia de su desnudez. Por eso, para cubrirse entretejieron hojas de higuera.

Cuando el día comenzó a refrescar, oyeron el hombre y la mujer que Dios el Señor andaba recorriendo el jardín; entonces corrieron a esconderse entre los árboles, para que Dios no los viera. Pero Dios el Señor llamó al hombre y le dijo:

—¿Dónde estás?

El hombre contestó:

—Escuché que andabas por el jardín, y tuve miedo porque estoy desnudo. Por eso me escondí.

—¿Y quién te ha dicho que estás desnudo? —le preguntó Dios—. ¿Acaso has comido del fruto del árbol que yo te prohibí comer?

Él respondió:

—La mujer que me diste por compañera me dio de ese fruto, y yo lo comí.

Entonces Dios el Señor le preguntó a la mujer:

—¿Qué es lo que has hecho?

—La serpiente me engañó, y comí —contestó ella.

Dios el Señor dijo entonces a la serpiente:

«Por causa de lo que has hecho,
    ¡maldita serás entre todos los animales,
    tanto domésticos como salvajes!
Te arrastrarás sobre tu vientre,
    y comerás polvo todos los días de tu vida.
Pondré enemistad entre tú y la mujer,
    y entre tu simiente y la de ella;
su simiente te aplastará la cabeza,
    pero tú le morderás el talón.»

A la mujer le dijo:

«Multiplicaré tus dolores en el parto,
    y darás a luz a tus hijos con dolor.
Desearás a tu marido,
    y él te dominará.»

Al hombre le dijo:

«Por cuanto le hiciste caso a tu mujer,
    y comiste del árbol del que te prohibí comer,
    ¡maldita será la tierra por tu culpa!
Con penosos trabajos comerás de ella
    todos los días de tu vida.
La tierra te producirá cardos y espinas,
    y comerás hierbas silvestres.
Te ganarás el pan con el sudor de tu frente,
    hasta que vuelvas a la misma tierra
    de la cual fuiste sacado.
Porque polvo eres,
    y al polvo volverás.»

El hombre llamó Eva a su mujer, porque ella sería la madre de todo ser viviente. Dios el Señor hizo ropa de pieles para el hombre y su mujer, y los vistió. Y dijo: «El ser humano ha llegado a ser como uno de nosotros, pues tiene conocimiento del bien y del mal. No vaya a ser que extienda su mano y también tome del fruto del árbol de la vida, y lo coma y viva para siempre.» **Entonces Dios el Señor expulsó al ser humano del jardín del Edén, para que trabajara la tierra de la cual había sido hecho. Luego de expulsarlo, puso al oriente del jardín del Edén a los querubines, y una espada ardiente que se movía por todos lados, para custodiar el camino que lleva al árbol de la vida.** Génesis 3.1–24 ⚷

¿Cómo describirías la vida de Adán y Eva en el jardín
con Dios antes de que lo desobedecieran?
¿Cómo fue la vida para ellos después de eso?
¿Cómo cambia tu vida cuando desobedeces a Dios?

La solución: hay solo una solución y nuestro Dios la proveyó

Cuando Adán y Eva pecaron, Dios se puso en acción para volver a restaurar a las personas a una relación con él. Cuando reemplazó sus vestidos de hojas de higuera por pieles de animales, estaba señalando algo importante: que sería necesaria la sangre de otro para cubrir los pecados de la humanidad. El plan de Dios comenzó con la creación de una nueva nación mediante la cual se revelaría a sí mismo y también daría a conocer su plan para restaurar a la humanidad. Durante más de 1600 años cada historia bíblica del pueblo escogido de Israel señalaba la llegada de la solución.

Uno de los primeros ejemplos de este «cubrimiento con la sangre» tuvo lugar cuando Dios se estaba preparando para liberar a Israel luego de 400 años de cautividad en Egipto. El Señor escogió a Moisés como su mensajero ante faraón a fin de demandarle que liberara al pueblo de Dios de la esclavitud y le permitiera tomar posesión de la tierra prometida. Sin embargo, el faraón endureció su corazón y no dejó que el pueblo se fuera. Para que el faraón entendiera y creyera en el poder divino, Dios envió diez plagas brutales sobre Egipto y su gente. La plaga décima y final

*presagió la solución suprema para liberar a la humanidad de la
esclavitud del pecado.*

El Señor le dijo a Moisés: «Voy a traer una plaga más sobre el
faraón y sobre Egipto. Después de eso, dejará que se vayan. Y cuando
lo haga, los echará de aquí para siempre. Habla con el pueblo y diles
que todos ellos, hombres y mujeres, deben pedirles a sus vecinos y
vecinas objetos de oro y de plata.»

El Señor hizo que los egipcios vieran con buenos ojos a los israelitas. Además, en todo Egipto Moisés mismo era altamente respetado por los funcionarios del faraón y por el pueblo.

Moisés anunció: «Así dice el Señor: "Hacia la medianoche pasaré por todo Egipto, y todo primogénito egipcio morirá: desde el primogénito del faraón que ahora ocupa el trono hasta el primogénito
de la esclava que trabaja en el molino, lo mismo que todo primogénito del ganado. En todo Egipto habrá grandes lamentos, como no los
ha habido ni volverá a haberlos. Pero entre los israelitas, ni los perros
le ladrarán a persona o animal alguno. Así sabrán que el Señor hace
distinción entre Egipto e Israel. Todos estos funcionarios tuyos vendrán a verme, y de rodillas me suplicarán: '¡Vete ya, con todo el pueblo que te sigue!' Cuando esto suceda, me iré."»

Y ardiendo de ira, salió Moisés de la presencia del faraón, aunque
ya el Señor le había advertido a Moisés que el faraón no les iba a
hacer caso, y que tenía que ser así para que las maravillas del Señor
se multiplicaran en Egipto.

Moisés y Aarón realizaron ante el faraón todas estas maravillas;
pero el Señor endureció el corazón del faraón, y éste no dejó salir de
su país a los israelitas.

En Egipto el Señor habló con Moisés y Aarón. Les dijo: «Este mes
será para ustedes el más importante, pues será el primer mes del año.
Hablen con toda la comunidad de Israel, y díganles que el día décimo
de este mes todos ustedes tomarán un cordero por familia, uno por
cada casa. Si alguna familia es demasiado pequeña para comerse un
cordero entero, deberá compartirlo con sus vecinos más cercanos,
teniendo en cuenta el número de personas que sean y las raciones de
cordero que se necesiten, según lo que cada persona haya de comer.
El animal que se escoja puede ser un cordero o un cabrito de un año
y sin defecto, al que cuidarán hasta el catorce del mes, día en que la
comunidad de Israel en pleno lo sacrificará al caer la noche. Tomarán

luego un poco de sangre y la untarán en los dos postes y en el dintel de la puerta de la casa donde coman el cordero. Deberán comer la carne esa misma noche, asada al fuego y acompañada de hierbas amargas y pan sin levadura. No deberán comerla cruda ni hervida, sino asada al fuego, junto con la cabeza, las patas y los intestinos. Y no deben dejar nada. En caso de que algo quede, lo quemarán al día siguiente. Comerán el cordero de este modo: con el manto ceñido a la cintura, con las sandalias puestas, con la vara en la mano, y de prisa. Se trata de la Pascua del Señor.

»Esa misma noche pasaré por todo Egipto y heriré de muerte a todos los primogénitos, tanto de personas como de animales, y ejecutaré mi sentencia contra todos los dioses de Egipto. Yo soy el Señor. La sangre servirá para señalar las casas donde ustedes se encuentren, pues al verla pasaré de largo. Así, cuando hiera yo de muerte a los egipcios, no los tocará a ustedes ninguna plaga destructora.

Éxodo 11.1—12.13

¿Cuáles son las similitudes entre el cordero sacrificado y el sacrificio de Jesús? ¿Qué tipo de «Pascua» ha provocado la aplicación de la sangre de Jesús a nuestras vidas?

Convocó entonces Moisés a todos los ancianos israelitas, y les dijo: «Vayan en seguida a sus rebaños, escojan el cordero para sus respectivas familias, y mátenlo para celebrar la Pascua. Tomen luego un manojo de hisopo, mójenlo en la sangre recogida en la palangana, unten de sangre el dintel y los dos postes de la puerta, ¡y no salga ninguno de ustedes de su casa hasta la mañana siguiente! Cuando el Señor pase por el país para herir de muerte a los egipcios, verá la sangre en el dintel y en los postes de la puerta, y pasará de largo por esa casa. No permitirá el Señor que el ángel exterminador entre en las casas de ustedes y los hiera.

»Obedezcan estas instrucciones. Será una ley perpetua para ustedes y para sus hijos. Cuando entren en la tierra que el Señor ha prometido darles, ustedes seguirán celebrando esta ceremonia. Y cuando sus hijos les pregunten: "¿Qué significa para ustedes esta ceremonia?", les responderán: "Este sacrificio es la Pascua del Señor, que en Egipto pasó de largo por las casas israelitas. Hirió de muerte a los egipcios, pero a nuestras familias les salvó la vida."»

Al oír esto, los israelitas se inclinaron y adoraron al SEÑOR, y fueron y cumplieron al pie de la letra lo que el SEÑOR les había ordenado a Moisés y a Aarón.

A medianoche el SEÑOR hirió de muerte a todos los primogénitos egipcios, desde el primogénito del faraón en el trono hasta el primogénito del preso en la cárcel, así como a las primeras crías de todo el ganado. Todos en Egipto se levantaron esa noche, lo mismo el faraón que sus funcionarios, y hubo grandes lamentos en el país. No había una sola casa egipcia donde no hubiera algún muerto.

Esa misma noche mandó llamar el faraón a Moisés y a Aarón, y les ordenó: «¡Largo de aquí! ¡Aléjense de mi pueblo ustedes y los israelitas! ¡Vayan a adorar al SEÑOR, como lo han estado pidiendo!

ÉXODO 12.21–31

Unos 700 años después del éxodo y 700 años antes del nacimiento de Jesús, Dios inspiró al profeta Isaías a fin de que hablara por él. La siguiente profecía acerca del «siervo sufriente» del Señor lleva el concepto del sacrificio de sangre, o la expiación sustitutoria, a un nuevo nivel. Esta parte de las Escrituras, la cual se cita con más frecuencia en el Nuevo Testamento que ningún otro pasaje del Antiguo Testamento, también pronostica la misión de aquel que proveería el camino para que nuestros pecados fueran perdonados.

Rememorando los detalles acerca de los días que Jesús
pasó en la tierra, busca similitudes entre ese tiempo
y la profecía de Isaías sobre el «siervo sufriente».

Miren, mi siervo triunfará;
    será exaltado, levantado y muy enaltecido.
Muchos se asombraron de él,
    pues tenía desfigurado el semblante;
    ¡nada de humano tenía su aspecto!
Del mismo modo, muchas naciones se asombrarán,
    y en su presencia enmudecerán los reyes,
porque verán lo que no se les había anunciado,
    y entenderán lo que no habían oído.

¿Quién ha creído a nuestro mensaje

y a quién se le ha revelado el poder del Señor?
Creció en su presencia como vástago tierno,
como raíz de tierra seca.
No había en él belleza ni majestad alguna;
su aspecto no era atractivo
y nada en su apariencia lo hacía deseable.
Despreciado y rechazado por los hombres,
varón de dolores, hecho para el sufrimiento.
Todos evitaban mirarlo;
fue despreciado, y no lo estimamos.

Ciertamente él cargó con nuestras enfermedades
y soportó nuestros dolores,
pero nosotros lo consideramos herido,
golpeado por Dios, y humillado.
Él fue traspasado por nuestras rebeliones,
y molido por nuestras iniquidades;
sobre él recayó el castigo, precio de nuestra paz,
y gracias a sus heridas fuimos sanados.
Todos andábamos perdidos, como ovejas;
cada uno seguía su propio camino,
pero el Señor hizo recaer sobre él
la iniquidad de todos nosotros.
Maltratado y humillado,
ni siquiera abrió su boca;
como cordero, fue llevado al matadero;
como oveja, enmudeció ante su trasquilador;
y ni siquiera abrió su boca.
Después de aprehenderlo y juzgarlo, le dieron muerte;
nadie se preocupó de su descendencia.
Fue arrancado de la tierra de los vivientes,
y golpeado por la transgresión de mi pueblo.
Se le asignó un sepulcro con los malvados,
y murió entre los malhechores,
aunque nunca cometió violencia alguna,
ni hubo engaño en su boca.   Isaías 52.13—53.12

La solución final de Dios a nuestro problema de la separación de
él se demostró de manera conmovedora y se predijo de forma
gráfica a través de los cientos de años de la historia judía. Cuando

Dios perdonó a los israelitas a través del sacrificio de sus corderos pascuales, su punto fue ineludible. Cuando Isaías profetizó que uno sería «traspasado por nuestras rebeliones» y «molido por nuestras iniquidades», la identidad del siervo sufriente fue innegable. El ritual y la profecía se cumplieron cuando Jesús el Mesías fue crucificado en una cruz por los pecados de la humanidad. El plan de Dios, puesto en marcha en el jardín del Edén, había finalizado.

Después de exponer todas estas cosas, Jesús les dijo a sus discípulos: «Como ya saben, faltan dos días para la Pascua, y el Hijo del hombre será entregado para que lo crucifiquen.»

Se reunieron entonces los jefes de los sacerdotes y los ancianos del pueblo en el palacio de Caifás, el sumo sacerdote, y con artimañas buscaban cómo arrestar a Jesús para matarlo.   MATEO 26.1–4

Los soldados del gobernador llevaron a Jesús al palacio y reunieron a toda la tropa alrededor de él. Le quitaron la ropa y le pusieron un manto de color escarlata. Luego trenzaron una corona de espinas y se la colocaron en la cabeza, y en la mano derecha le pusieron una caña. Arrodillándose delante de él, se burlaban diciendo:

—¡Salve, rey de los judíos!

Y le escupían, y con la caña le golpeaban la cabeza. Después de burlarse de él, le quitaron el manto, le pusieron su propia ropa y se lo llevaron para crucificarlo.

Al salir encontraron a un hombre de Cirene que se llamaba Simón, y lo obligaron a llevar la cruz. Llegaron a un lugar llamado Gólgota (que significa «Lugar de la Calavera»). Allí le dieron a Jesús vino mezclado con hiel; pero después de probarlo, se negó a beberlo. Lo crucificaron y repartieron su ropa echando suertes. Y se sentaron a vigilarlo. Encima de su cabeza pusieron por escrito la causa de su condena: «*Éste es Jesús, el Rey de los judíos.*» Con él crucificaron a dos bandidos, uno a su derecha y otro a su izquierda. Los que pasaban meneaban la cabeza y blasfemaban contra él:

—Tú, que destruyes el templo y en tres días lo reconstruyes, ¡sálvate a ti mismo! ¡Si eres el Hijo de Dios, baja de la cruz!

De la misma manera se burlaban de él los jefes de los sacerdotes, junto con los maestros de la ley y los ancianos.

—Salvó a otros —decían—, ¡pero no puede salvarse a sí mismo! ¡Y es el Rey de Israel! Que baje ahora de la cruz, y así creeremos en él.

Él confía en Dios; pues que lo libre Dios ahora, si de veras lo quiere. ¿Acaso no dijo: "Yo soy el Hijo de Dios"? Así también lo insultaban los bandidos que estaban crucificados con él.

Desde el mediodía y hasta la media tarde toda la tierra quedó en oscuridad. Como a las tres de la tarde, Jesús gritó con fuerza: —*Elí, Elí, ¿lama sabactani?* (que significa: "Dios mío, Dios mío, ¿por qué me has desamparado?").

Cuando lo oyeron, algunos de los que estaban allí dijeron: —Está llamando a Elías. Al instante uno de ellos corrió en busca de una esponja. La empapó en vinagre, la puso en una caña y se la ofreció a Jesús para que bebiera. Los demás decían: —Déjalo, a ver si viene Elías a salvarlo.

Entonces Jesús volvió a gritar con fuerza, y entregó su espíritu.

En ese momento la cortina del santuario del templo se rasgó en dos, de arriba abajo. La tierra tembló y se partieron las rocas. Se abrieron los sepulcros, y muchos santos que habían muerto resucitaron. Salieron de los sepulcros y, después de la resurrección de Jesús, entraron en la ciudad santa y se aparecieron a muchos.

Cuando el centurión y los que con él estaban custodiando a Jesús vieron el terremoto y todo lo que había sucedido, quedaron aterrados y exclamaron: —¡Verdaderamente éste era el Hijo de Dios!

Estaban allí, mirando de lejos, muchas mujeres que habían seguido a Jesús desde Galilea para servirle. Entre ellas se encontraban María Magdalena, María la madre de Jacobo y de José, y la madre de los hijos de Zebedeo.

Al atardecer, llegó un hombre rico de Arimatea, llamado José, que también se había convertido en discípulo de Jesús. Se presentó ante Pilato para pedirle el cuerpo de Jesús, y Pilato ordenó que se lo dieran. José tomó el cuerpo, lo envolvió en una sábana limpia y lo puso en un sepulcro nuevo de su propiedad que había cavado en la roca. Luego hizo rodar una piedra grande a la entrada del sepulcro, y se fue. Allí estaban, sentadas frente al sepulcro, María Magdalena y la otra María.

Al día siguiente, después del día de la preparación, los jefes de los sacerdotes y los fariseos se presentaron ante Pilato.

—Señor —le dijeron—, nosotros recordamos que mientras ese engañador aún vivía, dijo: "A los tres días resucitaré." Por eso, ordene usted que se selle el sepulcro hasta el tercer día, no sea que vengan sus discípulos, se roben el cuerpo y le digan al pueblo que ha resucitado. Ese último engaño sería peor que el primero.

—Llévense una guardia de soldados —les ordenó Pilato—, y vayan a asegurar el sepulcro lo mejor que puedan.

Así que ellos fueron, cerraron el sepulcro con una piedra, y lo sellaron; y dejaron puesta la guardia.

Después del sábado, al amanecer del primer día de la semana, María Magdalena y la otra María fueron a ver el sepulcro.

Sucedió que hubo un terremoto violento, porque un ángel del Señor bajó del cielo y, acercándose al sepulcro, quitó la piedra y se sentó sobre ella. Su aspecto era como el de un relámpago, y su ropa era blanca como la nieve. Los guardias tuvieron tanto miedo de él que se pusieron a temblar y quedaron como muertos.

El ángel dijo a las mujeres:

—**No tengan miedo; sé que ustedes buscan a Jesús, el que fue crucificado. No está aquí, pues ha resucitado, tal como dijo. Vengan a ver el lugar donde lo pusieron. Luego vayan pronto a decirles a sus discípulos: "Él se ha levantado de entre los muertos y va delante de ustedes a Galilea. Allí lo verán." Ahora ya lo saben.**

Así que las mujeres se alejaron a toda prisa del sepulcro, asustadas pero muy alegres, y corrieron a dar la noticia a los discípulos. En eso Jesús les salió al encuentro y las saludó. Ellas se le acercaron, le abrazaron los pies y lo adoraron.

—No tengan miedo —les dijo Jesús—. Vayan a decirles a mis hermanos que se dirijan a Galilea, y allí me verán.

MATEO 27.27—28.10 🔑

EL RESULTADO: UNA RELACIÓN ETERNA CON NUESTRO AMOROSO DIOS

A pesar de las increíbles historias que conectan los puntos desde el Mesías prometido hasta la persona de Jesús, la mayoría de los miembros de esta bendita nación de Israel no reconocieron o aceptaron a Jesús como el Salvador del mundo. No reconocieron al que proveería el camino para que nuestros pecados fueran eliminados a fin de que pudiéramos vencer a la muerte, establecer una relación personal con Dios y tener vida eterna. Juan cuenta la historia de un líder religioso judío que se acercó a Jesús de noche para sondear cuál era su verdadera identidad y misión.

Había entre los fariseos un dirigente de los judíos llamado Nicodemo. Éste fue de noche a visitar a Jesús.

—Rabí —le dijo—, sabemos que eres un maestro que ha venido de parte de Dios, porque nadie podría hacer las señales que tú haces si Dios no estuviera con él.

—De veras te aseguro que quien no nazca de nuevo no puede ver el reino de Dios —dijo Jesús.

—¿Cómo puede uno nacer de nuevo siendo ya viejo? —preguntó Nicodemo—. ¿Acaso puede entrar por segunda vez en el vientre de su madre y volver a nacer?

—Yo te aseguro que quien no nazca de agua y del Espíritu, no puede entrar en el reino de Dios —respondió Jesús—. Lo que nace del cuerpo es cuerpo; lo que nace del Espíritu es espíritu. No te sorprendas de que te haya dicho: "Tienen que nacer de nuevo." El viento sopla por donde quiere, y lo oyes silbar, aunque ignoras de dónde viene y a dónde va. Lo mismo pasa con todo el que nace del Espíritu.

Nicodemo replicó:

—¿Cómo es posible que esto suceda?

—Tú eres maestro de Israel, ¿y no entiendes estas cosas? —respondió Jesús—. Te digo con seguridad y verdad que hablamos de lo que sabemos y damos testimonio de lo que hemos visto personalmente, pero ustedes no aceptan nuestro testimonio. Si les he hablado de las cosas terrenales, y no creen, ¿entonces cómo van a creer si les hablo de las celestiales? Nadie ha subido jamás al cielo sino el que descendió del cielo, el Hijo del hombre.

»Como levantó Moisés la serpiente en el desierto, así también tiene que ser levantado el Hijo del hombre, para que todo el que crea en él tenga vida eterna.

»**Porque tanto amó Dios al mundo, que dio a su Hijo unigénito, para que todo el que cree en él no se pierda, sino que tenga vida eterna.** Dios no envió a su Hijo al mundo para condenar al mundo, sino para salvarlo por medio de él. El que cree en él no es condenado, pero el que no cree ya está condenado por no haber creído en el nombre del Hijo unigénito de Dios. Ésta es la causa de la condenación: que la luz vino al mundo, pero la humanidad prefirió las tinieblas a la luz, porque sus hechos eran perversos. Pues todo el que hace lo malo aborrece la luz, y no se acerca a ella por temor a que sus obras queden al descubierto. En cambio, el que practica la verdad se acerca a la luz, para que se vea claramente que ha hecho sus obras en obediencia a Dios.   JUAN 3.1–21

Nicodemo no fue la única persona que oyó y creyó las buenas nuevas de Cristo. Después que Jesús ascendió de nuevo al Padre luego de su resurrección, el Espíritu Santo les fue dado a los discípulos como Jesús había prometido, y la iglesia nació. Pedro salió del aposento alto y dio un poderoso sermón a los miles de personas reunidas en Jerusalén para la fiesta de Pentecostés. Lee con cuidado su reto final y celebra el resultado.

«Por tanto, sépalo bien todo Israel que a este Jesús, a quien ustedes crucificaron, Dios lo ha hecho Señor y Mesías.»

Cuando oyeron esto, todos se sintieron profundamente conmovidos y les dijeron a Pedro y a los otros apóstoles:

—Hermanos, ¿qué debemos hacer?

—Arrepiéntase y bautícese cada uno de ustedes en el nombre de Jesucristo para perdón de sus pecados —les contestó Pedro—, y recibirán el don del Espíritu Santo. En efecto, la promesa es para ustedes, para sus hijos y para todos los extranjeros, es decir, para todos aquellos a quienes el Señor nuestro Dios quiera llamar.

Y con muchas otras razones les exhortaba insistentemente:

—¡Sálvense de esta generación perversa!

Así, pues, los que recibieron su mensaje fueron bautizados, y aquel día se unieron a la iglesia unas tres mil personas.

                                        HECHOS 2.36–41

En su carta a la iglesia en Roma, el apóstol Pablo, a quien Dios llamó para que le contara estas buenas noticias al resto del mundo, refuerza aun más lo que debemos hacer para recibir este regalo de gracia.

Por medio de un solo hombre el pecado entró en el mundo, y por medio del pecado entró la muerte; fue así como la muerte pasó a toda la humanidad, porque todos pecaron. Antes de promulgarse la ley, ya existía el pecado en el mundo. Es cierto que el pecado no se toma en cuenta cuando no hay ley; sin embargo, desde Adán hasta Moisés la muerte reinó, incluso sobre los que no pecaron quebrantando un mandato, como lo hizo Adán, quien es figura de aquel que había de venir.

Pero la transgresión de Adán no puede compararse con la gracia de Dios. Pues si por la transgresión de un solo hombre murieron todos, ¡cuánto más el don que vino por la gracia de un solo hombre, Jesucristo, abundó para todos! Tampoco se puede comparar la dádiva de Dios con las consecuencias del pecado de Adán. El juicio que lleva a la condenación fue resultado de un solo pecado, pero la dádiva que lleva a la justificación tiene que ver con una multitud de transgresiones. **Pues si por la transgresión de un solo hombre reinó la muerte, con mayor razón los que reciben en abundancia la gracia y el don de la justicia reinarán en vida por medio de un solo hombre, Jesucristo.**

Por tanto, así como una sola transgresión causó la condenación de todos, también un solo acto de justicia produjo la justificación que da vida a todos. Porque así como por la desobediencia de uno solo muchos fueron constituidos pecadores, también por la obediencia de uno solo muchos serán constituidos justos.

En lo que atañe a la ley, ésta intervino para que aumentara la transgresión. Pero allí donde abundó el pecado, sobreabundó la gracia, a fin de que, así como reinó el pecado en la muerte, reine también la gracia que nos trae justificación y vida eterna por medio de Jesucristo nuestro Señor. ROMANOS 5.12-21

Hermanos, el deseo de mi corazón, y mi oración a Dios por los israelitas, es que lleguen a ser salvos. Puedo declarar en favor de ellos que muestran celo por Dios, pero su celo no se basa en el conocimiento. No conociendo la justicia que proviene de Dios, y procurando establecer la suya propia, no se sometieron a la justicia de Dios. De hecho, Cristo es el fin de la ley, para que todo el que cree reciba la justicia.

Así describe Moisés la justicia que se basa en la ley: «Quien practique estas cosas vivirá por ellas.» Pero la justicia que se basa en la fe afirma: «No digas en tu corazón: "¿Quién subirá al cielo?" (es decir, para hacer bajar a Cristo), o "¿Quién bajará al abismo?"» (es decir, para hacer subir a Cristo de entre los muertos). ¿Qué afirma entonces? «La palabra está cerca de ti; la tienes en la boca y en el corazón.» Ésta es la palabra de fe que predicamos: que **si confiesas con tu boca que Jesús es el Señor, y crees en tu corazón que Dios lo levantó de entre los muertos, serás salvo. Porque con el corazón se cree para ser justificado, pero con la boca se confiesa para ser salvo.** Así dice la Escritura: «Todo el que confíe en él no será jamás defraudado.» No hay diferencia entre judíos y gentiles, pues el mismo Señor es Señor de todos y bendice abundantemente a cuantos lo invocan, porque «todo el que invoque el nombre del Señor será salvo».

ROMANOS 10.1–13

¿Por qué es importante tanto creer en nuestro corazón como confesar con nuestra boca que Jesús es el Señor?

El apóstol Pablo inició su carta a la iglesia de Éfeso con la declaración de que Dios había logrado el resultado deseado de proveerle a la humanidad un camino a la salvación. Mientras lees estas hermosas palabras, celebra en tu corazón que el único y verdadero Dios personal del universo quiere tener una relación contigo.

Alabado sea Dios, Padre de nuestro Señor Jesucristo, que nos ha bendecido en las regiones celestiales con toda bendición espiritual en Cristo. Dios nos escogió en él antes de la creación del mundo, para que seamos santos y sin mancha delante de él. En amor nos predestinó para ser adoptados como hijos suyos por medio de Jesucristo, según el buen propósito de su voluntad, para alabanza de su gloriosa gracia, que nos concedió en su Amado. **En él tenemos la redención mediante su sangre, el perdón de nuestros pecados, conforme a las riquezas de la gracia que Dios nos dio en abundancia con toda sabiduría y entendimiento.** Él nos hizo conocer el misterio de su voluntad conforme al buen propósito que de antemano estableció en Cristo, para llevarlo a cabo cuando se cumpliera el tiempo: reunir en él todas las cosas, tanto las del cielo como las de la tierra.

En Cristo también fuimos hechos herederos, pues fuimos predestinados según el plan de aquel que hace todas las cosas conforme al designio de su voluntad, a fin de que nosotros, que ya hemos puesto nuestra esperanza en Cristo, seamos para alabanza de su gloria. En él también ustedes, cuando oyeron el mensaje de la verdad, el evangelio que les trajo la salvación, y lo creyeron, fueron marcados con el sello que es el Espíritu Santo prometido. Éste garantiza nuestra herencia hasta que llegue la redención final del pueblo adquirido por Dios, para alabanza de su gloria. EFESIOS 1.3–14

¿Puedes señalar un instante o una secuencia de momentos
en el tiempo en los que fuiste conciente de que Cristo murió
por ti? ¿Cómo podrías describir ese proceso?

LO QUE CREEMOS

*Antes de la creación del mundo, Dios tenía un plan B listo para
que la humanidad tuviera una relación con él. Por supuesto, ese
plan B fue necesario cuando Adán y Eva comieron el fruto prohibido, dando lugar así al pecado y la muerte para todos. Sin
embargo, gracias al sacrificio de la segunda persona de la Trinidad —el Hijo— se proveyó el camino para regresar a Dios por
medio de la fe en Cristo. Si creemos esta verdad, no solo en
nuestra mente, sino también en nuestro corazón, y la confesamos
con nuestra boca, seremos salvos.*

CAPÍTULO

4

La Biblia

PREGUNTA CLAVE

¿Cómo conozco a Dios y su voluntad para mi vida?

IDEA CLAVE

Creo que la Biblia es la Palabra de Dios inspirada y tiene derecho a dictar mi creencia y conducta.

VERSÍCULO CLAVE

Toda la Escritura es inspirada por Dios y útil para enseñar, para reprender, para corregir y para instruir en la justicia, a fin de que el siervo de Dios esté enteramente capacitado para toda buena obra.
—*2 Timoteo 3.16–17*

NUESTRO MAPA

¿Cómo conocemos a Dios? ¿Cómo entendemos y vemos el mundo en el que vivimos? ¿Cómo comprendemos de dónde venimos y por qué estamos aquí? ¿Cómo sabemos de qué modo terminará finalmente esta historia? La respuesta es profunda: Dios se revela a sí mismo y su gran plan para nosotros. Nuestro papel es escuchar y creer.

Solo observando a la naturaleza y el mundo que nos rodea podemos concluir que hay un Dios. Sin embargo, ¿cómo aprendemos acerca de este Dios? ¿Cómo llegamos a una relación plena con él? ¿Cuáles son sus planes y propósitos para nosotros? ¿Cuáles son los principios según los cuales desea que vivamos para que nos guíen a su verdad? Las respuestas a todas estas preguntas se encuentran en la revelación de Dios para nosotros: la Biblia.

En este capítulo leeremos algunos de los mensajes de Dios que se hallan en las Escrituras, los cuales nos revelan con claridad su voluntad y muestran por qué la Biblia tiene tal poder para los cristianos.

- Dios habla.
- La autoridad de la Escrituras.
- El propósito de las Escrituras.

DIOS HABLA

La Biblia narra repetidamente que Dios se comunicó con su pueblo en momentos específicos con mensajes específicos. En algunos casos, como en el de Moisés y la zarza ardiente, habló de forma audible. En otras ocasiones lo hizo a través de sueños o visiones, o impresiones menos directas. No obstante, las palabras del Señor siempre le fueron dadas a su pueblo a fin de revelar su plan para ellos y luego registradas en las Escrituras para el beneficio de toda la humanidad. Dios reveló su historia en la Biblia porque nos ama.

Un día en que Moisés estaba cuidando el rebaño de Jetro, su suegro, que era sacerdote de Madián, llevó las ovejas hasta el otro extremo del desierto y llegó a Horeb, la montaña de Dios. Estando allí, el ángel del SEÑOR se le apareció entre las llamas de una zarza ardiente. Moisés notó que la zarza estaba envuelta en llamas, pero que no se consumía, así que pensó: «¡Qué increíble! Voy a ver por qué no se consume la zarza.»

Cuando el Señor vio que Moisés se acercaba a mirar, lo llamó desde la zarza:

—¡Moisés, Moisés!

—Aquí me tienes —respondió.

—No te acerques más —le dijo Dios—. Quítate las sandalias, porque estás pisando tierra santa. Yo soy el Dios de tu padre. Soy el Dios de Abraham, de Isaac y de Jacob.

Al oír esto, Moisés se cubrió el rostro, pues tuvo miedo de mirar a Dios. Pero el Señor siguió diciendo:

—Ciertamente he visto la opresión que sufre mi pueblo en Egipto. Los he escuchado quejarse de sus capataces, y conozco bien sus penurias. Así que he descendido para librarlos del poder de los egipcios y sacarlos de ese país, para llevarlos a una tierra buena y espaciosa, tierra donde abundan la leche y la miel. Me refiero al país de los cananeos, hititas, amorreos, ferezeos, heveos y jebuseos. Han llegado a mis oídos los gritos desesperados de los israelitas, y he visto también cómo los oprimen los egipcios. Así que dispónte a partir. Voy a enviarte al faraón para que saques de Egipto a los israelitas, que son mi pueblo.

Pero Moisés le dijo a Dios:

—¿Y quién soy yo para presentarme ante el faraón y sacar de Egipto a los israelitas?

—Yo estaré contigo —le respondió Dios—. Y te voy a dar una señal de que soy yo quien te envía: Cuando hayas sacado de Egipto a mi pueblo, todos ustedes me rendirán culto en esta montaña.

Pero Moisés insistió:

—Supongamos que me presento ante los israelitas y les digo: "El Dios de sus antepasados me ha enviado a ustedes." ¿Qué les respondo si me preguntan: "¿Y cómo se llama?"

—*Yo soy el que soy* —respondió Dios a Moisés—. Y esto es lo que tienes que decirles a los israelitas: "*Yo soy* me ha enviado a ustedes."

Además, Dios le dijo a Moisés:

—Diles esto a los israelitas: "El Señor, el Dios de sus antepasados, el Dios de Abraham, de Isaac y de Jacob, me ha enviado a ustedes. Éste es mi nombre eterno; éste es mi nombre por todas las generaciones." Y tú, anda y reúne a los ancianos de Israel, y diles: "El Señor, el Dios de sus antepasados, el Dios de Abraham, de Isaac y de Jacob, se me apareció y me dijo: 'Yo he estado pendiente de ustedes. He visto cómo los han maltratado en Egipto. Por eso me propongo sacarlos de su opresión en Egipto y llevarlos al país de los cananeos, hititas, amorreos, ferezeos, heveos y jebuseos. ¡Es una tierra donde abundan la leche y la miel!' " Los ancianos de Israel te harán caso. Entonces ellos y tú se presentarán ante el rey de Egipto y le dirán: "El Señor, Dios de los hebreos, ha venido a nuestro encuentro. Déjanos hacer un viaje de tres días al desierto, para ofrecerle sacrificios al Señor nuestro Dios." Yo sé bien que el rey de Egipto no va a dejarlos ir, a no ser por la fuerza. Entonces manifestaré mi poder y heriré de muerte a los egipcios con todas las maravillas que realizaré entre ellos. Después de eso el faraón los dejará ir. Pero yo haré que este pueblo se gane la simpatía de los egipcios, de modo que cuando ustedes salgan de Egipto no se vayan con las manos vacías. Toda mujer israelita le pedirá a su vecina, y a cualquier otra mujer que viva en su casa, objetos de oro y de plata, y ropa para vestir a sus hijos y a sus hijas. Así despojarán ustedes a los egipcios. Moisés volvió a preguntar:

—¿Y qué hago si no me creen ni me hacen caso? ¿Qué hago si me dicen: "El Señor no se te ha aparecido"?

—¿Qué tienes en la mano? —preguntó el Señor.

—Una vara —respondió Moisés.

—Déjala caer al suelo —ordenó el Señor.

Moisés la dejó caer al suelo, y la vara se convirtió en una serpiente. Moisés trató de huir de ella, pero el Señor le mandó que la agarrara por la cola. En cuanto Moisés agarró la serpiente, ésta se convirtió en una vara en sus propias manos.

—Esto es para que crean que yo el Señor, el Dios de sus padres, Dios de Abraham, de Isaac y de Jacob, me he aparecido a ti. Y ahora —ordenó el Señor—, ¡llévate la mano al pecho!

Moisés se llevó la mano al pecho y, cuando la sacó, la tenía toda cubierta de lepra y blanca como la nieve.

—¡Llévatela otra vez al pecho! —insistió el Señor.

Moisés se llevó de nuevo la mano al pecho y, cuando la sacó, la tenía tan sana como el resto de su cuerpo.

—Si con la primera señal milagrosa no te creen ni te hacen caso —dijo el Señor—, tal vez te crean con la segunda. Pero si no te creen ni te hacen caso después de estas dos señales, toma agua del Nilo y derrámala en el suelo. En cuanto el agua del río toque el suelo, se convertirá en sangre.

—Señor, yo nunca me he distinguido por mi facilidad de palabra —objetó Moisés—. Y esto no es algo que haya comenzado ayer ni anteayer, ni hoy que te diriges a este servidor tuyo. Francamente, me cuesta mucho trabajo hablar.

—¿Y quién le puso la boca al hombre? —le respondió el SEÑOR—. ¿Acaso no soy yo, el SEÑOR, quien lo hace sordo o mudo, quien le da la vista o se la quita? Anda, ponte en marcha, que yo te ayudaré a hablar y te diré lo que debas decir.

—SEÑOR —insistió Moisés—, te ruego que envíes a alguna otra persona.

Entonces el SEÑOR ardió en ira contra Moisés y le dijo:

—¿Y qué hay de tu hermano Aarón, el levita? Yo sé que él es muy elocuente. Además, ya ha salido a tu encuentro, y cuando te vea se le alegrará el corazón. Tú hablarás con él y le pondrás las palabras en la boca; yo los ayudaré a hablar, a ti y a él, y les enseñaré lo que tienen que hacer. Él hablará por ti al pueblo, como si tú mismo le hablaras, y tú le hablarás a él por mí, como si le hablara yo mismo. Pero no te olvides de llevar contigo esta vara, porque con ella harás señales milagrosas. ÉXODO 3.1—4.17

¿Qué podemos aprender sobre el carácter de Dios a partir de la historia de Moisés y la zarza ardiente? ¿Cómo reaccionó Moisés ante esta comunicación directa de Dios? ¿Cómo responderías tú en una situación similar?

El Señor habló principalmente a través de los profetas en el Antiguo Testamento y mediante Jesús y los apóstoles en el Nuevo Testamento. Tras la muerte de Jesús en la cruz y su milagrosa resurrección, dos de sus seguidores caminaban por el camino que va de Jerusalén a Emaús. Jesús se acercó y comenzó a caminar y hablar con ellos acerca de su identidad, aunque no se les concedió reconocerlo al principio. Poco después, Jesús se les apareció de nuevo una vez más cuando ya se habían reunido con los discípulos. Resulta significativo que a fin de probarles que él era el Mesías, les relató historias de los libros del Antiguo Testamento a los que llamó Escrituras, lo cual significa que Jesús entendía que estos escritos estaban inspirados por Dios.

Entonces, comenzando por Moisés y por todos los profetas, [Jesús] explicó lo que se refería a él en todas las Escrituras.

Al acercarse al pueblo adonde se dirigían, Jesús hizo como que iba más lejos. Pero ellos insistieron:

—Quédate con nosotros, que está atardeciendo; ya es casi de noche.

Así que entró para quedarse con ellos. Luego, estando con ellos a la mesa, tomó el pan, lo bendijo, lo partió y se lo dio. Entonces se les abrieron los ojos y lo reconocieron, pero él desapareció. Se decían el uno al otro:

—**¿No ardía nuestro corazón mientras conversaba con nosotros en el camino y nos explicaba las Escrituras?**

Al instante se pusieron en camino y regresaron a Jerusalén. Allí encontraron a los once y a los que estaban reunidos con ellos. «¡Es cierto! —decían—. El Señor ha resucitado y se le ha aparecido a Simón.»

Los dos, por su parte, contaron lo que les había sucedido en el camino, y cómo habían reconocido a Jesús cuando partió el pan.

Todavía estaban ellos hablando acerca de esto, cuando Jesús mismo se puso en medio de ellos y les dijo:

—Paz a ustedes.

Aterrorizados, creyeron que veían a un espíritu.

—¿Por qué se asustan tanto? —les preguntó—. ¿Por qué les vienen dudas? Miren mis manos y mis pies. ¡Soy yo mismo! Tóquenme y vean; un espíritu no tiene carne ni huesos, como ven que los tengo yo.

Dicho esto, les mostró las manos y los pies. Como ellos no acababan de creerlo a causa de la alegría y del asombro, les preguntó:

—¿Tienen aquí algo de comer?

Le dieron un pedazo de pescado asado, así que lo tomó y se lo comió delante de ellos. Luego les dijo:

—**Cuando todavía estaba yo con ustedes, les decía que tenía que cumplirse todo lo que está escrito acerca de mí en la ley de Moisés, en los profetas y en los salmos.**

Entonces les abrió el entendimiento para que comprendieran las Escrituras.

—Esto es lo que está escrito —les explicó—: que el Cristo padecerá y resucitará al tercer día, y en su nombre se predicarán el arrepentimiento y el perdón de pecados a todas las naciones, comenzando por Jerusalén. Ustedes son testigos de estas cosas. Ahora voy a enviarles lo que ha prometido mi Padre; pero ustedes quédense en la ciudad hasta que sean revestidos del poder de lo alto. LUCAS 24.27–49

¿De qué forma Jesús ayudó a sus discípulos a entender
quién él era y por qué había venido?

*Antes de presentarse delante de los Once en Jerusalén, Jesús
también se le apareció a Simón Pedro, quien después de negar
inicialmente a Jesús se convirtió en un fiel seguidor de Cristo y
líder clave de la iglesia primitiva.*

*Al igual que otros líderes de la iglesia, Pedro les envió cartas
a esos primeros creyentes; cartas que han sido preservadas en
la Biblia en el Nuevo Testamento. Esta carta se la escribe a una
de las congregaciones debido a la falsa enseñanza que se había
infiltrado en la iglesia y estaba causando que muchos seguidores
se desviaran de la Palabra de Dios. Pedro les escribió a fin de pas-
torearlos de vuelta a la verdad. En el proceso, ofreció cierta pers-
pectiva sobre el origen de las Escrituras y cómo los seguidores
pueden usarlas para guiar sus vidas.*

Mientras lees el pasaje 2 Pedro 1, piensa en cómo Dios
a través de las Escrituras presenta un caso a favor
de la identidad y el propósito de Jesús.

Simón Pedro, siervo y apóstol de Jesucristo,
a los que por la justicia de nuestro Dios y Salvador Jesucristo han
recibido una fe tan preciosa como la nuestra.

Que abunden en ustedes la gracia y la paz por medio del conocimiento que tienen de Dios y de Jesús nuestro Señor.

Su divino poder, al darnos el conocimiento de aquel que nos llamó por su propia gloria y potencia, nos ha concedido todas las cosas
que necesitamos para vivir como Dios manda. Así Dios nos ha entregado sus preciosas y magníficas promesas para que ustedes, luego
de escapar de la corrupción que hay en el mundo debido a los malos
deseos, lleguen a tener parte en la naturaleza divina.

Precisamente por eso, esfuércense por añadir a su fe, virtud; a
su virtud, entendimiento; al entendimiento, dominio propio; al
dominio propio, constancia; a la constancia, devoción a Dios; a la
devoción a Dios, afecto fraternal; y al afecto fraternal, amor. Porque
estas cualidades, si abundan en ustedes, les harán crecer en el conocimiento de nuestro Señor Jesucristo, y evitarán que sean inútiles e

improductivos. En cambio, el que no las tiene es tan corto de vista que ya ni ve, y se olvida de que ha sido limpiado de sus antiguos pecados. Por lo tanto, hermanos, esfuércense más todavía por asegurarse del llamado de Dios, que fue quien los eligió. Si hacen estas cosas, no caerán jamás, y se les abrirán de par en par las puertas del reino eterno de nuestro Señor y Salvador Jesucristo.

Por eso siempre les recordaré estas cosas, por más que las sepan y estén afianzados en la verdad que ahora tienen. Además, considero que tengo la obligación de refrescarles la memoria mientras viva en esta habitación pasajera que es mi cuerpo; porque sé que dentro de poco tendré que abandonarlo, según me lo ha manifestado nuestro Señor Jesucristo. También me esforzaré con empeño para que aun después de mi partida ustedes puedan recordar estas cosas en todo tiempo.

Cuando les dimos a conocer la venida de nuestro Señor Jesucristo en todo su poder, no estábamos siguiendo sutiles cuentos supersticiosos sino dando testimonio de su grandeza, que vimos con nuestros propios ojos. Él recibió honor y gloria de parte de Dios el Padre, cuando desde la majestuosa gloria se le dirigió aquella voz que dijo: «Éste es mi Hijo amado; estoy muy complacido con él.» Nosotros mismos oímos esa voz que vino del cielo cuando estábamos con él en el monte santo. Esto ha venido a confirmarnos la palabra de los profetas, a la cual ustedes hacen bien en prestar atención, como a una lámpara que brilla en un lugar oscuro, hasta que despunte el día y salga el lucero de la mañana en sus corazones. **Ante todo, tengan muy presente que ninguna profecía de la Escritura surge de la interpretación particular de nadie. Porque la profecía no ha tenido su origen en la voluntad humana, sino que los profetas hablaron de parte de Dios, impulsados por el Espíritu Santo.** 2 Pedro 1.1–21

La autoridad de las Escrituras

Para entender el poder de la autoridad de las Escrituras debemos regresar a los primeros días de Israel. Con mano poderosa, Dios sacó a los israelitas de la esclavitud en Egipto. En el desierto, hizo todos los preparativos para que ellos entraran en la tierra de Canaán, que le había prometido a Abraham 600 años antes. Pronto Dios descendió del cielo hasta el monte Sinaí a fin de encontrarse con su siervo Moisés y el pueblo y entregarles los Diez Mandamientos. Estas leyes, comunicadas directamente por Dios a Moisés para que las escribiera y se las entregara al pueblo, guiaron los valores y la conducta de los israelitas.

Los israelitas llegaron al desierto de Sinaí a los tres meses de haber salido de Egipto. Después de partir de Refidín, se internaron en el desierto de Sinaí, y allí en el desierto acamparon, frente al monte, al cual subió Moisés para encontrarse con Dios. Y desde allí lo llamó el SEÑOR y le dijo:

«Anúnciale esto al pueblo de Jacob; declárale esto al pueblo de Israel: "Ustedes son testigos de lo que hice con Egipto, y de que los he traído hacia mí como sobre alas de águila. Si ahora ustedes me son del todo obedientes, y cumplen mi pacto, serán mi propiedad exclusiva entre todas las naciones. Aunque toda la tierra me pertenece, ustedes serán para mí un reino de sacerdotes y una nación santa."

»Comunícales todo esto a los israelitas.»

Moisés volvió y convocó a los ancianos del pueblo para exponerles todas estas palabras que el SEÑOR le había ordenado comunicarles, y todo el pueblo respondió a una sola voz: «Cumpliremos con todo lo que el SEÑOR nos ha ordenado.»

Así que Moisés le llevó al SEÑOR la respuesta del pueblo, y el SEÑOR le dijo:

—Voy a presentarme ante ti en medio de una densa nube, para que el pueblo me oiga hablar contigo y así tenga siempre confianza en ti.

Moisés refirió al SEÑOR lo que el pueblo le había dicho, y el SEÑOR le dijo:

—Ve y consagra al pueblo hoy y mañana. Diles que laven sus ropas y que se preparen para el tercer día, porque en ese mismo día yo descenderé sobre el monte Sinaí, a la vista de todo el pueblo. Pon un cerco alrededor del monte para que el pueblo no pase. Diles que no suban al monte, y que ni siquiera pongan un pie en él, pues cualquiera que lo toque será condenado a muerte. Sea hombre o animal, no quedará con vida. Quien se atreva a tocarlo, morirá a pedradas o a flechazos. Sólo podrán subir al monte cuando se oiga el toque largo de la trompeta.

En cuanto Moisés bajó del monte, consagró al pueblo; ellos, por su parte, lavaron sus ropas. Luego Moisés les dijo: «Prepárense para el tercer día, y absténganse de relaciones sexuales.» ÉXODO 19.1–9

En la madrugada del tercer día hubo truenos y relámpagos, y una densa nube se posó sobre el monte. Un toque muy fuerte de trompeta puso a temblar a todos los que estaban en el campamento. Entonces

Moisés sacó del campamento al pueblo para que fuera a su encuentro con Dios, y ellos se detuvieron al pie del monte Sinaí. **El monte estaba cubierto de humo, porque el Señor había descendido sobre él en medio de fuego. Era tanto el humo que salía del monte, que parecía un horno; todo el monte se sacudía violentamente, y el sonido de la trompeta era cada vez más fuerte. Entonces habló Moisés, y Dios le respondió en el trueno.** Éxodo 19.16–19

⊙—ᴙ Dios habló, y dio a conocer todos estos mandamientos:

«Yo soy el Señor tu Dios. Yo te saqué de Egipto, del país donde eras esclavo.

»No tengas otros dioses además de mí.

»No te hagas ningún ídolo, ni nada que guarde semejanza con lo que hay arriba en el cielo, ni con lo que hay abajo en la tierra, ni con lo que hay en las aguas debajo de la tierra. No te inclines delante de ellos ni los adores. Yo, el Señor tu Dios, soy un Dios celoso. Cuando los padres son malvados y me odian, yo castigo a sus hijos hasta la tercera y cuarta generación. Por el contrario, cuando me aman y cumplen mis mandamientos, les muestro mi amor por mil generaciones.

»No pronuncies el nombre del Señor tu Dios a la ligera. Yo, el Señor, no tendré por inocente a quien se atreva a pronunciar mi nombre a la ligera.

»Acuérdate del sábado, para consagrarlo. Trabaja seis días, y haz en ellos todo lo que tengas que hacer, pero el día séptimo será un día de reposo para honrar al Señor tu Dios. No hagas en ese día ningún trabajo, ni tampoco tu hijo, ni tu hija, ni tu esclavo, ni tu esclava, ni tus animales, ni tampoco los extranjeros que vivan en tus ciudades. Acuérdate de que en seis días hizo el Señor los cielos y la tierra, el mar y todo lo que hay en ellos, y que descansó el séptimo día. Por eso el Señor bendijo y consagró el día de reposo.

»Honra a tu padre y a tu madre, para que disfrutes de una larga vida en la tierra que te da el Señor tu Dios.

»No mates.

»No cometas adulterio.

»No robes.

»No des falso testimonio en contra de tu prójimo.

»No codicies la casa de tu prójimo: No codicies su esposa, ni su esclavo, ni su esclava, ni su buey, ni su burro, ni nada que le pertenezca.»

Ante ese espectáculo de truenos y relámpagos, de sonidos de trompeta y de la montaña envuelta en humo, los israelitas temblaban de miedo y se mantenían a distancia. Así que le suplicaron a Moisés:

—Háblanos tú, y te escucharemos. Si Dios nos habla, seguramente moriremos.

—No tengan miedo —les respondió Moisés—. Dios ha venido a ponerlos a prueba, para que sientan temor de él y no pequen.

Entonces Moisés se acercó a la densa oscuridad en la que estaba Dios, pero los israelitas se mantuvieron a distancia.

ÉXODO 20.1–21 ⚷

¿Son los Diez Mandamientos tan importantes hoy como lo fueron cuando Moisés se los entregó a los israelitas? ¿De qué formas?

La Palabra de Dios lleva la autoridad de quien la declara. A lo largo de toda la Biblia, en el Antiguo y el Nuevo Testamentos, se presentan muestras de la autoridad de las Escrituras. Por ejemplo, inmediatamente después de que Juan bautizara a Jesús, el Espíritu llevó al Señor al desierto, donde Satanás intentaría aprovecharse de la soledad, el hambre y el agotamiento físico que experimentaba. Sin embargo, el poder de Dios fue revelado en las interacciones del Señor con Satanás. Jesús citó las Escrituras tres veces —en dos ocasiones Deuteronomio y en una Salmos— como su autoridad para vencer cada tentación. A pesar de hacerle frente a tentaciones genuinas en un momento en que era vulnerable, Jesús permaneció arraigado en los principios que se registran en la Palabra de Dios.

⚷ Luego el Espíritu llevó a Jesús al desierto para que el diablo lo sometiera a tentación. Después de ayunar cuarenta días y cuarenta noches, tuvo hambre. El tentador se le acercó y le propuso:

—Si eres el Hijo de Dios, ordena a estas piedras que se conviertan en pan.

Jesús le respondió:

—Escrito está: "No sólo de pan vive el hombre, sino de toda palabra que sale de la boca de Dios."

Luego el diablo lo llevó a la ciudad santa e hizo que se pusiera de pie sobre la parte más alta del templo, y le dijo:

—Si eres el Hijo de Dios, tírate abajo. Porque escrito está:

"Ordenará que sus ángeles
te sostengan en sus manos,
para que no tropieces con piedra alguna."

—**También está escrito: "No pongas a prueba al Señor tu Dios"**
—**le contestó Jesús.**
De nuevo lo tentó el diablo, llevándolo a una montaña muy alta, y
le mostró todos los reinos del mundo y su esplendor.

—Todo esto te daré si te postras y me adoras.

—¡Vete, Satanás! —le dijo Jesús—. Porque escrito está: "Adora al
Señor tu Dios y sírvele solamente a él."

Entonces el diablo lo dejó, y unos ángeles acudieron a servirle.

MATEO 4.1–11

Jesús mismo se apoyó en las Escrituras, y les trasmitió a sus segui-
dores la reverencia que sentía por la Palabra de Dios. Uno de los
fieles seguidores de Jesús, el apóstol Pablo, languidecía en una
celda en Roma. A pesar de su sufrimiento, una de sus principa-
les prioridades era traspasarle el manto del liderazgo a pastores
jóvenes como Timoteo. En el último encargo de Pablo a Timoteo,
lo animó a seguir las Escrituras, la Palabra de Dios, como su única
autoridad.

Tú, en cambio, has seguido paso a paso mis enseñanzas, mi manera de vivir, mi propósito, mi fe, mi paciencia, mi amor, mi constancia,
mis persecuciones y mis sufrimientos. Estás enterado de lo que sufrí
en Antioquía, Iconio y Listra, y de las persecuciones que soporté. Y
de todas ellas me libró el Señor. Así mismo serán perseguidos todos
los que quieran llevar una vida piadosa en Cristo Jesús, mientras que
esos malvados embaucadores irán de mal en peor, engañando y siendo engañados. Pero tú, permanece firme en lo que has aprendido
y de lo cual estás convencido, pues sabes de quiénes lo aprendiste.
Desde tu niñez conoces las Sagradas Escrituras, que pueden darte la
sabiduría necesaria para la salvación mediante la fe en Cristo Jesús.
Toda la Escritura es inspirada por Dios y útil para enseñar, para
reprender, para corregir y para instruir en la justicia, a fin de que
el siervo de Dios esté enteramente capacitado para toda buena
obra. 2 TIMOTEO 3.10–17

El propósito de las Escrituras

Debido a que la colección de escritos sagrados, o Escrituras, provino de Dios, se le llama la Palabra de Dios. En el Antiguo Testamento, Isaías habló en nombre del Señor durante una época difícil de la historia de Israel. Ya que el pueblo del reino del norte de Israel había menospreciado perpetuamente a Dios y su Palabra, el profeta vivió para ver la destrucción de la nación a manos de los asirios. El Señor le reveló a Isaías que su propia nación, el reino del sur de Judá, sería de igual modo conquistado por los babilonios. No obstante, el profeta de Dios, bajo la inspiración del Espíritu Santo, también observó muchos años por delante y pronosticó la restauración de Judá después del exilio en Babilonia. Él les recordó a los israelitas que la Palabra de Dios es eterna y que siempre cumple sus propósitos.

Una voz dice: «Proclama.»
«¿Y qué voy a proclamar?», respondo yo.

«Que todo mortal es como la hierba,
    y toda su gloria como la flor del campo.
La hierba se seca y la flor se marchita,
    porque el aliento del Señor sopla sobre ellas.
Sin duda, el pueblo es hierba.
**La hierba se seca y la flor se marchita,
    pero la palabra de nuestro Dios
    permanece para siempre.»**   Isaías 40.6–8

Busquen al Señor mientras se deje encontrar,
    llámenlo mientras esté cercano.
Que abandone el malvado su camino,
    y el perverso sus pensamientos.
Que se vuelva al Señor, a nuestro Dios,
    que es generoso para perdonar,
    y de él recibirá misericordia.
«Porque mis pensamientos no son los de ustedes,
    ni sus caminos son los míos

                                —afirma el Señor—.

Mis caminos y mis pensamientos
    son más altos que los de ustedes;

¡más altos que los cielos sobre la tierra!
**Así como la lluvia y la nieve
descienden del cielo,
y no vuelven allá sin regar antes la tierra
y hacerla fecundar y germinar
para que dé semilla al que siembra
y pan al que come,
así es también la palabra que sale de mi boca:
No volverá a mí vacía,
sino que hará lo que yo deseo
y cumplirá con mis propósitos.**
Ustedes saldrán con alegría
y serán guiados en paz.
A su paso, las montañas y las colinas
prorrumpirán en gritos de júbilo
y aplaudirán todos los árboles del bosque.
En vez de zarzas, crecerán cipreses;
mirtos, en lugar de ortigas.
Esto le dará renombre al Señor;
será una señal que durará para siempre.» Isaías 55.6–13

El escritor del libro de Hebreos desarrolla la idea de que Dios les inculcó vida a las palabras de la Biblia. Las Escrituras son un organismo vivo que tiene su manera de «llegar hasta nuestro interior».

Ciertamente, la palabra de Dios es viva y poderosa, y más cortante que cualquier espada de dos filos. Penetra hasta lo más profundo del alma y del espíritu, hasta la médula de los huesos, y juzga los pensamientos y las intenciones del corazón. Ninguna cosa creada escapa a la vista de Dios. Todo está al descubierto, expuesto a los ojos de aquel a quien hemos de rendir cuentas. Hebreos 4.12–13

¿De qué maneras has identificado la Palabra de Dios como «viva y poderosa» en tu propia vida espiritual?

A lo largo de la Biblia, los escritores les advirtieron a los lectores que no le añadieran o quitaran nada a la Palabra de Dios. Dios ha dado y preservado su Palabra para nosotros a fin de que podamos confiar en ella y así conducir nuestra vida a toda verdad y según el buen plan divino. Por lo tanto, los cristianos veneran la Biblia y afirman su derecho a ordenar nuestras creencias y acciones. Moisés escribe:

Ahora, israelitas, escuchen los preceptos y las normas que les enseñé, para que los pongan en práctica. Así vivirán y podrán entrar a la tierra que el SEÑOR, el Dios de sus antepasados, les da en posesión. No añadan ni quiten palabra alguna a esto que yo les ordeno. Más bien, cumplan los mandamientos del SEÑOR su Dios.

DEUTERONOMIO 4.1–2

En el libro de Proverbios, Agur declara:

Toda palabra de Dios es digna de crédito;
 Dios protege a los que en él buscan refugio.
No añadas nada a sus palabras,
 no sea que te reprenda
 y te exponga como a un mentiroso. PROVERBIOS 30.5–6

Juan, el autor de Apocalipsis, escribe:

A todo el que escuche las palabras del mensaje profético de este libro le advierto esto: Si alguno le añade algo, Dios le añadirá a él las plagas descritas en este libro. Y si alguno quita palabras de este libro de profecía, Dios le quitará su parte del árbol de la vida y de la ciudad santa, descritos en este libro. APOCALIPSIS 22.18–19

LO QUE CREEMOS

¿Cómo conocemos a Dios y su voluntad para nuestra vida? El amoroso, personal y único Dios verdadero nos habla a nosotros. A lo largo de la historia, Dios ha hablado a través de sueños, visiones, e incluso de una zarza ardiente. La forma fundamental en que Dios se revela a sí mismo y declara su verdad para nosotros hoy es mediante la Biblia. Debido a que son las palabras de Dios, podemos darles la total autoridad para que guíen nuestra vida. Todo lo que Dios promete en su palabra sucederá y sus propósitos se cumplirán. ¿Crees que la Biblia es la Palabra de Dios y tiene derecho a dictar tu creencia y conducta?

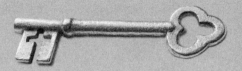

CAPÍTULO

5

Identidad en Cristo

--- PREGUNTA CLAVE ---

¿Quién soy?

--- IDEA CLAVE ---

Creo que soy importante por mi posición como hijo de Dios.

--- VERSÍCULO CLAVE ---

Mas a cuantos lo recibieron, a los que creen en su nombre,
les dio el derecho de ser hijos de Dios.
—*Juan 1.12*

Cuando abrimos las páginas de la Biblia, la confiable revelación de Dios para nosotros, descubrimos que el único Dios verdadero —Padre, Hijo y Espíritu Santo— se involucra en nuestra visa diaria y se interesa por ella. También aprendemos que ha provisto un camino para que tengamos una relación personal con él a través de la fe en Jesucristo. Cuando creemos y recibimos este regalo de gracia, llegamos a ser una nueva persona con una nueva identidad y una nueva actitud en la vida. Nuestro valor ya no lo define lo que hacemos, sino a quién conocemos. Somos importantes porque somos hijos de Dios.

¿Quién soy? En las siguientes páginas, sumérgete en la verdad de Dios acerca de:

• Nuestro nuevo nombre.
• Un nuevo pacto.
• Nuestra adopción.
• Herederos de Dios.

NUESTRO NUEVO NOMBRE

Durante los tiempos de la Biblia el nombre de una persona era algo más que simplemente una referencia a la familia de uno o una manera única de identificar a alguien; típicamente denotaba algo acerca de la persona. La Biblia señala algunos ejemplos de ocasiones en que Dios le da a una persona un nuevo nombre. Cuando Dios renombraba a una persona, estaba estableciendo una nueva identidad para él o ella y marcando que cambiaba su misión o lugar en la vida. Este fue el caso con Abram (que significa «padre exaltado»), cuyo nombre Dios cambió por Abraham (que quiere decir «padre de muchos»). El significado del nombre de Abraham representaba el plan de Dios de convertir a la descendencia de este hombre en la gran nación de Israel, y finalmente en el cuerpo de Cristo mediante los descendientes espirituales de Abraham.

Cuando Abram tenía noventa y nueve años, el SEÑOR se le apareció y le dijo:

—Yo soy el Dios Todopoderoso. Vive en mi presencia y sé intachable. Así confirmaré mi pacto contigo, y multiplicaré tu descendencia en gran manera.

Al oír que Dios le hablaba, Abram cayó rostro en tierra, y Dios continuó:

—Éste es el pacto que establezco contigo: Tú serás el padre de una multitud de naciones. Ya no te llamarás Abram, sino que de ahora en adelante tu nombre será Abraham, porque te he confirmado como padre de una multitud de naciones. Te haré tan fecundo que de ti saldrán reyes y naciones. Estableceré mi pacto contigo y con tu descendencia, como pacto perpetuo, por todas las generaciones. Yo seré tu Dios, y el Dios de tus descendientes. Génesis 17.1–7

La promesa de Dios de hacer de Abraham una gran nación parecía risible debido a las edades de él y Sara. Sin embargo Dios cumplió su promesa y les dio un hijo llamado Isaac cuando Abraham tenía cien años y Sara había cumplido ya noventa. Dios le dio el nombre de Isaac, que significa «él se ríe».

Entonces Abraham inclinó el rostro hasta el suelo y se rió de pensar: «¿Acaso puede un hombre tener un hijo a los cien años, y ser madre Sara a los noventa?» Génesis 17.17

A lo que Dios contestó:

—¡Pero es Sara, tu esposa, la que te dará un hijo, al que llamarás Isaac! Yo estableceré mi pacto con él y con sus descendientes, como pacto perpetuo. Génesis 17.19

Tal como el Señor lo había dicho, se ocupó de Sara y cumplió con la promesa que le había hecho. Sara quedó embarazada y le dio un hijo a Abraham en su vejez. Esto sucedió en el tiempo anunciado por Dios. Al hijo que Sara le dio, Abraham le puso por nombre Isaac. Cuando su hijo Isaac cumplió ocho días de nacido, Abraham lo circuncidó, tal como Dios se lo había ordenado. Abraham tenía ya cien años cuando nació su hijo Isaac. Sara dijo entonces: «Dios me ha hecho reír, y todos los que se enteren de que he tenido un hijo, se reirán conmigo. ¿Quién le hubiera dicho a Abraham que Sara amamantaría hijos? Sin embargo, le he dado un hijo en su vejez.»

Génesis 21.1–7

Dios les dio a Abraham y Sara nuevos nombres a fin de que representaran sus nuevas identidades y su pacto con el Señor. Mirando hacia atrás en el tiempo al momento en que primeramente te encontraste con Dios, ¿cuál podría ser tu nuevo nombre si pudieras escoger uno? ¿Por qué?

UN NUEVO PACTO

En tiempos del Antiguo Testamento, Dios le hizo a su pueblo una promesa bajo lo que se denominó como el antiguo pacto, el cual incluía sus directrices para su pueblo bajo el liderazgo de Moisés. Un pacto es un acuerdo vinculante entre dos partes, en este caso Dios e Israel, el cual estipula lo que cada parte promete hacer. Sin embargo, el profeta Jeremías pronosticó un nuevo pacto, un nuevo trato que Dios tenía planeado, el cual redefiniría la identidad del pueblo de Dios. Esta vez conllevaba más que tan solo un cambio de nombre. El viejo pacto cambiaba al pueblo de Dios de afuera hacia adentro; el nuevo pacto nos cambia desde adentro hacia afuera.

«Vienen días —afirma el Señor— en que haré un nuevo pacto con el pueblo de Israel y con la tribu de Judá. No será un pacto como el que hice con sus antepasados el día en que los tomé de la mano y los saqué de Egipto, ya que ellos lo quebrantaron a pesar de que yo era su esposo —afirma el Señor—.

»Éste es el pacto que después de aquel tiempo haré con el pueblo de Israel —afirma el Señor—: Pondré mi ley en su mente, y la escribiré en su corazón. Yo seré su Dios, y ellos serán mi pueblo. Ya no tendrá nadie que enseñar a su prójimo, ni dirá nadie a su hermano: "¡Conoce al Señor!", porque todos, desde el más pequeño hasta el más grande, me conocerán —afirma el Señor—. **Yo les perdonaré su iniquidad, y nunca más me acordaré de sus pecados.»**

JEREMÍAS 31.31–34

¿Cuáles son los aspectos principales del nuevo pacto de Dios?
¿Qué efecto tiene el nuevo pacto en nuestra identidad?

Jesucristo cumplió los requisitos del antiguo pacto que Dios hizo con Moisés y que introdujo una nueva etapa de sublime gracia.

Los que aceptan este nuevo pacto y le dan la espalda a sus peca-
dos recibirán la limpieza de los mismos y una nueva identidad.

Esa luz verdadera, la que alumbra a todo ser humano, venía a este
mundo.

El que era la luz ya estaba en el mundo, y el mundo fue creado por
medio de él, pero el mundo no lo reconoció. Vino a lo que era suyo,
pero los suyos no lo recibieron. Mas a cuantos lo recibieron, a los que
creen en su nombre, les dio el derecho de ser hijos de Dios. Éstos no
nacen de la sangre, ni por deseos naturales, ni por voluntad humana,
sino que nacen de Dios.   JUAN 1.9–13

Mientras lees el pasaje de Hebreos 10, compara y contrasta el
sacrificio hecho para cumplir los requerimientos del viejo pacto con
el sacrificio de Jesús que selló el nuevo pacto.

La ley es sólo una sombra de los bienes venideros, y no la presencia misma de estas realidades. Por eso nunca puede, mediante
los mismos sacrificios que se ofrecen sin cesar año tras año, hacer
perfectos a los que adoran. De otra manera, ¿no habrían dejado ya
de hacerse sacrificios? Pues los que rinden culto, purificados de una
vez por todas, ya no se habrían sentido culpables de pecado. Pero
esos sacrificios son un recordatorio anual de los pecados, ya que es
imposible que la sangre de los toros y de los machos cabríos quite los
pecados.

Por eso, al entrar en el mundo, Cristo dijo:

«A ti no te complacen sacrificios ni ofrendas;
    en su lugar, me preparaste un cuerpo;
no te agradaron ni holocaustos
    ni sacrificios por el pecado.
Por eso dije: "Aquí me tienes
    —como el libro dice de mí—.
He venido, oh Dios, a hacer tu voluntad."»

Primero dijo: «Sacrificios y ofrendas, holocaustos y expiaciones
no te complacen ni fueron de tu agrado» (a pesar de que la ley exigía
que se ofrecieran). Luego añadió: «Aquí me tienes: He venido a hacer
tu voluntad.» Así quitó lo primero para establecer lo segundo. Y en

virtud de esa voluntad somos santificados mediante el sacrificio del cuerpo de Jesucristo, ofrecido una vez y para siempre.

Todo sacerdote celebra el culto día tras día ofreciendo repetidas veces los mismos sacrificios, que nunca pueden quitar los pecados. Pero este sacerdote, después de ofrecer por los pecados un solo sacrificio para siempre, se sentó a la derecha de Dios, en espera de que sus enemigos sean puestos por estrado de sus pies. Porque con un solo sacrificio ha hecho perfectos para siempre a los que está santificando.

También el Espíritu Santo nos da testimonio de ello. Primero dice:

> **«Éste es el pacto que haré con ellos**
> **después de aquel tiempo —dice el Señor—:**
> **Pondré mis leyes en su corazón,**
> **y las escribiré en su mente.»**

Después añade:

> **«Y nunca más me acordaré de sus pecados y maldades.»**

Y cuando éstos han sido perdonados, ya no hace falta otro sacrificio por el pecado. HEBREOS 10.1–18

NUESTRA ADOPCIÓN

Lo bueno del reino de Dios es que todos los que le dan la bienvenida a Jesús como su Señor reciben la oportunidad de aceptar una nueva identidad a través de él. Esto se ilustra de modo conmovedor mediante la historia de un recaudador de impuestos fraudulento llamado Zaqueo. Los recaudadores de impuestos se hallaban entre las personas más menospreciadas en Israel por haber decidido trabajar para Roma y se estaban haciendo ricos al defraudar a sus compatriotas judíos. Sin embargo, Zaqueo demuestra que incluso los marginados pueden ser adoptados y hechos nuevos.

Jesús llegó a Jericó y comenzó a cruzar la ciudad. Resulta que había allí un hombre llamado Zaqueo, jefe de los recaudadores de impuestos, que era muy rico. Estaba tratando de ver quién era Jesús, pero la multitud se lo impedía, pues era de baja estatura. Por eso se adelantó corriendo y se subió a un árbol para poder verlo, ya que Jesús iba a pasar por allí.

Llegando al lugar, Jesús miró hacia arriba y le dijo:

—Zaqueo, baja en seguida. Tengo que quedarme hoy en tu casa.

Así que se apresuró a bajar y, muy contento, recibió a Jesús en su casa.

Al ver esto, todos empezaron a murmurar: «Ha ido a hospedarse con un pecador.»

Pero Zaqueo dijo resueltamente:

—Mira, Señor: Ahora mismo voy a dar a los pobres la mitad de mis bienes, y si en algo he defraudado a alguien, le devolveré cuatro veces la cantidad que sea.

—Hoy ha llegado la salvación a esta casa —le dijo Jesús—, ya que éste también es hijo de Abraham. Porque el Hijo del hombre vino a buscar y a salvar lo que se había perdido. LUCAS 19.1–9 ⚷

Las personas de la primera iglesia eran ejemplos vivos de los cambios resultantes de seguir a Jesús. El apóstol Pablo escribió la carta a los Romanos para presentar la transacción completa del nuevo pacto: su costo, el pago exacto por este y la promesa que encierra para los que creen en él. Pablo comienza con nuestra posición en el pecado y el pago requerido para librarnos de su poder, terminando con una gloriosa descripción de cómo nuestra adopción en la familia de Dios nos da una nueva identidad.

Así está escrito:

> «No hay un solo justo, ni siquiera uno;
>   no hay nadie que entienda,
>   nadie que busque a Dios.
> Todos se han descarriado,
>   a una se han corrompido.
> No hay nadie que haga lo bueno;
>   ¡no hay uno solo!»
> «Su garganta es un sepulcro abierto;
>   con su lengua profieren engaños.»
> «¡Veneno de víbora hay en sus labios!»
> «Llena está su boca de maldiciones y de amargura.»
> «Veloces son sus pies para ir a derramar sangre;
>   dejan ruina y miseria en sus caminos,

y no conocen la senda de la paz.»
«No hay temor de Dios delante de sus ojos.»

Ahora bien, sabemos que todo lo que dice la ley, lo dice a quienes están sujetos a ella, para que todo el mundo se calle la boca y quede convicto delante de Dios. Por tanto, nadie será justificado en presencia de Dios por hacer las obras que exige la ley; más bien, mediante la ley cobramos conciencia del pecado.

Pero ahora, sin la mediación de la ley, se ha manifestado la justicia de Dios, de la que dan testimonio la ley y los profetas. Esta justicia de Dios llega, mediante la fe en Jesucristo, a todos los que creen. De hecho, no hay distinción, pues todos han pecado y están privados de la gloria de Dios, pero por su gracia son justificados gratuitamente mediante la redención que Cristo Jesús efectuó. Dios lo ofreció como un sacrificio de expiación que se recibe por la fe en su sangre, para así demostrar su justicia. Anteriormente, en su paciencia, Dios había pasado por alto los pecados; pero en el tiempo presente ha ofrecido a Jesucristo para manifestar su justicia. De este modo Dios es justo y, a la vez, el que justifica a los que tienen fe en Jesús.   ROMANOS 3.10–26

En consecuencia, ya que hemos sido justificados mediante la fe, tenemos paz con Dios por medio de nuestro Señor Jesucristo. También por medio de él, y mediante la fe, tenemos acceso a esta gracia en la cual nos mantenemos firmes. Así que nos regocijamos en la esperanza de alcanzar la gloria de Dios.   ROMANOS 5.1–2

A la verdad, como éramos incapaces de salvarnos, en el tiempo señalado Cristo murió por los malvados. Difícilmente habrá quien muera por un justo, aunque tal vez haya quien se atreva a morir por una persona buena. Pero Dios demuestra su amor por nosotros en esto: en que cuando todavía éramos pecadores, Cristo murió por nosotros.

Y ahora que hemos sido justificados por su sangre, ¡con cuánta más razón, por medio de él, seremos salvados del castigo de Dios! Porque si, cuando éramos enemigos de Dios, fuimos reconciliados con él mediante la muerte de su Hijo, ¡con cuánta más razón, habiendo sido reconciliados, seremos salvados por su vida! Y no sólo esto, sino que también nos regocijamos en Dios por nuestro Señor Jesucristo, pues gracias a él ya hemos recibido la reconciliación.

ROMANOS 5.6–11

¿Qué concluiremos? ¿Vamos a persistir en el pecado, para que la gracia abunde? ¡De ninguna manera! Nosotros, que hemos muerto al pecado, ¿cómo podemos seguir viviendo en él? ¿Acaso no saben ustedes que todos los que fuimos bautizados para unirnos con Cristo Jesús, en realidad fuimos bautizados para participar en su muerte? Por tanto, mediante el bautismo fuimos sepultados con él en su muerte, a fin de que, así como Cristo resucitó por el poder del Padre, también nosotros llevemos una vida nueva.

En efecto, si hemos estado unidos con él en su muerte, sin duda también estaremos unidos con él en su resurrección. Sabemos que nuestra vieja naturaleza fue crucificada con él para que nuestro cuerpo pecaminoso perdiera su poder, de modo que ya no siguiéramos siendo esclavos del pecado; porque el que muere queda liberado del pecado.

Ahora bien, si hemos muerto con Cristo, confiamos que también viviremos con él. **Pues sabemos que Cristo, por haber sido levantado de entre los muertos, ya no puede volver a morir; la muerte ya no tiene dominio sobre él. En cuanto a su muerte, murió al pecado una vez y para siempre; en cuanto a su vida, vive para Dios.**

De la misma manera, también ustedes considérense muertos al pecado, pero vivos para Dios en Cristo Jesús. ROMANOS 6.1–7

Mientras lees Romanos 8.1–25, busca qué Dios les da a aquellos que encuentran su identidad en Jesucristo.

Por lo tanto, ya no hay ninguna condenación para los que están unidos a Cristo Jesús, pues por medio de él la ley del Espíritu de vida me ha liberado de la ley del pecado y de la muerte. En efecto, la ley no pudo liberarnos porque la naturaleza pecaminosa anuló su poder; por eso Dios envió a su propio Hijo en condición semejante a nuestra condición de pecadores, para que se ofreciera en sacrificio por el pecado. Así condenó Dios al pecado en la naturaleza humana, a fin de que las justas demandas de la ley se cumplieran en nosotros, que no vivimos según la naturaleza pecaminosa sino según el Espíritu.

Los que viven conforme a la naturaleza pecaminosa fijan la mente en los deseos de tal naturaleza; en cambio, los que viven conforme al Espíritu fijan la mente en los deseos del Espíritu. La mentalidad pecaminosa es muerte, mientras que la mentalidad que proviene del Espíritu es vida y paz. La mentalidad pecaminosa es enemiga de Dios, pues no se somete a la ley de Dios, ni es capaz de hacerlo. Los que viven según la naturaleza pecaminosa no pueden agradar a Dios.

Sin embargo, ustedes no viven según la naturaleza pecaminosa sino según el Espíritu, si es que el Espíritu de Dios vive en ustedes. Y si alguno no tiene el Espíritu de Cristo, no es de Cristo. Pero si Cristo está en ustedes, el cuerpo está muerto a causa del pecado, pero el Espíritu que está en ustedes es vida a causa de la justicia. Y si el Espíritu de aquel que levantó a Jesús de entre los muertos vive en ustedes, el mismo que levantó a Cristo de entre los muertos también dará vida a sus cuerpos mortales por medio de su Espíritu, que vive en ustedes.

Por tanto, hermanos, tenemos una obligación, pero no es la de vivir conforme a la naturaleza pecaminosa. Porque si ustedes viven conforme a ella, morirán; pero si por medio del Espíritu dan muerte a los malos hábitos del cuerpo, vivirán. Porque todos los que son guiados por el Espíritu de Dios son hijos de Dios. **Y ustedes no recibieron un espíritu que de nuevo los esclavice al miedo, sino el Espíritu que los adopta como hijos y les permite clamar: «¡Abba! ¡Padre!» El Espíritu mismo le asegura a nuestro espíritu que somos hijos de Dios. Y si somos hijos, somos herederos; herederos de Dios y coherederos con Cristo, pues si ahora sufrimos con él, también tendremos parte con él en su gloria.**

De hecho, considero que en nada se comparan los sufrimientos actuales con la gloria que habrá de revelarse en nosotros. La creación aguarda con ansiedad la revelación de los hijos de Dios, porque fue sometida a la frustración. Esto no sucedió por su propia voluntad, sino por la del que así lo dispuso. Pero queda la firme esperanza de que la creación misma ha de ser liberada de la corrupción que la esclaviza, para así alcanzar la gloriosa libertad de los hijos de Dios.

Sabemos que toda la creación todavía gime a una, como si tuviera dolores de parto. Y no sólo ella, sino también nosotros mismos, que tenemos las primicias del Espíritu, gemimos interiormente, mientras aguardamos nuestra adopción como hijos, es decir, la redención de nuestro cuerpo. Porque en esa esperanza fuimos salvados. Pero la esperanza que se ve, ya no es esperanza. ¿Quién espera lo que ya tiene? Pero si esperamos lo que todavía no tenemos, en la espera mostramos nuestra constancia.

ROMANOS 8.1–25

HEREDEROS DE DIOS

Uno de los temas favoritos de Pablo a través de sus escritos es el de nuestra identidad en Cristo. Él escribe en Romanos 8.1–25 sobre cómo necesitamos vivir por el Espíritu a fin de experimentar por completo nuestra nueva identidad. Cuando le escribió a los creyentes de Éfeso, expuso con elocuencia la increíble realidad de nuestra magnífica herencia, hecha posible debido al gran amor de Dios.

En otro tiempo ustedes estaban muertos en sus transgresiones y pecados, en los cuales andaban conforme a los poderes de este mundo. Se conducían según el que gobierna las tinieblas, según el espíritu que ahora ejerce su poder en los que viven en la desobediencia. En ese tiempo también todos nosotros vivíamos como ellos, impulsados por nuestros deseos pecaminosos, siguiendo nuestra propia voluntad y nuestros propósitos. Como los demás, éramos por naturaleza objeto de la ira de Dios. Pero Dios, que es rico en misericordia, por su gran amor por nosotros, nos dio vida con Cristo, aun cuando estábamos muertos en pecados. ¡Por gracia ustedes han sido salvados! Y en unión con Cristo Jesús, Dios nos resucitó y nos hizo sentar con él en las regiones celestiales, para mostrar en los tiempos venideros la incomparable riqueza de su gracia, que por su bondad derramó sobre nosotros en Cristo Jesús. Porque por gracia ustedes han sido salvados mediante la fe; esto no procede de ustedes, sino que es el regalo de Dios, no por obras, para que nadie se jacte. Porque somos hechura de Dios, creados en Cristo Jesús para buenas obras, las cuales Dios dispuso de antemano a fin de que las pongamos en práctica.

Por lo tanto, recuerden ustedes los gentiles de nacimiento —los que son llamados «incircuncisos» por aquellos que se llaman «de la circuncisión», la cual se hace en el cuerpo por mano humana—, recuerden que en ese entonces ustedes estaban separados de Cristo, excluidos de la ciudadanía de Israel y ajenos a los pactos de la promesa, sin esperanza y sin Dios en el mundo. Pero ahora en Cristo Jesús, a ustedes que antes estaban lejos, Dios los ha acercado mediante la sangre de Cristo.

Porque Cristo es nuestra paz: de los dos pueblos ha hecho uno solo, derribando mediante su sacrificio el muro de enemistad que nos separaba, pues anuló la ley con sus mandamientos y requisitos. Esto lo hizo para crear en sí mismo de los dos pueblos una nueva humanidad al hacer la paz, para reconciliar con Dios a ambos en un solo cuerpo mediante la cruz, por la que dio muerte a la enemistad. Él vino y proclamó paz a ustedes que estaban lejos y paz a los que estaban cerca. Pues por medio de él tenemos acceso al Padre por un mismo Espíritu.

Por lo tanto, ustedes ya no son extraños ni extranjeros, sino conciudadanos de los santos y miembros de la familia de Dios, edificados sobre el fundamento de los apóstoles y los profetas, siendo Cristo Jesús mismo la piedra angular. En él todo el edificio, bien armado, se va levantando para llegar a ser un templo santo en el Señor. En él también ustedes son edificados juntamente para ser morada de Dios por su Espíritu.

Por esta razón yo, Pablo, prisionero de Cristo Jesús por el bien de ustedes los gentiles, me arrodillo en oración. Sin duda se han enterado del plan de la gracia de Dios que él me encomendó para ustedes, es decir, el misterio que me dio a conocer por revelación, como ya les escribí brevemente. Al leer esto, podrán darse cuenta de que comprendo el misterio de Cristo. Ese misterio, que en otras generaciones no se les dio a conocer a los seres humanos, ahora se les ha revelado por el Espíritu a los santos apóstoles y profetas de Dios; es decir, que los gentiles son, junto con Israel, beneficiarios de la misma herencia, miembros de un mismo cuerpo y participantes igualmente de la promesa en Cristo Jesús mediante el evangelio.

De este evangelio llegué a ser servidor como regalo que Dios, por su gracia, me dio conforme a su poder eficaz. Aunque soy el más insignificante de todos los santos, recibí esta gracia de predicar a las naciones las incalculables riquezas de Cristo, y de hacer entender a todos la realización del plan de Dios, el misterio que desde los tiempos eternos se mantuvo oculto en Dios, creador de todas las cosas. El fin de todo esto es que la sabiduría de Dios, en toda su diversidad, se dé a conocer ahora, por medio de la iglesia, a los poderes y autoridades en las regiones celestiales, conforme a su eterno propósito realizado en Cristo Jesús nuestro Señor. En él, mediante la fe, disfrutamos de libertad y confianza para acercarnos a Dios. Así que les pido que no se desanimen a causa de lo que sufro por ustedes, ya que estos sufrimientos míos son para ustedes un honor.

Por esta razón me arrodillo delante del Padre, de quien recibe nombre toda familia en el cielo y en la tierra. Le pido que, por medio del Espíritu y con el poder que procede de sus gloriosas riquezas, los fortalezca a ustedes en lo íntimo de su ser, para que por fe Cristo habite en sus corazones. Y pido que, arraigados y cimentados en amor, puedan comprender, junto con todos los santos, cuán ancho y largo, alto y profundo es el amor de Cristo; en fin, que conozcan ese amor que sobrepasa nuestro conocimiento, para que sean llenos de la plenitud de Dios.

Al que puede hacer muchísimo más que todo lo que podamos imaginarnos o pedir, por el poder que obra eficazmente en nosotros, ¡a él sea la gloria en la iglesia y en Cristo Jesús por todas las generaciones, por los siglos de los siglos! Amén.   EFESIOS 2.1—3.21

La iglesia en Corinto, Grecia, estaba bendecida con dones espirituales, pero le costaba entender el pleno significado y la libertad de ser herederos con Cristo. Pablo les escribió apasionadamente para ayudarlos a entender su nueva identidad y llamarlos a estar a esa altura en sus vidas cotidianas. Y así como hizo en su carta a los efesios, también exaltó la realidad e importancia de su vida juntos como el cuerpo de Cristo.

¿No saben que ustedes son templo de Dios y que el Espíritu de Dios habita en ustedes? Si alguno destruye el templo de Dios, él mismo será destruido por Dios; porque el templo de Dios es sagrado, y ustedes son ese templo.   1 CORINTIOS 3.16—17

¿Acaso no saben que su cuerpo es templo del Espíritu Santo, quien está en ustedes y al que han recibido de parte de Dios? Ustedes no son sus propios dueños...   1 CORINTIOS 6.19

De hecho, aunque el cuerpo es uno solo, tiene muchos miembros, y todos los miembros, no obstante ser muchos, forman un solo cuerpo. Así sucede con Cristo. Todos fuimos bautizados por un solo Espíritu para constituir un solo cuerpo —ya seamos judíos o gentiles, esclavos o libres—, y a todos se nos dio a beber de un mismo Espíritu.

Ahora bien, el cuerpo no consta de un solo miembro sino de muchos.   1 CORINTIOS 12.12—14

El apóstol Pedro experimentó estas nuevas realidades de una manera tan profunda como el apóstol Pablo. Él les escribió a los creyentes dispersos por todo Asia Menor (en la actual Turquía), afirmándolos en la nueva identidad que tenían en Cristo. Aunque sus lectores eran tanto cristianos judíos como gentiles, Pedro usó palabras elevadas como «escogidos» y «santos», las cuales previamente habían estado reservadas solo para el pueblo de Israel.

Pedro, apóstol de Jesucristo, a los elegidos, extranjeros dispersos por el Ponto, Galacia, Capadocia, Asia y Bitinia, según la previsión de Dios el Padre, mediante la obra santificadora del Espíritu, para obedecer a Jesucristo y ser redimidos por su sangre:

Que abunden en ustedes la gracia y la paz.

¡Alabado sea Dios, Padre de nuestro Señor Jesucristo! Por su gran misericordia, nos ha hecho nacer de nuevo mediante la resurrección de Jesucristo, para que tengamos una esperanza viva y recibamos una herencia indestructible, incontaminada e inmarchitable. Tal herencia está reservada en el cielo para ustedes, a quienes el poder de Dios protege mediante la fe hasta que llegue la salvación que se ha de revelar en los últimos tiempos. 1 PEDRO 1.1–5

Ahora que se han purificado obedeciendo a la verdad y tienen un amor sincero por sus hermanos, ámense de todo corazón los unos a los otros. Pues ustedes han nacido de nuevo, no de simiente perecedera, sino de simiente imperecedera, mediante la palabra de Dios que vive y permanece. 1 PEDRO 1.22–23

Cristo es la piedra viva, rechazada por los seres humanos pero escogida y preciosa ante Dios. Al acercarse a él, también ustedes son como piedras vivas, con las cuales se está edificando una casa espiritual. De este modo llegan a ser un sacerdocio santo, para ofrecer sacrificios espirituales que Dios acepta por medio de Jesucristo. Así dice la Escritura:

«Miren que pongo en Sión
    una piedra principal escogida y preciosa,
y el que confíe en ella
    no será jamás defraudado.»

Para ustedes los creyentes, esta piedra es preciosa; pero para los incrédulos,

«la piedra que desecharon los constructores
    ha llegado a ser la piedra angular»,

y también:

«una piedra de tropiezo
y una roca que hace caer.»

Tropiezan al desobedecer la palabra, para lo cual estaban destinados.

Pero ustedes son linaje escogido, real sacerdocio, nación santa, pueblo que pertenece a Dios, para que proclamen las obras maravillosas de aquel que los llamó de las tinieblas a su luz admirable. Ustedes antes ni siquiera eran pueblo, pero ahora son pueblo de Dios; antes no habían recibido misericordia, pero ahora ya la han recibido.

1 PEDRO 2.4–10

Usando el mismo pasaje, lista todas las frases que hablan
de nuestra nueva identidad en Cristo.

LO QUE CREEMOS

¿Quién soy? Como declara el versículo clave en Juan 1.12, cuando creemos y recibimos a Jesucristo como nuestro Salvador, se nos da un nuevo nombre y se nos ofrece un pacto nuevo e incondicional. Somos adoptados. Nos convertimos en herederos de todo lo que le pertenece a Dios... y mucho más. Mientras enfrentamos cada día, nuestro valor no se debe a lo que obtenemos. Nuestra identidad está arraigada de modo firme y permanente en nuestra honrosa posición como hijos de Dios. No vivimos nuestras vidas para probar quiénes somos, sino para expresar quiénes somos en Cristo.

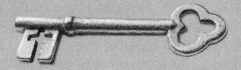

CAPÍTULO

6

Iglesia

PREGUNTA CLAVE

¿Cómo lleva a cabo Dios sus propósitos?

IDEA CLAVE

Creo que la iglesia de Dios es la principal forma de llevar a cabo sus propósitos en la tierra.

VERSÍCULO CLAVE

Más bien, al vivir la verdad con amor, creceremos hasta ser en todo como aquel que es la cabeza, es decir, Cristo.
—*Efesios 4.15*

Las primeras cinco creencias clave que hemos estudiado son mayormente verticales en su naturaleza, es decir, tratan de nuestra relación con Dios. El Dios de la Biblia es el único Dios verdadero, que se involucra en nuestra vida diaria y se interesa por ella. Este Dios ha provisto el camino para que tengamos una relación con él por medio de la fe en Jesucristo. Y nos revela esto junto con una guía para nuestra vida (la Biblia). Este libro especial proviene de Dios y por lo tanto tiene el derecho a dictar nuestra conducta y creencias. Los que creemos en él y aceptamos a Jesús como aquel que nos salva del pecado recibimos una nueva identidad. A partir de ese momento podemos encontrar nuestra significación no en nuestro desempeño, sino en nuestra posición como hijos de Dios.

Las cinco creencias restantes son más horizontales en naturaleza, refiriéndose a nuestra relación con las otras personas. Además de relacionarnos con Dios, nos vinculamos con nuestro mundo de una manera resuelta y fructífera. ¿Cómo lleva a cabo Dios el plan para la humanidad que ha expuesto en la Biblia? Él ha elegido usar a dos comunidades que creó —la antigua nación de Israel y la iglesia— para cumplir sus propósitos en la tierra. Si eres cristiano, formas parte de esta última comunidad.

En este capítulo exploraremos los siguientes temas con relación a la iglesia:

- *Fundación.*
- *Expansión.*
- *Plan y propósito.*

FUNDACIÓN

Desde el comienzo, Dios ha tenido la visión de permanecer con su pueblo en una comunidad perfecta. Cuando los dos primeros seres humanos, Adán y Eva, rechazaron esta visión y fueron expulsados del jardín de Edén, Dios comenzó a revelar un plan para proporcionar la forma de que regresáramos a él.

El plan de Dios consistía en convertir a la descendencia de Abraham en una gran nación. A partir de este pueblo en particular vendría la solución para que las personas de todas las naciones tuvieran una relación con el único Dios verdadero. Por lo tanto, la historia de Israel señala a Jesús como descendiente de Abraham y fue parte del plan de Dios para restaurar una relación con su pueblo.

De nuevo regresamos a la historia de Abraham (Abram) para observar los comienzos del pacto de Dios con un pueblo que llegó a ser conocido como Israel. Este comienza con el llamado de Dios a Abram y la sorprendente respuesta de este último con total fe y confianza.

El Señor le dijo a Abram: «Deja tu tierra, tus parientes y la casa de tu padre, y vete a la tierra que te mostraré.

»Haré de ti una nación grande,
    y te bendeciré;
haré famoso tu nombre,
    y serás una bendición.
Bendeciré a los que te bendigan
    y maldeciré a los que te maldigan;
¡por medio de ti serán bendecidas
    todas las familias de la tierra!»

Abram partió, tal como el Señor se lo había ordenado, y Lot se fue con él. Abram tenía setenta y cinco años cuando salió de Jarán. Al encaminarse hacia la tierra de Canaán, Abram se llevó a su esposa Saray, a su sobrino Lot, a toda la gente que habían adquirido en Jarán, y todos los bienes que habían acumulado. Cuando llegaron a Canaán, Abram atravesó toda esa región hasta llegar a Siquén, donde se encuentra la encina sagrada de Moré. En aquella época, los cananeos vivían en esa región. Allí el Señor se le apareció a Abram y le dijo: «Yo le daré esta tierra a tu descendencia.» Entonces Abram erigió un altar al Señor, porque se le había aparecido. De allí se dirigió a la región montañosa que está al este de Betel, donde armó su campamento, teniendo a Betel al oeste y Hai al este. También en ese lugar erigió un altar al Señor e invocó su nombre. Después, Abram siguió su viaje por etapas hasta llegar a la región del Néguev.

Génesis 12.1–9

Después de esto, la palabra del Señor vino a Abram en una visión:

> «No temas, Abram.
> Yo soy tu escudo,
> y muy grande será tu recompensa.»

Pero Abram le respondió:

—Señor y Dios, ¿para qué vas a darme algo, si aún sigo sin tener hijos, y el heredero de mis bienes será Eliezer de Damasco? Como no me has dado ningún hijo, mi herencia la recibirá uno de mis criados.

—¡No! Ese hombre no ha de ser tu heredero —le contestó el Señor—. Tu heredero será tu propio hijo.

Luego el Señor lo llevó afuera y le dijo:

—Mira hacia el cielo y cuenta las estrellas, a ver si puedes. ¡Así de numerosa será tu descendencia!

Abram creyó al Señor, y el Señor lo reconoció a él como justo.

Génesis 15.1–6

En este momento y lugar de la historia, un pacto era un tipo de promesa. El pacto descrito en los siguientes versículos es un tipo de acuerdo que se habría realizado entre un rey y un súbdito. La narrativa continúa y describe el establecimiento de un pacto entre Dios y Abram, iniciado por Dios mismo. Dios estaba haciendo una promesa incondicional (no dependía de la obediencia de Israel). Por la poderosa mano del Señor los descendientes de Abraham sobrevivieron y Dios pudo llevar a cabo su plan a través de ellos.

Además, [el Señor] le dijo:

—Yo soy el Señor, que te hice salir de Ur de los caldeos para darte en posesión esta tierra.

Pero Abram le preguntó:

—Señor y Dios, ¿cómo sabré que voy a poseerla?

El Señor le respondió:

—Tráeme una ternera, una cabra y un carnero, todos ellos de tres años, y también una tórtola y un pichón de paloma.

Abram llevó todos estos animales, los partió por la mitad, y puso una mitad frente a la otra, pero a las aves no las partió. Y las aves de rapiña comenzaron a lanzarse sobre los animales muertos, pero Abram las espantaba.

Al anochecer, Abram cayó en un profundo sueño, y lo envolvió una oscuridad aterradora. El Señor le dijo:

—Debes saber que tus descendientes vivirán como extranjeros en tierra extraña, donde serán esclavizados y maltratados durante cuatrocientos años. Pero yo castigaré a la nación que los esclavizará, y luego tus descendientes saldrán en libertad y con grandes riquezas. Tú, en cambio, te reunirás en paz con tus antepasados, y te enterrarán cuando ya seas muy anciano. Cuatro generaciones después tus descendientes volverán a este lugar, porque antes de eso no habrá llegado al colmo la iniquidad de los amorreos.

Cuando el sol se puso y cayó la noche, aparecieron una hornilla humeante y una antorcha encendida, las cuales pasaban entre los animales descuartizados. En aquel día el SEÑOR hizo un pacto con Abram. Le dijo:

—A tus descendientes les daré esta tierra, desde el río de Egipto hasta el gran río, el Éufrates. Me refiero a la tierra de los quenitas, los quenizitas, los cadmoneos, los hititas, los ferezeos, los refaítas, los amorreos, los cananeos, los gergeseos y los jebuseos.

GÉNESIS 15.7–21

El pacto con Abram resultó en la larga y complicada relación de Dios con la nación de Israel. El Antiguo Testamento de la Biblia contiene los detalles de esta relación, pero como hemos leído en los capítulos previos, se instituyó un nuevo pacto en la persona de Jesús. Al final, el plan de Dios se cumplió a través de Israel y el nuevo pacto se inició una vez que el Mesías nació.

Cuando el momento de la crucifixión de Jesús se acercaba, él les habló a los discípulos acerca de lo que vendría y de su papel a fin de lograr la visión final de Dios para el reino venidero. Este intercambio resalta que el plan de Dios para los creyentes sigue vigente. La visión consiste en que los creyentes se unan en una comunidad que continúa hasta el presente. Y aquí Jesús habla de la fundación de esa comunidad, la iglesia.

Cuando llegó a la región de Cesarea de Filipo, Jesús preguntó a sus discípulos:

—¿Quién dice la gente que es el Hijo del hombre?

Le respondieron:

—Unos dicen que es Juan el Bautista, otros que Elías, y otros que Jeremías o uno de los profetas.

—Y ustedes, ¿quién dicen que soy yo?

—Tú eres el Cristo, el Hijo del Dios viviente —afirmó Simón Pedro.

—**Dichoso tú, Simón, hijo de Jonás** —le dijo Jesús—, **porque eso no te lo reveló ningún mortal, sino mi Padre que está en el cielo. Yo te digo que tú eres Pedro, y sobre esta piedra edificaré mi iglesia, y las puertas del reino de la muerte no prevalecerán contra ella.** Te daré las llaves del reino de los cielos; todo lo que ates en la tierra quedará atado en el cielo, y todo lo que desates en la tierra quedará desatado en el cielo. MATEO 16.13–19

Considera las dos últimas historias de Abraham
(ver Génesis 12.1–9; 15.1–6, 7–21) y Pedro (ver Mateo 16.13–19).
¿Qué respuesta de Abraham le fue «contada por justicia»?
¿Cómo respondió Pedro cuando Jesús le preguntó:
«¿Quién dicen que soy yo?»? ¿De qué forma se relacionan
ambas respuestas?

Después de la resurrección y ascensión de Jesús, Dios formó esta comunidad guiada por sus discípulos llamada la iglesia. La historia de la iglesia les señala a las personas de todas las naciones la segunda venida de Cristo, cuando él restaurará plenamente la visión original de Dios.

Cuarenta días después de la resurrección de Jesús y justo antes de su ascensión de vuelta al Padre, él visitó a sus discípulos y les dio sus últimas instrucciones. Lucas, que también escribió el Evangelio que lleva su nombre, narró el incidente en el libro de Hechos. ¿El resultado? ¡Nació la iglesia!

Estimado Teófilo, en mi primer libro me referí a todo lo que Jesús comenzó a hacer y enseñar hasta el día en que fue llevado al cielo, luego de darles instrucciones por medio del Espíritu Santo a los apóstoles que había escogido. Después de padecer la muerte, se les presentó dándoles muchas pruebas convincentes de que estaba vivo. Durante cuarenta días se les apareció y les habló acerca del reino de Dios. Una vez, mientras comía con ellos, les ordenó:

—No se alejen de Jerusalén, sino esperen la promesa del Padre, de la cual les he hablado: Juan bautizó con agua, pero dentro de pocos días ustedes serán bautizados con el Espíritu Santo.

Entonces los que estaban reunidos con él le preguntaron:

—Señor, ¿es ahora cuando vas a restablecer el reino a Israel?

—**No les toca a ustedes conocer la hora ni el momento deter-**
minados por la autoridad misma del Padre —les contestó Jesús—.
Pero cuando venga el Espíritu Santo sobre ustedes, recibirán
poder y serán mis testigos tanto en Jerusalén como en toda Judea
y Samaria, y hasta los confines de la tierra.

Habiendo dicho esto, mientras ellos lo miraban, fue llevado a las
alturas hasta que una nube lo ocultó de su vista. Ellos se quedaron
mirando fijamente al cielo mientras él se alejaba. De repente, se les
acercaron dos hombres vestidos de blanco, que les dijeron:

—Galileos, ¿qué hacen aquí mirando al cielo? Este mismo Jesús,
que ha sido llevado de entre ustedes al cielo, vendrá otra vez de la
misma manera que lo han visto irse. Hechos 1.1–11

¿Cómo Dios equipó a las personas de la primera iglesia para que
llevaran cabo su misión de difundir el evangelio de Jesucristo?

Durante los siguientes diez días los seguidores de Jesús —unos
120 hombres y mujeres— se congregaron. Ellos se reunieron
constantemente en oración anticipando lo que habría de suceder.
Después de ser llenos del Espíritu Santo, Pedro usó las «llaves
del reino» que Jesús había mencionado antes. Él anunció que la
puerta del reino había sido abierta.

Cuando llegó el día de Pentecostés, estaban todos juntos en el
mismo lugar. De repente, vino del cielo un ruido como el de una violenta ráfaga de viento y llenó toda la casa donde estaban reunidos. Se
les aparecieron entonces unas lenguas como de fuego que se repartieron y se posaron sobre cada uno de ellos. Todos fueron llenos del
Espíritu Santo y comenzaron a hablar en diferentes lenguas, según el
Espíritu les concedía expresarse.

Estaban de visita en Jerusalén judíos piadosos, procedentes de
todas las naciones de la tierra. Al oír aquel bullicio, se agolparon y
quedaron todos pasmados porque cada uno los escuchaba hablar en
su propio idioma. Desconcertados y maravillados, decían: «¿No son
galileos todos estos que están hablando? ¿Cómo es que cada uno de
nosotros los oye hablar en su lengua materna? Partos, medos y elamitas; habitantes de Mesopotamia, de Judea y de Capadocia, del Ponto
y de Asia, de Frigia y de Panfilia, de Egipto y de las regiones de Libia

cercanas a Cirene; visitantes llegados de Roma; judíos y prosélitos; cretenses y árabes: ¡todos por igual los oímos proclamar en nuestra propia lengua las maravillas de Dios!» Desconcertados y perplejos, se preguntaban: «¿Qué quiere decir esto?» Otros se burlaban y decían: «Lo que pasa es que están borrachos.» Entonces Pedro, con los once, se puso de pie y dijo a voz en cuello: «Compatriotas judíos y todos ustedes que están en Jerusalén, déjenme explicarles lo que sucede; presten atención a lo que les voy a decir. Éstos no están borrachos, como suponen ustedes. ¡Apenas son las nueve de la mañana! En realidad lo que pasa es lo que anunció el profeta Joel:

«"Sucederá que en los últimos días —dice Dios—,
derramaré mi Espíritu sobre todo el género humano.
Los hijos y las hijas de ustedes profetizarán,
tendrán visiones los jóvenes
y sueños los ancianos.
En esos días derramaré mi Espíritu
aun sobre mis siervos y mis siervas,
y profetizarán.
Arriba en el cielo y abajo en la tierra mostraré prodigios:
sangre, fuego y nubes de humo.
El sol se convertirá en tinieblas
y la luna en sangre
antes que llegue el día del Señor,
día grande y esplendoroso.
Y todo el que invoque el nombre del Señor
será salvo."

»Pueblo de Israel, escuchen esto: Jesús de Nazaret fue un hombre acreditado por Dios ante ustedes con milagros, señales y prodigios, los cuales realizó Dios entre ustedes por medio de él, como bien lo saben. Éste fue entregado según el determinado propósito y el previo conocimiento de Dios; y por medio de gente malvada, ustedes lo mataron, clavándolo en la cruz. Sin embargo, Dios lo resucitó, librándolo de las angustias de la muerte, porque era imposible que la muerte lo mantuviera bajo su dominio. En efecto, David dijo de él:

»"Veía yo al Señor siempre delante de mí,
porque él está a mi derecha

para que no caiga.
Por eso mi corazón se alegra, y canta con gozo mi lengua;
    mi cuerpo también vivirá en esperanza.
No dejarás que mi vida termine en el sepulcro;
    no permitirás que tu santo sufra corrupción.
Me has dado a conocer los caminos de la vida;
    me llenarás de alegría en tu presencia."

»Hermanos, permítanme hablarles con franqueza acerca del patriarca David, que murió y fue sepultado, y cuyo sepulcro está entre nosotros hasta el día de hoy. Era profeta y sabía que Dios le había prometido bajo juramento poner en el trono a uno de sus descendientes. Fue así como previó lo que iba a suceder. Refiriéndose a la resurrección del Mesías, afirmó que Dios no dejaría que su vida terminara en el sepulcro, ni que su fin fuera la corrupción. A este Jesús, Dios lo resucitó, y de ello todos nosotros somos testigos. Exaltado por el poder de Dios, y habiendo recibido del Padre el Espíritu Santo prometido, ha derramado esto que ustedes ahora ven y oyen. David no subió al cielo, y sin embargo declaró:

»"Dijo el Señor a mi Señor:
    Siéntate a mi derecha,
    hasta que ponga a tus enemigos
    por estrado de tus pies."

»Por tanto, sépalo bien todo Israel que a este Jesús, a quien ustedes crucificaron, Dios lo ha hecho Señor y Mesías.»
Cuando oyeron esto, todos se sintieron profundamente conmovidos y les dijeron a Pedro y a los otros apóstoles:
—Hermanos, ¿qué debemos hacer?
—Arrepiéntase y bautícese cada uno de ustedes en el nombre de Jesucristo para perdón de sus pecados —les contestó Pedro—, y recibirán el don del Espíritu Santo. En efecto, la promesa es para ustedes, para sus hijos y para todos los extranjeros, es decir, para todos aquellos a quienes el Señor nuestro Dios quiera llamar.
Y con muchas otras razones les exhortaba insistentemente:
—¡Sálvense de esta generación perversa!
Así, pues, los que recibieron su mensaje fueron bautizados, y aquel día se unieron a la iglesia unas tres mil personas.

HECHOS 2.1–41

La línea desde aquí hasta el punto donde comenzamos resulta innegable. La iglesia nació como resultado de un movimiento sobrenatural de Espíritu Santo. El Espíritu Santo les fue dado a los seguidores de Jesús. Jesús, el Mesías prometido desde hacía mucho a la nación judía, nació a través de un linaje que se remonta hasta Abraham. Abraham creyó la promesa original de Dios en cuanto a que haría de él una gran nación, y sobre esa fe las semillas de la iglesia fueron plantadas.

EXPANSIÓN

La comisión de Jesús a los primeros discípulos en el año 30 A.D. fue extender las buenas nuevas y edificar su iglesia más allá de Jerusalén, en toda Judea y Samaria, y finalmente hasta los confines de la tierra. El libro de Hechos narra el cumplimiento de esa misión al relatar el viaje milagroso y el desarrollo exponencial de la comunidad de la iglesia. La historia de la expansión de la iglesia desde Jerusalén se produce inmediatamente después del apedreamiento del discípulo Esteban debido a su valiente fe en medio de una multitud hostil de judíos.

Mientras lees la historia de Hechos 8 sobre la expansión de la iglesia, ¿cuáles son algunos de los acontecimientos que muestran la transformación de un pequeño grupo de seguidores judíos de Jesús en la iglesia cristiana universal?

Aquel día se desató una gran persecución contra la iglesia en Jerusalén, y todos, excepto los apóstoles, se dispersaron por las regiones de Judea y Samaria. Unos hombres piadosos sepultaron a Esteban e hicieron gran duelo por él. Saulo, por su parte, causaba estragos en la iglesia: entrando de casa en casa, arrastraba a hombres y mujeres y los metía en la cárcel.

Los que se habían dispersado predicaban la palabra por dondequiera que iban. Felipe bajó a una ciudad de Samaria y les anunciaba al Mesías. Al oír a Felipe y ver las señales milagrosas que realizaba, mucha gente se reunía y todos prestaban atención a su mensaje. De muchos endemoniados los espíritus malignos salían dando alaridos, y un gran número de paralíticos y cojos quedaban sanos. Y aquella ciudad se llenó de alegría.

HECHOS 8.1–8

Cuando los apóstoles que estaban en Jerusalén se enteraron de que los samaritanos habían aceptado la palabra de Dios, les enviaron a Pedro y a Juan. Éstos, al llegar, oraron por ellos para que recibieran el Espíritu Santo, porque el Espíritu aún no había descendido sobre ninguno de ellos; solamente habían sido bautizados en el nombre del Señor Jesús. Entonces Pedro y Juan les impusieron las manos, y ellos recibieron el Espíritu Santo. HECHOS 8.14–17

Después de testificar y proclamar la palabra del Señor, Pedro y Juan se pusieron en camino de vuelta a Jerusalén, y de paso predicaron el evangelio en muchas poblaciones de los samaritanos. HECHOS 8.25

Mientras tanto, la iglesia disfrutaba de paz a la vez que se consolidaba en toda Judea, Galilea y Samaria, pues vivía en el temor del Señor. E iba creciendo en número, fortalecida por el Espíritu Santo. HECHOS 9.31

Identifica algunas de las maneras en las que la persecución ayudó a la primera iglesia en su misión de compartir el evangelio.

Del mismo modo que Pedro había usado las «llaves del reino» el día de Pentecostés para anunciarles a los judíos en Jerusalén que la puerta del reino se había abierto, también usó esas llaves para abrirles la puerta a los gentiles. Dios sobrenaturalmente guió tanto a Pedro como a un centurión romano llamado Cornelio a reunirse en casa de este último. Cuando Pedro les habló a Cornelio y sus familiares y amigos íntimos sobre las buenas nuevas de Jesús, ellos creyeron, fueron llenos del Espíritu Santo y se bautizaron.

Los apóstoles y los hermanos de toda Judea se enteraron de que también los gentiles habían recibido la palabra de Dios. Así que cuando Pedro subió a Jerusalén, los defensores de la circuncisión lo criticaron diciendo:

—Entraste en casa de hombres incircuncisos y comiste con ellos.

Entonces Pedro comenzó a explicarles paso a paso lo que había sucedido:

—Yo estaba orando en la ciudad de Jope y tuve en éxtasis una visión. Vi que del cielo descendía algo parecido a una gran sábana que, suspendida por las cuatro puntas, bajaba hasta donde yo estaba. Me fijé en lo que había en ella, y vi cuadrúpedos, fieras, reptiles y aves. Luego oí una voz que me decía: "Levántate, Pedro; mata y come." Repliqué: "¡De ninguna manera, Señor! Jamás ha entrado en mi boca nada impuro o inmundo." Por segunda vez insistió la voz del cielo: "Lo que Dios ha purificado, tú no lo llames impuro." Esto sucedió tres veces, y luego todo volvió a ser llevado al cielo.

»En aquel momento se presentaron en la casa donde yo estaba tres hombres que desde Cesarea habían sido enviados a verme. El Espíritu me dijo que fuera con ellos sin dudar. También fueron conmigo estos seis hermanos, y entramos en la casa de aquel hombre. Él nos contó cómo en su casa se le había aparecido un ángel que le dijo: "Manda a alguien a Jope para hacer venir a Simón, apodado Pedro. Él te traerá un mensaje mediante el cual serán salvos tú y toda tu familia."

»Cuando comencé a hablarles, el Espíritu Santo descendió sobre ellos tal como al principio descendió sobre nosotros. Entonces recordé lo que había dicho el Señor: "Juan bautizó con agua, pero ustedes serán bautizados con el Espíritu Santo." Por tanto, si Dios les ha dado a ellos el mismo don que a nosotros al creer en el Señor Jesucristo, ¿quién soy yo para pretender estorbar a Dios?

Al oír esto, se apaciguaron y alabaron a Dios diciendo:

—¡Así que también a los gentiles les ha concedido Dios el arrepentimiento para vida! Hechos 11.1–18

En un improbable giro de los acontecimientos, la persecución de la iglesia causó que esta se propagara. Los creyentes salieron de Jerusalén debido a que se encontraban en peligro, refugiándose en las ciudades gentiles. Y a pesar de lo inverosímil que esto pueda parecer, es a Saulo, uno de los principales acosadores de la iglesia, a quien Dios usaría especialmente para llevar el evangelio y la iglesia a los gentiles. Alrededor del año 35 A.D., Saulo tuvo un encuentro personal con el Jesús resucitado en una visión en el camino a Damasco. Él le entregó su vida a Jesús y desde entonces dedicó el resto de sus días en la tierra a edificar la iglesia de Cristo. Su base de operaciones era la iglesia de Antioquía.

Los que se habían dispersado a causa de la persecución que se desató por el caso de Esteban llegaron hasta Fenicia, Chipre y Antioquía, sin anunciar a nadie el mensaje excepto a los judíos.

Sin embargo, había entre ellos algunas personas de Chipre y de Cirene que, al llegar a Antioquía, comenzaron a hablarles también a los de habla griega, anunciándoles las buenas nuevas acerca del Señor Jesús. El poder del Señor estaba con ellos, y un gran número creyó y se convirtió al Señor.

La noticia de estos sucesos llegó a oídos de la iglesia de Jerusalén, y mandaron a Bernabé a Antioquía. Cuando él llegó y vio las evidencias de la gracia de Dios, se alegró y animó a todos a hacerse el firme propósito de permanecer fieles al Señor, pues era un hombre bueno, lleno del Espíritu Santo y de fe. Un gran número de personas aceptó al Señor.

Después partió Bernabé para Tarso en busca de Saulo, y cuando lo encontró, lo llevó a Antioquía. Durante todo un año se reunieron los dos con la iglesia y enseñaron a mucha gente. Fue en Antioquía donde a los discípulos se les llamó «cristianos» por primera vez.

HECHOS 11.19–26

En la iglesia de Antioquía eran profetas y maestros Bernabé; Simeón, apodado el Negro; Lucio de Cirene; Manaén, que se había criado con Herodes el tetrarca; y Saulo. Mientras ayunaban y participaban en el culto al Señor, el Espíritu Santo dijo: «Apártenme ahora a Bernabé y a Saulo para el trabajo al que los he llamado.»

Así que después de ayunar, orar e imponerles las manos, los despidieron.

HECHOS 13.1–3

Saulo, muy pronto conocido como Pablo, se embarcó en numerosos viajes durante aproximadamente los siguientes veinte años a fin de extender el evangelio y fortalecer y edificar la iglesia hasta los confines de la tierra, tal y como Jesús había visualizado. El primer viaje misionero de Pablo comenzó alrededor del año 46 A.D., y en cada ciudad que visitaba usaba una habilidosa mezcla de historia, teología y filosofía para declarar las buenas nuevas tanto a judíos como a gentiles, los cuales respondían y se unían a la iglesia en expansión.

Cuando Pablo y sus compañeros llegaron a Antioquia, el apóstol se puso en pie en la sinagoga ante una audiencia predominantemente judía y ofreció un poderoso discurso similar al de Pedro el día de Pentecostés. Él narró la historia de los judíos en orden cronológico comenzando con el pueblo de Israel en el Antiguo Testamento. Reanudamos la historia al final de su mensaje, cuando Pablo valientemente les hace una invitación a recibir las buenas nuevas. Nota luego el cambio de enfoque en los judíos debido a su rechazo.

«Por tanto, hermanos, sepan que por medio de Jesús se les anuncia a ustedes el perdón de los pecados. Ustedes no pudieron ser justificados de esos pecados por la ley de Moisés, pero todo el que cree es justificado por medio de Jesús. Tengan cuidado, no sea que les suceda lo que han dicho los profetas:

> »"¡Miren, burlones!
> ¡Asómbrense y desaparezcan!
> Estoy por hacer en estos días una obra
>   que ustedes nunca creerán,
>   aunque alguien se la explique."»

Al salir ellos de la sinagoga, los invitaron a que el siguiente sábado les hablaran más de estas cosas. Cuando se disolvió la asamblea, muchos judíos y prosélitos fieles acompañaron a Pablo y a Bernabé, los cuales en su conversación con ellos les instaron a perseverar en la gracia de Dios.

El siguiente sábado casi toda la ciudad se congregó para oír la palabra del Señor. Pero cuando los judíos vieron a las multitudes, se llenaron de celos y contradecían con maldiciones lo que Pablo decía.

Pablo y Bernabé les contestaron valientemente: «Era necesario que les anunciáramos la palabra de Dios primero a ustedes. Como la rechazan y no se consideran dignos de la vida eterna, ahora vamos a dirigirnos a los gentiles. Así nos lo ha mandado el Señor:

> »"Te he puesto por luz para las naciones,
>   a fin de que lleves mi salvación hasta los confines de la
>   tierra."»

Al oír esto, los gentiles se alegraron y celebraron la palabra del Señor; y creyeron todos los que estaban destinados a la vida eterna.

La palabra del Señor se difundía por toda la región. Pero los judíos incitaron a mujeres muy distinguidas y favorables al judaísmo, y a los hombres más prominentes de la ciudad, y provocaron una persecución contra Pablo y Bernabé. Por tanto, los expulsaron de la región.

Ellos, por su parte, se sacudieron el polvo de los pies en señal de protesta contra la ciudad, y se fueron a Iconio. Y los discípulos quedaron llenos de alegría y del Espíritu Santo. HECHOS 13.38–52

La atención de Pablo se enfocó en la extensión del evangelio y la edificación de la iglesia en un mundo dominado por gentiles. Una de las iglesias más queridas para Pablo era la de Éfeso. Durante su tercer viaje misionero pasó entre dos y tres años allí edificando a la iglesia y su liderazgo. Un par de años después, alrededor del año 57 A.D., Pablo se apresuraba por llegar a Jerusalén antes de Pentecostés. Preocupado por si quizá no pudiera regresar a Éfeso, llamó a los ancianos de la iglesia para que se encontraran con él en su camino hacia Jerusalén. Quería tener una última reunión con ellos para animarlos y consolidar a la joven iglesia por la que tanto se sacrificó para que creciera.

Desde Mileto, Pablo mandó llamar a los ancianos de la iglesia de Éfeso. Cuando llegaron, les dijo: «Ustedes saben cómo me porté todo el tiempo que estuve con ustedes, desde el primer día que vine a la provincia de Asia. He servido al Señor con toda humildad y con lágrimas, a pesar de haber sido sometido a duras pruebas por las maquinaciones de los judíos. Ustedes saben que no he vacilado en predicarles nada que les fuera de provecho, sino que les he enseñado públicamente y en las casas. A judíos y a griegos les he instado a convertirse a Dios y a creer en nuestro Señor Jesús.

»Y ahora tengan en cuenta que voy a Jerusalén obligado por el Espíritu, sin saber lo que allí me espera. Lo único que sé es que en todas las ciudades el Espíritu Santo me asegura que me esperan prisiones y sufrimientos. **Sin embargo, considero que mi vida carece de valor para mí mismo, con tal de que termine mi carrera y lleve a cabo el servicio que me ha encomendado el Señor Jesús, que es el de dar testimonio del evangelio de la gracia de Dios.**

»Escuchen, yo sé que ninguno de ustedes, entre quienes he andado predicando el reino de Dios, volverá a verme. Por tanto, hoy les declaro que soy inocente de la sangre de todos, porque sin vacilar les he proclamado todo el propósito de Dios. **Tengan cuidado de sí mismos y de todo el rebaño sobre el cual el Espíritu Santo los ha puesto como obispos para pastorear la iglesia de Dios, que él adquirió con su propia sangre.** Sé que después de mi partida entrarán en medio de ustedes lobos feroces que procurarán acabar con el rebaño. Aun de entre ustedes mismos se levantarán algunos que enseñarán falsedades para arrastrar a los discípulos que los sigan. Así que estén alerta. Recuerden que día y noche, durante tres años, no he dejado de amonestar con lágrimas a cada uno en particular.

»Ahora los encomiendo a Dios y al mensaje de su gracia, mensaje que tiene poder para edificarlos y darles herencia entre todos los santificados. No he codiciado ni la plata ni el oro ni la ropa de nadie. Ustedes mismos saben bien que estas manos se han ocupado de mis propias necesidades y de las de mis compañeros. Con mi ejemplo les he mostrado que es preciso trabajar duro para ayudar a los necesitados, recordando las palabras del Señor Jesús: "Hay más dicha en dar que en recibir."»

Después de decir esto, Pablo se puso de rodillas con todos ellos y oró. Todos lloraban inconsolablemente mientras lo abrazaban y lo besaban. Lo que más los entristecía era su declaración de que ellos no volverían a verlo. Luego lo acompañaron hasta el barco.

Después de separarnos de ellos, zarpamos y navegamos directamente a Cos.   HECHOS 20.17—21.1

PLAN Y PROPÓSITO

Como Pablo había anticipado, le esperaban cárceles y dificultades cuando llegó a Jerusalén. Mientras se encontraba en arresto domiciliario en Roma unos años después, alrededor del 60 A.D., Pablo le escribió una carta a la iglesia en Éfeso. En ella explicaba el gran plan de Dios para la iglesia, la nueva comunidad de Cristo. Además de reconciliar consigo mismo a los individuos, Dios ha reconciliado a unos con otros. Mediante su muerte, Cristo ha derribado las barreras, uniendo a los creyentes en un cuerpo, la iglesia. Ahora se invita a la comunidad de la iglesia a vivir a la altura del llamado que ha recibido en Cristo Jesús.

Mientras lees los pasajes de Efesios 4 y Apocalipsis 2, identifica las frases clave que definen el propósito de la iglesia cristiana en el mundo.

Por eso yo, que estoy preso por la causa del Señor, les ruego que vivan de una manera digna del llamamiento que han recibido, siempre humildes y amables, pacientes, tolerantes unos con otros en amor. Esfuércense por mantener la unidad del Espíritu mediante el vínculo de la paz. Hay un solo cuerpo y un solo Espíritu, así como también fueron llamados a una sola esperanza; un solo Señor, una sola fe, un solo bautismo; un solo Dios y Padre de todos, que está sobre todos y por medio de todos y en todos.

Pero a cada uno de nosotros se nos ha dado gracia en la medida en que Cristo ha repartido los dones. Por esto dice:

> «Cuando ascendió a lo alto,
> se llevó consigo a los cautivos
> y dio dones a los hombres.»

(¿Qué quiere decir eso de que «ascendió», sino que también descendió a las partes bajas, o sea, a la tierra? El que descendió es el mismo que ascendió por encima de todos los cielos, para llenarlo todo.) Él mismo constituyó a unos, apóstoles; a otros, profetas; a otros, evangelistas; y a otros, pastores y maestros, a fin de capacitar al pueblo de Dios para la obra de servicio, para edificar el cuerpo de Cristo. De este modo, todos llegaremos a la unidad de la fe y del conocimiento del Hijo de Dios, a una humanidad perfecta que se conforme a la plena estatura de Cristo.

Así ya no seremos niños, zarandeados por las olas y llevados de aquí para allá por todo viento de enseñanza y por la astucia y los artificios de quienes emplean artimañas engañosas. Más bien, al vivir la verdad con amor, creceremos hasta ser en todo como aquel que es la cabeza, es decir, Cristo. Por su acción todo el cuerpo crece y se edifica en amor, sostenido y ajustado por todos los ligamentos, según la actividad propia de cada miembro.   EFESIOS 4.1–16

Cerca del final del primer siglo, alrededor del año 95 A.D., el apóstol Juan recibió las increíbles visiones de Dios que contiene el libro de Apocalipsis. Él dirige el libro a las siete iglesias de la provincia romana de Asia (la actual Turquía), siendo una de ellas la iglesia en Éfeso. Como parte del libro, Juan incluye las cartas del Cristo resucitado a esas siete iglesias, donde típicamente emplea palabras de recomendación, reclamo y corrección. Unos 45 años después de que Pablo escribiera su carta a la iglesia en Éfeso, el mensaje de Cristo para ellos constituye un boleto de calificaciones con respecto a su progreso. El mismo puede representar tanto una palabra de ánimo como un desafío para la iglesia actual.

«Escribe al ángel de la iglesia de Éfeso:

Esto dice el que tiene las siete estrellas en su mano derecha y se pasea en medio de los siete candelabros de oro: Conozco tus obras, tu duro trabajo y tu perseverancia. Sé que no puedes soportar a los malvados, y que has puesto a prueba a los que dicen ser apóstoles pero no lo son; y has descubierto que son falsos. Has perseverado y sufrido por mi nombre, sin desanimarte.

Sin embargo, tengo en tu contra que has abandonado tu primer amor. ¡Recuerda de dónde has caído! Arrepiéntete y vuelve a practicar las obras que hacías al principio. Si no te arrepientes, iré y quitaré de su lugar tu candelabro. Pero tienes a tu favor que aborreces las prácticas de los nicolaítas, las cuales yo también aborrezco.

El que tenga oídos, que oiga lo que el Espíritu dice a las iglesias. Al que salga vencedor le daré derecho a comer del árbol de la vida, que está en el paraíso de Dios.» APOCALIPSIS 2.1–7

LO QUE CREEMOS

Dios usó tanto a la iglesia como a Israel a fin de llevar a cabo su gran plan para redimirnos y llevarnos de nuevo a tener una relación con él. El plan de Dios para Israel fue traer hasta nosotros a Jesús, quien provee el único camino de regreso a Dios. Fue necesario algo más de dos mil años para que este plan se cumpliera.

Después de la resurrección y la ascensión de Jesús junto a su Padre, Dios creó a la iglesia. Fortalecida con el poder del Espíritu Santo, la iglesia ha existido por aproximadamente dos mil años. El plan principal de Dios para la iglesia es difundir las buenas nuevas de Jesucristo a todas las naciones hasta que él venga de nuevo. En la actualidad, hay aproximadamente veintidós mil millones de cristianos en el mundo. Si has recibido y aceptado la gracia de Jesús, eres un miembro del cuerpo de Cristo. Y recuerda que constituyes una parte integral de su plan, así que Dios quiere que participes por completo en la iglesia a fin de que se cumplan sus grandes y maravillosos propósitos.

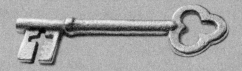

CAPÍTULO

7

Humanidad

PREGUNTA CLAVE

¿Cómo nos ve Dios?

IDEA CLAVE

Creo que Dios ama a todas las personas y que todas
ellas necesitan a Jesucristo como su Salvador.

VERSÍCULO CLAVE

Porque tanto amó Dios al mundo, que dio a su Hijo unigénito,
para que todo el que cree en él no se pierda,
sino que tenga vida eterna.
—*Juan 3.16*

Dios creó todo, pero el pináculo de la creación fue la formación de los seres humanos: seres hechos a la imagen de Dios. La humanidad es especial, y la Biblia constituye el relato de la historia de amor entre el Creador y lo creado, entre Dios y los seres humanos. Desde el comienzo de los tiempos hasta la iglesia moderna de nuestros días, Dios ha amado y buscado a su pueblo para restaurar su imagen entre ellos.

En este capítulo, leeremos pasajes de las Escrituras acerca de:

- *Orígenes.*
- *La devastadora condición humana.*
- *El amor de Dios*
- *Todos.*
- *Veamos a las personas como Dios las ve.*

El capítulo finalizará con versículos que te invitan a aceptar a cada creyente como un miembro apreciado de tu familia.

ORÍGENES

Dios es el origen de toda la vida.

Dios, en el principio,
　creó los cielos y la tierra.
La tierra era un caos total,
　las tinieblas cubrían el abismo,
y el Espíritu de Dios iba y venía
　sobre la superficie de las aguas.
Y dijo Dios: «¡Que exista la luz!»
　Y la luz llegó a existir.
Dios consideró que la luz era buena
　y la separó de las tinieblas.
A la luz la llamó «día»,
　y a las tinieblas, «noche».
Y vino la noche, y llegó la mañana:
　ése fue el primer día.

Y dijo Dios: «¡Que exista el firmamento
　en medio de las aguas, y que las separe!»
Y así sucedió: Dios hizo el firmamento
　y separó las aguas que están abajo,
　de las aguas que están arriba.

Al firmamento Dios lo llamó «cielo».
    Y vino la noche, y llegó la mañana:
    ése fue el segundo día.

Y dijo Dios: «¡Que las aguas debajo del cielo
    se reúnan en un solo lugar,
    y que aparezca lo seco!»
Y así sucedió. A lo seco Dios lo llamó «tierra»,
    y al conjunto de aguas lo llamó «mar».
Y Dios consideró que esto era bueno.
Y dijo Dios: «¡Que haya vegetación sobre la tierra;
    que ésta produzca hierbas que den semilla,
y árboles que den su fruto con semilla, todos según su especie!»
    Y así sucedió.

Comenzó a brotar la vegetación:

hierbas que dan semilla,
    y árboles que dan su fruto con semilla, todos según su especie.
Y Dios consideró que esto era bueno.
Y vino la noche, y llegó la mañana:
    ése fue el tercer día.

Y dijo Dios: «¡Que haya luces en el firmamento
    que separen el día de la noche;
que sirvan como señales de las estaciones,
    de los días y de los años,
y que brillen en el firmamento
    para iluminar la tierra!»
Y sucedió así.

Dios hizo los dos grandes astros:

    el astro mayor para gobernar el día,
y el menor para gobernar la noche.
    También hizo las estrellas.
Dios colocó en el firmamento
    los astros para alumbrar la tierra.
Los hizo para gobernar el día y la noche,
    y para separar la luz de las tinieblas.
Y Dios consideró que esto era bueno.
    Y vino la noche, y llegó la mañana:
    ése fue el cuarto día.

Y dijo Dios: «¡Que rebosen de seres vivientes las aguas,
   y que vuelen las aves sobre la tierra
   a lo largo del firmamento!»
Y creó Dios los grandes animales marinos,
   y todos los seres vivientes
   que se mueven y pululan en las aguas
y todas las aves,
   según su especie.
Y Dios consideró que esto era bueno,
   y los bendijo con estas palabras:
«Sean fructíferos y multiplíquense;
   llenen las aguas de los mares.
   ¡Que las aves se multipliquen sobre la tierra!»
Y vino la noche, y llegó la mañana:
   ése fue el quinto día.

Y dijo Dios: «¡Que produzca la tierra seres vivientes:
   animales domésticos, animales salvajes,
   y reptiles, según su especie!»
Y sucedió así.

Dios hizo los animales domésticos,
   los animales salvajes, y todos los reptiles,
   según su especie.
Y Dios consideró que esto era bueno,
   y dijo: «Hagamos al ser humano
   a nuestra imagen y semejanza.
Que tenga dominio sobre los peces del mar,
   y sobre las aves del cielo;
sobre los animales domésticos,
   sobre los animales salvajes,
y sobre todos los reptiles
   que se arrastran por el suelo.»
Y Dios creó al ser humano a su imagen;
   lo creó a imagen de Dios.
Hombre y mujer los creó,
   y los bendijo con estas palabras:
«Sean fructíferos y multiplíquense;
   llenen la tierra y sométanla;
dominen a los peces del mar y a las aves del cielo,
   y a todos los reptiles que se arrastran por el suelo.»

También les dijo: «Yo les doy de la tierra
  todas las plantas que producen semilla
y todos los árboles que dan fruto con semilla;
  todo esto les servirá de alimento.
Y doy la hierba verde como alimento
  a todas las fieras de la tierra,
a todas las aves del cielo
  y a todos los seres vivientes
  que se arrastran por la tierra.»
Y así sucedió.

Dios miró todo lo que había hecho,

  y consideró que era muy bueno.
Y vino la noche, y llegó la mañana:
  ése fue el sexto día.   GÉNESIS 1.1–31

Describe con tus propias palabras la intención original
de Dios para la raza humana.

LA DEVASTADORA CONDICIÓN HUMANA

Dios creó el cosmos y todo lo que hay en él. Creó la tierra para poder estar con los seres que formó. Por desdicha, las primeras dos personas, Adán y Eva, rechazaron la visión de Dios para su creación, causando que el pecado se adentrara en su naturaleza y de este modo haciéndolos incapaces de tener comunión con un Dios santo. La mayor pandemia que jamás ha experimentado la humanidad es la transferencia de este «ADN» de pecado a todas las generaciones sucesivas.

¿Cuáles son algunos de los resultados del pecado humano
reflejado en la historia de Caín y Abel en Génesis 4?

El hombre se unió a su mujer Eva, y ella concibió y dio a luz a Caín. Y dijo: «¡Con la ayuda del SEÑOR, he tenido un hijo varón!» Después dio a luz a Abel, hermano de Caín. Abel se dedicó a pastorear ovejas, mientras que Caín se dedicó a trabajar la tierra. Tiempo después, Caín presentó al SEÑOR una ofrenda del fruto de la tierra. Abel también presentó al SEÑOR lo mejor de su rebaño, es decir, los primogénitos con su grasa. Y el Señor miró con agrado a Abel y a su ofrenda, pero no miró así a Caín ni a su ofrenda. Por eso Caín se enfureció y andaba cabizbajo.   Génesis 4.1–5

> *Aquí vemos los resultados de las decisiones de Adán y Eva. Sabemos por otras escrituras que Dios rechazó la ofrenda de Caín y aceptó la ofrenda de Abel debido a la fe de los dos hombres. La Biblia no nos dice explícitamente por qué Dios rechazó la ofrenda de Caín, pero tenía que ver con la actitud de él hacia Dios.*
>
> *Abel trajo las primicias de su cosecha y lo mejor de sus rebaños, mientras que Caín trajo «una ofrenda del fruto de la tierra». A través de todo el Antiguo Testamento aprendemos que a Dios le agrada que le ofrezcamos lo primero y lo mejor, no lo que nos sobra.*

Entonces el Señor le dijo: «¿Por qué estás tan enojado? ¿Por qué andas cabizbajo? Si hicieras lo bueno, podrías andar con la frente en alto. Pero si haces lo malo, el pecado te acecha, como una fiera lista para atraparte. No obstante, tú puedes dominarlo.»
Caín habló con su hermano Abel. Mientras estaban en el campo, Caín atacó a su hermano y lo mató.

El Señor le preguntó a Caín:
—¿Dónde está tu hermano Abel?
—No lo sé —respondió—. ¿Acaso soy yo el que debe cuidar a mi hermano?
—¡Qué has hecho! —exclamó el Señor—. Desde la tierra, la sangre de tu hermano reclama justicia. Por eso, ahora quedarás bajo la maldición de la tierra, la cual ha abierto sus fauces para recibir la sangre de tu hermano, que tú has derramado. Cuando cultives la tierra, no te dará sus frutos, y en el mundo serás un fugitivo errante.
—Este castigo es más de lo que puedo soportar —le dijo Caín al Señor—. Hoy me condenas al destierro, y nunca más podré estar en tu presencia. Andaré por el mundo errante como un fugitivo, y cualquiera que me encuentre me matará.
—No será así —replicó el Señor—. El que mate a Caín, será castigado siete veces.
Entonces el Señor le puso una marca a Caín, para que no fuera a matarlo quien lo hallara. Así Caín se alejó de la presencia del Señor y se fue a vivir a la región llamada Nod, al este del Edén.

Génesis 4.6–16

Adán y Eva tuvieron más hijos, pero esos descendientes siguieron heredando y transmitiendo una naturaleza pecaminosa y caída. En la era del Nuevo Testamento, Judas, que era tanto medio hermano como seguidor de Jesús, escribió una carta para advertirles a los cristianos acerca de los falsos maestros que estaban intentando convencer a los creyentes de que la salvación por gracia les daba licencia para pecar. Judas destaca que estos peligrosos maestros habían «escogido el camino de Caín», refiriéndose al egoísmo y la avaricia (demostrados por la ofrenda descuidada y a la ligera de Caín) y al odio y el asesinato (demostrados mediante la muerte de Abel a manos de Caín).

Judas, siervo de Jesucristo y hermano de Jacobo,

a los que son amados por Dios el Padre, guardados por Jesucristo y llamados a la salvación:

Que reciban misericordia, paz y amor en abundancia.

Queridos hermanos, he deseado intensamente escribirles acerca de la salvación que tenemos en común, y ahora siento la necesidad de hacerlo para rogarles que sigan luchando vigorosamente por la fe encomendada una vez por todas a los santos. El problema es que se han infiltrado entre ustedes ciertos individuos que desde hace mucho tiempo han estado señalados para condenación. Son impíos que cambian en libertinaje la gracia de nuestro Dios y niegan a Jesucristo, nuestro único Soberano y Señor.

Aunque ustedes ya saben muy bien todo esto, quiero recordarles que el Señor, después de liberar de la tierra de Egipto a su pueblo, destruyó a los que no creían. Y a los ángeles que no mantuvieron su posición de autoridad, sino que abandonaron su propia morada, los tiene perpetuamente encarcelados en oscuridad para el juicio del gran Día. Así también Sodoma y Gomorra y las ciudades vecinas son puestas como escarmiento, al sufrir el castigo de un fuego eterno, por haber practicado, como aquéllos, inmoralidad sexual y vicios contra la naturaleza.

De la misma manera estos individuos, llevados por sus delirios, contaminan su cuerpo, desprecian la autoridad y maldicen a los seres celestiales. Ni siquiera el arcángel Miguel, cuando argumentaba con el diablo disputándole el cuerpo de Moisés, se atrevió a pronunciar contra él un juicio de maldición, sino que dijo: «¡Que el Señor te reprenda!» Éstos, en cambio, maldicen todo lo que no entienden; y como animales irracionales, lo que entienden por instinto es precisamente lo que los corrompe.

¡Ay de los que siguieron el camino de Caín! Por ganar dinero se entregaron al error de Balám y perecieron en la rebelión de Coré.

Estos individuos son un peligro oculto: sin ningún respeto convierten en parrandas las fiestas de amor fraternal que ustedes celebran. Buscan sólo su propio provecho. Son nubes sin agua, llevadas por el viento. Son árboles que no dan fruto cuando debieran darlo; están doblemente muertos, arrancados de raíz. Son violentas olas del mar, que arrojan la espuma de sus actos vergonzosos. Son estrellas fugaces, para quienes está reservada eternamente la más densa oscuridad.

También Enoc, el séptimo patriarca a partir de Adán, profetizó acerca de ellos: «Miren, el Señor viene con millares y millares de sus ángeles para someter a juicio a todos y para reprender a todos los pecadores impíos por todas las malas obras que han cometido, y por todas las injurias que han proferido contra él.» Estos individuos son refunfuñadores y criticones; se dejan llevar por sus propias pasiones; hablan con arrogancia y adulan a los demás para sacar ventaja.   JUDAS 1–16

La carta de Pablo a los cristianos en Roma contiene una escalofriante declaración de la extensión y las consecuencias de la naturaleza de pecado que ha penetrado a toda la raza humana comenzando con Adán y Eva y su descendencia. Primero, Pablo denuncia la pecaminosidad de los gentiles y luego, quizá sorprendiendo a sus lectores, muestra la pecaminosidad de los judíos. Él deja claro que nadie es justo.

Ciertamente, la ira de Dios viene revelándose desde el cielo contra toda impiedad e injusticia de los seres humanos, que con su maldad obstruyen la verdad. Me explico: lo que se puede conocer acerca de Dios es evidente para ellos, pues él mismo se lo ha revelado. Porque desde la creación del mundo las cualidades invisibles de Dios, es decir, su eterno poder y su naturaleza divina, se perciben claramente a través de lo que él creó, de modo que nadie tiene excusa. A pesar de haber conocido a Dios, no lo glorificaron como a Dios ni le dieron gracias, sino que se extraviaron en sus inútiles razonamientos, y se les oscureció su insensato corazón. Aunque afirmaban ser sabios, se volvieron necios y cambiaron la gloria del Dios inmortal por imágenes que eran réplicas del hombre mortal, de las aves, de los cuadrúpedos y de los reptiles.

Por eso Dios los entregó a los malos deseos de sus corazones, que conducen a la impureza sexual, de modo que degradaron sus cuerpos los unos con los otros. Cambiaron la verdad de Dios por la mentira, adorando y sirviendo a los seres creados antes que al Creador, quien es bendito por siempre. Amén.

Por tanto, Dios los entregó a pasiones vergonzosas. En efecto, las mujeres cambiaron las relaciones naturales por las que van contra la naturaleza. Así mismo los hombres dejaron las relaciones naturales con la mujer y se encendieron en pasiones lujuriosas los unos con los otros. Hombres con hombres cometieron actos indecentes, y en sí mismos recibieron el castigo que merecía su perversión.

Además, como estimaron que no valía la pena tomar en cuenta el conocimiento de Dios, él a su vez los entregó a la depravación mental, para que hicieran lo que no debían hacer. Se han llenado de toda clase de maldad, perversidad, avaricia y depravación. Están repletos de envidia, homicidios, disensiones, engaño y malicia. Son chismosos, calumniadores, enemigos de Dios, insolentes, soberbios y arrogantes; se ingenian maldades; se rebelan contra sus padres; son insensatos, desleales, insensibles, despiadados. Saben bien que, según el justo decreto de Dios, quienes practican tales cosas merecen la muerte; sin embargo, no sólo siguen practicándolas sino que incluso aprueban a quienes las practican. ROMANOS 1.18–32

Ahora bien, tú que llevas el nombre de judío; que dependes de la ley y te jactas de tu relación con Dios; que conoces su voluntad y sabes discernir lo que es mejor porque eres instruido por la ley; que estás convencido de ser guía de los ciegos y luz de los que están en la oscuridad, instructor de los ignorantes, maestro de los sencillos, pues tienes en la ley la esencia misma del conocimiento y de la verdad; en fin, tú que enseñas a otros, ¿no te enseñas a ti mismo? Tú que predicas contra el robo, ¿robas? Tú que dices que no se debe cometer adulterio, ¿adulteras? Tú que aborreces a los ídolos, ¿robas de sus templos? Tú que te jactas de la ley, ¿deshonras a Dios quebrantando la ley? Así está escrito: «Por causa de ustedes se blasfema el nombre de Dios entre los gentiles.» ROMANOS 2.17–24

¿A qué conclusión llegamos? ¿Acaso los judíos somos mejores? ¡De ninguna manera! Ya hemos demostrado que tanto los judíos como los gentiles están bajo el pecado. Así está escrito:

«No hay un solo justo, ni siquiera uno;
   no hay nadie que entienda,
   nadie que busque a Dios.
Todos se han descarriado,
   a una se han corrompido.
No hay nadie que haga lo bueno;
   ¡no hay uno solo!»
«Su garganta es un sepulcro abierto;
   con su lengua profieren engaños.»
«¡Veneno de víbora hay en sus labios!»
«Llena está su boca de maldiciones y de amargura.»
«Veloces son sus pies para ir a derramar sangre;
   dejan ruina y miseria en sus caminos,
   y no conocen la senda de la paz.»
«No hay temor de Dios delante de sus ojos.»

Ahora bien, sabemos que todo lo que dice la ley, lo dice a quienes están sujetos a ella, para que todo el mundo se calle la boca y quede convicto delante de Dios. Por tanto, nadie será justificado en presencia de Dios por hacer las obras que exige la ley; más bien, mediante la ley cobramos conciencia del pecado.   ROMANOS 3.9–20

¿De qué formas Dios constituye nuestra mayor
defensa contra los falsos maestros?

EL AMOR DE DIOS

A pesar del pecado que ha inundado a su creación, Dios permanece fiel a su pueblo. En el Antiguo Testamento, Dios modeló su amor por la humanidad mediante su relación especial con Israel. Él empleó una lección objetiva profunda e inusual para ilustrar lo mucho que amaba a los israelitas a pesar de su infidelidad. Le pidió a Oseas, un profeta enviado al reino del norte de Israel, que se casara con una mujer inmoral llamada Gómer. Oseas desempeñaría el papel de Dios; Gómer desempeñaría el papel de Israel.

Ésta es la palabra del SEÑOR que vino a Oseas hijo de Beerí durante los reinados de Uzías, Jotán, Acaz y Ezequías, reyes de Judá, y durante el reinado de Jeroboán hijo de Joás, rey de Israel.

La primera vez que el Señor habló por medio de Oseas, le dijo: «Ve y toma por esposa una prostituta, y ten con ella hijos de prostitución, porque el país se ha prostituido por completo. ¡Se ha apartado del Señor!»

Oseas fue y tomó por esposa a Gómer, hija de Diblayin, la cual concibió y le dio a luz un hijo. Oseas 1.1–3

Oseas le dio a Gómer una vida maravillosa llena de amor y provisión. Sin embargo, ella decidió rechazar su amor. Gómer abandonó a Oseas y regresó a su estilo de vida inmoral. Y evidentemente se convirtió en esclava. Dios le dijo a Oseas que buscara a su esposa, la comprara, la recuperara para sí y la amara. Lo que Oseas hizo con Gómer, Dios lo puso en práctica con los israelitas.

Me habló una vez más el Señor, y me dijo: «Ve y ama a esa mujer adúltera, que es amante de otro. Ámala como ama el Señor a los israelitas, aunque se hayan vuelto a dioses ajenos y se deleiten con las tortas de pasas que les ofrecen.»

Compré entonces a esa mujer por quince monedas de plata y una carga y media de cebada, y le dije: «Vas a vivir conmigo mucho tiempo, pero sin prostituirte. No tendrás relaciones sexuales con ningún otro hombre. ¡Ni yo te voy a tocar!» Oseas 3.1–3

En el libro de Oseas, Dios también meditó en su relación con Israel en términos de un hijo obstinado en vez de una esposa infiel. Él intervino a favor de los israelitas incluso cuando ellos no reconocían su presencia. Por amor los había rescatado de la esclavitud en Egipto. Ahora Israel, a menudo llamado Efraín debido a su tribu más grande, estaba a punto de volver otra vez a ser esclavo. Esta vez la poderosa nación de Asiria iba a tomar cautivo al pueblo. Ellos experimentarían los golpes de la disciplina por haberse alejado de Dios, pero él declaró que los redimiría de nuevo. Este es el mismo tipo de amor eterno e inmerecido que Dios siente por nosotros.

«Desde que Israel era niño, yo lo amé;
    de Egipto llamé a mi hijo.
Pero cuanto más lo llamaba,
    más se alejaba de mí.
Ofrecía sacrificios a sus falsos dioses

y quemaba incienso a las imágenes.
Yo fui quien enseñó a caminar a Efraín;
   yo fui quien lo tomó de la mano.
Pero él no quiso reconocer
   que era yo quien lo sanaba.
Lo atraje con cuerdas de ternura,
   lo atraje con lazos de amor.
Le quité de la cerviz el yugo,
   y con ternura me acerqué para alimentarlo.

»No volverán a Egipto,
   sino que Asiria reinará sobre ellos,
   porque no quisieron volverse a mí.
En sus ciudades se blandirán espadas,
   que destrozarán los barrotes de sus puertas
   y acabarán con sus planes.
Mi pueblo está resuelto a renegar de mi nombre;
   por eso, aunque me invoquen, no los exaltaré.

»¿Cómo podría yo entregarte, Efraín?
   ¿Cómo podría abandonarte, Israel?
¡Yo no podría entregarte como entregué a Admá!
   ¡Yo no podría abandonarte como a Zeboyín!
Dentro de mí, el corazón me da vuelcos,
   y se me conmueven las entrañas.
Pero no daré rienda suelta a mi ira,
   ni volveré a destruir a Efraín.
Porque en medio de ti no está un hombre,
   sino estoy yo, el Dios santo,
   y no atacaré la ciudad.»

El Señor rugirá como león,
   y ellos lo seguirán.
Cuando el Señor lance su rugido,
   sus hijos vendrán temblando de occidente.

«Vendrán desde Egipto, temblando como aves;
   vendrán desde Asiria, temblando como palomas,
   y yo los estableceré en sus casas
                 —afirma el Señor—.   Oseas 11.1–11

¿Cómo muestra el libro de Oseas tanto la disciplina
y el castigo de Dios como su compasión y redención?
¿De qué maneras consideras que encajan su disciplina y castigo
con tu concepto de Dios como un Dios de amor?

Todos

*Una de las tareas especiales que Juan llevó a cabo por medio de
su Evangelio fue compartir que el ofrecimiento de Jesús de perdón
y restauración con Dios por la eternidad era para todos. A lo largo
de su Evangelio, Juan usa las palabras «todos» y «el que». Nosotros
estamos incluidos en estos términos; por lo tanto, Dios nos extiende su ofrecimiento de amor. Él nos amó «de tal manera».*

En él estaba la vida, y la vida era la luz de [**toda**] la humanidad.

JUAN 1.4

[Juan el Bautista vino] como testigo para dar testimonio de la luz,
a fin de que por medio de él **todos** creyeran.   JUAN 1.7

[El Verbo, Jesucristo,] vino a lo que era suyo, pero los suyos no lo
recibieron. Mas a cuantos [**todos**] lo recibieron, a los que creen en su
nombre, les dio el derecho de ser hijos de Dios.   JUAN 1.11–12

Porque tanto amó Dios al mundo, que dio a su Hijo unigénito,
para que **todo** el que cree en él no se pierda, sino que tenga vida eterna.   JUAN 3.16

El que cree en el Hijo tiene vida eterna; pero el que rechaza al
Hijo no sabrá lo que es esa vida, sino que permanecerá bajo el castigo
de Dios.   JUAN 3.36

Pero **el que** beba del agua que yo le daré, no volverá a tener sed
jamás, sino que dentro de él esa agua se convertirá en un manantial
del que brotará vida eterna.   JUAN 4.14

Ciertamente les aseguro que **el que** oye mi palabra y cree al que
me envió, tiene vida eterna y no será juzgado, sino que ha pasado de
la muerte a la vida.   JUAN 5.24

—Yo soy el pan de vida —declaró Jesús—. **El que** a mí viene nunca pasará hambre, y **el que** en mí cree nunca más volverá a tener sed.

JUAN 6.35

Todos los que el Padre me da vendrán a mí; y al que a mí viene, no lo rechazo.   JUAN 6.37

Yo soy el pan vivo que bajó del cielo. Si **alguno** come de este pan, vivirá para siempre. Este pan es mi carne, que daré para que el mundo viva.   JUAN 6.51

El que come mi carne y bebe mi sangre tiene vida eterna, y yo lo resucitaré en el día final.   JUAN 6.54

De **aquel que** cree en mí, como dice la Escritura, brotarán ríos de agua viva.   JUAN 7.38

Una vez más Jesús se dirigió a la gente, y les dijo:
—Yo soy la luz del mundo. **El que** me sigue no andará en tinieblas, sino que tendrá la luz de la vida.   JUAN 8.12

Ciertamente les aseguro que **el que** cumple mi palabra, nunca morirá.   JUAN 8.51

Yo soy la puerta; **el que** entre por esta puerta, que soy yo, será salvo. Se moverá con entera libertad, y hallará pastos.   JUAN 10.9

Y **todo el que** vive y cree en mí no morirá jamás. ¿Crees esto?
                                                                JUAN 11.26

El juicio de este mundo ha llegado ya, y el príncipe de este mundo va a ser expulsado. Pero yo, cuando sea levantado de la tierra, atraeré a **todos** a mí mismo.   JUAN 12.31–32

VEAMOS A LAS PERSONAS COMO DIOS LAS VE

Como ilustra la parábola de la oveja perdida, Dios nos ama profundamente. Él desea que sigamos su ejemplo a la hora de tratarnos los unos a los otros.

En ese momento los discípulos se acercaron a Jesús y le preguntaron:
—¿Quién es el más importante en el reino de los cielos?
Él llamó a un niño y lo puso en medio de ellos. Entonces dijo:
—Les aseguro que a menos que ustedes cambien y se vuelvan como niños, no entrarán en el reino de los cielos. Por tanto, el que se humilla como este niño será el más grande en el reino de los cielos.
»Y el que recibe en mi nombre a un niño como éste, me recibe a mí. Pero si alguien hace pecar a uno de estos pequeños que creen en

mí, más le valdría que le colgaran al cuello una gran piedra de molino y lo hundieran en lo profundo del mar.

»¡Ay del mundo por las cosas que hacen pecar a la gente! Inevitable es que sucedan, pero ¡ay del que hace pecar a los demás! Si tu mano o tu pie te hace pecar, córtatelo y arrójalo. Más te vale entrar en la vida manco o cojo que ser arrojado al fuego eterno con tus dos manos y tus dos pies. Y si tu ojo te hace pecar, sácatelo y arrójalo. Más te vale entrar tuerto en la vida que con dos ojos ser arrojado al fuego del infierno.

»Miren que no menosprecien a uno de estos pequeños. Porque les digo que en el cielo los ángeles de ellos contemplan siempre el rostro de mi Padre celestial.

»¿Qué les parece? Si un hombre tiene cien ovejas y se le extravía una de ellas, ¿no dejará las noventa y nueve en las colinas para ir en busca de la extraviada? Y si llega a encontrarla, les aseguro que se pondrá más feliz por esa sola oveja que por las noventa y nueve que no se extraviaron. Así también, el Padre de ustedes que está en el cielo no quiere que se pierda ninguno de estos pequeños».

MATEO 18.1–14

En la primera parte de su ministerio, Jesús le habló a una gran multitud de personas que se reunió para ser sanada y oír lo que él tenía que decir. En este contexto, Jesús enseñó que debemos ver y tratar a las personas como Dios nos ve y nos trata. Nuestro Padre celestial proporciona el ejemplo supremo a seguir.

«Pero a ustedes que me escuchan les digo: Amen a sus enemigos, hagan bien a quienes los odian, bendigan a quienes los maldicen, oren por quienes los maltratan. Si alguien te pega en una mejilla, vuélvele también la otra. Si alguien te quita la camisa, no le impidas que se lleve también la capa. Dale a todo el que te pida, y si alguien se lleva lo que es tuyo, no se lo reclames. Traten a los demás tal y como quieren que ellos los traten a ustedes.

»¿Qué mérito tienen ustedes al amar a quienes los aman? Aun los pecadores lo hacen así. ¿Y qué mérito tienen ustedes al hacer bien a quienes les hacen bien? Aun los pecadores actúan así. ¿Y qué mérito tienen ustedes al dar prestado a quienes pueden corresponderles? Aun los pecadores se prestan entre sí, esperando recibir el mismo trato. **Ustedes, por el contrario, amen a sus enemigos, háganles bien y denles prestado sin esperar nada a cambio. Así tendrán**

una gran recompensa y serán hijos del Altísimo, porque él es bondadoso con los ingratos y malvados. Sean compasivos, así como su Padre es compasivo.» LUCAS 6.27–36

La nueva realidad en Cristo es esta: no hay más división entre judíos y gentiles, hombres y mujeres, amos y esclavos. Todos pertenecemos a Cristo por igual. El apóstol Pablo tuvo una gran oportunidad de demostrar esto en los postreros años de su vida. Su buen amigo Filemón tenía un esclavo, Onésimo, que al parecer le robó a Filemón y luego se fugó (un delito castigado con la muerte). De forma sorprendente, mientras Pablo estaba en Roma se encontró con Onésimo, y este último se convirtió en cristiano. Pablo le escribió a Filemón una carta con la súplica personal de que recibiera otra vez a Onésimo, no como un esclavo, sino como un hermano en Cristo. Dios nos hace el mismo desafío para aceptar a cada creyente como un miembro precioso de la familia.

Pablo, prisionero de Cristo Jesús, y el hermano Timoteo,

a ti, querido Filemón, compañero de trabajo, a la hermana Apia, a Arquipo nuestro compañero de lucha, y a la iglesia que se reúne en tu casa:

Que Dios nuestro Padre y el Señor Jesucristo les concedan gracia y paz.

Siempre doy gracias a mi Dios al recordarte en mis oraciones, porque tengo noticias de tu amor y tu fidelidad hacia el Señor Jesús y hacia todos los creyentes. Pido a Dios que el compañerismo que brota de tu fe sea eficaz para la causa de Cristo mediante el reconocimiento de todo lo bueno que compartimos. Hermano, tu amor me ha alegrado y animado mucho porque has reconfortado el corazón de los santos.

Por eso, aunque en Cristo tengo la franqueza suficiente para ordenarte lo que debes hacer, prefiero rogártelo en nombre del amor. Yo, Pablo, ya anciano y ahora, además, prisionero de Cristo Jesús, te suplico por mi hijo Onésimo, quien llegó a ser hijo mío mientras yo estaba preso. En otro tiempo te era inútil, pero ahora nos es útil tanto a ti como a mí.

Te lo envío de vuelta, y con él va mi propio corazón. Yo hubiera querido retenerlo para que me sirviera en tu lugar mientras estoy preso por causa del evangelio. Sin embargo, no he querido hacer nada sin tu consentimiento, para que tu favor no sea por obligación sino espontáneo. **Tal vez por eso Onésimo se alejó de ti por algún tiempo, para que** ahora lo recibas para siempre, ya no como a esclavo, sino como algo mejor: como a un hermano querido, muy especial para mí, pero mucho más para ti, como persona y como hermano en el Señor.

De modo que, si me tienes por compañero, recíbelo como a mí mismo. Si te ha perjudicado o te debe algo, cárgalo a mi cuenta. Yo, Pablo, lo escribo de mi puño y letra: te lo pagaré; por no decirte que tú mismo me debes lo que eres. Sí, hermano, ¡que reciba yo de ti algún beneficio en el Señor! Reconforta mi corazón en Cristo. Te escribo confiado en tu obediencia, seguro de que harás aún más de lo que te pido.

Además de eso, prepárame alojamiento, porque espero que Dios les conceda el tenerme otra vez con ustedes en respuesta a sus oraciones.

Te mandan saludos Epafras, mi compañero de cárcel en Cristo Jesús, y también Marcos, Aristarco, Demas y Lucas, mis compañeros de trabajo.

Que la gracia del Señor Jesucristo sea con su espíritu.

FILEMÓN 1–25

¿Cómo las historias de este capítulo enfatizan la persistencia y la compasión de Dios en lo que respecta a llevar a las personas a tener una relación con él? ¿Qué frases te hablan de una manera personal?

LO QUE CREEMOS

Hay algo que no puede negarse. Somos el logro supremo de la creación de Dios. Fuimos hechos a la imagen de Dios con el propósito expreso de vivir en perfecta comunión con él en la tierra. Sin embargo, las primeras dos personas rechazaron la visión divina, introduciendo la muerte y la separación de la raza humana de Dios. Podemos ver claramente en la historia de Caín y Abel, a través de la historia de la humanidad y en nuestras propias historias que esta naturaleza de pecado se ha ido trasmitiendo y todas las personas son víctimas de ella. Sin embargo, Dios nos ama y quiere que nos volvamos a él. Como Oseas buscó a Gómer, su esposa infiel, así Dios nos busca a nosotros. «Toda su compasión se inflama» (ver Oseas 11.8) cuando piensa en nosotros. El amor de Dos no conoce límites. El perdón y la salvación están disponibles para «todos» aquellos que los recibimos en Cristo Jesús. Dios llama a todos los cristianos a ver a las personas de la misma forma que él lo hace. ¿Qué sucedería en nuestro mundo si pudiéramos hacer precisamente eso?

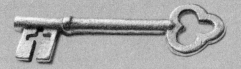

CAPÍTULO

8

Compasión

PREGUNTA CLAVE

¿Qué hay de los pobres y la injusticia?

IDEA CLAVE

Creo que Dios llama a todos los cristianos a mostrarles compasión
a las personas necesitadas.

VERSÍCULO CLAVE

Defiendan la causa del huérfano y del desvalido;
al pobre y al oprimido háganles justicia.
Salven al menesteroso y al necesitado;
líbrenlos de la mano de los impíos.
—*Salmos 82.3–4*

Todos lo seres humanos son valiosos para Dios, y nosotros somos llamados a ver a las personas como él las ve. La compasión va un paso más allá y nos impulsa a sentir el dolor de los demás. Compasión literalmente significa «sufrir con». Dios nos llama a acercarnos a las personas que están sufriendo y sufrir con ellas para que no estén solas. Esto no significa que podemos resolver sus problemas, sino que podemos acompañarlas en su dolor. Antes de actuar o practicar esta creencia debemos creer que constituye el llamado de Dios para la vida de todos los seguidores de Cristo. Cuando creamos esto en nuestro corazón, mostraremos compasión hacia todas las personas, en especial las que tienen necesidad. No es que el Señor diga: «Hagan lo que yo digo, no lo que hago». Dios mismo es misericordioso y compasivo. Es ahí donde nuestra jornada hacia la compasión empieza.

En este capítulo leeremos acerca de:

- *Dios: lleno de justicia y compasión.*
- *Israel: llamados a la compasión.*
- *Jesús: modelo de compasión.*
- *Los creyentes: el llamado continuo a la compasión.*

DIOS: LLENO DE JUSTICIA Y COMPASIÓN

Los israelitas batallaron a lo largo de su historia para permanecer fieles a Dios. A veces lo seguían, pero a esos períodos de fidelidad les sucedían tiempos de pecado y rebeldía. Sin embargo, el amor de Dios por su pueblo siempre resultó evidente. Su compasión era constante al ofrecerle al pueblo alivio de la miseria que causaba su propio pecado. En este pasaje, los israelitas están de nuevo en la tierra prometida después de años de sufrir el exilio y muchas dificultades. Los levitas invitaron al pueblo a ponerse de pie mientras narraban la historia de compasión de Dios hacia ellos, desde el mismo comienzo de los tiempos hasta ese preciso momento.

Mientras lees el relato de Nehemías 9, busca algunas de las formas en que Dios les mostró compasión y justicia a los israelitas.

Los israelitas se reunieron para ayunar, se vistieron de luto y se echaron ceniza sobre la cabeza. Habiéndose separado de los extranjeros, confesaron públicamente sus propios pecados y la maldad de sus antepasados, y asumieron así su responsabilidad. Durante tres horas leyeron el libro de la ley del SEÑOR su Dios, y en las tres horas siguientes le confesaron sus pecados y lo adoraron. Luego los levitas Jesúa, Baní, Cadmiel, Sebanías, Buní, Serebías, Baní y Quenaní subieron a la plataforma y en alta voz invocaron al SEÑOR su Dios. Y los levitas Jesúa, Cadmiel, Baní, Jasabnías, Serebías, Hodías, Sebanías y Petaías clamaron:

«¡Vamos, bendigan al SEÑOR su Dios desde ahora y para siempre! ¡Bendito seas, SEÑOR! ¡Sea exaltado tu glorioso nombre, que está por encima de toda bendición y alabanza!

»¡Sólo tú eres el SEÑOR! Tú has hecho los cielos, y los cielos de los cielos con todas sus estrellas. Tú le das vida a todo lo creado: la tierra y el mar con todo lo que hay en ellos. ¡Por eso te adoran los ejércitos del cielo!

»Tú, SEÑOR y Dios, fuiste quien escogió a Abram. Tú lo sacaste de Ur de los caldeos y le pusiste por nombre Abraham. Descubriste en él un corazón fiel; por eso hiciste con él un pacto. Le prometiste que a sus descendientes les darías la tierra de los cananeos, de los hititas, amorreos y ferezeos, de los jebuseos y gergeseos. Y cumpliste tu palabra porque eres justo.

»En Egipto viste la aflicción de nuestros padres; junto al Mar Rojo escuchaste sus lamentos. Lanzaste grandes señales y maravillas contra el faraón, sus siervos y toda su gente, porque viste la insolencia con que habían tratado a tu pueblo. Fue así como te ganaste la buena fama que hoy tienes. A la vista de ellos abriste el mar, y lo cruzaron sobre terreno seco. Pero arrojaste a sus perseguidores en lo más profundo del mar, como piedra en aguas caudalosas. Con una columna de nube los guiaste de día, con una columna de fuego los guiaste de noche: les alumbraste el camino que debían seguir.

»Descendiste al monte Sinaí; desde el cielo les hablaste. Les diste juicios rectos y leyes verdaderas, estatutos y mandamientos buenos. Les diste a conocer tu sábado santo, y por medio de tu servidor Moisés les entregaste tus mandamientos, estatutos y leyes.

»Saciaste su hambre con pan del cielo; calmaste su sed con agua de la roca. Les diste posesión de la tierra que bajo juramento les habías prometido. Pero ellos y nuestros padres fueron altivos; no quisieron obedecer tus mandamientos. Se negaron a escucharte; no se acordaron de las maravillas que hiciste por ellos. Fue tanta su terquedad y rebeldía que hasta se nombraron un jefe para que los hiciera volver a la esclavitud de Egipto. **Pero tú no los abandonaste porque eres Dios perdonador, clemente y compasivo, lento para la ira y grande en amor.**

»Y a pesar de que se hicieron un becerro de metal fundido y dijeron: "Éste es tu dios que te hizo subir de Egipto", y aunque fueron terribles las ofensas que cometieron, **tú no los abandonaste en el desierto porque eres muy compasivo.**

»Jamás se apartó de ellos la columna de nube que los guiaba de día por el camino; ni dejó de alumbrarlos la columna de fuego que de noche les mostraba por dónde ir.

»Con tu buen Espíritu les diste entendimiento. No les quitaste tu maná de la boca; les diste agua para calmar su sed. Cuarenta años los sustentaste en el desierto. ¡Nada les faltó! No se desgastaron sus vestidos ni se les hincharon los pies.

»Les entregaste reinos y pueblos, y asignaste a cada cual su territorio. Conquistaron las tierras de Og y de Sijón, que eran reyes de Hesbón y de Basán. Multiplicaste sus hijos como las estrellas del cielo; los hiciste entrar en la tierra que bajo juramento les prometiste a sus padres. Y sus hijos entraron en la tierra y tomaron posesión de ella. Ante ellos sometiste a los cananeos que la habitaban; les entregaste reyes y pueblos de esa tierra, para que hicieran con ellos lo que quisieran. Conquistaron ciudades fortificadas y una tierra fértil; se adueñaron de casas repletas de bienes, de cisternas, viñedos y olivares, y de gran cantidad de árboles frutales. Comieron y se hartaron y engordaron; ¡disfrutaron de tu gran bondad!

»Pero fueron desobedientes: se rebelaron contra ti, rechazaron tu ley, mataron a tus profetas que los convocaban a volverse a ti; ¡te ofendieron mucho! Por eso los entregaste a sus enemigos, y éstos los oprimieron. **En tiempo de angustia clamaron a ti, y desde el cielo los escuchaste; por tu inmensa compasión les enviaste salvadores para que los liberaran de sus enemigos.** Pero en cuanto eran liberados, volvían a hacer lo que te ofende; tú los entregabas a sus enemigos, y ellos los dominaban. **De nuevo clamaban a ti, y desde el cielo los escuchabas. ¡Por tu inmensa compasión muchas veces los libraste!** Les advertiste que volvieran a tu ley, pero ellos actuaron con soberbia y no obedecieron tus mandamientos. Pecaron contra tus normas, que dan vida a quien las obedece. En su rebeldía, te rechazaron; fueron tercos y no quisieron escuchar.

»Por años les tuviste paciencia; con tu Espíritu los amonestaste por medio de tus profetas, pero ellos no quisieron escuchar. Por eso los dejaste caer en manos de los pueblos de esa tierra. **Sin embargo, es tal tu compasión que no los destruiste ni abandonaste, porque eres Dios clemente y compasivo.**

»Y ahora, Dios nuestro, Dios grande, temible y poderoso, que cumples el pacto y eres fiel, no tengas en poco los sufrimientos que han padecido nuestros reyes, gobernantes, sacerdotes y profetas, nuestros padres y todo tu pueblo, desde los reyes de Asiria hasta hoy. Tú has sido justo en todo lo que nos ha sucedido, porque actúas con fidelidad. Nosotros, en cambio, actuamos con maldad. Nuestros reyes y gobernantes, nuestros sacerdotes y antepasados desobedecieron tu ley y no acataron tus mandamientos ni las advertencias con que los amonestabas. Pero ellos, durante su reinado, no quisieron servirte ni abandonar sus malas obras, a pesar de que les diste muchos bienes y les regalaste una tierra extensa y fértil.

»Por eso ahora somos esclavos, esclavos en la tierra que les diste a nuestros padres para que gozaran de sus frutos y sus bienes. Sus abundantes cosechas son ahora de los reyes que nos has impuesto por nuestro pecado. Como tienen el poder, hacen lo que quieren con nosotros y con nuestro ganado. ¡Grande es nuestra aflicción!

»Por todo esto, nosotros hacemos este pacto y lo ponemos por escrito, firmado por nuestros gobernantes, levitas y sacerdotes.»

NEHEMÍAS 9.1–38

Dios le ha mostrado compasión a su pueblo desde el principio, con el sacrificio de su único Hijo, Jesucristo, como la demostración suprema. Debido a que la única respuesta justa a los pecados de la humanidad era la muerte, nuestro Dios justo, según su justicia, decretó la pena de muerte para nosotros. Luego, debido a su gran compasión, ofreció a Jesús como una «expiación sustitutoria»; es decir, Jesús ocupó el lugar de la humanidad. Mediante este acto Dios demostró su total compasión sin moverse ni un centímetro de su justicia total. Nosotros, que éramos culpables, somos justificados por el sacrificio de la única persona que era completamente justa.

Sin la mediación de la ley, se ha manifestado la justicia de Dios, de la que dan testimonio la ley y los profetas. Esta justicia de Dios llega, mediante la fe en Jesucristo, a todos los que creen. De hecho, no hay distinción, pues todos han pecado y están privados de la gloria de Dios, pero por su gracia son justificados gratuitamente mediante la redención que Cristo Jesús efectuó. **Dios lo ofreció como un sacrificio de expiación que se recibe por la fe en su sangre, para así demostrar su justicia. Anteriormente, en su paciencia, Dios había pasado por alto los pecados; pero en el tiempo presente ha ofrecido a Jesucristo para manifestar su justicia. De este modo Dios es justo y, a la vez, el que justifica a los que tienen fe en Jesús.** Romanos 3.21–26

Queridos hermanos, amémonos los unos a los otros, porque el amor viene de Dios, y todo el que ama ha nacido de él y lo conoce. El que no ama no conoce a Dios, porque Dios es amor. Así manifestó Dios su amor entre nosotros: en que envió a su Hijo unigénito al mundo para que vivamos por medio de él. **En esto consiste el amor: no en que nosotros hayamos amado a Dios, sino en que él nos amó y envió a su Hijo para que fuera ofrecido como sacrificio por el perdón de nuestros pecados.** 1 Juan 4.7–10

Israel: llamados a la compasión

La compasión era un aspecto importante del testimonio del pueblo de Israel para el mundo. Cuando Dios estableció las leyes fundamentales para su pueblo, reveló mediante Moisés pautas específicas a fin de ayudar a los pobres y los que tenían necesidad.

Mientras lees los pasajes seleccionados de Deuteronomio 24 y 25, busca algunos de los principios detrás de las leyes que Moisés les dio a los israelitas para que regularan la forma en que trataban a los demás.

«Cuando le hagas un préstamo a tu prójimo, no entres en su casa ni tomes lo que te ofrezca en prenda. Quédate afuera y deja que él mismo te entregue la prenda. Si es pobre y en prenda te ofrece su manto, no se lo retengas durante la noche. Devuélveselo antes de la puesta del sol, para que se cubra con él durante la noche. Así estará él agradecido contigo, y tú habrás actuado con justicia a los ojos del Señor tu Dios.

»No te aproveches del empleado pobre y necesitado, sea éste un compatriota israelita o un extranjero. Le pagarás su jornal cada día, antes de la puesta del sol, porque es pobre y cuenta sólo con ese dinero. De lo contrario, él clamará al Señor contra ti y tú resultarás convicto de pecado.» Deuteronomio 24.10–15

«No le niegues sus derechos al extranjero ni al huérfano, ni tomes en prenda el manto de la viuda. Recuerda que fuiste esclavo en Egipto, y que el Señor tu Dios te sacó de allí. Por eso te ordeno que actúes con justicia.

»**Cuando recojas la cosecha de tu campo y olvides una gavilla, no vuelvas por ella. Déjala para el extranjero, el huérfano y la viuda. Así el Señor tu Dios bendecirá todo el trabajo de tus manos.**

»Cuando sacudas tus olivos, no rebusques en las ramas; las aceitunas que queden, déjalas para el extranjero, el huérfano y la viuda.

»Cuando coseches las uvas de tu viña, no repases las ramas; los racimos que queden, déjalos para el inmigrante, el huérfano y la viuda.

»Recuerda que fuiste esclavo en Egipto. Por eso te ordeno que actúes con justicia.» Deuteronomio 24.17–22

En la tierra prometida, la continuidad de cada familia y el reparto de la tierra tenían una importancia considerable. Aunque nos pueda parecer extraño hoy día, Dios guió a Moisés a instaurar para Israel la costumbre conocida como «el levirato» en el matrimonio, por medio de la cual un hermano (o el familiar más cercano) se casaría con una viuda que no tuviera hijos y tendría descendientes en nombre del familiar muerto, asegurando así un linaje y una herencia para esa familia. Aunque el cuñado (o el «guardián-redentor» más distante) no estaba estrictamente obligado a casarse con la esposa de su hermano, la vergüenza social lo disuadía de no hacerlo.

«Si dos hermanos viven en el mismo hogar, y uno muere sin dejar hijos, su viuda no se casará fuera de la familia. El hermano del esposo la tomará y se casará con ella, para cumplir con su deber de cuñado. El primer hijo que ella tenga llevará el nombre del hermano muerto, para que su nombre no desaparezca de Israel.

»Si tal hombre no quiere casarse con la viuda de su hermano, ella recurrirá a los ancianos, a la entrada de la ciudad, y les dirá: "Mi cuñado no quiere mantener vivo en Israel el nombre de su hermano. Se niega a cumplir conmigo su deber de cuñado." Entonces los ancianos lo llamarán y le hablarán. Si persiste en decir: "No quiero casarme con ella", la cuñada se acercará a él y, en presencia de los ancianos, le quitará una de las sandalias, le escupirá en la cara, y dirá: "Esto es lo que se hace con quien no quiere mantener viva la descendencia de su hermano." Y para siempre se conocerá en Israel a ese hombre y a su familia como "los descalzos"». Deuteronomio 25.5–10

Moisés decretó las leyes anteriores en el año 1400 a.c. mientras los israelitas vagaban por el desierto. Unos doscientos años después, durante el período de los jueces, tendría lugar una bonita aplicación del principio del levirato matrimonial. Debido a una hambruna, Noemí y Elimelec y sus dos hijos se fueron a la tierra de Moab. Mientras estaban allí, los dos hijos se casaron con mujeres moabitas, pero con el paso de los años el padre y los dos hijos murieron. Noemí y una de sus nueras, Rut, regresaron de nuevo a la ciudad natal de Noemí: Belén. Sin esposos ni hijos, Noemí y Rut estaban destinadas a vivir una vida de pobreza.

Un día, Rut decidió salir y recoger espigas con los cosechadores a fin de conseguir alimento para ella y Noemí. Cuando Rut regresó a casa después de un buen día de recolección, su suegra le preguntó cuál era el campo donde había estado espigando. El resto de la historia muestra el poder y la provisión del principio del guardián-redentor que Moisés estipuló años atrás.

Noemí tenía, por parte de su esposo, un pariente que se llamaba Booz. Era un hombre rico e influyente de la familia de Elimélec.

Y sucedió que Rut la moabita le dijo a Noemí:

—Permíteme ir al campo a recoger las espigas que vaya dejando alguien a quien yo le caiga bien.

—Anda, hija mía —le respondió su suegra.

Rut salió y comenzó a recoger espigas en el campo, detrás de los segadores. Y dio la casualidad de que el campo donde estaba trabajando pertenecía a Booz, el pariente de Elimélec.

En eso llegó Booz desde Belén y saludó a los segadores:

—¡Que el Señor esté con ustedes!

—¡Que el Señor lo bendiga! —respondieron ellos.

—¿De quién es esa joven? —preguntó Booz al capataz de sus segadores.

—Es una joven moabita que volvió de la tierra de Moab con Noemí —le contestó el capataz—. Ella me rogó que la dejara recoger espigas de entre las gavillas, detrás de los segadores. No ha dejado de trabajar desde esta mañana que entró en el campo, hasta ahora que ha venido a descansar un rato en el cobertizo.

Entonces Booz le dijo a Rut:

—Escucha, hija mía. No vayas a recoger espigas a otro campo, ni te alejes de aquí; quédate junto a mis criadas, fíjate bien en el campo donde se esté cosechando, y síguelas. Ya les ordené a los criados que no te molesten. Y cuando tengas sed, ve adonde están las vasijas y bebe del agua que los criados hayan sacado.

Rut se inclinó hacia la tierra, se postró sobre su rostro y exclamó:

—¿Cómo es que le he caído tan bien a usted, hasta el punto de fijarse en mí, siendo sólo una extranjera?

—Ya me han contado —le respondió Booz— todo lo que has hecho por tu suegra desde que murió tu esposo; cómo dejaste padre y madre, y la tierra donde naciste, y viniste a vivir con un pueblo que antes no conocías. ¡Que el SEÑOR te recompense por lo que has hecho! Que el SEÑOR, Dios de Israel, bajo cuyas alas has venido a refugiarte, te lo pague con creces.

—¡Ojalá siga yo siendo de su agrado, mi señor! —contestó ella—. Usted me ha consolado y me ha hablado con cariño, aunque ni siquiera soy como una de sus servidoras.

A la hora de comer, Booz le dijo:

—Ven acá. Sírvete pan y moja tu bocado en el vinagre.

Cuando Rut se sentó con los segadores, Booz le ofreció grano tostado. Ella comió, quedó satisfecha, y hasta le sobró. Después, cuando ella se levantó a recoger espigas, él dio estas órdenes a sus criados:

—Aun cuando saque espigas de las gavillas mismas, no la hagan pasar vergüenza. Más bien, dejen caer algunas espigas de los manojos para que ella las recoja, ¡y no la reprendan!

Así que Rut recogió espigas en el campo hasta el atardecer. Luego desgranó la cebada que había recogido, la cual pesó más de veinte kilos. La cargó de vuelta al pueblo, y su suegra vio cuánto traía. Además, Rut le entregó a su suegra lo que le había quedado después de haber comido hasta quedar satisfecha.

Su suegra le preguntó:

—¿Dónde recogiste espigas hoy? ¿Dónde trabajaste? ¡Bendito sea el hombre que se fijó en ti!

Entonces Rut le contó a su suegra acerca del hombre con quién había estado trabajando. Le dijo:

—El hombre con quien hoy trabajé se llama Booz.

—¡Que el SEÑOR lo bendiga! —exclamó Noemí delante de su nuera—. El SEÑOR no ha dejado de mostrar su fiel amor hacia los vivos y los muertos. Ese hombre es nuestro pariente cercano; es uno de los parientes que nos pueden redimir.

Rut la moabita añadió:

—Incluso me dijo que me quede allí con sus criados hasta que terminen de recogerle toda la cosecha.

—Hija mía, te conviene seguir con sus criadas —le dijo Noemí—, para que no se aprovechen de ti en otro campo.

Así que Rut se quedó junto con las criadas de Booz para recoger espigas hasta que terminó la cosecha de la cebada y del trigo. Mientras tanto, vivía con su suegra.   RUT 2.1—23 🔑

La tarea de recoger las espigas funcionó. Al reunir el grano que los cosechadores dejaban detrás (y ayudada por la protección bondadosa de Booz), el trabajo de Rut proveyó un sustento para estas dos pobres mujeres: una israelita y la otra una extranjera proveniente de una nación que le había causado al pueblo de Israel muchas dificultades en el pasado. Sin embargo, la compasión de Booz no se detuvo ahí. A través de una serie de sucesos, él ejerció su derecho y obligación como pariente redentor.

Así que Booz tomó a Rut y se casó con ella. Cuando se unieron, el SEÑOR le concedió quedar embarazada, de modo que tuvo un hijo. Las mujeres le decían a Noemí: «¡Alabado sea el SEÑOR, que no te ha dejado hoy sin un redentor! ¡Que llegue a tener renombre en Israel! Este niño renovará tu vida y te sustentará en la vejez, porque lo ha dado a luz tu nuera, que te ama y es para ti mejor que siete hijos.»

Noemí tomó al niño, lo puso en su regazo y se encargó de criarlo. Las vecinas decían: «¡Noemí ha tenido un hijo!» Y lo llamaron Obed. Éste fue el padre de Isaí, padre de David.   RUT 4.13—17

Cuando Obed alcanzó la mayoría de edad, no llevó el nombre de Booz, sino de Elimélec, el esposo fallecido de Noemí, y de Majlón, el esposo fallecido de Rut. Además, toda la tierra y las propiedades que Booz había comprado se mantuvieron en la familia de Noemí cuando Obed las heredó. ¡Qué historia tan extraordinaria de compasión humana! Sin embargo, las bendiciones no se detuvieron con Noemí y su familia. Por medio del acto de compasión de Booz nació un niño. De este niño descendería David y a la larga vendría Jesús, nuestro Salvador. ¡Un simple acto de compasión puede perdurar hasta las generaciones venideras!

¿De qué forma Booz expresó su fe cuando ayudó a Rut y Noemí? ¿Cuál fue la motivación detrás de sus actos de compasión?

JESÚS: MODELO DE COMPASIÓN

Jesús, el modelo supremo de compasión, contó una hermosa historia a la que le llamamos «La parábola del buen samaritano». La narración de esta historia la provocó una conversación que se enfocó en una de las dos leyes principales del Antiguo Testamento: ama a tu prójimo como a ti mismo. Por medio de esta historia clásica, Jesús expuso la sorprendente noción de que su seguidor más maduro no necesariamente es el sacerdote o el pastor, sino aquel que en realidad cumple con ese mandamiento.

En esto se presentó un experto en la ley y, para poner a prueba a Jesús, le hizo esta pregunta:

—Maestro, ¿qué tengo que hacer para heredar la vida eterna?

Jesús replicó:

—¿Qué está escrito en la ley? ¿Cómo la interpretas tú?

Como respuesta el hombre citó:

—"Ama al Señor tu Dios con todo tu corazón, con todo tu ser, con todas tus fuerzas y con toda tu mente", y: "Ama a tu prójimo como a ti mismo."

—Bien contestado —le dijo Jesús—. Haz eso y vivirás.

Pero él quería justificarse, así que le preguntó a Jesús:

—¿Y quién es mi prójimo?

Jesús respondió:

—Bajaba un hombre de Jerusalén a Jericó, y cayó en manos de unos ladrones. Le quitaron la ropa, lo golpearon y se fueron, dejándolo medio muerto. Resulta que viajaba por el mismo camino un sacerdote quien, al verlo, se desvió y siguió de largo. Así también llegó a aquel lugar un levita, y al verlo, se desvió y siguió de largo. Pero un samaritano que iba de viaje llegó adonde estaba el hombre y, viéndolo, se compadeció de él. Se acercó, le curó las heridas con vino y aceite, y se las vendó. Luego lo montó sobre su propia cabalgadura, lo llevó a un alojamiento y lo cuidó. Al día siguiente, sacó dos monedas de plata y se las dio al dueño del alojamiento. "Cuídemelo —le dijo—, y lo que gaste usted de más, se lo pagaré cuando yo vuelva." **¿Cuál de estos tres piensas que demostró ser el prójimo del que cayó en manos de los ladrones?**

—El que se compadeció de él —contestó el experto en la ley.

—Anda entonces y haz tú lo mismo —concluyó Jesús.

LUCAS 10.25–37 🗝

A lo largo de su ministerio de enseñanza, Jesús les enseñó magistralmente a sus seguidores a mostrarles compasión a las personas necesitadas como el máximo cumplimiento de la ley de Moisés. Cerca del final de su vida en la tierra, él les dio a sus discípulos una visión divina del ministerio de compasión hacia los pobres y los necesitados. Les dijo que ahora sus actos de compasión tienen consecuencias eternas. Cuando Jesús regrese, separará a los seguidores obedientes de los incrédulos. Nuestra manera de tratar a los demás debería dejar en claro a cuál de los dos grupos pertenecemos. A fin de cuentas, nuestra conducta tiene resultados que van mucho más allá de nuestro tiempo aquí en la tierra.

«Cuando el Hijo del hombre venga en su gloria, con todos sus ángeles, se sentará en su trono glorioso. Todas las naciones se reunirán delante de él, y él separará a unos de otros, como separa el pastor las ovejas de las cabras. Pondrá las ovejas a su derecha, y las cabras a su izquierda.

»Entonces dirá el Rey a los que estén a su derecha: "Vengan ustedes, a quienes mi Padre ha bendecido; reciban su herencia, el reino preparado para ustedes desde la creación del mundo. Porque tuve hambre, y ustedes me dieron de comer; tuve sed, y me dieron de beber; fui forastero, y me dieron alojamiento; necesité ropa, y me vistieron; estuve enfermo, y me atendieron; estuve en la cárcel, y me visitaron." Y le contestarán los justos: "Señor, ¿cuándo te vimos hambriento y te alimentamos, o sediento y te dimos de beber? ¿Cuándo te vimos como forastero y te dimos alojamiento, o necesitado de ropa y te vestimos? ¿Cuándo te vimos enfermo o en la cárcel y te visitamos?" **El Rey les responderá: "Les aseguro que todo lo que hicieron por uno de mis hermanos, aun por el más pequeño, lo hicieron por mí."**

»Luego dirá a los que estén a su izquierda: "Apártense de mí, malditos, al fuego eterno preparado para el diablo y sus ángeles. Porque tuve hambre, y ustedes no me dieron nada de comer; tuve sed, y no me dieron nada de beber; fui forastero, y no me dieron alojamiento; necesité ropa, y no me vistieron; estuve enfermo y en la cárcel, y no me atendieron." Ellos también le contestarán: "Señor, ¿cuándo te vimos hambriento o sediento, o como forastero, o necesitado de ropa, o enfermo, o en la cárcel, y no te ayudamos?" Él les responderá: "Les aseguro que todo lo que no hicieron por el más pequeño de mis hermanos, tampoco lo hicieron por mí."

»Aquéllos irán al castigo eterno, y los justos a la vida eterna.»

MATEO 25.31–46

En tus propias palabras, describe cómo se relacionan
el amor a Dios y a los demás.

LOS CREYENTES: EL LLAMADO CONTINUO A LA COMPASIÓN

El mismo desafío que recibió el pueblo de Israel a vivir una vida de compasión también le fue planteado a la recién formada iglesia cristiana tras la muerte y la resurrección de Jesús. Santiago, que se convirtió en un líder de la iglesia en Jerusalén y probablemente fue medio hermano de Jesús, escribió el que podría haber sido el primer libro del Nuevo Testamento. En su carta, Santiago les enseña a los nuevos creyentes acerca de las formas prácticas de vivir esta nueva vida en Cristo. Esos mismos principios se aplican a los creyentes en la actualidad.

Mis queridos hermanos, tengan presente esto: Todos deben estar listos para escuchar, y ser lentos para hablar y para enojarse; pues la ira humana no produce la vida justa que Dios quiere. Por esto, despójense de toda inmundicia y de la maldad que tanto abunda, para que puedan recibir con humildad la palabra sembrada en ustedes, la cual tiene poder para salvarles la vida.

No se contenten sólo con escuchar la palabra, pues así se engañan ustedes mismos. Llévenla a la práctica. El que escucha la palabra pero no la pone en práctica es como el que se mira el rostro en un espejo y, después de mirarse, se va y se olvida en seguida de cómo es. Pero quien se fija atentamente en la ley perfecta que da libertad, y persevera en ella, no olvidando lo que ha oído sino haciéndolo, recibirá bendición al practicarla.

Si alguien se cree religioso pero no le pone freno a su lengua, se engaña a sí mismo, y su religión no sirve para nada. **La religión pura**

y sin mancha delante de Dios nuestro Padre es ésta: atender a los huérfanos y a las viudas en sus aflicciones, y conservarse limpio de la corrupción del mundo.

Hermanos míos, la fe que tienen en nuestro glorioso Señor Jesucristo no debe dar lugar a favoritismos. Supongamos que en el lugar donde se reúnen entra un hombre con anillo de oro y ropa elegante, y entra también un pobre desharrapado. Si atienden bien al que lleva ropa elegante y le dicen: «Siéntese usted aquí, en este lugar cómodo», pero al pobre le dicen: «Quédate ahí de pie» o «Siéntate en el suelo, a mis pies», ¿acaso no hacen discriminación entre ustedes, juzgando con malas intenciones?

Escuchen, mis queridos hermanos: ¿No ha escogido Dios a los que son pobres según el mundo para que sean ricos en la fe y hereden el reino que prometió a quienes lo aman? ¡Pero ustedes han menospreciado al pobre! ¿No son los ricos quienes los explotan a ustedes y los arrastran ante los tribunales? ¿No son ellos los que blasfeman el buen nombre de aquel a quien ustedes pertenecen?

Hacen muy bien si de veras cumplen la ley suprema de la Escritura: «Ama a tu prójimo como a ti mismo»; pero si muestran algún favoritismo, pecan y son culpables, pues la misma ley los acusa de ser transgresores. Porque el que cumple con toda la ley pero falla en un solo punto ya es culpable de haberla quebrantado toda. Pues el que dijo: «No cometas adulterio», también dijo: «No mates.» Si no cometes adulterio, pero matas, ya has violado la ley.

Hablen y pórtense como quienes han de ser juzgados por la ley que nos da libertad, porque habrá un juicio sin compasión para el que actúe sin compasión. ¡La compasión triunfa en el juicio!

SANTIAGO 1.19—2.13

¿Cuáles son las actitudes que Santiago defiende? ¿Cómo podemos adoptar esas mismas actitudes?

LO QUE CREEMOS

¿Qué hay de los pobres y la injusticia? Comencemos por seguir el ejemplo de Dios mismo. Él demostró una compasión suprema por la humanidad al enviar a Jesús como sacrificio por el pecado cuando no lo merecíamos. A través de la historia de Israel, una y otra vez, Dios mostró una compasión asombrosa al rescatar a su pueblo y proveer para sus necesidades. Y si miramos atrás en nuestras propias vidas, observamos el mismo patrón.

Al pueblo de Israel se le dieron leyes que cumplir con respecto a mostrar compasión los unos por los otros y a los extranjeros. La historia de Rut provee un hermoso ejemplo del espíritu de esas leyes en acción. Y Jesús, el ejemplo supremo de alguien que sufrió por nosotros, llama a los creyentes a una vida de compasión, no porque lo demande la ley, sino porque el amor de Dios nos compele. Vivir una vida tal comienza cuando abrazamos la creencia en nuestra mente y nuestro corazón de que Dios llama a todos los cristianos a mostrarles compasión a las personas en necesidad.

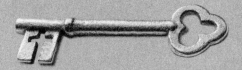

CAPÍTULO

9

Mayordomía

PREGUNTA CLAVE

¿Cuál es el llamado de Dios para mi vida?

IDEA CLAVE

Creo que todo lo que soy y todo lo que tengo le pertenece a Dios.

VERSÍCULO CLAVE

Del Señor es la tierra y todo cuanto hay en ella, el mundo y cuantos lo habitan; porque él la afirmó sobre los mares, la estableció sobre los ríos.

—*Salmos 24.1–2*

NUESTRO MAPA

En el Capítulo 7 aprendimos a ver a la humanidad de la forma que Dios lo hace, con ojos de amor. Luego, en el Capítulo 8, fuimos desafiados a tratar a las personas de la forma en que Dios lo hace, con compasión. Y ahora, el Capítulo 9 afirma que todo lo que somos y todo lo que tenemos le pertenece a Dios. Las tres creencias están relacionadas. Las personas dedicadas a pensar como Jesús creen que deben tomar los recursos que se le han dado, incluso su misma vida, y usarlos para satisfacer las necesidades de otros. Debido a que creemos que el Dios de la Biblia es el único Dios verdadero, quien ha revelado un plan en su Palabra a fin de que todas las personas tengan una relación con él, la iglesia aprueba con un rotundo «sí» esta creencia clave llamada mayordomía.

En este capítulo aprenderemos que:

- Dios es el dueño.
- El pueblo de Dios es administrador...
    ...de la creación de Dios.
    ...de sus hijos.
    ...de su dinero.
    ...de sus hogares.
    ...de sus cuerpos.
    ...sobre todo lo que hagan.

DIOS ES EL DUEÑO

Salmos 24 era un salmo procesional que usaban los antiguos israelitas para celebrar la entrada del arca del pacto, el símbolo de la presencia del Señor, en Jerusalén y el santuario de Dios. Ya sea que el salmo se escribiera o no para la ocasión en que el rey David llevó de nuevo el arca a Jerusalén, probablemente se usó en postreras conmemoraciones de ese suceso. El salmo comienza alabando a Dios como el dueño de la tierra y todo lo que hay en ella; una realidad que, por consiguiente, nos hace a su vez mayordomos del mundo y sus recursos.

Del Señor es la tierra y todo cuanto hay en ella,
    el mundo y cuantos lo habitan;
porque él la afirmó sobre los mares,
    la estableció sobre los ríos.

¿Quién puede subir al monte del Señor?
  ¿Quién puede estar en su lugar santo?
Sólo el de manos limpias y corazón puro,
  el que no adora ídolos vanos
  ni jura por dioses falsos.

Quien es así recibe bendiciones del Señor;
  Dios su Salvador le hará justicia.
Tal es la generación de los que a ti acuden,
  de los que buscan tu rostro, oh Dios de Jacob.

Eleven, puertas, sus dinteles;
  levántense, puertas antiguas,
  que va a entrar el Rey de la gloria.
¿Quién es este Rey de la gloria?
  El Señor, el fuerte y valiente,
  el Señor, el valiente guerrero.
Eleven, puertas, sus dinteles;
  levántense, puertas antiguas,
  que va a entrar el Rey de la gloria.
¿Quién es este Rey de la gloria?
  Es el Señor Todopoderoso;
  ¡él es el Rey de la gloria!   Salmos 24.1–10

Una manera en que el Señor quería que su pueblo lo honrara era mediante las ofrendas de agradecimiento que fluyeran de un corazón de gratitud por todo lo que Dios les había dado. Sin embargo, con demasiada frecuencia los israelitas ofrecían sacrificios, pero después vivían como querían, sin un sincero agradecimiento que respaldara sus acciones. Simplemente lo hacían de manera mecánica, como una persona en la actualidad que va a la iglesia los domingos y luego ignora los mandamientos de Dios para vivir los otros seis días de la semana. Aunque Dios mandó que su pueblo ofreciera sacrificios y sus ofrendas le resultaban agradables, lo que más él buscaba era su obediencia sincera en cada aspecto de sus vidas.

Mientras lees el pasaje de Salmos 50, considera esta cuestión:
Si Dios es autosuficiente, ¿por qué tenemos que devolverle
una porción de nuestras riquezas?

Habla el Señor, el Dios de dioses:
  convoca a la tierra de oriente a occidente.
Dios resplandece desde Sión,
  la ciudad bella y perfecta.
Nuestro Dios viene, pero no en silencio;
  lo precede un fuego que todo lo destruye,
  y en torno suyo ruge la tormenta.
El Señor convoca a los cielos y a la tierra,
  para que presencien el juicio de su pueblo:
«Reúnanme a los consagrados,
  a los que pactaron conmigo mediante un sacrificio.»
El cielo proclama la justicia divina:
  ¡Dios mismo es el juez!

«Escucha, pueblo mío, que voy a hablar;
  Israel, voy a testificar contra ti:
  ¡Yo soy tu Dios, el único Dios!
No te reprendo por tus sacrificios
  ni por tus holocaustos, que siempre me ofreces.
No necesito becerros de tu establo
  ni machos cabríos de tus apriscos,
pues míos son los animales del bosque,
  y mío también el ganado de los cerros.
Conozco a las aves de las alturas;
  todas las bestias del campo son mías.
Si yo tuviera hambre, no te lo diría,
  pues mío es el mundo, y todo lo que contiene.
¿Acaso me alimento con carne de toros,
  o con sangre de machos cabríos?

¡Ofrece a Dios tu gratitud,
  cumple tus promesas al Altísimo!
Invócame en el día de la angustia;
  yo te libraré y tú me honrarás.»

Pero Dios le dice al malvado:

«¿Qué derecho tienes tú de recitar mis leyes
  o de mencionar mi pacto con tus labios?
Mi instrucción, la aborreces;

mis palabras, las desechas.
Ves a un ladrón, y lo acompañas;
  con los adúlteros te identificas.
Para lo malo, das rienda suelta a tu boca;
  tu lengua está siempre dispuesta al engaño.
Tienes por costumbre hablar contra tu prójimo,
  y aun calumnias a tu propio hermano.
Has hecho todo esto, y he guardado silencio;
  ¿acaso piensas que soy como tú?
Pero ahora voy a reprenderte;
  cara a cara voy a denunciarte.

»Ustedes que se olvidan de Dios,
  consideren lo que he dicho;
de lo contrario, los haré pedazos,
  y no habrá nadie que los salve.
Quien me ofrece su gratitud, me honra;
  al que enmiende su conducta le mostraré mi
    salvación.»

SALMOS 50.1–23

EL PUEBLO DE DIOS ES ADMINISTRADOR...

Si Dios creó todo, incluidos los seres humanos, ¿cómo encajamos entonces en el orden creado? ¿Cuál es nuestro papel en esta realidad? La parábola que sigue nos enseña sobre la importancia de vernos no como dueños, sino como administradores de nuestras vidas y dones. Las bolsas de oro representan cualquier recurso que Dios, el amo, nos da. Finalmente, él es el dueño de los recursos, pero nosotros tenemos el encargo de cuidar de ellos e invertirlos de cualquier forma que produzca resultados para el reino de Dios.

«El reino de los cielos será también como un hombre que, al emprender un viaje, llamó a sus siervos y les encargó sus bienes. A uno le dio cinco mil monedas de oro, a otro dos mil y a otro sólo mil, a cada uno según su capacidad. Luego se fue de viaje. El que había recibido las cinco mil fue en seguida y negoció con ellas y ganó otras cinco mil. Así mismo, el que recibió dos mil ganó otras dos mil. Pero el que había recibido mil fue, cavó un hoyo en la tierra y escondió el dinero de su señor.

»Después de mucho tiempo volvió el señor de aquellos siervos y arregló cuentas con ellos. El que había recibido las cinco mil monedas llegó con las otras cinco mil. "Señor —dijo—, usted me encargó cinco mil monedas. Mire, he ganado otras cinco mil." **Su señor le respondió: "¡Hiciste bien, siervo bueno y fiel! En lo poco has sido fiel; te pondré a cargo de mucho más. ¡Ven a compartir la felicidad de tu señor!"** Llegó también el que recibió dos mil monedas. "Señor —informó—, usted me encargó dos mil monedas. Mire, he ganado otras dos mil." Su señor le respondió: "¡Hiciste bien, siervo bueno y fiel! Has sido fiel en lo poco; te pondré a cargo de mucho más. ¡Ven a compartir la felicidad de tu señor!"

»Después llegó el que había recibido sólo mil monedas. "Señor —explicó—, yo sabía que usted es un hombre duro, que cosecha donde no ha sembrado y recoge donde no ha esparcido. Así que tuve miedo, y fui y escondí su dinero en la tierra. Mire, aquí tiene lo que es suyo." Pero su señor le contestó: "¡Siervo malo y perezoso! ¿Así que sabías que cosecho donde no he sembrado y recojo donde no he esparcido? Pues debías haber depositado mi dinero en el banco, para que a mi regreso lo hubiera recibido con intereses.

»"Quítenle las mil monedas y dénselas al que tiene las diez mil. Porque a todo el que tiene, se le dará más, y tendrá en abundancia. Al que no tiene se le quitará hasta lo que tiene. Y a ese siervo inútil échenlo afuera, a la oscuridad, donde habrá llanto y rechinar de dientes." MATEO 25.14–30

...DE LA CREACIÓN DE DIOS

Dios mostró una gran atención al crear la tierra, la cual le confió a la humanidad para su cuidado. Al ser creados a su semejanza, somos responsables de ser mayordomos respetuosos de su precioso diseño y las criaturas que forman parte de él.

Y [Dios]dijo: «Hagamos al ser humano a nuestra imagen y semejanza. Que tenga dominio sobre los peces del mar, y sobre las aves del cielo; sobre los animales domésticos, sobre los animales salvajes, y sobre todos los reptiles que se arrastran por el suelo.»

Y Dios creó al ser humano a su imagen; lo creó a imagen de Dios. Hombre y mujer los creó, **y los bendijo con estas palabras:**

«Sean fructíferos y multiplíquense; llenen la tierra y sométanla; dominen a los peces del mar y a las aves del cielo, y a todos los reptiles que se arrastran por el suelo.»

También les dijo: «Yo les doy de la tierra todas las plantas que producen semilla y todos los árboles que dan fruto con semilla; todo esto les servirá de alimento. Y doy la hierba verde como alimento a todas las fieras de la tierra, a todas las aves del cielo y a todos los seres vivientes que se arrastran por la tierra.» Y así sucedió.

GÉNESIS 1.26–30

...DE SUS HIJOS

Durante el período en que Israel pasó de ser guiado por los jueces a ser gobernado por reyes tuvo lugar una historia que se cuenta en el libro de 1 Samuel sobre una mujer llamada Ana, la cual no podía tener hijos. Ella le rogaba fervientemente a Dios que le diera un hijo, y él le concedió su petición. La historia de Ana resalta que nuestros hijos le pertenecen al Señor. Dios nos los da para criarlos según sus instrucciones y propósitos, pero finalmente le pertenecen a él.

En la sierra de Efraín había un hombre zufita de Ramatayin. Su nombre era Elcaná hijo de Jeroán, hijo de Eliú, hijo de Tohu, hijo de Zuf, efraimita. Elcaná tenía dos esposas. Una de ellas se llamaba Ana, y la otra, Penina. Ésta tenía hijos, pero Ana no tenía ninguno.

Cada año Elcaná salía de su pueblo para adorar al SEÑOR Todopoderoso y ofrecerle sacrificios en Siló, donde Ofni y Finés, los dos hijos de Elí, oficiaban como sacerdotes del SEÑOR. Cuando llegaba el día de ofrecer su sacrificio, Elcaná solía darles a Penina y a todos sus hijos e hijas la porción que les correspondía. Pero a Ana le daba una porción especial, pues la amaba a pesar de que el SEÑOR la había hecho estéril. Penina, su rival, solía atormentarla para que se enojara, ya que el SEÑOR la había hecho estéril.

Cada año, cuando iban a la casa del SEÑOR, sucedía lo mismo: Penina la atormentaba, hasta que Ana se ponía a llorar y ni comer quería. Entonces Elcaná, su esposo, le decía: «Ana, ¿por qué lloras? ¿Por qué no comes? ¿Por qué estás resentida? ¿Acaso no soy para ti mejor que diez hijos?»

Una vez, estando en Siló, Ana se levantó después de la comida. Y a la vista del sacerdote Elí, que estaba sentado en su silla junto a la puerta del santuario del SEÑOR, con gran angustia comenzó a orar al SEÑOR y a llorar desconsoladamente. Entonces hizo este voto: «SEÑOR Todopoderoso, si te dignas mirar la desdicha de esta sierva tuya y, si en vez de olvidarme, te acuerdas de mí y me concedes un hijo varón, yo te lo entregaré para toda su vida, y nunca se le cortará el cabello.»

Como Ana estuvo orando largo rato ante el Señor, Elí se fijó en su boca. Sus labios se movían pero, debido a que Ana oraba en voz baja, no se podía oír su voz. Elí pensó que estaba borracha, así que le dijo:

—¿Hasta cuándo te va a durar la borrachera? ¡Deja ya el vino!

—No, mi señor; no he bebido ni vino ni cerveza. Soy sólo una mujer angustiada que ha venido a desahogarse delante del Señor. No me tome usted por una mala mujer. He pasado este tiempo orando debido a mi angustia y aflicción.

—Vete en paz —respondió Elí—. Que el Dios de Israel te conceda lo que le has pedido.

—Gracias. Ojalá favorezca usted siempre a esta sierva suya.

Con esto, Ana se despidió y se fue a comer. Desde ese momento, su semblante cambió. Al día siguiente madrugaron y, después de adorar al Señor, volvieron a su casa en Ramá. Luego Elcaná se unió a su esposa Ana, y el Señor se acordó de ella. Ana concibió y, pasado un año, dio a luz un hijo y le puso por nombre Samuel, pues dijo: «Al Señor se lo pedí.»

Cuando Elcaná salió con toda su familia para cumplir su promesa y ofrecer su sacrificio anual al Señor, Ana no lo acompañó.

—No iré hasta que el niño sea destetado —le explicó a su esposo—. Entonces lo llevaré para dedicarlo al Señor, y allí se quedará el resto de su vida.

—Bien, haz lo que te parezca mejor —respondió su esposo Elcaná—. Quédate hasta que lo destetes, con tal de que el Señor cumpla su palabra.

Así pues, Ana se quedó en su casa y crió a su hijo hasta que lo destetó.

Cuando dejó de amamantarlo, salió con el niño, a pesar de ser tan pequeño, y lo llevó a la casa del Señor en Siló. También llevó un becerro de tres años, una medida de harina y un odre de vino. **Luego sacrificaron el becerro y presentaron el niño a Elí. Dijo Ana: «Mi señor, tan cierto como que usted vive, le juro que yo soy la mujer que estuvo aquí a su lado orando al Señor. Éste es el niño que yo le pedí al Señor, y él me lo concedió. Ahora yo, por mi parte, se lo entrego al Señor. Mientras el niño viva, estará dedicado a él.» Entonces Elí se postró allí ante el Señor.**

1 Samuel 1.1–28

El niño Samuel, por su parte, vestido con un efod de lino, seguía sirviendo en la presencia del SEÑOR. Cada año su madre le hacía una pequeña túnica, y se la llevaba cuando iba con su esposo para ofrecer su sacrificio anual. Elí entonces bendecía a Elcaná y a su esposa, diciendo: «Que el SEÑOR te conceda hijos de esta mujer, a cambio del niño que ella pidió para dedicárselo al SEÑOR.» Luego regresaban a su casa.

El SEÑOR bendijo a Ana, de manera que ella concibió y dio a luz tres hijos y dos hijas. Durante ese tiempo, Samuel crecía en la presencia del SEÑOR.   1 SAMUEL 2.18–21

...DE SU DINERO

En varios lugares de la ley del Antiguo Testamento se les instruyó a los israelitas que le ofrendaran a Dios la primera porción de los recursos y las otras cosas que él les había dado. Si lo hacían, serían bendecidos.

[Ustedes] irán y lo buscarán en el lugar donde, de entre todas las tribus de ustedes, él decida habitar. Allí llevarán ustedes sus holocaustos, sacrificios, diezmos, contribuciones, promesas, ofrendas voluntarias, y los primogénitos de sus ganados y rebaños. Allí, en la presencia del SEÑOR su Dios, ustedes y sus familias comerán y se regocijarán por los logros de su trabajo, porque el SEÑOR su Dios los habrá bendecido.   DEUTERONOMIO 12.5–7

Algunas personas en la actualidad consideran que es muy difícil deshacerse del dinero. Sin embargo, aferrarnos con fuerza a lo que hemos ganado no es un problema solo de los días modernos.

Durante los días del profeta Malaquías, al final de la era del Antiguo Testamento, los israelitas no estaban siguiendo los requisitos para las ofrendas y dádivas bosquejados para ellos. Dios, a través de Malaquías, desafió al pueblo a honrarlo con sus recursos materiales como se les había ordenado.

«Yo, el SEÑOR, no cambio. Por eso ustedes, descendientes de Jacob, no han sido exterminados. Desde la época de sus antepasados se han apartado de mis preceptos y no los han guardado. Vuélvanse a mí, y yo me volveré a ustedes —dice el SEÑOR Todopoderoso—.

»Pero ustedes replican: "¿En qué sentido tenemos que volvernos?"

»¿Acaso roba el hombre a Dios? ¡Ustedes me están robando!

»Y todavía preguntan: "¿En qué te robamos?"

»En los diezmos y en las ofrendas. Ustedes —la nación entera— están bajo gran maldición, pues es a mí a quien están robando.

»Traigan íntegro el diezmo para los fondos del templo, y así habrá alimento en mi casa. **Pruébenme en esto —dice el Señor Todopoderoso—, y vean si no abro las compuertas del cielo y derramo sobre ustedes bendición hasta que sobreabunde.** Exterminaré a la langosta, para que no arruine sus cultivos y las vides en los campos no pierdan su fruto —dice el Señor Todopoderoso—. Entonces todas las naciones los llamarán a ustedes dichosos, porque ustedes tendrán una nación encantadora —dice el Señor Todopoderoso—.»

Malaquías 3.6–12

¿Cuáles son los identificadores clave de una buena mayordomía? ¿Cómo recompensa Dios la buena administración de sus recursos?

Como todo lo que tenemos es finalmente del Señor, cuando no le devolvemos una parte de lo que nos ha provisto, le robamos. En una parábola bastante inusual, Jesús explicó un poderoso principio con respecto a cómo debemos manejar el dinero que Dios nos ha confiado. El dinero tiene mucho poder, y se puede usar para bien o para mal. Debemos buscar maneras «inteligentes» de usar los recursos de Dios, no para ayudarnos a nosotros mismos, sino para ayudar a otros y servir al Señor.

Jesús contó otra parábola a sus discípulos: «Un hombre rico tenía un administrador a quien acusaron de derrochar sus bienes. Así que lo mandó a llamar y le dijo: "¿Qué es esto que me dicen de ti? Rinde cuentas de tu administración, porque ya no puedes seguir en tu puesto." El administrador reflexionó: "¿Qué voy a hacer ahora que mi patrón está por quitarme el puesto? No tengo fuerzas para cavar, y me da vergüenza pedir limosna. Tengo que asegurarme de que, cuando me echen de la administración, haya gente que me reciba en su casa. ¡Ya sé lo que voy a hacer!"

»Llamó entonces a cada uno de los que le debían algo a su patrón. Al primero le preguntó: "¿Cuánto le debes a mi patrón?" "Cien barriles de aceite", le contestó él. El administrador le dijo: "Toma tu factura, siéntate en seguida y escribe cincuenta." Luego preguntó al segundo:

"Y tú, ¿cuánto debes?" "Cien bultos de trigo", contestó. El administrador le dijo: "Toma tu factura y escribe ochenta."

»Pues bien, el patrón elogió al administrador de riquezas mundanas por haber actuado con astucia. Es que los de este mundo, en su trato con los que son como ellos, son más astutos que los que han recibido la luz. Por eso les digo que se valgan de las riquezas mundanas para ganar amigos, a fin de que cuando éstas se acaben haya quienes los reciban a ustedes en las viviendas eternas.

»El que es honrado en lo poco, también lo será en lo mucho; y el que no es íntegro en lo poco, tampoco lo será en lo mucho. Por eso, si ustedes no han sido honrados en el uso de las riquezas mundanas, ¿quién les confiará las verdaderas? Y si con lo ajeno no han sido honrados, ¿quién les dará a ustedes lo que les pertenece?

»**Ningún sirviente puede servir a dos patrones. Menospreciará a uno y amará al otro, o querrá mucho a uno y despreciará al otro. Ustedes no pueden servir a la vez a Dios y a las riquezas.**»

Oían todo esto los fariseos, a quienes les encantaba el dinero, y se burlaban de Jesús. Él les dijo: «Ustedes se hacen los buenos ante la gente, pero Dios conoce sus corazones. Dense cuenta de que aquello que la gente tiene en gran estima es detestable delante de Dios.

LUCAS 16.1–15

Contrasta el estilo de vida de alguien que ama al dinero con el de alguien que ama a Dios.

En marcado contraste con los fariseos, una pobre viuda que Jesús se encontró fuera del templo usó el dinero que tenía, aunque era muy poco, no para ella, sino para el reino de Dios. A diferencia de muchos otros, ella no dio para ser vista, sino para devolverle a Dios.

⚷ Jesús se sentó frente al lugar donde se depositaban las ofrendas, y estuvo observando cómo la gente echaba sus monedas en las alcancías del templo. Muchos ricos echaban grandes cantidades. Pero una viuda pobre llegó y echó dos moneditas de muy poco valor.

Jesús llamó a sus discípulos y les dijo: «**Les aseguro que esta viuda pobre ha echado en el tesoro más que todos los demás. Éstos dieron de lo que les sobraba; pero ella, de su pobreza, echó todo lo que tenía, todo su sustento.**» MARCOS 12.41–44 ⚷

...DE SUS HOGARES

La hospitalidad se valoraba mucho durante los tiempos del Antiguo Testamento, tanto por parte de los israelitas como por otros pueblos también. Elías fue un poderoso profeta de Dios que anunció una inminente sequía en Israel provocada por la infidelidad espiritual del rey y el pueblo. Dios envió a Elías fuera de las fronteras de Israel, al hogar de una desamparada viuda gentil, quien parecía ser la persona menos probable de estar en condiciones de ofrecer hospitalidad. Su historia ejemplifica el poder tanto de la hospitalidad humana como de la provisión divina.

Ahora bien, Elías, el de Tisbé de Galaad, fue a decirle a Acab: «Tan cierto como que vive el Señor, Dios de Israel, a quien yo sirvo, te juro que no habrá rocío ni lluvia en los próximos años, hasta que yo lo ordene.»

Entonces la palabra del Señor vino a Elías y le dio este mensaje: «Sal de aquí hacia el oriente, y escóndete en el arroyo de Querit, al este del Jordán. Beberás agua del arroyo, y yo les ordenaré a los cuervos que te den de comer allí.» Así que Elías se fue al arroyo de Querit, al este del Jordán, y allí permaneció, conforme a la palabra del Señor. Por la mañana y por la tarde los cuervos le llevaban pan y carne, y bebía agua del arroyo.

Algún tiempo después, se secó el arroyo porque no había llovido en el país. Entonces la palabra del Señor vino a él y le dio este mensaje: «Ve ahora a Sarepta de Sidón, y permanece allí. A una viuda de ese lugar le he ordenado darte de comer.» Así que Elías se fue a Sarepta. Al llegar a la puerta de la ciudad, encontró a una viuda que recogía leña. La llamó y le dijo:

—Por favor, tráeme una vasija con un poco de agua para beber.

Mientras ella iba por el agua, él volvió a llamarla y le pidió:

—Tráeme también, por favor, un pedazo de pan.

—Tan cierto como que vive el Señor tu Dios —respondió ella—, no me queda ni un pedazo de pan; sólo tengo un puñado de harina en la tinaja y un poco de aceite en el jarro. Precisamente estaba recogiendo unos leños para llevármelos a casa y hacer una comida para mi hijo y para mí. ¡Será nuestra última comida antes de morirnos de hambre!

—No temas —le dijo Elías—. Vuelve a casa y haz lo que pensabas hacer. Pero antes prepárame un panecillo con lo que tienes, y tráemelo; luego haz algo para ti y para tu hijo. Porque así dice el Señor, Dios de Israel: "No se agotará la harina de la tinaja ni se acabará el aceite del jarro, hasta el día en que el Señor haga llover sobre la tierra."

Ella fue e hizo lo que le había dicho Elías, de modo que **cada día hubo comida para ella y su hijo, como también para Elías. Y tal como la palabra del Señor lo había anunciado por medio de Elías, no se agotó la harina de la tinaja ni se acabó el aceite del jarro.**

Poco después se enfermó el hijo de aquella viuda, y tan grave se puso que finalmente expiró. Entonces ella le reclamó a Elías:

—¿Por qué te entrometes, hombre de Dios? ¡Viniste a recordarme mi pecado y a matar a mi hijo!

—Dame a tu hijo —contestó Elías.

Y arrebatándoselo del regazo, Elías lo llevó al cuarto de arriba, donde estaba alojado, y lo acostó en su propia cama. Entonces clamó: «Señor mi Dios, ¿también a esta viuda, que me ha dado alojamiento, la haces sufrir matándole a su hijo?» Luego se tendió tres veces sobre el muchacho y clamó: «¡Señor mi Dios, devuélvele la vida a este muchacho!»

Señor oyó el clamor de Elías, y el muchacho volvió a la vida. Elías tomó al muchacho y lo llevó de su cuarto a la planta baja. Se lo entregó a su madre y le dijo:

—¡Tu hijo vive! ¡Aquí lo tienes!

Entonces la mujer le dijo a Elías:

—Ahora sé que eres un hombre de Dios, y que lo que sale de tu boca es realmente la palabra del Señor.   1 Reyes 17.1–24

Nuestros hogares, sin importar lo grandes o pequeños que sean, lo sencillos o sofisticados, le pertenecen a Dios y los podemos usar para lograr sus propósitos. La importancia de la hospitalidad perfilada en el Antiguo Testamento se intensifica en el Nuevo Testamento, cuando los creyentes reciben la instrucción, la orden y elogios con respecto a practicar la hospitalidad.

El desafío de Pablo:

Ayuden a los hermanos necesitados. Practiquen la hospitalidad.

Romanos 12.13

Instrucción del escritor de Hebreos:

No se olviden de practicar la hospitalidad, pues gracias a ella algunos, sin saberlo, hospedaron ángeles.   Hebreos 13.2

El mandato de Pedro:

Practiquen la hospitalidad entre ustedes sin quejarse.   1 PEDRO 4.9

El elogio de Juan:

Querido hermano, oro para que te vaya bien en todos tus asuntos y goces de buena salud, así como prosperas espiritualmente. Me alegré mucho cuando vinieron unos hermanos y dieron testimonio de tu fidelidad, y de cómo estás poniendo en práctica la verdad. Nada me produce más alegría que oír que mis hijos practican la verdad.

Querido hermano, te comportas fielmente en todo lo que haces por los hermanos, aunque no los conozcas. Delante de la iglesia ellos han dado testimonio de tu amor. Harás bien en ayudarlos a seguir su viaje, como es digno de Dios. Ellos salieron por causa del Nombre, sin nunca recibir nada de los paganos; **nosotros, por lo tanto, debemos brindarles hospitalidad, y así colaborar con ellos en la verdad.**   3 JUAN 2–8

¿Por qué se nos anima a practicar la hospitalidad?
¿Por qué es importante la hospitalidad para Dios?

...DE SUS CUERPOS

Pablo desafió a los miembros de la iglesia en Corinto a honrar a Dios con sus cuerpos. ¿Por qué? Porque, al igual que nuestros recursos, nuestros cuerpos le pertenecen a Dios. Somos meros administradores.

«Todo me está permitido», pero no todo es para mi bien. «Todo me está permitido», pero no dejaré que nada me domine. «Los alimentos son para el estómago y el estómago para los alimentos»; así es, y Dios los destruirá a ambos. Pero el cuerpo no es para la inmoralidad sexual sino para el Señor, y el Señor para el cuerpo. Con su poder Dios resucitó al Señor, y nos resucitará también a nosotros. ¿No saben que sus cuerpos son miembros de Cristo mismo? ¿Tomaré acaso los miembros de Cristo para unirlos con una prostituta? ¡Jamás! ¿No saben que el que se une a una prostituta se hace un solo cuerpo con ella? Pues la Escritura dice: «Los dos llegarán a ser un solo cuerpo.» Pero el que se une al Señor se hace uno con él en espíritu.

Huyan de la inmoralidad sexual. Todos los demás pecados que una persona comete quedan fuera de su cuerpo; pero el que comete inmoralidades sexuales peca contra su propio cuerpo. **¿Acaso no saben que su cuerpo es templo del Espíritu Santo, quien está en ustedes y al que han recibido de parte de Dios? Ustedes no son sus propios dueños; fueron comprados por un precio. Por tanto, honren con su cuerpo a Dios.** 1 Corintios 6.12–20

...SOBRE TODO LO QUE HAGAN

Pablo nos lleva a completar el ciclo al citar Salmos 24, donde se declara que Dios posee todo. Nosotros somos solo administradores: de la tierra, nuestras familias, nuestro dinero, nuestros hogares y nuestros cuerpos. Absolutamente todo lo que hagamos es para su gloria.

«Todo está permitido», pero no todo es provechoso. «Todo está permitido», pero no todo es constructivo. Que nadie busque sus propios intereses sino los del prójimo.

Coman de todo lo que se vende en la carnicería, sin preguntar nada por motivos de conciencia, porque «del Señor es la tierra y todo cuanto hay en ella».

Si algún incrédulo los invita a comer, y ustedes aceptan la invitación, coman de todo lo que les sirvan sin preguntar nada por motivos de conciencia. Ahora bien, si alguien les dice: «Esto ha sido ofrecido en sacrificio a los ídolos», entonces no lo coman, por consideración al que se lo mencionó, y por motivos de conciencia. (Me refiero a la conciencia del otro, no a la de ustedes.) ¿Por qué se ha de juzgar mi libertad de acuerdo con la conciencia ajena? Si con gratitud participo de la comida, ¿me van a condenar por comer algo por lo cual doy gracias a Dios?

En conclusión, ya sea que coman o beban o hagan cualquier otra cosa, háganlo todo para la gloria de Dios. No hagan tropezar a nadie, ni a judíos, ni a gentiles ni a la iglesia de Dios. Hagan como yo, que procuro agradar a todos en todo. No busco mis propios intereses sino los de los demás, para que sean salvos.

Imítenme a mí, como yo imito a Cristo. 1 Corintios 10.23—11.1

Lista algunas de las cosas que Dios te ha dado para que las administres. ¿Cómo te está yendo en cada una de esas áreas? ¿Cómo puedes mejorar tu administración de tales cosas?

LO QUE CREEMOS

La mayordomía puede producir un cambio importante en nuestra vida cuando pasamos de simplemente entenderla en nuestra mente a aceptarla en nuestro corazón. Dios es el dueño de todo lo que somos y todo lo que tenemos. Cuando llegamos a la fe en Cristo, le devolvemos a él el «título de propiedad» de todo: nuestros hijos, nuestro dinero, nuestros hogares, nuestros cuerpos y nuestro mismo aliento. Dios entonces se vuelve hacia nosotros y nos invita a administrar todas estas cosas de acuerdo a sus propósitos. Cuando lo hacemos, somos libres de las dificultades de la mayordomía y entramos en una vida de recompensas y bendiciones.

CAPÍTULO

10

Eternidad

—————— PREGUNTA CLAVE ——————

¿Qué sucede después?

—————— IDEA CLAVE ——————

Creo que hay un cielo y un infierno, y que Jesús regresará para juzgar a todas las personas y establecer su reino eterno.

—————— VERSÍCULO CLAVE ——————

«No se angustien. Confíen en Dios, y confíen también en mí. En el hogar de mi Padre hay muchas viviendas; si no fuera así, ya se lo habría dicho a ustedes. Voy a prepararles un lugar.»
—*Juan 14.1–2*

NUESTRO MAPA

Aceptar las primeras nueve creencias de la fe cristiana en nuestra mente y nuestro corazón mejora la calidad de nuestra propia vida, así como también de la vida de la comunidad que nos rodea. Sin embargo, hay algo más, y es algo importantísimo. Hay vida después de la muerte. Vida eterna con Dios. Dios quiere restaurar su visión original de la vida con nosotros en el jardín. La única forma de regresar al jardín (al cual puede llamársele cielo o el reino de Dios) es a través de la fe en Jesucristo. Aquellos que aceptan a Cristo en esta vida son reconciliados con Dios y se convierten en una nueva creación con una nueva identidad. Para los cristianos, la vida no solo puede ser abundante hoy, sino anticipar lo que nos espera cuando nos reunamos con Dios en el nuevo cielo y la nueva tierra resulta simplemente impresionante.

Las Escrituras en este capítulo describirán la jornada a ese lugar:

- El final de una vida.
- El estado intermedio.
- La resurrección.
- El regreso de Cristo.
- Cielo nuevo y tierra nueva.

EL FINAL DE UNA VIDA

Aunque los escritores del Antiguo Testamento no hablaron de la vida después de la muerte con tanto detalle como los escritores del Nuevo Testamento, el mismo sí contiene la magnífica descripción del profeta Elías cuando es arrebatado al cielo sin morir. Elías es una de las tres únicas personas llevadas al cielo en cuerpo, siendo las otras dos Enoc (podemos leer acerca de él en Génesis 5.21-24) y, por supuesto, Jesús. A pesar de que al final de nuestra vida nuestra experiencia en estos cuerpos puede ser muy diferente, disfrutamos de la promesa de lo que nos espera del otro lado.

Cuando se acercaba la hora en que el SEÑOR se llevaría a Elías al cielo en un torbellino, Elías y Eliseo salieron de Guilgal. Entonces Elías le dijo a Eliseo:

—Quédate aquí, pues el SEÑOR me ha enviado a Betel.

Pero Eliseo le respondió:

—Tan cierto como que el SEÑOR y tú viven, te juro que no te dejaré solo.

Así que fueron juntos a Betel. Allí los miembros de la comunidad de profetas de Betel salieron a recibirlos, y le preguntaron a Eliseo:

—¿Sabes que hoy el SEÑOR va a quitarte a tu maestro, y a dejarte sin guía?

—Lo sé muy bien; ¡cállense!

Elías, por su parte, volvió a decirle:

—Quédate aquí, Eliseo, pues el SEÑOR me ha enviado a Jericó.

Pero Eliseo le repitió:

—Tan cierto como que el SEÑOR y tú viven, te juro que no te dejaré solo.

Así que fueron juntos a Jericó. También allí los miembros de la comunidad de profetas de la ciudad se acercaron a Eliseo y le preguntaron:

—¿Sabes que hoy el SEÑOR va a quitarte a tu maestro, y a dejarte sin guía?

—Lo sé muy bien; ¡cállense!

Una vez más Elías le dijo:

—Quédate aquí, pues el SEÑOR me ha enviado al Jordán.

Pero Eliseo insistió:

—Tan cierto como que el SEÑOR y tú viven, te juro que no te dejaré solo.

Así que los dos siguieron caminando y se detuvieron junto al río Jordán. Cincuenta miembros de la comunidad de profetas fueron también hasta ese lugar, pero se mantuvieron a cierta distancia, frente a ellos. Elías tomó su manto y, enrollándolo, golpeó el agua. El río se partió en dos, de modo que ambos lo cruzaron en seco. Al cruzar, Elías le preguntó a Eliseo:

—¿Qué quieres que haga por ti antes de que me separen de tu lado?

—Te pido que sea yo el heredero de tu espíritu por partida doble —respondió Eliseo.

—Has pedido algo difícil —le dijo Elías—, pero si logras verme cuando me separen de tu lado, te será concedido; de lo contrario, no.

Iban caminando y conversando cuando, de pronto, los separó un carro de fuego con caballos de fuego, y Elías subió al cielo en medio de un torbellino. Eliseo, viendo lo que pasaba, se puso a gritar: «¡Padre mío, padre mío, carro y fuerza conductora de Israel!» Pero no volvió a verlo.

Entonces agarró su ropa y la rasgó en dos. Luego recogió el manto que se le había caído a Elías y, regresando a la orilla del Jordán, golpeó el agua con el manto y exclamó: «¿Dónde está el Señor, el Dios de Elías?» En cuanto golpeó el agua, el río se partió en dos, y Eliseo cruzó.

Los profetas de Jericó, al verlo, exclamaron: «¡El espíritu de Elías se ha posado sobre Eliseo!» Entonces fueron a su encuentro y se postraron ante él, rostro en tierra.

—Mira —le dijeron—, aquí se encuentran, entre nosotros tus servidores, cincuenta hombres muy capaces, que pueden ir a buscar a tu maestro. Quizás el Espíritu del Señor lo tomó y lo arrojó en algún monte o en algún valle.

—No —respondió Eliseo—, no los manden.

Pero ellos insistieron tanto que él se sintió incómodo y por fin les dijo:

—Está bien, mándenlos.

Así que enviaron a cincuenta hombres, los cuales buscaron a Elías durante tres días, pero no lo encontraron. Cuando regresaron a Jericó, donde se había quedado Eliseo, él les reclamó:

—¿No les advertí que no fueran? 2 Reyes 2.1–18 ⊙━⊓

Debido al hecho de que en el Antiguo Testamento no se habló mucho de la vida eterna, ¿por qué piensas que los profetas insistían en buscar a Elías? ¿Cómo podrías haber respondido si estuvieras allí?

El estado intermedio

¿Qué ocurre cuando morimos? El Nuevo Testamento indica que los seres humanos experimentan un «estado intermedio», lo cual se refiere a la existencia de la persona entre el momento de su muerte y la prometida resurrección de su nuevo cuerpo. Su cuerpo terrenal va a la tumba; su espíritu vive en uno de dos lugares: en presencia de Dios, donde disfruta de un tiempo de paz hasta que reciba su cuerpo resucitado, o en un lugar de tormento donde espera el juicio final. Jesús habló acerca de esto gráficamente en la historia acerca de un hombre rico y Lázaro (no el Lázaro al que resucitó de la muerte). El Señor describió ese lugar de bendición para los justos como el seno de Abraham, y el lugar de tormento para los malvados como el Hades.

«Había un hombre rico que se vestía lujosamente y daba espléndidos banquetes todos los días. A la puerta de su casa se tendía un mendigo llamado Lázaro, que estaba cubierto de llagas y que hubiera querido llenarse el estómago con lo que caía de la mesa del rico. Hasta los perros se acercaban y le lamían las llagas.

»Resulta que murió el mendigo, y los ángeles se lo llevaron para que estuviera al lado de Abraham. También murió el rico, y lo sepultaron. En el infierno, en medio de sus tormentos, el rico levantó los ojos y vio de lejos a Abraham, y a Lázaro junto a él. Así que alzó la voz y lo llamó: "Padre Abraham, ten compasión de mí y manda a Lázaro que moje la punta del dedo en agua y me refresque la lengua, porque estoy sufriendo mucho en este fuego." Pero Abraham le contestó: "Hijo, recuerda que durante tu vida te fue muy bien, mientras que a Lázaro le fue muy mal; pero ahora a él le toca recibir consuelo aquí, y a ti, sufrir terriblemente. Además de eso, hay un gran abismo entre nosotros y ustedes, de modo que los que quieren pasar de aquí para allá no pueden, ni tampoco pueden los de allá para acá."

»Él respondió: "Entonces te ruego, padre, que mandes a Lázaro a la casa de mi padre, para que advierta a mis cinco hermanos y no vengan ellos también a este lugar de tormento." Pero Abraham le contestó: "Ya tienen a Moisés y a los profetas; ¡que les hagan caso a ellos!" "No les harán caso, padre Abraham —replicó el rico—; en cambio, si se les presentara uno de entre los muertos, entonces sí se arrepentirían." Abraham le dijo: "Si no les hacen caso a Moisés y a los profetas, tampoco se convencerán aunque alguien se levante de entre los muertos."»   LUCAS 16.19–31

Escuchar a una persona que regresó de la muerte contarte lo que experimentó del otro lado podría parecer muy convincente. ¿Por qué Abraham no estuvo de acuerdo?

LA RESURRECCIÓN

Hay más por venir después que morimos que el hecho de que nuestros espíritus van a estar con Dios mientras nuestros cuerpos permanecen en la tumba. La gran promesa de Dios y la esperanza final para todos los cristianos es la resurrección. Así como Cristo fue resucitado de los muertos y recibió un cuerpo imperecedero, del mismo modo ocurrirá con todos los que creen en Cristo. Pablo, escribiéndole a la iglesia en Corinto, detalla esta gran verdad.

Ahora, hermanos, quiero recordarles el evangelio que les prediqué, el mismo que recibieron y en el cual se mantienen firmes. Mediante este evangelio son salvos, si se aferran a la palabra que les prediqué. De otro modo, habrán creído en vano.

Porque ante todo les transmití a ustedes lo que yo mismo recibí: que Cristo murió por nuestros pecados según las Escrituras, que fue sepultado, que resucitó al tercer día según las Escrituras, y que se apareció a Cefas [es decir, Pedro], y luego a los doce. Después se apareció a más de quinientos hermanos a la vez, la mayoría de los cuales vive todavía, aunque algunos han muerto. Luego se apareció a Jacobo, más tarde a todos los apóstoles, y por último, como a uno nacido fuera de tiempo, se me apareció también a mí.

Admito que yo soy el más insignificante de los apóstoles y que ni siquiera merezco ser llamado apóstol, porque perseguí a la iglesia de Dios. Pero por la gracia de Dios soy lo que soy, y la gracia que él me concedió no fue infructuosa. Al contrario, he trabajado con más tesón que todos ellos, aunque no yo sino la gracia de Dios que está conmigo. En fin, ya sea que se trate de mí o de ellos, esto es lo que predicamos, y esto es lo que ustedes han creído.

Ahora bien, si se predica que Cristo ha sido levantado de entre los muertos, ¿cómo dicen algunos de ustedes que no hay resurrección? Si no hay resurrección, entonces ni siquiera Cristo ha resucitado. Y si Cristo no ha resucitado, nuestra predicación no sirve para nada, como tampoco la fe de ustedes. Aún más, resultaríamos falsos testigos de Dios por haber testificado que Dios resucitó a Cristo, lo cual no habría sucedido, si en verdad los muertos no resucitan. Porque si los muertos no resucitan, tampoco Cristo ha resucitado. Y si Cristo no ha resucitado, la fe de ustedes es ilusoria y todavía están en sus pecados. En este caso, también están perdidos los que murieron en Cristo. Si la esperanza que tenemos en Cristo fuera sólo para esta vida, seríamos los más desdichados de todos los mortales.

Lo cierto es que Cristo ha sido levantado de entre los muertos, como primicias de los que murieron. De hecho, ya que la muerte vino por medio de un hombre, también por medio de un hombre viene la resurrección de los muertos. Pues así como en Adán todos mueren, también en Cristo todos volverán a vivir, pero cada uno en su debido orden: Cristo, las primicias; después, cuando él venga, los que le pertenecen. Entonces vendrá el fin, cuando él entregue el reino a Dios el Padre, luego de destruir todo dominio, autoridad y poder. Porque es necesario que Cristo reine hasta poner a todos sus enemigos debajo de sus pies. El último enemigo que será destruido es la muerte, pues Dios «ha sometido todo a su dominio». Al decir que «todo» ha quedado sometido a su dominio, es claro que no se incluye a Dios mismo, quien todo lo sometió a Cristo. Y cuando todo le sea sometido, entonces el Hijo mismo se someterá a aquel que le sometió todo, para que Dios sea todo en todos.   1 CORINTIOS 15.1–28

Tal vez alguien pregunte: «¿Cómo resucitarán los muertos? ¿Con qué clase de cuerpo vendrán?» ¡Qué tontería! Lo que tú siembras no cobra vida a menos que muera. No plantas el cuerpo que luego ha de nacer sino que siembras una simple semilla de trigo o de otro grano. Pero Dios le da el cuerpo que quiso darle, y a cada clase de semilla le da un cuerpo propio. No todos los cuerpos son iguales: hay cuerpos humanos; también los hay de animales terrestres, de aves y de peces. Así mismo hay cuerpos celestes y cuerpos terrestres; pero el esplendor de los cuerpos celestes es uno, y el de los cuerpos terrestres es otro. Uno es el esplendor del sol, otro el de la luna y otro el de las estrellas. Cada estrella tiene su propio brillo.

Así sucederá también con la resurrección de los muertos. Lo que se siembra en corrupción, resucita en incorrupción; lo que se siembra en oprobio, resucita en gloria; lo que se siembra en debilidad, resucita en poder; se siembra un cuerpo natural, resucita un cuerpo espiritual.

Si hay un cuerpo natural, también hay un cuerpo espiritual. Así está escrito: «El primer hombre, Adán, se convirtió en un ser viviente»; el último Adán, en el Espíritu que da vida. No vino primero lo espiritual sino lo natural, y después lo espiritual. El primer hombre era del polvo de la tierra; el segundo hombre, del cielo. Como es aquel hombre terrenal, así son también los de la tierra; y como es el celestial, así son también los del cielo. Y así como hemos llevado la imagen de aquel hombre terrenal, llevaremos también la imagen del celestial.

Les declaro, hermanos, que el cuerpo mortal no puede heredar el reino de Dios, ni lo corruptible puede heredar lo incorruptible. **Fíjense bien en el misterio que les voy a revelar: No todos moriremos, pero todos seremos transformados, en un instante, en un abrir y cerrar de ojos, al toque final de la trompeta. Pues sonará la trompeta y los muertos resucitarán con un cuerpo incorruptible, y nosotros seremos transformados.** Porque lo corruptible tiene que revestirse de lo incorruptible, y lo mortal, de inmortalidad.

Cuando lo corruptible se revista de lo incorruptible, y lo mortal, de inmortalidad, entonces se cumplirá lo que está escrito: «La muerte ha sido devorada por la victoria.»

«¿Dónde está, oh muerte, tu victoria?
¿Dónde está, oh muerte, tu aguijón?»

El aguijón de la muerte es el pecado, y el poder del pecado es la ley. ¡Pero gracias a Dios, que nos da la victoria por medio de nuestro Señor Jesucristo!

Por lo tanto, mis queridos hermanos, manténganse firmes e inconmovibles, progresando siempre en la obra del Señor, conscientes de que su trabajo en el Señor no es en vano.

1 Corintios 15.35–58

¿Cómo nuestros cueros resucitados serán diferentes de nuestros cuerpos terrenales? ¿De qué manera se compara lo que dice la Biblia con algunas de las nociones populares sobre cómo seremos en el cielo?

El regreso de Cristo

El suceso que desencadenará esta resurrección prometida es la segunda venida de Cristo. Hay varias creencias acerca de los detalles que conducen a esta grandiosa ocasión, pero todos los seguidores de Jesús aceptan su verdad e importancia. La Biblia hace referencia a menudo al regreso de Cristo como «el día del Señor». Pablo usa esta frase en una importante carta dirigida a la iglesia en Tesalónica. Algunos de los creyentes allí pensaban que todos los cristianos estarían vivos cuando tuviera lugar el regreso de Cristo, lo cual hacía que se preocuparan por los hermanos creyentes que habían muerto. Pablo aclara que en el gran día del regreso del Señor, Dios resucitará a los que hayan muerto y todos los creyentes serán reunidos y estarán con el Señor Jesús para siempre.

Mientras lees el pasaje de 1 Tesalonicenses 4–5 y 2 Pedro 3, busca algunas frases que nos alienten a vivir nuestras vidas hoy considerando el inminente regreso de Cristo.

Hermanos, no queremos que ignoren lo que va a pasar con los que ya han muerto, para que no se entristezcan como esos otros que no tienen esperanza. ¿Acaso no creemos que Jesús murió y resucitó? Así también Dios resucitará con Jesús a los que han muerto en unión con él. Conforme a lo dicho por el Señor, afirmamos que nosotros, los que estemos vivos y hayamos quedado hasta la venida del Señor, de ninguna manera nos adelantaremos a los que hayan muerto. **El Señor mismo descenderá del cielo con voz de mando, con voz de arcángel y con trompeta de Dios, y los muertos en Cristo resucitarán primero. Luego los que estemos vivos, los que hayamos quedado, seremos arrebatados junto con ellos en las nubes para encontrarnos con el Señor en el aire. Y así estaremos con el Señor para siempre. Por lo tanto, anímense unos a otros con estas palabras.**

Ahora bien, hermanos, ustedes no necesitan que se les escriba acerca de tiempos y fechas, porque ya saben que el día del Señor llegará como ladrón en la noche. Cuando estén diciendo: «Paz y seguridad», vendrá de improviso sobre ellos la destrucción, como le llegan a la mujer encinta los dolores de parto. De ninguna manera podrán escapar.

Ustedes, en cambio, hermanos, no están en la oscuridad para que ese día los sorprenda como un ladrón. Todos ustedes son hijos de la luz y del día. No somos de la noche ni de la oscuridad. No debemos, pues, dormirnos como los demás, sino mantenernos alerta y en nuestro sano juicio. Los que duermen, de noche duermen, y los que se emborrachan, de noche se emborrachan. Nosotros que somos del día, por el contrario, estemos siempre en nuestro sano juicio, protegidos por la coraza de la fe y del amor, y por el casco de la esperanza de salvación; pues Dios no nos destinó a sufrir el castigo sino a recibir la salvación por medio de nuestro Señor Jesucristo. Él murió por nosotros para que, en la vida o en la muerte, vivamos junto con él. Por eso, anímense y edifíquense unos a otros, tal como lo vienen haciendo. 1 TESALONICENSES 4.13—5.11

El apóstol Pedro también escribe con gran detalle acerca del «día del Señor», brindando más claridad y advertencias con respecto a cómo deberían vivir los creyentes sus vidas a la luz de esta futura realidad.

Queridos hermanos, ésta es ya la segunda carta que les escribo. En las dos he procurado refrescarles la memoria para que, con una mente íntegra, recuerden las palabras que los santos profetas pronunciaron en el pasado, y el mandamiento que dio nuestro Señor y Salvador por medio de los apóstoles.

Ante todo, deben saber que en los últimos días vendrá gente burlona que, siguiendo sus malos deseos, se mofará: «¿Qué hubo de esa promesa de su venida? Nuestros padres murieron, y nada ha cambiado desde el principio de la creación.» Pero intencionalmente olvidan que desde tiempos antiguos, por la palabra de Dios, existía el cielo y también la tierra, que surgió del agua y mediante el agua. Por la palabra y el agua, el mundo de aquel entonces pereció inundado. Y ahora, por esa misma palabra, el cielo y la tierra están guardados para el fuego, reservados para el día del juicio y de la destrucción de los impíos.

Pero no olviden, queridos hermanos, que para el Señor un día es como mil años, y mil años como un día. El Señor no tarda en cumplir su promesa, según entienden algunos la tardanza. Más bien, él tiene paciencia con ustedes, porque no quiere que nadie perezca sino que todos se arrepientan.

Pero el día del Señor vendrá como un ladrón. En aquel día los cielos desaparecerán con un estruendo espantoso, los elementos serán destruidos por el fuego, y la tierra, con todo lo que hay en ella, será quemada.

Ya que todo será destruido de esa manera, ¿no deberían vivir ustedes como Dios manda, siguiendo una conducta intachable y esperando ansiosamente la venida del día de Dios? Ese día los cielos serán destruidos por el fuego, y los elementos se derretirán con el calor de las llamas. Pero, según su promesa, esperamos un cielo nuevo y una tierra nueva, en los que habite la justicia.

Por eso, queridos hermanos, mientras esperan estos acontecimientos, esfuércense para que Dios los halle sin mancha y sin defecto, y en paz con él. Tengan presente que la paciencia de nuestro Señor significa salvación, tal como les escribió también nuestro querido hermano Pablo, con la sabiduría que Dios le dio. En todas sus cartas se refiere a estos mismos temas. Hay en ellas algunos puntos difíciles de entender, que los ignorantes e inconstantes tergiversan, como lo hacen también con las demás Escrituras, para su propia perdición.

Así que ustedes, queridos hermanos, puesto que ya saben esto de antemano, manténganse alerta, no sea que, arrastrados por el error de esos libertinos, pierdan la estabilidad y caigan. Más bien, crezcan en la gracia y en el conocimiento de nuestro Señor y Salvador Jesucristo. ¡A él sea la gloria ahora y para siempre! Amén.   2 PEDRO 3.1–18

CIELO NUEVO Y TIERRA NUEVA

Cuando Jesús regrese y seamos resucitados con nuestros cuerpos imperecederos, habrá un juicio final de Dios sobre cada nación. Juan presenció y narró una visión de parte de Dios acerca de lo que ocurrirá en ese tiempo de juicio. Él escribió sobre el movimiento final en la grandiosa historia de Dios: la restauración de lo que se perdió en el principio. Lo que vimos en la historia de apertura de la creación en Génesis lo volvemos a ver en Apocalipsis, una recreación, pero a mayor escala, a fin de acomodar a todas las personas de todos los siglos que han aceptado a Cristo y recibido vida eterna.

Vi un gran trono blanco y a alguien que estaba sentado en él. De su presencia huyeron la tierra y el cielo, sin dejar rastro alguno. Vi también a los muertos, grandes y pequeños, de pie delante del trono. Se abrieron unos libros, y luego otro, que es el libro de la vida. Los muertos fueron juzgados según lo que habían hecho, conforme a lo que estaba escrito en los libros. El mar devolvió sus muertos; la muerte y el infierno devolvieron los suyos; y cada uno fue juzgado según lo que había hecho. La muerte y el infierno fueron arrojados al lago de fuego. Este lago de fuego es la muerte segunda. Aquel cuyo nombre no estaba escrito en el libro de la vida era arrojado al lago de fuego.

La nueva Jerusalén

Después vi un cielo nuevo y una tierra nueva, porque el primer cielo y la primera tierra habían dejado de existir, lo mismo que el mar. Vi además la ciudad santa, la nueva Jerusalén, que bajaba del cielo, procedente de Dios, preparada como una novia hermosamente vestida para su prometido. Oí una potente voz que provenía del trono y decía: «¡Aquí, entre los seres humanos, está la morada de Dios! Él acampará en medio de ellos, y ellos serán su pueblo; Dios mismo estará con ellos y será su Dios. Él les enjugará toda lágrima de los ojos. Ya no habrá muerte, ni llanto, ni lamento ni dolor, porque las primeras cosas han dejado de existir.»

El que estaba sentado en el trono dijo: «¡Yo hago nuevas todas las cosas!» Y añadió: «Escribe, porque estas palabras son verdaderas y dignas de confianza.»

También me dijo: «Ya todo está hecho. Yo soy el Alfa y la Omega, el Principio y el Fin. Al que tenga sed le daré a beber gratuitamente de la fuente del agua de la vida. El que salga vencedor heredará todo esto, y yo seré su Dios y él será mi hijo. Pero los cobardes, los incrédulos, los abominables, los asesinos, los que cometen inmoralidades sexuales, los que practican artes mágicas, los idólatras y todos los mentirosos recibirán como herencia el lago de fuego y azufre. Ésta es la segunda muerte.»

Se acercó uno de los siete ángeles que tenían las siete copas llenas con las últimas siete plagas. Me habló así: «Ven, que te voy a presentar a la novia, la esposa del Cordero.» Me llevó en el Espíritu a una montaña grande y elevada, y me mostró la ciudad santa, Jerusalén, que bajaba del cielo, procedente de Dios. Resplandecía con la gloria de Dios, y su brillo era como el de una piedra preciosa, semejante a una piedra de jaspe transparente. Tenía una muralla grande y alta, y doce puertas custodiadas por doce ángeles, en las que estaban escritos los nombres de las doce tribus de Israel. Tres puertas daban al este, tres al norte, tres al sur y tres al oeste. La muralla de la ciudad tenía doce cimientos, en los que estaban los nombres de los doce apóstoles del Cordero.

El ángel que hablaba conmigo llevaba una caña de oro para medir la ciudad, sus puertas y su muralla. La ciudad era cuadrada; medía lo mismo de largo que de ancho. El ángel midió la ciudad con la caña, y tenía dos mil doscientos kilómetros: su longitud, su anchura y su altura eran iguales. Midió también la muralla, y tenía sesenta y cinco metros, según las medidas humanas que el ángel empleaba. La muralla estaba hecha de jaspe, y la ciudad era de oro puro, semejante a cristal pulido. Los cimientos de la muralla de la ciudad estaban decorados con toda clase de piedras preciosas: el primero con jaspe, el segundo con zafiro, el tercero con ágata, el cuarto con esmeralda, el quinto con ónice, el sexto con cornalina, el séptimo con crisólito, el octavo con berilo, el noveno con topacio, el décimo con crisoprasa, el undécimo con jacinto y el duodécimo con amatista. Las doce puertas eran doce perlas, y cada puerta estaba hecha de una sola perla. La calle principal de la ciudad era de oro puro, como cristal transparente.

No vi ningún templo en la ciudad, porque el Señor Dios Todopoderoso y el Cordero son su templo. La ciudad no necesita ni sol ni luna que la alumbren, porque la gloria de Dios la ilumina, y el Cordero es su lumbrera. Las naciones caminarán a la luz de la ciudad, y los reyes de la tierra le entregarán sus espléndidas riquezas. Sus puertas estarán abiertas todo el día, pues allí no habrá noche. Y llevarán a ella todas las riquezas y el honor de las naciones. Nunca entrará en ella nada impuro, ni los idólatras ni los farsantes, sino sólo aquellos que tienen su nombre escrito en el libro de la vida, el libro del Cordero.

Luego el ángel me mostró un río de agua de vida, claro como el cristal, que salía del trono de Dios y del Cordero, y corría por el centro de la calle principal de la ciudad. A cada lado del río estaba el árbol de la vida, que produce doce cosechas al año, una por mes; y las hojas del árbol son para la salud de las naciones. Ya no habrá maldición. El trono de Dios y del Cordero estará en la ciudad. Sus siervos lo adorarán; lo verán cara a cara, y llevarán su nombre en la frente. Ya no habrá noche; no necesitarán luz de lámpara ni de sol, porque el Señor Dios los alumbrará. Y reinarán por los siglos de los siglos.

El ángel me dijo: «Estas palabras son verdaderas y dignas de confianza. El Señor, el Dios que inspira a los profetas, ha enviado a su ángel para mostrar a sus siervos lo que tiene que suceder sin demora.»

«¡Miren que vengo pronto! Dichoso el que cumple las palabras del mensaje profético de este libro.»

Yo, Juan, soy el que vio y oyó todas estas cosas. Y cuando lo vi y oí, me postré para adorar al ángel que me había estado mostrando todo esto. Pero él me dijo: «¡No, cuidado! Soy un siervo como tú, como tus hermanos los profetas y como todos los que cumplen las palabras de este libro. ¡Adora sólo a Dios!»

También me dijo: «No guardes en secreto las palabras del mensaje profético de este libro, porque el tiempo de su cumplimiento está cerca. Deja que el malo siga haciendo el mal y que el vil siga envileciéndose; deja que el justo siga practicando la justicia y que el santo siga santificándose.»

«¡Miren que vengo pronto! Traigo conmigo mi recompensa, y le pagaré a cada uno según lo que haya hecho. Yo soy el Alfa y la Omega, el Primero y el Último, el Principio y el Fin.

»Dichosos los que lavan sus ropas para tener derecho al árbol de la vida y para poder entrar por las puertas de la ciudad. Pero afuera se quedarán los perros, los que practican las artes mágicas, los que cometen inmoralidades sexuales, los asesinos, los idólatras y todos los que aman y practican la mentira.

»Yo, Jesús, he enviado a mi ángel para darles a ustedes testimonio de estas cosas que conciernen a las iglesias. Yo soy la raíz y la descendencia de David, la brillante estrella de la mañana.»

El Espíritu y la novia dicen: «¡Ven!»; y el que escuche diga: «¡Ven!» El que tenga sed, venga; y el que quiera, tome gratuitamente del agua de la vida.

A todo el que escuche las palabras del mensaje profético de este libro le advierto esto: Si alguno le añade algo, Dios le añadirá a él las plagas descritas en este libro. Y si alguno quita palabras de este libro de profecía, Dios le quitará su parte del árbol de la vida y de la ciudad santa, descritos en este libro.

El que da testimonio de estas cosas, dice: «Sí, vengo pronto.» Amén. ¡Ven, Señor Jesús!

Que la gracia del Señor Jesús sea con todos. Amén.

Apocalipsis 20.11—22.21

Durante la última semana de Jesús sobre la tierra antes de regresar al Padre, consoló a los discípulos con respecto al futuro. Les informó que se iba, pero también prometió que estaría supervisando la construcción de un lugar para cada uno de ellos en el cielo, la nueva Jerusalén que Juan vio y describió. Al leer estas palabras, por favor, sepamos que el mensaje que Jesús les dio a los discípulos también es para nosotros. Él ha preparado un hogar eterno para todos los que creen.

«No se angustien. Confíen en Dios, y confíen también en mí. En el hogar de mi Padre hay muchas viviendas; si no fuera así, ya se lo habría dicho a ustedes. Voy a prepararles un lugar. **Y si me voy y se lo preparo, vendré para llevármelos conmigo. Así ustedes estarán donde yo esté.** Ustedes ya conocen el camino para ir adonde yo voy.

Dijo entonces Tomás:

—Señor, no sabemos a dónde vas, así que ¿cómo podemos conocer el camino?

—Yo soy el camino, la verdad y la vida —le contestó Jesús—. Nadie llega al Padre sino por mí. Si ustedes realmente me conocieran, conocerían también a mi Padre. Y ya desde este momento lo conocen y lo han visto.»

Juan 14.1—7

Al considerar la vida eterna en el jardín de la nueva tierra, sin la presencia del pecado, el odio, las dificultades, la guerra o la muerte, ¿qué es lo que más anticipas del cielo?

Cuando morimos, nuestros cuerpos van a la tierra y nuestro espíritu va a estar con Dios mientras esperamos el regreso de Cristo. Una vez que él venga a establecer el nuevo cielo y la nueva tierra, nuestro espíritu recibirá un cuerpo resucitado nuevo e incorruptible, al igual que el de Jesús. En esos cuerpos viviremos por siempre en el nuevo jardín con Dos y todos aquellos que creyeron en Jesús. Es con esta emocionante realidad que concluimos nuestra jornada a través de las diez creencias clave de la vida cristiana. Como seguidores de Dios, se nos invita comprender y considerar estos conceptos en nuestra mente. Sin embargo, para pensar como Jesús y experimentar la vida plena que Cristo nos ha dado, debemos aceptar estas creencias en nuestro corazón, donde se toman las verdaderas decisiones. Por lo tanto, ¿cómo hacemos que estas fabulosas ideas dejen de ser solo la respuesta correcta y se conviertan en un estilo de vida? Lo logramos a través de las diez prácticas de la vida cristiana, las cuales se destacan en la próxima sección. Participar en estas actividades (en compañía de Dios) te capacitará para demostrar tus creencias mientras las fortaleces en tu corazón. ¡Dale vuelta a la página con la expectativa de realmente llegar a ser más como Jesús!

¿Qué debería hacer?

No saben que en una carrera todos los corredores compiten, pero sólo uno obtiene el premio? Corran, pues, de tal modo que lo obtengan. Todos los deportistas se entrenan con mucha disciplina. Ellos lo hacen para obtener un premio que se echa a perder; nosotros, en cambio, por uno que dura para siempre. Así que yo no corro como quien no tiene meta; no lucho como quien da golpes al aire. Más bien, golpeo mi cuerpo y lo domino, no sea que, después de haber predicado a otros, yo mismo quede descalificado.
—*1 Corintios 9.24-25*

Cuando estudias la vida de Jesús, puedes ver un patrón muy peculiar. Jesús vivió fielmente de una manera intencional. Él estaba ejemplificando la vida cristiana para nosotros. Haríamos bien sencillamente en seguir este patrón: *actuar* como Jesús.

Los siguientes diez capítulos van a presentarte las prácticas espirituales clave de la vida cristiana. Encontrarás axiomas para guiarte e historias de la vida real a fin de inspirarte.

A medida que leas cada capítulo y entiendas lo que Dios quiere que hagas, pregúntate con un espíritu de oración: «¿Voy a poner en práctica lo que Dios me está invitando a hacer?». En el pasaje bíblico de arriba, el apóstol Pablo nos invita a pensar en la vida cristiana como un atleta. Si un corredor olímpico quiere cruzar la línea de meta en primer lugar, debe dedicarse a una vida de estricto entrenamiento. En esencia, Pablo está diciendo que si queremos ganar en la vida, nosotros también necesitamos ser disciplinados en lo que respecta a la forma en que abordamos cada día.

Si decides practicar lo que estás a punto de aprender, recuerda que no estás solo. El Espíritu de Dios puede darte la fortaleza interior, acallar las voces de los inconformistas y hacer que el viento sople a tu favor.

Estas prácticas no solo te ayudarán a entender las creencias clave, sino también te capacitarán para que cumplas tu misión de amar a Dios y tu prójimo mejor.

En sus marcas... listos... ¡YA!

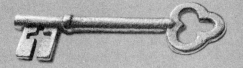

CAPÍTULO

11

Adoración

PREGUNTA CLAVE

¿Cómo honro a Dios del modo en que se merece?

IDEA CLAVE

Adoro a Dios por quién es él y lo que ha hecho por mí.

VERSÍCULO CLAVE

«Vengan, cantemos con júbilo al Señor; aclamemos
a la roca de nuestra salvación. Lleguemos ante él
con acción de gracias, aclamémoslo con cánticos».
—*Salmos 95.1–2*

Como estudiamos en el Capítulo 1, la primera creencia clave de la vida cristiana comienza con Dios. Así que es lógico que la primera práctica de la vida cristiana sea adorar a Dios. Cuando adoramos, estamos aceptando la revelación acerca del único Dios verdadero —Padre, Hijo y Espíritu Santo— y reafirmando nuestra creencia de que él se involucra en nuestra vida y quiere tener una relación con nosotros. Mientras hacemos esto, las asombrosas verdades sobre Dios pasan de ser conceptos en nuestra mente a convertirse en clamores en nuestro corazón. Cuando adoramos a Dios por quién él es y lo que ha hecho por nosotros, esto no solo fortalece nuestra confianza en él a la hora de enfrentar cada día y cada situación, sino también nos capacita para recibir su amor. Y al recibir el amor de Dios en nuestro corazón, comenzamos a ver el mundo diferente, como personas creadas a su imagen.

Así que leamos este capítulo con gran expectativa mientras exploramos los diferentes aspectos de la adoración, incluyendo:

- La intención del corazón.
- Adoradores sin vergüenza.
- Adoremos juntos.

LA INTENCIÓN DEL CORAZÓN

Adorar a Dios por quién es él y lo que ha hecho por nosotros se puede expresar de muchas formas distintas y en entornos diversos, pero es el sentir que está detrás de las acciones lo que le importa a Dios. A lo largo de las Escrituras vemos cómo el pueblo de Dios lo adoró en las cimas de las montañas, dentro de los hogares con pisos de tierra, en un templo tremendamente adornado y en oscuras prisiones. Las personas demostraron su devoción a Dios con cantos, danza, sacrificios y oraciones públicas y privadas. Lo que más le importa a Dios no es la forma en que decidimos adorarlo, sino la motivación que dirige nuestras acciones.

¿Qué nos dice el pasaje de Salmos 95 acerca de cómo
y por qué debemos adorar a Dios?

Vengan, cantemos con júbilo al Señor;
    aclamemos a la roca de nuestra salvación.
Lleguemos ante él con acción de gracias,
    aclamémoslo con cánticos.

Porque el Señor es el gran Dios,
    el gran Rey sobre todos los dioses.
En sus manos están los abismos de la tierra;
    suyas son las cumbres de los montes.
Suyo es el mar, porque él lo hizo;
    con sus manos formó la tierra firme.

Vengan, postrémonos reverentes,
    doblemos la rodilla
    ante el Señor nuestro Hacedor.
Porque él es nuestro Dios
    y nosotros somos el pueblo de su prado;
    ¡somos un rebaño bajo su cuidado!   Salmos 95.1–7

Durante los tiempos del Antiguo Testamento, la adoración conlle-
vaba sacrificios de animales. En vez de dejar a su pueblo sin otro
recurso que el de hacerle frente a su castigo por el pecado, Dios,
en su misericordia, permitió que su pueblo sacrificara al mejor ani-
mal de sus rebaños como pago por su desobediencia. El animal
tenía que ser sin defecto, ya que un sacrificio defectuoso no podía
ser un sustituto para un pueblo defectuoso. Esta práctica precisa-
ba ir acompañada de arrepentimiento. El adorador confesaba sus
pecados e imponía sus manos sobre el animal; entonces el peca-
do quedaba simbólicamente transferido del pecador al sacrificio.

Por desdicha, con el paso del tiempo los sacrificios de los israe-
litas se convirtieron en rituales sin sentido. Dios estaba enojado y
dolido. El pueblo le llevaba abundantes sacrificios; sin embargo,
su carácter y su conducta no resultaban agradables para él. Dios
no desea que simplemente cumplamos con las formalidades, sino
que cambiemos en nuestro corazón.

«¿De qué me sirven sus muchos sacrificios?
    —dice el Señor—.
Harto estoy de holocaustos de carneros
    y de la grasa de animales engordados;

la sangre de toros, corderos y cabras
no me complace.
¿Por qué vienen a presentarse ante mí?
¿Quién les mandó traer animales
para que pisotearan mis atrios?
No me sigan trayendo vanas ofrendas;
el incienso es para mí una abominación.
Luna nueva, día de reposo, asambleas convocadas;
¡no soporto que con su adoración me ofendan!
Yo aborrezco sus lunas nuevas y festividades;
se me han vuelto una carga
que estoy cansado de soportar.
Cuando levantan sus manos,
yo aparto de ustedes mis ojos;
aunque multipliquen sus oraciones,
no las escucharé,
pues tienen las manos llenas de sangre.

¡Lávense, límpiense!
¡Aparten de mi vista sus obras malvadas!
¡Dejen de hacer el mal!
¡Aprendan a hacer el bien!
¡Busquen la justicia y reprendan al opresor!
¡Aboguen por el huérfano y defiendan a la viuda!

»Vengan, pongamos las cosas en claro
—dice el Señor—.
¿Son sus pecados como escarlata?
¡Quedarán blancos como la nieve!
¿Son rojos como la púrpura?
¡Quedarán como la lana!
¿Están ustedes dispuestos a obedecer?
¡Comerán lo mejor de la tierra!
¿Se niegan y se rebelan?
¡Serán devorados por la espada!»
El Señor mismo lo ha dicho.   Isaías 1.11–20

A pesar de saber lo que era correcto, a través de la historia el
pueblo de Dios le falló en sus prácticas de adoración. En el Nue-
vo Testamento, aquellos que no adoraban ni honraban a Dios de

manera adecuada recibieron duras palabras de Jesús. Esto fue especialmente cierto en el caso de los líderes religiosos cuya fachada de ejercicios y rituales religiosos ocultaban una fe débil y superficial. Cuando una multitud se juntó para escuchar las enseñanzas de Jesús, él les advirtió sobre la influencia de esos líderes religiosos vanos.

Mientras lees el pasaje de Mateo 23, considera esta cuestión: ¿con qué conductas y actitudes de los fariseos Jesús se mostró en desacuerdo? (Sugerencia: Jesús introdujo cada una con las palabras «¡Ay de ustedes...!».)

Después de esto, Jesús dijo a la gente y a sus discípulos: «Los maestros de la ley y los fariseos tienen la responsabilidad de interpretar a Moisés. Así que ustedes deben obedecerlos y hacer todo lo que les digan. Pero no hagan lo que hacen ellos, porque no practican lo que predican. Atan cargas pesadas y las ponen sobre la espalda de los demás, pero ellos mismos no están dispuestos a mover ni un dedo para levantarlas.

»Todo lo hacen para que la gente los vea: Usan filacterias grandes y adornan sus ropas con borlas vistosas; se mueren por el lugar de honor en los banquetes y los primeros asientos en las sinagogas, y porque la gente los salude en las plazas y los llame "Rabí".

»Pero no permitan que a ustedes se les llame "Rabí", porque tienen un solo Maestro y todos ustedes son hermanos. Y no llamen "padre" a nadie en la tierra, porque ustedes tienen un solo Padre, y él está en el cielo. Ni permitan que los llamen "maestro", porque tienen un solo Maestro, el Cristo. El más importante entre ustedes será siervo de los demás. Porque el que a sí mismo se enaltece será humillado, y el que se humilla será enaltecido.

»**¡Ay de ustedes,** maestros de la ley y fariseos, hipócritas! Les cierran a los demás el reino de los cielos, y ni entran ustedes ni dejan entrar a los que intentan hacerlo.

»**¡Ay de ustedes,** maestros de la ley y fariseos, hipócritas! Recorren tierra y mar para ganar un solo adepto, y cuando lo han logrado lo hacen dos veces más merecedor del infierno que ustedes.

»**¡Ay de ustedes,** guías ciegos!, que dicen: "Si alguien jura por el templo, no significa nada; pero si jura por el oro del templo, queda obligado por su juramento." ¡Ciegos insensatos! ¿Qué es más importante: el oro, o el templo que hace sagrado al oro? También dicen ustedes: "Si alguien jura por el altar, no significa nada; pero si jura por la ofrenda que está sobre él, queda obligado por su juramento." ¡Ciegos! ¿Qué es más importante: la ofrenda, o el altar que hace sagrada la ofrenda? Por tanto, el que jura por el altar, jura no sólo por el altar sino por todo lo que está sobre él. El que jura por el templo, jura no sólo por el templo sino por quien habita en él. Y el que jura por el cielo, jura por el trono de Dios y por aquel que lo ocupa.

»**¡Ay de ustedes,** maestros de la ley y fariseos, hipócritas! Dan la décima parte de sus especias: la menta, el anís y el comino. Pero han descuidado los asuntos más importantes de la ley, tales como la justicia, la misericordia y la fidelidad. Debían haber practicado esto sin descuidar aquello. ¡Guías ciegos! Cuelan el mosquito pero se tragan el camello.

»**¡Ay de ustedes,** maestros de la ley y fariseos, hipócritas! Limpian el exterior del vaso y del plato, pero por dentro están llenos de robo y de desenfreno. ¡Fariseo ciego! Limpia primero por dentro el vaso y el plato, y así quedará limpio también por fuera.

»**¡Ay de ustedes,** maestros de la ley y fariseos, hipócritas!, que son como sepulcros blanqueados. Por fuera lucen hermosos pero por dentro están llenos de huesos de muertos y de podredumbre. Así también ustedes, por fuera dan la impresión de ser justos pero por dentro están llenos de hipocresía y de maldad.» MATEO 23.1–28

ADORADORES SIN VERGÜENZA

Cuando Dios nos llama a amarlo con todo nuestro corazón, alma, mente y fuerzas, está demandando que no le neguemos nada. Un compromiso a adorar a Dios es un voto a ser valiente y no avergonzarnos de nuestro amor y devoción a él. Con gran poder, Dios rescató a los israelitas cuando el ejército de Egipto los había arrinconado contra el mar Rojo. Tras conseguir escapar, Moisés y su hermana Miriam guiaron a los israelitas en un cántico comprometido de celebración y bendición, alabando a Dios por quién es él y lo que había hecho por ellos.

Entonces Moisés y los israelitas entonaron un cántico en honor del SEÑOR, que a la letra decía:

Cantaré al SEÑOR, que se ha coronado de triunfo
arrojando al mar caballos y jinetes.

El Señor es mi fuerza y mi cántico;
  él es mi salvación.
Él es mi Dios, y lo alabaré;
  es el Dios de mi padre, y lo enalteceré.
El Señor es un guerrero;
  su nombre es el Señor.
El Señor arrojó al mar
  los carros y el ejército del faraón.
Los mejores oficiales egipcios
  se ahogaron en el Mar Rojo.
Las aguas profundas se los tragaron;
  ¡como piedras se hundieron en los abismos!
Tu diestra, Señor, reveló su gran poder;
  tu diestra, Señor, despedazó al enemigo.

Fue tan grande tu victoria
  que derribaste a tus oponentes;
diste rienda suelta a tu ardiente ira,
  y fueron consumidos como rastrojo.
Bastó un soplo de tu nariz
  para que se amontonaran las aguas.
Las olas se irguieron como murallas;
  ¡se inmovilizaron las aguas en el fondo del mar!
«Iré tras ellos y les daré alcance
  —alardeaba el enemigo—.
Repartiré sus despojos
  hasta quedar hastiado.
¡Desenvainaré la espada
  y los destruiré con mi propia mano!»
Pero con un soplo tuyo se los tragó el mar;
  ¡se hundieron como plomo en las aguas
      turbulentas!
¿Quién, Señor, se te compara entre los dioses?
  ¿Quién se te compara en grandeza y santidad?
Tú, hacedor de maravillas,
  nos impresionas con tus portentos.

Extendiste tu brazo derecho,
  ¡y se los tragó la tierra!
Por tu gran amor guías al pueblo que has rescatado;

> por tu fuerza los llevas a tu santa morada.
> Las naciones temblarán al escucharlo;
> la angustia dominará a los filisteos.
> Los jefes edomitas se llenarán de terror;
> temblarán de miedo los caudillos de Moab.
> Los cananeos perderán el ánimo,
> pues caerá sobre ellos pavor y espanto.
> Por tu gran poder, SEÑOR,
> quedarán mudos como piedras
> hasta que haya pasado tu pueblo,
> el pueblo que adquiriste para ti.
> Tú los harás entrar, y los plantarás,
> en el monte que te pertenece;
> en el lugar donde tú, SEÑOR, habitas;
> en el santuario que tú, SEÑOR, te hiciste.

> ¡El SEÑOR reina por siempre y para siempre!

Cuando los caballos y los carros del faraón entraron en el mar con sus jinetes, el SEÑOR hizo que las aguas se les vinieran encima. Los israelitas, sin embargo, cruzaron el mar sobre tierra seca. Entonces Miriam la profetisa, hermana de Aarón, tomó una pandereta, y mientras todas las mujeres la seguían danzando y tocando panderetas, Miriam les cantaba así:

> Canten al SEÑOR, que se ha coronado de triunfo
> arrojando al mar caballos y jinetes.   ÉXODO 15.1–21

Aunque Moisés y Miriam expresaron su alabanza vocalmente, la adoración valiente también se puede demostrar con muy pocas palabras. Consideremos a Daniel, por ejemplo. Su callada negativa a adorar a ningún otro que no fuera el Dios verdadero fue una decisión muy arriesgada, porque el rey Darío castigaba con mucha dureza la desobediencia en su reino. A diferencia de los cánticos de Moisés y Miriam, las acciones de Daniel fueron las que hablaron.

Para el control eficaz de su reino, Darío consideró prudente nombrar a ciento veinte sátrapas y tres administradores, uno de los cuales era Daniel. Estos sátrapas eran responsables ante los administradores, a fin de que los intereses del rey no se vieran afectados. Y tanto se distinguió Daniel por sus extraordinarias cualidades administrativas, que el rey pensó en ponerlo al frente de todo el reino. Entonces los administradores y los sátrapas empezaron a buscar algún motivo para acusar a Daniel de malos manejos en los negocios del reino. Sin embargo, no encontraron de qué acusarlo porque, lejos de ser corrupto o negligente, Daniel era un hombre digno de confianza. Por eso concluyeron: «Nunca encontraremos nada de qué acusar a Daniel, a no ser algo relacionado con la ley de su Dios.»

Formaron entonces los administradores y sátrapas una comisión para ir a hablar con el rey, y estando en su presencia le dijeron:

—¡Que viva para siempre Su Majestad, el rey Darío! Nosotros los administradores reales, junto con los prefectos, sátrapas, consejeros y gobernadores, convenimos en que Su Majestad debiera emitir y confirmar un decreto que exija que, durante los próximos treinta días, sea arrojado al foso de los leones todo el que adore a cualquier dios u hombre que no sea Su Majestad. Expida usted ahora ese decreto, y póngalo por escrito. Así, conforme a la ley de los medos y los persas, no podrá ser revocado.

El rey Darío expidió el decreto y lo puso por escrito. **Cuando Daniel se enteró de la publicación del decreto, se fue a su casa y subió a su dormitorio, cuyas ventanas se abrían en dirección a Jerusalén. Allí se arrodilló y se puso a orar y alabar a Dios, pues tenía por costumbre orar tres veces al día.** Cuando aquellos hombres llegaron y encontraron a Daniel orando e implorando la ayuda de Dios, fueron a hablar con el rey respecto al decreto real:

—¿No es verdad que Su Majestad publicó un decreto? Según entendemos, todo el que en los próximos treinta días adore a otro dios u hombre que no sea Su Majestad, será arrojado al foso de los leones.

—El decreto sigue en pie —contestó el rey—. Según la ley de los medos y los persas, no puede ser derogado.

—¡Pues Daniel —respondieron ellos—, que es uno de los exiliados de Judá, no toma en cuenta a Su Majestad ni al decreto que ha promulgado! ¡Todavía sigue orando a su Dios tres veces al día!

Cuando el rey escuchó esto, se deprimió mucho y se propuso salvar a Daniel, así que durante todo el día buscó la forma de salvarlo. Pero aquellos hombres fueron a ver al rey y lo presionaron:

—No olvide Su Majestad que, según la ley de los medos y los persas, ningún decreto ni edicto emitido por el rey puede ser derogado.

El rey dio entonces la orden, y Daniel fue arrojado al foso de los leones. Allí el rey animaba a Daniel:

—¡Que tu Dios, a quien siempre sirves, se digne salvarte!

Trajeron entonces una piedra, y con ella taparon la boca del foso. El rey lo selló con su propio anillo y con el de sus nobles, para que la sentencia contra Daniel no pudiera ser cambiada. Luego volvió a su palacio y pasó la noche sin comer y sin divertirse, y hasta el sueño se le fue. Tan pronto como amaneció, se levantó y fue al foso de los leones. Ya cerca, lleno de ansiedad gritó:

—Daniel, siervo del Dios viviente, ¿pudo tu Dios, a quien siempre sirves, salvarte de los leones?

—¡Que viva Su Majestad por siempre! —contestó Daniel desde el foso—. Mi Dios envió a su ángel y les cerró la boca a los leones. No me han hecho ningún daño, porque Dios bien sabe que soy inocente. ¡Tampoco he cometido nada malo contra Su Majestad!

Sin ocultar su alegría, el rey ordenó que sacaran del foso a Daniel. Cuando lo sacaron, no se le halló un solo rasguño, pues Daniel confiaba en su Dios. Entonces el rey mandó traer a los que falsamente lo habían acusado, y ordenó que los arrojaran al foso de los leones, junto con sus esposas y sus hijos. ¡No habían tocado el suelo cuando ya los leones habían caído sobre ellos y les habían triturado los huesos!

Más tarde el rey Darío firmó este decreto:

«A todos los pueblos, naciones y lenguas de este mundo:

»¡Paz y prosperidad para todos!

»He decretado que en todo lugar de mi reino la gente adore y honre al Dios de Daniel.

>>Porque él es el Dios vivo,
    y permanece para siempre.
Su reino jamás será destruido,
    y su dominio jamás tendrá fin.
Él rescata y salva;
    hace prodigios en el cielo
    y maravillas en la tierra.
¡Ha salvado a Daniel
    de las garras de los leones!»

DANIEL 6.1–27

¿Qué efecto tuvo la adoración valiente de Daniel en el incrédulo rey Darío? ¿Cómo piensas que nuestra adoración en los días modernos podría tener el mismo efecto?

El rescate de Daniel del foso de los leones por parte de Dios es solo un ejemplo de su poder y grandeza.

Las señales y los prodigios de Dios son innegablemente inspiradores. En el libro de Hechos, la valentía de Pablo y Silas hizo que los enviaran a la cárcel; entonces, cuando levantaron sus voces en oración y entonaron himnos de adoración durante la noche, un repentino terremoto produjo su liberación.

Una vez, cuando íbamos al lugar de oración, nos salió al encuentro una joven esclava que tenía un espíritu de adivinación. Con sus poderes ganaba mucho dinero para sus amos. Nos seguía a Pablo y a nosotros, gritando:

—Estos hombres son siervos del Dios Altísimo, y les anuncian a ustedes el camino de salvación.

Así continuó durante muchos días. Por fin Pablo se molestó tanto que se volvió y reprendió al espíritu:

—¡En el nombre de Jesucristo, te ordeno que salgas de ella!

Y en aquel mismo momento el espíritu la dejó.

Cuando los amos de la joven se dieron cuenta de que se les había esfumado la esperanza de ganar dinero, echaron mano a Pablo y a Silas y los arrastraron a la plaza, ante las autoridades. Los presentaron ante los magistrados y dijeron:

—Estos hombres son judíos, y están alborotando a nuestra ciudad, enseñando costumbres que a los romanos se nos prohíbe admitir o practicar.

Entonces la multitud se amotinó contra Pablo y Silas, y los magistrados mandaron que les arrancaran la ropa y los azotaran. Después de darles muchos golpes, los echaron en la cárcel, y ordenaron al carcelero que los custodiara con la mayor seguridad. Al recibir tal orden, éste los metió en el calabozo interior y les sujetó los pies en el cepo.

A eso de la medianoche, Pablo y Silas se pusieron a orar y a cantar himnos a Dios, y los otros presos los escuchaban. De repente se produjo un terremoto tan fuerte que la cárcel se

estremeció hasta sus cimientos. Al instante se abrieron todas las puertas y a los presos se les soltaron las cadenas. El carcelero despertó y, al ver las puertas de la cárcel de par en par, sacó la espada y estuvo a punto de matarse, porque pensaba que los presos se habían escapado. Pero Pablo le gritó:

—¡No te hagas ningún daño! ¡Todos estamos aquí!

El carcelero pidió luz, entró precipitadamente y se echó temblando a los pies de Pablo y de Silas. Luego los sacó y les preguntó:

—Señores, ¿qué tengo que hacer para ser salvo?

—Cree en el Señor Jesús; así tú y tu familia serán salvos —le contestaron.

Luego les expusieron la palabra de Dios a él y a todos los demás que estaban en su casa. A esas horas de la noche, el carcelero se los llevó y les lavó las heridas; en seguida fueron bautizados él y toda su familia. El carcelero los llevó a su casa, les sirvió comida y se alegró mucho junto con toda su familia por haber creído en Dios.

Al amanecer, los magistrados mandaron a unos guardias al carcelero con esta orden: «Suelta a esos hombres.»

HECHOS 16.16–35 ⚷

¿Por qué piensas que Dios desea que lo adoremos
cuando nos encontramos en una situación difícil?
¿Cuándo fue la última vez que adoraste a Dios cuando en el
momento no tenía sentido que lo hicieras?

ADOREMOS JUNTOS

Una relación con Dios puede ser una experiencia privada y personal, pero gran parte de la adoración es para llevarla a cabo en comunidad. Dios es una comunidad en sí mismo (Padre, Hijo y Espíritu Santo), y su Palabra nos alienta a reunirnos con otros creyentes para animarnos unos a otros, orar juntos y recordar el amor del Señor por nosotros. Desde la crucifixión, la muerte y la resurrección de Jesús, las dinámicas de la adoración en comunidad han cambiado drásticamente. Los sacrificios de animales ya no son necesarios para restaurar una relación con Dios. La sangre de Jesús, derramada como un sacrificio voluntario, ahora tiene el poder de quitar los pecados de todos los que se arrepienten y lo reciben.

La ley es sólo una sombra de los bienes venideros, y no la presencia misma de estas realidades. Por eso nunca puede, mediante los mismos sacrificios que se ofrecen sin cesar año tras año, hacer perfectos a los que adoran. De otra manera, ¿no habrían dejado ya de hacerse sacrificios? Pues los que rinden culto, purificados de una vez por todas, ya no se habrían sentido culpables de pecado. Pero esos sacrificios son un recordatorio anual de los pecados, ya que es imposible que la sangre de los toros y de los machos cabríos quite los pecados.

Por eso, al entrar en el mundo, Cristo dijo:

> «A ti no te complacen sacrificios ni ofrendas;
>   en su lugar, me preparaste un cuerpo;
> no te agradaron ni holocaustos
>   ni sacrificios por el pecado.
> Por eso dije: "Aquí me tienes
>   —como el libro dice de mí—.
> He venido, oh Dios, a hacer tu voluntad."»

Primero dijo: «Sacrificios y ofrendas, holocaustos y expiaciones no te complacen ni fueron de tu agrado» (a pesar de que la ley exigía que se ofrecieran). Luego añadió: «Aquí me tienes: He venido a hacer tu voluntad.» Así quitó lo primero para establecer lo segundo. Y en virtud de esa voluntad somos santificados mediante el sacrificio del cuerpo de Jesucristo, ofrecido una vez y para siempre.

Todo sacerdote celebra el culto día tras día ofreciendo repetidas veces los mismos sacrificios, que nunca pueden quitar los pecados. Pero este sacerdote, después de ofrecer por los pecados un solo sacrificio para siempre, se sentó a la derecha de Dios, en espera de que sus enemigos sean puestos por estrado de sus pies. Porque con un solo sacrificio ha hecho perfectos para siempre a los que está santificando.

También el Espíritu Santo nos da testimonio de ello. Primero dice:

> «Éste es el pacto que haré con ellos
>   después de aquel tiempo —dice el Señor—:
> Pondré mis leyes en su corazón,
>   y las escribiré en su mente.»

Después añade:

> «Y nunca más me acordaré de sus pecados y maldades.»

Y cuando éstos han sido perdonados, ya no hace falta otro sacrificio por el pecado.

Así que, hermanos, mediante la sangre de Jesús, tenemos plena libertad para entrar en el Lugar Santísimo, por el camino nuevo y vivo que él nos ha abierto a través de la cortina, es decir, a través de su cuerpo; y tenemos además un gran sacerdote al frente de la familia de Dios. Acerquémonos, pues, a Dios con corazón sincero y con la plena seguridad que da la fe, interiormente purificados de una conciencia culpable y exteriormente lavados con agua pura. Mantengamos firme la esperanza que profesamos, porque fiel es el que hizo la promesa. Preocupémonos los unos por los otros, a fin de estimularnos al amor y a las buenas obras. No dejemos de congregarnos, como acostumbran hacerlo algunos, sino animémonos unos a otros, y con mayor razón ahora que vemos que aquel día se acerca.   HEBREOS 10.1–25

La cena del Señor esencialmente reemplazó la práctica del sacrificio de animales en la iglesia del Nuevo Testamento. Cuando los creyentes se reúnen para orar, cantar y aprender, parten el pan y comparten una copa de vino como una forma de recordar el amor de Cristo por ellos. Jesús les presentó esta nueva práctica a sus discípulos la noche antes de su crucifixión.

Cuando llegó el día de la fiesta de los Panes sin levadura, en que debía sacrificarse el cordero de la Pascua, Jesús envió a Pedro y a Juan, diciéndoles:

—Vayan a hacer los preparativos para que comamos la Pascua.

—¿Dónde quieres que la preparemos? —le preguntaron.

—Miren —contestó él—: al entrar ustedes en la ciudad les saldrá al encuentro un hombre que lleva un cántaro de agua. Síganlo hasta la casa en que entre, y díganle al dueño de la casa: "El Maestro pregunta: ¿Dónde está la sala en la que voy a comer la Pascua con mis discípulos?" Él les mostrará en la planta alta una sala amplia y amueblada. Preparen allí la cena.

Ellos se fueron y encontraron todo tal como les había dicho Jesús. Así que prepararon la Pascua.

Cuando llegó la hora, Jesús y sus apóstoles se sentaron a la mesa. Entonces les dijo:

—He tenido muchísimos deseos de comer esta Pascua con ustedes antes de padecer, pues les digo que no volveré a comerla hasta que tenga su pleno cumplimiento en el reino de Dios.

Luego tomó la copa, dio gracias y dijo:

—Tomen esto y repártanlo entre ustedes. Les digo que no volveré a beber del fruto de la vid hasta que venga el reino de Dios.

También tomó pan y, después de dar gracias, lo partió, se lo dio a ellos y dijo:

—Este pan es mi cuerpo, entregado por ustedes; hagan esto en memoria de mí.

De la misma manera tomó la copa después de la cena, y dijo:

—Esta copa es el nuevo pacto en mi sangre, que es derramada por ustedes. Pero sepan que la mano del que va a traicionarme está con la mía, sobre la mesa. A la verdad el Hijo del hombre se irá según está decretado, pero ¡ay de aquel que lo traiciona!

Entonces comenzaron a preguntarse unos a otros quién de ellos haría esto.

Tuvieron además un altercado sobre cuál de ellos sería el más importante. Jesús les dijo:

—Los reyes de las naciones oprimen a sus súbditos, y los que ejercen autoridad sobre ellos se llaman a sí mismos benefactores. No sea así entre ustedes. Al contrario, el mayor debe comportarse como el menor, y el que manda como el que sirve. Porque, ¿quién es más importante, el que está a la mesa o el que sirve? ¿No lo es el que está sentado a la mesa? Sin embargo, yo estoy entre ustedes como uno que sirve. Ahora bien, ustedes son los que han estado siempre a mi lado en mis pruebas. Por eso, yo mismo les concedo un reino, así como mi Padre me lo concedió a mí, para que coman y beban a mi mesa en mi reino, y se sienten en tronos para juzgar a las doce tribus de Israel. Lucas 22.7–30

Por supuesto, los creyentes también pueden honrar el sacrificio de Jesús cada día mediante la forma en que deciden vivir. Nadie enfatizó esto de manera más continua que el apóstol Pablo. Mientras se encontraba bajo arresto domiciliario en Roma, Pablo les escribió a los cristianos de la ciudad de Colosas. Los animaba a despojarse de su antigua y egoísta manera de vivir, así como a comprometerse a vivir sus nuevas vidas solamente con el propósito de adorar y servir a Dios. Las instrucciones de Pablo no estaban dirigidas a adoradores individuales, sino a la comunidad de adoradores como un todo.

Ya que han resucitado con Cristo, busquen las cosas de arriba, donde está Cristo sentado a la derecha de Dios. Concentren su atención en las cosas de arriba, no en las de la tierra, pues ustedes han muerto y su vida está escondida con Cristo en Dios. Cuando Cristo, que es la vida de ustedes, se manifieste, entonces también ustedes serán manifestados con él en gloria.

Por tanto, hagan morir todo lo que es propio de la naturaleza terrenal: inmoralidad sexual, impureza, bajas pasiones, malos deseos y avaricia, la cual es idolatría. Por estas cosas viene el castigo de Dios. Ustedes las practicaron en otro tiempo, cuando vivían en ellas. Pero ahora abandonen también todo esto: enojo, ira, malicia, calumnia y lenguaje obsceno. Dejen de mentirse unos a otros, ahora que se han quitado el ropaje de la vieja naturaleza con sus vicios, y se han puesto el de la nueva naturaleza, que se va renovando en conocimiento a imagen de su Creador. En esta nueva naturaleza no hay griego ni judío, circunciso ni incircunciso, culto ni inculto, esclavo ni libre, sino que Cristo es todo y está en todos.

Por lo tanto, como escogidos de Dios, santos y amados, revístanse de afecto entrañable y de bondad, humildad, amabilidad y paciencia, de modo que se toleren unos a otros y se perdonen si alguno tiene queja contra otro. Así como el Señor los perdonó, perdonen también ustedes. Por encima de todo, vístanse de amor, que es el vínculo perfecto.

Que gobierne en sus corazones la paz de Cristo, a la cual fueron llamados en un solo cuerpo. Y sean agradecidos. Que habite en ustedes la palabra de Cristo con toda su riqueza: instrúyanse y aconséjense unos a otros con toda sabiduría; canten salmos, himnos y canciones espirituales a Dios, con gratitud de corazón. Y todo lo que hagan, de palabra o de obra, háganlo en el nombre del Señor Jesús, dando gracias a Dios el Padre por medio de él.

COLOSENSES 3.1–17

De acuerdo al apóstol Pablo, ¿cuál fue un aspecto importante de la adoración en el Nuevo Testamento? ¿Qué actitudes y acciones conforman una adoración apropiada?

LO QUE CREEMOS

A través de las Escrituras, a los creyentes en Dios se les instruye a adorar al Señor. No se nos llama a simplemente cumplir con las formalidades, sino en cambio se nos anima a adorar a Dios de una manera auténtica con nuestro mismo corazón, sin importar cuán quebrantado pueda estar. Aunque la adoración a Dios por quién es él y lo que ha hecho por nosotros puede ser una práctica privada y personal, también podemos disfrutar de la libertad de compartir nuestra adoración al único Dios verdadero con el resto del mundo. Finalmente, la práctica de la adoración debe además ser llevada a cabo en comunidad con otros. Esto agrada a Dios y nos alienta. Podemos adorar a Dios con nuestro corazón a través de cada aliento, expresión, pensamiento y actividad de nuestra vida. Hacer esto con seguridad nos acercará cada vez más al Dios del universo, grandioso y lleno de gracia. Así que: «Vengan, cantemos con júbilo al Señor; aclamemos a la roca de nuestra salvación. Lleguemos ante él con acción de gracias, aclamémoslo con cánticos» (Salmos 95.1–2).

CAPÍTULO

12

Oración

PREGUNTA CLAVE

¿Cómo crezco al comunicarme con Dios?

IDEA CLAVE

Oro a Dios para conocerlo, encontrar dirección para mi vida y exponer mis peticiones delante de él.

VERSÍCULO CLAVE

Si en mi corazón hubiera yo abrigado maldad, el Señor no me habría escuchado; pero Dios sí me ha escuchado, ha atendido a la voz de mi plegaria. ¡Bendito sea Dios, que no rechazó mi plegaria ni me negó su amor!
—*Salmos 66.18–20*

Las creencias clave de la vida cristiana que estudiamos en los primeros diez capítulos enfatizan que el único Dios verdadero es un Dios personal que desea tener una relación real con nosotros. Él proveyó el único camino para esta relación a través del sacrificio de su Hijo, Jesucristo. Cuando aceptamos y recibimos el perdón de Cristo, nos convertimos en hijos de Dios y tenemos acceso a él. Dios no es un ser cósmico distante, sino un Padre bueno que desea comunicarse con sus hijos. La oración es la práctica espiritual por medio de la cual aceptamos la oferta de Dios de mantener «la puerta abierta». La oración es una conversación entre Dios y su pueblo. ¡Qué privilegio tan sorprendente!

En este capítulo encontraremos ejemplos de aquellos que modelaron una vida de oración vibrante, así como también información sobre cómo hacer uso de la oración para perfeccionar nuestra relación con Dios:

- *La vida de oración modelo.*
- *Una manera de conocer a Dios.*
- *Una manera de encontrar la dirección que necesitamos.*
- *Una manera de exponer nuestras peticiones ante Dios.*

Servimos a un Dios que no se siente amenazado por nuestras preguntas y dudas. No tenemos que revestirnos de una falsa personalidad para agradarle. Él nos permite ser honestos con respecto a nuestros temores, sentimientos de soledad y decepciones. Cuando repasamos nuestra historia ante él, vemos su participación para bien en nuestras vidas.

> Vengan ustedes, temerosos de Dios,
>   escuchen, que voy a contarles
>   todo lo que él ha hecho por mí.
> Clamé a él con mi boca;
>   lo alabé con mi lengua.
> Si en mi corazón hubiera yo abrigado maldad,
>   el SEÑOR no me habría escuchado;
> pero Dios sí me ha escuchado,
>   ha atendido a la voz de mi plegaria.

> **¡Bendito sea Dios,**
> **que no rechazó mi plegaria**
> **ni me negó su amor!** SALMOS 66.16–20

LA VIDA DE ORACIÓN MODELO

Las Escrituras contienen muchos ejemplos de hombres y mujeres que demostraron una saludable vida de oración, pero no existe un modelo más perfecto que Jesús. Pasar tiempo en oración con el Padre le daba la fuerza y la guía necesarias para cumplir su propósito al venir a la tierra. Jesús buscaba sistemáticamente la dirección y el apoyo de su Padre, como vemos en dos ocasiones al comienzo de su ministerio.

Nota cómo Jesús oró antes y después de cada suceso importante de su vida. ¿Qué podemos aprender de este ejemplo de oración que Jesús demostró a lo largo de su vida terrenal?

Al atardecer, cuando ya se ponía el sol, la gente le llevó a Jesús todos los enfermos y endemoniados, de manera que la población entera se estaba congregando a la puerta. Jesús sanó a muchos que padecían de diversas enfermedades. También expulsó a muchos demonios, pero no los dejaba hablar porque sabían quién era él. **Muy de madrugada, cuando todavía estaba oscuro, Jesús se levantó, salió de la casa y se fue a un lugar solitario, donde se puso a orar.** MARCOS 1.32–35

Y también...

Se fue Jesús a la montaña a orar, y pasó toda la noche en oración a Dios. Al llegar la mañana, llamó a sus discípulos y escogió a doce de ellos, a los que nombró apóstoles: Simón (a quien llamó Pedro), su hermano Andrés, Jacobo, Juan, Felipe, Bartolomé, Mateo, Tomás, Jacobo hijo de Alfeo, Simón, al que llamaban el Zelote, Judas hijo de Jacobo, y Judas Iscariote, que llegó a ser el traidor. LUCAS 6.12–16

Un poco después de escoger a sus discípulos, Jesús recibió la noticia de que Herodes había decapitado cruelmente a su primo, Juan el Bautista. Al oír las noticias y para evitar la amenaza de

Herodes, Jesús se subió a una barca con sus discípulos a fin de marcharse a un lugar solitario. Sin embargo, una multitud de miles de seguidores se adelantó al grupo y se encontraron cuando llegaron a la otra orilla. A pesar de la interrupción de su plan, Jesús tuvo compasión de la gente y le enseñó acerca del reino de Dios. Al final del día, cuando las personas tuvieron hambre, los discípulos intentaron despedirlas. Jesús los detuvo y de forma milagrosa convirtió cinco panes y dos peces en una comida que alimentó a cinco mil personas. Inmediatamente después de la pérdida emocional de Juan y un largo día de ministerio, Jesús se retiró a un lugar apartado para pasar tiempo con el Padre.

[Jesús] les mandó que hicieran que la gente se sentara por grupos sobre la hierba verde. Así que ellos se acomodaron en grupos de cien y de cincuenta. Jesús tomó los cinco panes y los dos pescados y, mirando al cielo, los bendijo. Luego partió los panes y se los dio a los discípulos para que se los repartieran a la gente. También repartió los dos pescados entre todos. Comieron todos hasta quedar satisfechos, y los discípulos recogieron doce canastas llenas de pedazos de pan y de pescado. Los que comieron fueron cinco mil. **En seguida Jesús hizo que sus discípulos subieran a la barca y se le adelantaran al otro lado, a Betsaida, mientras él despedía a la multitud. Cuando se despidió, fue a la montaña para orar.**4

MARCOS 6.39–46

La oración nunca dejó de ser parte de la vida de Jesús. Cuando Jesús se acercaba al final de su ministerio, sabía que terminaría en una cruz, lo que típicamente significaba una muerte lenta y en extremo dolorosa. Sabedor de lo que tendría que soportar, Jesús le rogó a Dios por una manera de evitar la tortura, aunque permaneció sin moverse ni un centímetro en lo que respecta a su decisión de llevar a cabo la voluntad de su Padre.

Fue Jesús con sus discípulos a un lugar llamado Getsemaní, y les dijo: «Siéntense aquí mientras voy más allá a orar.» Se llevó a Pedro y a los dos hijos de Zebedeo, y comenzó a sentirse triste y angustiado. «Es tal la angustia que me invade, que me siento morir —les dijo—. Quédense aquí y manténganse despiertos conmigo.» **Yendo un poco más allá, se postró sobre su rostro y oró: «Padre mío, si es posible, no me hagas beber este trago amargo. Pero no sea lo que yo quiero, sino lo que quieres tú.»**

Luego volvió adonde estaban sus discípulos y los encontró dormidos. «¿No pudieron mantenerse despiertos conmigo ni una hora? —le dijo a Pedro—. Estén alerta y oren para que no caigan en tentación. El espíritu está dispuesto, pero el cuerpo es débil.»

Por segunda vez se retiró y oró: «Padre mío, si no es posible evitar que yo beba este trago amargo, hágase tu voluntad.»

Cuando volvió, otra vez los encontró dormidos, porque se les cerraban los ojos de sueño. **Así que los dejó y se retiró a orar por tercera vez, diciendo lo mismo.**

Volvió de nuevo a los discípulos y les dijo: «¿Siguen durmiendo y descansando? Miren, se acerca la hora, y el Hijo del hombre va a ser entregado en manos de pecadores. ¡Levántense! ¡Vámonos! ¡Ahí viene el que me traiciona!»   MATEO 26.36–46

UNA MANERA DE CONOCER A DIOS

Como Jesús mostró, la oración es la mejor manera de acercarse a Dios. Los autores de los salmos parecían comprender esto. Las oraciones en este libro revelan que las personas en los tiempos de la Biblia eran muy parecidas a las personas de la actualidad: sentían esperanza, temor, gozo y dolor. Lo más destacable es que estos escritores expusieron ante el poderoso Dios del universo lo que había en su corazón. Creían que Dios quería saber lo que estaban experimentando y sintiendo. Ese mismo Dios anhela oír también de nosotros hoy.

¿A Dios elevo mi voz suplicante;
    a Dios elevo mi voz para que me escuche.
Cuando estoy angustiado, recurro al SEÑOR;
    sin cesar elevo mis manos por las noches,
    pero me niego a recibir consuelo.
Me acuerdo de Dios, y me lamento;
    medito en él, y desfallezco.

No me dejas conciliar el sueño;
    tan turbado estoy que ni hablar puedo.
Me pongo a pensar en los tiempos de antaño;
    de los años ya idos me acuerdo.
Mi corazón reflexiona por las noches;
    mi espíritu medita e inquiere:
«¿Nos rechazará el SEÑOR para siempre?

¿No volverá a mostrarnos su buena voluntad?
¿Se habrá agotado su gran amor eterno,
   y sus promesas por todas las generaciones?
¿Se habrá olvidado Dios de sus bondades,
   y en su enojo ya no quiere tenernos compasión?»

Y me pongo a pensar: «Esto es lo que me duele:
   que haya cambiado la diestra del Altísimo.»
Prefiero recordar las hazañas del Señor,
   traer a la memoria sus milagros de antaño.
Meditaré en todas tus proezas;
   evocaré tus obras poderosas.

Santos, oh Dios, son tus caminos;
   ¿qué dios hay tan excelso como nuestro Dios?
Tú eres el Dios que realiza maravillas;
   el que despliega su poder entre los pueblos.
Con tu brazo poderoso redimiste a tu pueblo,
   a los descendientes de Jacob y de José.

Las aguas te vieron, oh Dios,
   las aguas te vieron y se agitaron;
   el propio abismo se estremeció con violencia.
Derramaron su lluvia las nubes;
   retumbaron con estruendo los cielos;
   rasgaron el espacio tus centellas.
Tu estruendo retumbó en el torbellino
   y tus relámpagos iluminaron el mundo;
   la tierra se estremeció con temblores.
Te abriste camino en el mar;
   te hiciste paso entre las muchas aguas,
   y no se hallaron tus huellas.
Por medio de Moisés y de Aarón
   guiaste como un rebaño a tu pueblo.   Salmos 77.1–20

*Es posible que Salomón estuviera familiarizado con la lírica del
salmista que termina con «guiaste como un rebaño a tu pueblo».
La imagen de un rebaño de ovejas que conoce la voz del pastor
es un tema que se repite en las Escrituras. Quizás es por eso que
Salomón escribe en el siguiente pasaje que debemos enfocarnos*

en la oración con la prioridad de escuchar. Como un pastor, Dios se muestra accesible, pero no debemos aproximarnos a él con palabras vanas, oraciones repetitivas o promesas hechas a la ligera. La oración es una conversación íntima con Dios y debe ser tratada como tal.

Cuando vayas a la casa de Dios, cuida tus pasos y acércate a escuchar en vez de ofrecer sacrificio de necios, que ni conciencia tienen de que hacen mal.

No te apresures,
  ni con la boca ni con la mente,
a proferir ante Dios palabra alguna;
  él está en el cielo y tú estás en la tierra.
Mide, pues, tus palabras.
Quien mucho se preocupa tiene pesadillas,
  y quien mucho habla dice tonterías.   ECLESIASTÉS 5.1–3

¿Qué podemos aprender acerca de la oración por medio
del salmista y Salomón?

UNA MANERA DE ENCONTRAR LA DIRECCIÓN QUE NECESITAMOS

Como la aguja en una brújula, la oración nos ayuda a navegar por los obstáculos más difíciles de la vida. Los héroes de la fe desde el principio hasta el final de la Biblia usaron la oración para decidir sus acciones. A menudo, las orientaciones que recibieron parecían un tanto extrañas. Por ejemplo, Gedeón, que de ningún modo era valiente, recibió la instrucción de guiar a los israelitas en la batalla contra un ejército que los sobrepasaba mucho en número. Las claras instrucciones de Dios le permitieron conseguir la victoria. No obstante, antes de obedecer, Gedeón le pidió a Dios que le proporcionara claridad en cuanto a esta tarea tan abrumadora. Esa es una buena práctica para todos nosotros hoy. Cuando le llevamos nuestras preocupaciones y preguntas a Dios, él nos da la claridad que necesitamos.

Los israelitas hicieron lo que ofende al SEÑOR, y él los entregó en manos de los madianitas durante siete años. Era tal la tiranía de los madianitas que los israelitas se hicieron escondites en las montañas y en las cuevas, y en otros lugares donde pudieran defenderse. Siempre que los israelitas sembraban, los madianitas, amalecitas y otros pueblos del oriente venían y los atacaban. Acampaban y arruinaban las cosechas por todo el territorio, hasta la región de Gaza. No dejaban en Israel nada con vida: ni ovejas, ni bueyes ni asnos. Llegaban con su ganado y con sus carpas como plaga de langostas. Tanto ellos como sus camellos eran incontables, e invadían el país para devastarlo. Era tal la miseria de los israelitas por causa de los madianitas, que clamaron al Señor pidiendo ayuda.

Cuando los israelitas clamaron al Señor a causa de los madianitas, el Señor les envió un profeta que dijo: «Así dice el Señor, Dios de Israel: "Yo los saqué de Egipto, tierra de esclavitud, y los libré de su poder. También los libré del poder de todos sus opresores, a quienes expulsé de la presencia de ustedes para entregarles su tierra." Les dije: "Yo soy el Señor su Dios; no adoren a los dioses de los amorreos, en cuya tierra viven." Pero ustedes no me obedecieron.»

El ángel del Señor vino y se sentó bajo la encina que estaba en Ofra, la cual pertenecía a Joás, del clan de Abiezer. Su hijo Gedeón estaba trillando trigo en un lagar, para protegerlo de los madianitas. Cuando el ángel del Señor se le apareció a Gedeón, le dijo:

—¡El Señor está contigo, guerrero valiente!

—Pero, señor —replicó Gedeón—, si el Señor está con nosotros, ¿cómo es que nos sucede todo esto? ¿Dónde están todas las maravillas que nos contaban nuestros padres, cuando decían: "¡El Señor nos sacó de Egipto!"? ¡La verdad es que el Señor nos ha desamparado y nos ha entregado en manos de Madián!

El Señor lo encaró y le dijo:

—Ve con la fuerza que tienes, y salvarás a Israel del poder de Madián. Yo soy quien te envía.

—Pero, Señor —objetó Gedeón—, ¿cómo voy a salvar a Israel? Mi clan es el más débil de la tribu de Manasés, y yo soy el más insignificante de mi familia.

El Señor respondió:

—Tú derrotarás a los madianitas como si fueran un solo hombre, porque yo estaré contigo.

—Si me he ganado tu favor, dame una señal de que en realidad eres tú quien habla conmigo —respondió Gedeón—. Te ruego que no te vayas hasta que yo vuelva y traiga mi ofrenda y la ponga ante ti.

—Esperaré hasta que vuelvas —le dijo el Señor.

Gedeón se fue a preparar un cabrito; además, con una medida de harina hizo panes sin levadura. Luego puso la carne en una canasta y el caldo en una olla, y los llevó y se los ofreció al ángel bajo la encina.

El ángel de Dios le dijo:

—Toma la carne y el pan sin levadura, y ponlos sobre esta roca; y derrama el caldo.

Y así lo hizo Gedeón. Entonces, con la punta del bastón que llevaba en la mano, el ángel del SEÑOR tocó la carne y el pan sin levadura, ¡y de la roca salió fuego, que consumió la carne y el pan! Luego el ángel del SEÑOR desapareció de su vista. Cuando Gedeón se dio cuenta de que se trataba del ángel del SEÑOR, exclamó:

—¡Ay de mí, SEÑOR y Dios! ¡He visto al ángel del SEÑOR cara a cara!

Pero el SEÑOR le dijo:

—¡Quédate tranquilo! No temas. No vas a morir.

Entonces Gedeón construyó allí un altar al SEÑOR, y lo llamó «El SEÑOR es la paz», el cual hasta el día de hoy se encuentra en Ofra de Abiezer.

Aquella misma noche el SEÑOR le dijo: «Toma un toro del rebaño de tu padre; el segundo, el que tiene siete años. Derriba el altar que tu padre ha dedicado a Baal, y el poste con la imagen de la diosa Aserá que está junto a él. Luego, sobre la cima de este lugar de refugio, construye un altar apropiado para el SEÑOR tu Dios. Toma entonces la leña del poste de Aserá que cortaste, y ofrece el segundo toro como un holocausto.»

Gedeón llevó a diez de sus siervos e hizo lo que el SEÑOR le había ordenado. Pero en lugar de hacerlo de día lo hizo de noche, pues tenía miedo de su familia y de los hombres de la ciudad.

Cuando los hombres de la ciudad se levantaron por la mañana, vieron que el altar de Baal estaba destruido, que el poste con la imagen de la diosa Aserá estaba cortado, y que el segundo toro había sido sacrificado sobre el altar recién construido.

Entonces se preguntaban el uno al otro: «¿Quién habrá hecho esto?» Luego de investigar cuidadosamente, llegaron a la conclusión: «Gedeón hijo de Joás lo hizo.» Entonces los hombres de la ciudad le exigieron a Joás:

—Saca a tu hijo, pues debe morir, porque destruyó el altar de Baal y derribó la imagen de Aserá que estaba junto a él.

Pero Joás le respondió a todos los que lo amenazaban:

—¿Acaso van ustedes a defender a Baal? ¿Creen que lo van a salvar? ¡Cualquiera que defienda a Baal, que muera antes del amanecer!

Si de veras Baal es un dios, debe poder defenderse de quien destruya su altar.

Por eso aquel día llamaron a Gedeón «Yerubaal», diciendo: «Que Baal se defienda contra él», porque él destruyó su altar.

Todos los madianitas y amalecitas, y otros pueblos del oriente, se aliaron y cruzaron el Jordán, acampando en el valle de Jezrel. Entonces Gedeón, poseído por el Espíritu del SEÑOR, tocó la trompeta, y todos los del clan de Abiezer fueron convocados a seguirlo. Envió mensajeros a toda la tribu de Manasés, convocándolos para que lo siguieran, y además los envió a Aser, Zabulón y Neftalí, de modo que también éstos se le unieron.

Gedeón le dijo a Dios: «Si has de salvar a Israel por mi conducto, como has prometido, mira, tenderé un vellón de lana en la era, sobre el suelo. Si el rocío cae sólo sobre el vellón y todo el suelo alrededor queda seco, entonces sabré que salvarás a Israel por mi conducto, como prometiste.»

Y así sucedió. Al día siguiente Gedeón se levantó temprano, exprimió el vellón para sacarle el rocío, y llenó una taza de agua. Entonces Gedeón le dijo a Dios: «No te enojes conmigo. Déjame hacer sólo una petición más. Permíteme hacer una prueba más con el vellón. Esta vez haz que sólo el vellón quede seco, y que todo el suelo quede cubierto de rocío.»

Así lo hizo Dios aquella noche. Sólo el vellón quedó seco, mientras que todo el suelo estaba cubierto de rocío.

Yerubaal —es decir, Gedeón— y todos sus hombres se levantaron de madrugada y acamparon en el manantial de Jarod. El campamento de los madianitas estaba al norte de ellos, en el valle que está al pie del monte de Moré. El SEÑOR le dijo a Gedeón: «Tienes demasiada gente para que yo entregue a Madián en sus manos. A fin de que Israel no vaya a jactarse contra mí y diga que su propia fortaleza lo ha librado, anúnciale ahora al pueblo: "¡Cualquiera que esté temblando de miedo, que se vuelva y se retire del monte de Galaad!"» Así que se volvieron veintidós mil hombres, y se quedaron diez mil.

Pero el SEÑOR le dijo a Gedeón: «Todavía hay demasiada gente. Hazlos bajar al agua, y allí los seleccionaré por ti. Si digo: "Éste irá contigo", ése irá; pero si digo: "Éste no irá contigo", ése no irá.»

Gedeón hizo que los hombres bajaran al agua. Allí el SEÑOR le dijo: «A los que laman el agua con la lengua, como los perros, sepáralos de los que se arrodillen a beber.»

Trescientos hombres lamieron el agua llevándola de la mano a la boca. Todos los demás se arrodillaron para beber. El Señor le dijo a Gedeón: «Con los trescientos hombres que lamieron el agua, yo los salvaré; y entregaré a los madianitas en tus manos. El resto, que se vaya a su casa.»

Entonces Gedeón mandó a los demás israelitas a sus carpas, pero retuvo a los trescientos, los cuales se hicieron cargo de las provisiones y de las trompetas de los otros.

El campamento de Madián estaba situado en el valle, más abajo del de Gedeón. Aquella noche el Señor le dijo a Gedeón: «Levántate y baja al campamento, porque voy a entregar en tus manos a los madianitas. Si temes atacar, baja primero al campamento, con tu criado Furá, y escucha lo que digan. Después de eso cobrarás valor para atacar el campamento.»

Así que él y Furá, su criado, bajaron hasta los puestos de los centinelas, en las afueras del campamento. Los madianitas, los amalecitas y todos los otros pueblos del oriente que se habían establecido en el valle eran numerosos como langostas. Sus camellos eran incontables, como la arena a la orilla del mar.

Gedeón llegó precisamente en el momento en que un hombre le contaba su sueño a un amigo.

—Tuve un sueño —decía—, en el que un pan de cebada llegaba rodando al campamento madianita, y con tal fuerza golpeaba una carpa que ésta se volteaba y se venía abajo.

Su amigo le respondió:

—Esto no significa otra cosa que la espada del israelita Gedeón hijo de Joás. ¡Dios ha entregado en sus manos a los madianitas y a todo el campamento!

Cuando Gedeón oyó el relato del sueño y su interpretación, se inclinó y adoró. Luego volvió al campamento de Israel y ordenó: «¡Levántense! El Señor ha entregado en manos de ustedes el campamento madianita.»

Gedeón dividió a los trescientos hombres en tres compañías y distribuyó entre todos ellos trompetas y cántaros vacíos, con antorchas dentro de los cántaros. «Mírenme —les dijo—. Sigan mi ejemplo. Cuando llegue a las afueras del campamento, hagan exactamente lo mismo que me vean hacer. Cuando yo y todos los que están conmigo toquemos nuestras trompetas, ustedes también toquen las suyas alrededor del campamento, y digan: "Por el Señor y por Gedeón." »

Gedeón y los cien hombres que iban con él llegaron a las afueras del campamento durante el cambio de guardia, cuando estaba por comenzar el relevo de medianoche. Tocaron las trompetas y estrellaron contra el suelo los cántaros que llevaban en sus manos. Las tres compañías tocaron las trompetas e hicieron pedazos los cántaros. Tomaron las antorchas en la mano izquierda y, sosteniendo en la mano derecha las trompetas que iban a tocar, gritaron: «¡Desenvainen sus espadas, por el Señor y por Gedeón!» Como cada hombre se mantuvo en su puesto alrededor del campamento, todos los madianitas salieron corriendo y dando alaridos mientras huían.

Al sonar las trescientas trompetas, el Señor hizo que los hombres de todo el campamento se atacaran entre sí con sus espadas.

Jueces 6.1—7.22

¿Qué nos enseñan las interacciones de Gedeón con el Señor
acerca del carácter de Dios?

Al igual que Gedeón, David, el pastor que se convirtió en rey, experimentó la guía de Dios a lo largo de su vida. Salmos 25 capta la pasión de David por su Padre Dios. Observemos cómo David intentó conocer a Dios personalmente exponiendo con honestidad sus peticiones y buscando su dirección.

A ti, Señor, elevo mi alma;
　　mi Dios, en ti confío;
no permitas que sea yo humillado,
　　no dejes que mis enemigos se burlen de mí.
Quien en ti pone su esperanza
　　jamás será avergonzado;
pero quedarán en vergüenza
　　los que traicionan sin razón.
Señor, hazme conocer tus caminos;
　　muéstrame tus sendas.
Encamíname en tu verdad, ¡enséñame!
Tú eres mi Dios y Salvador;
　　¡en ti pongo mi esperanza todo el día!
Acuérdate, Señor, de tu ternura y gran amor,
　　que siempre me has mostrado;
olvida los pecados y transgresiones

que cometí en mi juventud.
Acuérdate de mí según tu gran amor,
    porque tú, Señor, eres bueno.
Bueno y justo es el Señor;
    por eso les muestra a los pecadores el camino.
Él dirige en la justicia a los humildes,
    y les enseña su camino.
Todas las sendas del Señor son amor y verdad
    para quienes cumplen los preceptos de su pacto.
Por amor a tu nombre, Señor,
    perdona mi gran iniquidad.
¿Quién es el hombre que teme al Señor?
    Será instruido en el mejor de los caminos.
Tendrá una vida placentera,
    y sus descendientes heredarán la tierra.
El Señor brinda su amistad a quienes le honran,
    y les da a conocer su pacto.
Mis ojos están puestos siempre en el Señor,
    pues sólo él puede sacarme de la trampa.   Salmos 25.1–15

Una manera de exponer nuestras peticiones ante Dios

Como somos la creación más valiosa para Dios, él quiere conocer los deseos de nuestro corazón. Las Escrituras nos animan a poner sin ninguna duda nuestras peticiones delante de él. La Biblia incluye muchas historias en las que el pueblo de Dios le expresa sus necesidades, anhelos y deseos. Por ejemplo, después que Dios decretara la orden de destruir las ciudades llenas de pecado de Sodoma y Gomorra, donde vivían el sobrino de Abraham, Lot, y su familia, Abraham comenzó una conversación con el Señor que muestra la libertad que tenemos de hablar sinceramente con él.

El Señor le dijo a Abraham:

—El clamor contra Sodoma y Gomorra resulta ya insoportable, y su pecado es gravísimo. Por eso bajaré, a ver si realmente sus acciones son tan malas como el clamor contra ellas me lo indica; y si no, he de saberlo.

Dos de los visitantes partieron de allí y se encaminaron a Sodoma, pero Abraham se quedó de pie frente al Señor. Entonces se acercó al Señor y le dijo:

—¿De veras vas a exterminar al justo junto con el malvado? Quizá haya cincuenta justos en la ciudad. ¿Exterminarás a todos, y no perdonarás a ese lugar por amor a los cincuenta justos que allí hay? ¡Lejos de ti el hacer tal cosa! ¿Matar al justo junto con el malvado, y que ambos sean tratados de la misma manera? ¡Jamás hagas tal cosa! Tú, que eres el Juez de toda la tierra, ¿no harás justicia?

El Señor le respondió:

—Si encuentro cincuenta justos en Sodoma, por ellos perdonaré a toda la ciudad.

Abraham le dijo:

—Reconozco que he sido muy atrevido al dirigirme a mi Señor, yo, que apenas soy polvo y ceniza. Pero tal vez falten cinco justos para completar los cincuenta. ¿Destruirás a toda la ciudad si faltan esos cinco?

—Si encuentro cuarenta y cinco justos no la destruiré —contestó el Señor.

Pero Abraham insistió:

—Tal vez se encuentren sólo cuarenta.

—Por esos cuarenta justos, no destruiré la ciudad —respondió el Señor.

Abraham volvió a insistir:

—No se enoje mi Señor, pero permítame seguir hablando. Tal vez se encuentren sólo treinta.

—No lo haré si encuentro allí a esos treinta —contestó el Señor.

Abraham siguió insistiendo:

—Sé que he sido muy atrevido en hablarle así a mi Señor, pero tal vez se encuentren sólo veinte.

—Por esos veinte no la destruiré.

Abraham volvió a decir:

—No se enoje mi Señor, pero permítame hablar una vez más. Tal vez se encuentren sólo diez...

—Aun por esos diez no la destruiré —respondió el Señor por última vez.

Cuando el Señor terminó de hablar con Abraham, se fue de allí, y Abraham regresó a su carpa. Génesis 18.20–33

El rey Ezequías es otro de los líderes de los tiempos antiguos que tuvo la valentía para hablar sinceramente ante el Señor. Ezequías fue uno de los pocos reyes buenos de Israel durante la era del reino dividido. Expuso una petición personal ante Dios, y él le respondió con un poderoso «sí».

Por aquellos días Ezequías se enfermó gravemente y estuvo a punto de morir. El profeta Isaías hijo de Amoz fue a verlo y le dijo: «Así dice el Señor: "Pon tu casa en orden, porque vas a morir; no te recuperarás."»

Ezequías volvió el rostro hacia la pared y le rogó al Señor: «Recuerda, Señor, que yo me he conducido delante de ti con lealtad y con un corazón íntegro, y que he hecho lo que te agrada.» Y Ezequías lloró amargamente.

No había salido Isaías del patio central, cuando le llegó la palabra del Señor: «Regresa y dile a Ezequías, gobernante de mi pueblo, que así dice el Señor, Dios de su antepasado David: "He escuchado tu oración y he visto tus lágrimas. Voy a sanarte, y en tres días podrás subir al templo del Señor. Voy a darte quince años más de vida. Y a ti y a esta ciudad los libraré de caer en manos del rey de Asiria. Yo defenderé esta ciudad por mi causa y por consideración a David mi siervo."»

Entonces Isaías dijo: «Preparen una pasta de higos.» Así lo hicieron; luego se la aplicaron al rey en la llaga, y se recuperó.

Ezequías le había preguntado al profeta:

—¿Qué señal recibiré de que el Señor me sanará, y de que en tres días podré subir a su templo?

Isaías le contestó:

—Ésta es la señal que te dará el Señor para confirmar lo que te ha prometido: la sombra ha avanzado diez gradas; ¿podrá retroceder diez?

—Es fácil que la sombra se alargue diez gradas —replicó Ezequías—, pero no que vuelva atrás.

Entonces el profeta Isaías invocó al Señor, y el Señor hizo que la sombra retrocediera diez gradas en la escala de Acaz.

2 Reyes 20.1–11

Y nuestro modelo de oración supremo, Jesús, usando ilustraciones tangibles, animó a sus seguidores a ser valientes en sus oraciones.

En el pasaje de Lucas 11, ¿cuáles son los puntos principales de la enseñanza de Jesús sobre la oración?

Un día estaba Jesús orando en cierto lugar. Cuando terminó, le dijo uno de sus discípulos:

—Señor, enséñanos a orar, así como Juan enseñó a sus discípulos.
Él les dijo:
—Cuando oren, digan:

»"Padre,
santificado sea tu nombre.
Venga tu reino.
Danos cada día nuestro pan cotidiano.
Perdónanos nuestros pecados,
porque también nosotros perdonamos a todos los que nos
ofenden.
Y no nos metas en tentación."

»Supongamos —continuó— que uno de ustedes tiene un amigo,
y a medianoche va y le dice: "Amigo, préstame tres panes, pues se
me ha presentado un amigo recién llegado de viaje, y no tengo nada
que ofrecerle." Y el que está adentro le contesta: "No me molestes. Ya
está cerrada la puerta, y mis hijos y yo estamos acostados. No puedo
levantarme a darte nada." Les digo que, aunque no se levante a darle
pan por ser amigo suyo, sí se levantará por su impertinencia y le dará
cuanto necesite.

»Así que yo les digo: Pidan, y se les dará; busquen, y encontrarán;
llamen, y se les abrirá la puerta. Porque todo el que pide, recibe; el
que busca, encuentra; y al que llama, se le abre.

»¿Quién de ustedes que sea padre, si su hijo le pide un pescado,
le dará en cambio una serpiente? ¿O si le pide un huevo, le dará un
escorpión? Pues si ustedes, aun siendo malos, saben dar cosas buenas a sus hijos, ¡cuánto más el Padre celestial dará el Espíritu Santo a
quienes se lo pidan!   LUCAS 11.1–13 ⚿

El resultado de exponer nuestras peticiones ante Dios es la paz.
El apóstol Pablo experimentó esto de primera mano. Él soportó
dificultades increíbles, incluso la persecución religiosa, encarcela-
mientos injustos y un catastrófico naufragio. A su vez, les escribió
cartas (las Epístolas de Gálatas, Efesios, Filipenses, Colosenses,
etc.) a las iglesias que comenzó por todo el Mediterráneo, ani-
mando a las personas a hacer algo que evidentemente él mismo
modeló: a pesar de las circunstancias, a encontrar paz en Dios
mediante la oración.

No se inquieten por nada; más bien, en toda ocasión, con oración y ruego, presenten sus peticiones a Dios y denle gracias. Y la paz de Dios, que sobrepasa todo entendimiento, cuidará sus corazones y sus pensamientos en Cristo Jesús.

Por último, hermanos, consideren bien todo lo verdadero, todo lo respetable, todo lo justo, todo lo puro, todo lo amable, todo lo digno de admiración, en fin, todo lo que sea excelente o merezca elogio. Pongan en práctica lo que de mí han aprendido, recibido y oído, y lo que han visto en mí, y el Dios de paz estará con ustedes.

FILIPENSES 4.6–9

¿Cómo te alientan las palabras de Pablo acerca de la oración?
¿Cómo te desafían?

LO QUE CREEMOS

¡La oración no es solo una práctica, constituye un privilegio! Tener acceso directo en cualquier momento del día al único Dios verdadero prueba que él es un Dios personal que quiere tener una relación con nosotros. Cada vez que oramos, afirmamos nuestra identidad como hijos de Dios. Y Dios no solo nos da el derecho de venir ante él, sino que también desea que lo hagamos. Jesús modeló la vida de oración durante su estadía en la tierra. Orar (hablar, escuchar y descansar en la presencia de Dios) es una manera efectiva de conocerlo mejor y encontrar dirección para nuestra vida. ¿Por qué llevar las cargas de la vida solos cuando Dios nos invita a dejarlas ante él? Y cuando hacemos eso, encontramos una paz que «sobrepasa» todo entendimiento.

CAPÍTULO

13

Estudio bíblico

PREGUNTA CLAVE

¿Cómo estudio la Palabra de Dios?

IDEA CLAVE

Estudio la Biblia a fin de conocer a Dios y su verdad y encontrar dirección para mi vida cotidiana.

VERSÍCULO CLAVE

Ciertamente, la palabra de Dios es viva y poderosa, y más cortante que cualquier espada de dos filos. Penetra hasta lo más profundo del alma y del espíritu, hasta la médula de los huesos, y juzga los pensamientos y las intenciones del corazón.

—Hebreos 4.12

La idea clave enfatizada en el Capítulo 4 —que la Biblia es la Palabra de Dios y tiene derecho a dictar mi creencia y conducta— constituye una creencia clave para todo cristiano. A lo largo de muchos años, Dios supervisó el proceso de entregarnos su Palabra, su revelación. Es a través de la Biblia que aprendemos cómo pensar, actuar y ser como Jesús. Las historias y palabras antiguas están «vivas y activas», y son plenamente capaces de guiarnos por el camino correcto. Sin embargo, como a un mapa fidedigno, debemos ser diligentes en lo que respecta a estudiarla para que resulte efectiva. Hacer del estudio bíblico una práctica clave puede ayudarnos a llegar a donde Dios quiere llevarnos.

En este capítulo leeremos sobre:

- Las primeras Escrituras.
- El mapa de ruta para vivir.
- Ayudas para el entendimiento.
- Una vida transformada.

Cada uno de estos temas, apoyados con textos de la Biblia, es elaborado para inspirarnos y guiarnos a leer la Biblia de manera personal. ¡Así que lee con entusiasmo para que aprendas cómo la Palabra de Dios puede aplicarse a nuestra vida!

LAS PRIMERAS ESCRITURAS

Tanto judíos como cristianos tradicionalmente han considerado a Moisés como el autor de los primeros cinco libros del Antiguo Testamento. Hasta el tiempo de Moisés, las palabras de Dios y las historias de su pueblo se trasmitían oralmente de generación en generación. Incluso después de que Moisés escribiera estas primeras porciones de las Escrituras, la gente no tenía acceso a su propia copia completa. Antes de que Moisés muriera, el Señor lo guió a darle unos mensajes de despedida al pueblo, los cuales están escritos en Deuteronomio. A los padres se les atribuyó la responsabilidad de comunicar a sus hijos los principios y mandamientos de Dios. Moisés también hizo provisión para asegurar que todo el que viviera en Israel oyera con regularidad y fielmente la Palabra de Dios.

«Teme al Señor tu Dios, sírvele solamente a él, y jura sólo en su nombre. No sigas a esos dioses de los pueblos que te rodean, pues el Señor tu Dios está contigo y es un Dios celoso; no vaya a ser que su ira se encienda contra ti y te borre de la faz de la tierra.

»No pongas a prueba al Señor tu Dios, como lo hiciste en Masá. Cumple cuidadosamente los mandamientos del Señor tu Dios, y los mandatos y preceptos que te ha dado. Haz lo que es recto y bueno a los ojos del Señor, para que te vaya bien y tomes posesión de la buena tierra que el Señor les juró a tus antepasados. El Señor arrojará a todos los enemigos que encuentres en tu camino, tal como te lo prometió.

»En el futuro, cuando tu hijo te pregunte: "¿Qué significan los mandatos, preceptos y normas que el Señor nuestro Dios les mandó?", le responderás: "En Egipto nosotros éramos esclavos del faraón, pero el Señor nos sacó de allá con gran despliegue de fuerza. Ante nuestros propios ojos, el Señor realizó grandes señales y terribles prodigios en contra de Egipto, del faraón y de toda su familia. Y nos sacó de allá para conducirnos a la tierra que a nuestros antepasados había jurado que nos daría. El Señor nuestro Dios nos mandó temerle y obedecer estos preceptos, para que siempre nos vaya bien y sigamos con vida. Y así ha sido hasta hoy. Y si obedecemos fielmente todos estos mandamientos ante el Señor nuestro Dios, tal como nos lo ha ordenado, entonces seremos justos." Deuteronomio 6.13–25

Moisés escribió esta ley y se la entregó a los sacerdotes levitas que transportaban el arca del pacto del Señor, y a todos los ancianos de Israel. Luego les ordenó: **«Cada siete años, en el año de la cancelación de deudas, durante la fiesta de las Enramadas, cuando tú, Israel, te presentes ante el Señor tu Dios en el lugar que él habrá de elegir, leerás en voz alta esta ley en presencia de todo Israel. Reunirás a todos los hombres, mujeres y niños de tu pueblo, y a los extranjeros que vivan en tus ciudades, para que escuchen y aprendan a temer al Señor tu Dios, y obedezcan fielmente todas las palabras de esta ley. Y los descendientes de ellos, para quienes esta ley será desconocida, la oirán y aprenderán a temer al Señor tu Dios mientras vivan en el territorio que vas a poseer al otro lado del Jordán.»** Deuteronomio 31.9–13

Tras la muerte de Moisés, el manto del liderazgo pasó a Josué. Dios visitó a Josué para recordarle la importancia no solo de leer la Palabra de Dios, sino también de seguirla.

⚷ Después de la muerte de Moisés, siervo el Señor, Dios le dijo a Josué hijo de Nun, asistente de Moisés: «Mi siervo Moisés ha muerto. Por eso tú y todo este pueblo deberán prepararse para cruzar el río Jordán y entrar a la tierra que les daré a ustedes los israelitas. Tal como le prometí a Moisés, yo les entregaré a ustedes todo lugar que toquen sus pies. Su territorio se extenderá desde el desierto hasta el Líbano, y desde el gran río Éufrates, territorio de los hititas, hasta el mar Mediterráneo, que se encuentra al oeste. Durante todos los días de tu vida, nadie será capaz de enfrentarse a ti. Así como estuve con Moisés, también estaré contigo; no te dejaré ni te abandonaré.

»Sé fuerte y valiente, porque tú harás que este pueblo herede la tierra que les prometí a sus antepasados. Sólo te pido que tengas mucho valor y firmeza para obedecer toda la ley que mi siervo Moisés te mandó. No te apartes de ella para nada; sólo así tendrás éxito dondequiera que vayas. **Recita siempre el libro de la ley y medita en él de día y de noche; cumple con cuidado todo lo que en él está escrito. Así prosperarás y tendrás éxito.** Ya te lo he ordenado: ¡Sé fuerte y valiente! ¡No tengas miedo ni te desanimes! Porque el Señor tu Dios te acompañará dondequiera que vayas.»

Josué 1.1–9 ⚷

El valor de meditar en la Palabra de Dios no se perdió en el pueblo de Dios. En el año 586 a.c., Jerusalén fue destruida y el pueblo de Judá enviado al exilio en Babilonia. En el 537, los judíos comenzaron a regresar a casa. En el 444, la comunidad restaurada se reunió en Jerusalén para oír la proclamación de la Palabra de Dios. Un avivamiento surgió cuando el pueblo se sintió inundado de una gran emoción y resolución. Con un apetito insaciable por las Escrituras, descubrieron el deseo de Dios de que observaran la fiesta de los Tabernáculos. El gran gozo con el que el pueblo la celebró no se había visto desde los días de Josué, casi mil años atrás.

A continuación encontrarás pasajes tomados de Nehemías 7–9, un relato conmovedor del retorno de Israel a la Palabra de Dios.
A la luz de esto y tus propias experiencias, ¿cuáles son los beneficios de estudiar la Palabra de Dios en comunidad?

Al llegar el mes séptimo, los israelitas ya estaban establecidos en sus ciudades.

Entonces todo el pueblo, como un solo hombre, se reunió en la plaza que está frente a la puerta del Agua y le pidió al maestro Esdras traer el libro de la ley que el SEÑOR le había dado a Israel por medio de Moisés. Así que el día primero del mes séptimo, el sacerdote Esdras llevó la ley ante la asamblea, que estaba compuesta de hombres y mujeres y de todos los que podían comprender la lectura, y la leyó en presencia de ellos en la plaza que está frente a la puerta del Agua. Todo el pueblo estaba muy atento a la lectura del libro de la ley.

El maestro Esdras se puso de pie sobre una plataforma de madera construida para la ocasión. A su derecha estaban Matatías, Semá, Anías, Urías, Jilquías y Maseías; a su izquierda, Pedaías, Misael, Malquías, Jasún, Jasbadana, Zacarías y Mesulán. Esdras, a quien la gente podía ver porque él estaba en un lugar más alto, abrió el libro y todo el pueblo se puso de pie. Entonces Esdras bendijo al SEÑOR, el gran Dios. Y todo el pueblo, levantando las manos, respondió: «¡Amén y amén!». Luego adoraron al SEÑOR, inclinándose hasta tocar el suelo con la frente.

Los levitas Jesúa, Baní, Serebías, Jamín, Acub, Sabetay, Hodías, Maseías, Quelitá, Azarías, Jozabed, Janán y Pelaías le explicaban la ley al pueblo, que no se movía de su sitio. **Ellos leían con claridad el libro de la ley de Dios y lo interpretaban de modo que se comprendiera su lectura.**

Al oír las palabras de la ley, la gente comenzó a llorar. Por eso el gobernador Nehemías, el sacerdote y maestro Esdras, y los levitas que enseñaban al pueblo, les dijeron: «No lloren ni se pongan tristes, porque este día ha sido consagrado al SEÑOR su Dios.»

Luego Nehemías añadió: «Ya pueden irse. Coman bien, tomen bebidas dulces y compartan su comida con quienes no tengan nada, porque este día ha sido consagrado a nuestro SEÑOR. No estén tristes, pues el gozo del SEÑOR es nuestra fortaleza.»

También los levitas tranquilizaban a todo el pueblo. Les decían: «¡Tranquilos! ¡No estén tristes, que éste es un día santo!»

Así que todo el pueblo se fue a comer y beber y compartir su comida, felices de haber comprendido lo que se les había enseñado.

Al día siguiente, los jefes de familia, junto con los sacerdotes y los levitas, se reunieron con el maestro Esdras para estudiar los términos de la ley. Y en ésta encontraron escrito que el SEÑOR le había mandado a Moisés que durante la fiesta del mes séptimo los israelitas debían habitar en enramadas y pregonar en todas sus ciudades y en Jerusalén esta orden: «Vayan a la montaña y traigan ramas de olivo, de olivo silvestre, de arrayán, de palmera y de todo árbol frondoso, para hacer enramadas, conforme a lo que está escrito.»

De modo que la gente fue y trajo ramas, y con ellas hizo enramadas en las azoteas, en los patios, en el atrio del templo de Dios, en la plaza de la puerta del Agua y en la plaza de la puerta de Efraín. Toda la asamblea de los que habían regresado del cautiverio hicieron enramadas y habitaron en ellas. Como los israelitas no habían hecho esto desde los días de Josué hijo de Nun, hicieron una gran fiesta.

Todos los días, desde el primero hasta el último, se leyó el libro de la ley de Dios. Celebraron la fiesta durante siete días, y en el día octavo hubo una asamblea solemne, según lo ordenado.

El día veinticuatro de ese mes los israelitas se reunieron para ayunar, se vistieron de luto y se echaron ceniza sobre la cabeza. Habiéndose separado de los extranjeros, confesaron públicamente sus propios pecados y la maldad de sus antepasados, y asumieron así su responsabilidad. Durante tres horas leyeron el libro de la ley del Señor su Dios, y en las tres horas siguientes le confesaron sus pecados y lo adoraron. Nehemías 7.73—9.3

El mapa de ruta para vivir

Juzgando por su reacción cuando escucharon la Palabra de Dios después de un largo tiempo, los israelitas estaban perdidos sin su mapa de ruta para la vida. Sin embargo, la Biblia muestra otros ejemplos de personas que nunca perdieron de vista la Palabra de Dios. Por ejemplo, el autor de Salmos 19 descansó en ella para que lo guiara, lo ayudara en medio de las crisis, le diera discernimiento en los tiempos de confusión, y lo refrescara y proporcionara gozo.

La ley del Señor es perfecta:
infunde nuevo aliento.
El mandato del Señor es digno de confianza:
da sabiduría al sencillo.
Los preceptos del Señor son rectos:
traen alegría al corazón.
El mandamiento del Señor es claro:
da luz a los ojos.
El temor del Señor es puro:
permanece para siempre.

Las sentencias del Señor son verdaderas:
   todas ellas son justas.

Son más deseables que el oro,
   más que mucho oro refinado;
son más dulces que la miel,
   la miel que destila del panal.
Por ellas queda advertido tu siervo;
   quien las obedece recibe una gran recompensa.
¿Quién está consciente de sus propios errores?
   ¡Perdóname aquellos de los que no estoy consciente!
Libra, además, a tu siervo de pecar a sabiendas;
   no permitas que tales pecados me dominen.
Así estaré libre de culpa
   y de multiplicar mis pecados.

**Sean, pues, aceptables ante ti
   mis palabras y mis pensamientos,
   oh Señor, roca mía y redentor mío.**   Salmos 19.7–14

*El valor de leer y estudiar la Palabra de nuestra Roca y Redentor
se enfatiza de forma vívida a través de Salmos 119, el capítulo más
largo de la Biblia. En estos pasajes, la pasión del salmista por las
Santas Escrituras es sorprendentemente evidente.*

¿Cómo puede el joven llevar una vida íntegra?
   Viviendo conforme a tu palabra.
Yo te busco con todo el corazón;
   no dejes que me desvíe de tus mandamientos.
**En mi corazón atesoro tus dichos
   para no pecar contra ti.**
¡Bendito seas, Señor!
   ¡Enséñame tus decretos!
Con mis labios he proclamado
   todos los juicios que has emitido.
Me regocijo en el camino de tus estatutos
   más que en todas las riquezas.
En tus preceptos medito,
   y pongo mis ojos en tus sendas.

En tus decretos hallo mi deleite,
    y jamás olvidaré tu palabra.
Trata con bondad a este siervo tuyo;
    así viviré y obedeceré tu palabra.
Ábreme los ojos, para que contemple
    las maravillas de tu ley.
En esta tierra soy un extranjero;
    no escondas de mí tus mandamientos.
A toda hora siento un nudo en la garganta
    por el deseo de conocer tus juicios.
Tú reprendes a los insolentes;
    ¡malditos los que se apartan de tus mandamientos!
Aleja de mí el menosprecio y el desdén,
    pues yo cumplo tus estatutos.
Aun los poderosos se confabulan contra mí,
    pero este siervo tuyo medita en tus decretos.
Tus estatutos son mi deleite;
    son también mis consejeros.   SALMOS 119.9–24

Enséñame, SEÑOR, a seguir tus decretos,
    y los cumpliré hasta el fin.
Dame entendimiento para seguir tu ley,
    y la cumpliré de todo corazón.
Dirígeme por la senda de tus mandamientos,
    porque en ella encuentro mi solaz.
Inclina mi corazón hacia tus estatutos
    y no hacia las ganancias desmedidas.
Aparta mi vista de cosas vanas,
    dame vida conforme a tu palabra.
Confirma tu promesa a este siervo,
    como lo has hecho con los que te temen.
Líbrame del oprobio que me aterra,
    porque tus juicios son buenos.
¡Yo amo tus preceptos!
    ¡Dame vida conforme a tu justicia!   SALMOS 119.33–40

¡Cuánto amo yo tu ley!
    Todo el día medito en ella.
Tus mandamientos me hacen más sabio que mis enemigos
    porque me pertenecen para siempre.

Tengo más discernimiento que todos mis maestros
    porque medito en tus estatutos.
Tengo más entendimiento que los ancianos
    porque obedezco tus preceptos.
Aparto mis pies de toda mala senda
    para cumplir con tu palabra.
No me desvío de tus juicios
    porque tú mismo me instruyes.
¡Cuán dulces son a mi paladar tus palabras!
    ¡Son más dulces que la miel a mi boca!
De tus preceptos adquiero entendimiento;
    por eso aborrezco toda senda de mentira.
Tu palabra es una lámpara a mis pies;
    es una luz en mi sendero.
Hice un juramento, y lo he confirmado:
    que acataré tus rectos juicios.
SEÑOR, es mucho lo que he sufrido;
    dame vida conforme a tu palabra.
SEÑOR, acepta la ofrenda que brota de mis labios;
    enséñame tus juicios.
Mi vida pende de un hilo,
    pero no me olvido de tu ley.
Los impíos me han tendido una trampa,
    pero no me aparto de tus preceptos.
Tus estatutos son mi herencia permanente;
    son el regocijo de mi corazón.
Inclino mi corazón a cumplir tus decretos
    para siempre y hasta el fin.   SALMOS 119.97–112

¿Cuál es la diferencia entre estudiar la Palabra de Dios y atesorarla en nuestros corazones? ¿Cuál es la diferencia entre leer la Palabra de Dios y meditar en ella día y noche?

AYUDAS PARA EL ENTENDIMIENTO

Como seguramente has observado, la Biblia resulta distinta a cualquier otra narrativa. Es la historia de Dios y está llena de una profundidad y aplicación asombrosas para nuestra vida. Jesús nos recuerda que la condición de nuestro corazón es importante cuando oímos o leemos la Palabra de Dios. Si estamos abiertos y somos receptivos a las palabras de Dios, echarán raíces en nuestra vida y nos transformarán.

En el pasaje que sigue, Jesús se refirió a cuatro tipos de terrenos en los cuales puede caer la Palabra de Dios. ¿Cuál de ellos te describe mejor en este preciso momento? ¿Hubo alguna ocasión en la que podrías haber respondido de forma diferente?

Salió Jesús de la casa y se sentó junto al lago. Era tal la multitud que se reunió para verlo que él tuvo que subir a una barca donde se sentó mientras toda la gente estaba de pie en la orilla. Y les dijo en parábolas muchas cosas como éstas: «Un sembrador salió a sembrar. Mientras iba esparciendo la semilla, una parte cayó junto al camino, y llegaron los pájaros y se la comieron. Otra parte cayó en terreno pedregoso, sin mucha tierra. Esa semilla brotó pronto porque la tierra no era profunda; pero cuando salió el sol, las plantas se marchitaron y, por no tener raíz, se secaron. Otra parte de la semilla cayó entre espinos que, al crecer, la ahogaron. Pero las otras semillas cayeron en buen terreno, en el que se dio una cosecha que rindió treinta, sesenta y hasta cien veces más de lo que se había sembrado. El que tenga oídos, que oiga.»

Los discípulos se acercaron y le preguntaron:

—¿Por qué le hablas a la gente en parábolas?

—A ustedes se les ha concedido conocer los secretos del reino de los cielos; pero a ellos no. Al que tiene, se le dará más, y tendrá en abundancia. Al que no tiene, hasta lo poco que tiene se le quitará. Por eso les hablo a ellos en parábolas:

»Aunque miran, no ven;
    aunque oyen, no escuchan ni entienden.

En ellos se cumple la profecía de Isaías:

»"Por mucho que oigan, no entenderán;
    por mucho que vean, no percibirán.

Porque el corazón de este pueblo se ha vuelto insensible;
    se les han embotado los oídos,
    y se les han cerrado los ojos.

De lo contrario, verían con los ojos,
   oirían con los oídos,
entenderían con el corazón
   y se convertirían, y yo los sanaría."

Pero dichosos los ojos de ustedes porque ven, y sus oídos porque oyen. Porque les aseguro que muchos profetas y otros justos anhelaron ver lo que ustedes ven, pero no lo vieron; y oír lo que ustedes oyen, pero no lo oyeron.

»Escuchen lo que significa la parábola del sembrador: Cuando alguien oye la palabra acerca del reino y no la entiende, viene el maligno y arrebata lo que se sembró en su corazón. Ésta es la semilla sembrada junto al camino. El que recibió la semilla que cayó en terreno pedregoso es el que oye la palabra e inmediatamente la recibe con alegría; pero como no tiene raíz, dura poco tiempo. Cuando surgen problemas o persecución a causa de la palabra, en seguida se aparta de ella. El que recibió la semilla que cayó entre espinos es el que oye la palabra, pero las preocupaciones de esta vida y el engaño de las riquezas la ahogan, de modo que ésta no llega a dar fruto. **Pero el que recibió la semilla que cayó en buen terreno es el que oye la palabra y la entiende. Éste sí produce una cosecha al treinta, al sesenta y hasta al ciento por uno.**   MATEO 13.1–23

Sin embargo, ¿cómo le abrimos nuestro corazón a Dios para mostrarnos receptivos a sus palabras? Jesús les dijo a sus discípulos que después de regresar al cielo, el Espíritu Santo vendría a morar en ellos y recordarles todo lo que él había dicho. Este mismo Espíritu vive en todos los creyentes hoy.

Mientras lees los pasajes de Juan 14 y 1 Corintios 2,
busca formas en las que el Espíritu Santo nos ayuda
a comprender las Escrituras.

«Si ustedes me aman, obedecerán mis mandamientos. Y yo le pediré al Padre, y él les dará otro Consolador para que los acompañe siempre: el Espíritu de verdad, a quien el mundo no puede aceptar porque no lo ve ni lo conoce. Pero ustedes sí lo conocen, porque vive con ustedes y estará en ustedes. No los voy a dejar huérfanos; volveré a ustedes. Dentro de poco el mundo ya no me verá más, pero ustedes sí me verán. Y porque yo vivo, también ustedes vivirán. En aquel día ustedes se darán cuenta de que yo estoy en mi Padre, y ustedes en mí, y yo en ustedes. ¿Quién es el que me ama? El que hace suyos mis mandamientos y los obedece. Y al que me ama, mi Padre lo amará, y yo también lo amaré y me manifestaré a él.

Judas (no el Iscariote) le dijo:

—¿Por qué, Señor, estás dispuesto a manifestarte a nosotros, y no al mundo?

Le contestó Jesús:

—El que me ama, obedecerá mi palabra, y mi Padre lo amará, y haremos nuestra vivienda en él. El que no me ama, no obedece mis palabras. Pero estas palabras que ustedes oyen no son mías sino del Padre, que me envió.

»Todo esto lo digo ahora que estoy con ustedes. Pero el Consolador, el Espíritu Santo, a quien el Padre enviará en mi nombre, les enseñará todas las cosas y les hará recordar todo lo que les he dicho. La paz les dejo; mi paz les doy. Yo no se la doy a ustedes como la da el mundo. No se angustien ni se acobarden.»

JUAN 14.15–27

La iglesia primitiva estaba dedicada a la Palabra de Dios. Sin embargo, en ese tiempo las personas no tenían su propia copia personal de los libros de la Biblia, así que necesitaban confiar mucho en la lectura pública de las Escrituras durante sus reuniones. Como Jesús prometió, el Espíritu Santo vino a morar en los creyentes.

Una de las funciones del Espíritu Santo es iluminar el mensaje de las Escrituras. Es mediante el Espíritu Santo que somos capaces de entender el pleno significado de la Biblia, aceptarlo en nuestro corazón y saber cómo aplicarlo a nuestra vida. El apóstol Pablo le informa a la iglesia en Corinto esta verdad.

Cuando fui a anunciarles el testimonio de Dios, no lo hice con gran elocuencia y sabiduría. Me propuse más bien, estando entre ustedes, no saber de cosa alguna, excepto de Jesucristo, y de éste crucificado. Es más, me presenté ante ustedes con tanta debilidad que temblaba de miedo. No les hablé ni les prediqué con palabras sabias y elocuentes sino con demostración del poder del Espíritu, para que la fe de ustedes no dependiera de la sabiduría humana sino del poder de Dios.

En cambio, hablamos con sabiduría entre los que han alcanzado madurez, pero no con la sabiduría de este mundo ni con la de sus gobernantes, los cuales terminarán en nada. Más bien, exponemos el misterio de la sabiduría de Dios, una sabiduría que ha estado escondida y que Dios había destinado para nuestra gloria desde la eternidad. Ninguno de los gobernantes de este mundo la entendió, porque de haberla entendido no habrían crucificado al Señor de la gloria. Sin embargo, como está escrito:

> «Ningún ojo ha visto,
>   ningún oído ha escuchado,
> ninguna mente humana ha concebido
>   lo que Dios ha preparado para quienes lo aman.»

Ahora bien, Dios nos ha revelado esto por medio de su Espíritu, pues el Espíritu lo examina todo, hasta las profundidades de Dios. En efecto, ¿quién conoce los pensamientos del ser humano sino su propio espíritu que está en él? Así mismo, nadie conoce los pensamientos de Dios sino el Espíritu de Dios. **Nosotros no hemos recibido el espíritu del mundo sino el Espíritu que procede de Dios, para que entendamos lo que por su gracia él nos ha concedido.** Esto es precisamente de lo que hablamos, no con las palabras que enseña la sabiduría humana sino con las que enseña el Espíritu, de modo que expresamos verdades espirituales en términos espirituales. El que no tiene el Espíritu no acepta lo que procede del Espíritu de Dios, pues para él es locura. No puede entenderlo, porque hay que discernirlo espiritualmente. En cambio, el que es espiritual lo juzga todo, aunque él mismo no está sujeto al juicio de nadie, porque

> «¿quién ha conocido la mente del Señor
>   para que pueda instruirlo?»

Nosotros, por nuestra parte, tenemos la mente de Cristo.

1 Corintios 2.1–16

Lo que creemos es importante. Afianzar nuestras creencias en la verdad de la Palabra de Dios resulta crítico para el creyente. Por eso, los maestros de la Palabra de Dios han recibido un llamado especial en sus vidas para exponer las enseñanzas de la Palabra de Dios correctamente, detectar las falsas enseñanzas y modelar el mensaje ante la congregación y la comunidad.

El Espíritu dice claramente que, en los últimos tiempos, algunos abandonarán la fe para seguir a inspiraciones engañosas y doctrinas diabólicas. Tales enseñanzas provienen de embusteros hipócritas, que tienen la conciencia encallecida. Prohíben el matrimonio y no permiten comer ciertos alimentos que Dios ha creado para que los creyentes, conocedores de la verdad, los coman con acción de gracias. Todo lo que Dios ha creado es bueno, y nada es despreciable si se recibe con acción de gracias, porque la palabra de Dios y la oración lo santifican.

Si enseñas estas cosas a los hermanos, serás un buen servidor de Cristo Jesús, nutrido con las verdades de la fe y de la buena enseñanza que paso a paso has seguido. Rechaza las leyendas profanas y otros mitos semejantes. Más bien, ejercítate en la piedad, pues aunque el ejercicio físico trae algún provecho, la piedad es útil para todo, ya que incluye una promesa no sólo para la vida presente sino también para la venidera. Este mensaje es digno de crédito y merece ser aceptado por todos. En efecto, si trabajamos y nos esforzamos es porque hemos puesto nuestra esperanza en el Dios viviente, que es el Salvador de todos, especialmente de los que creen.

Encarga y enseña estas cosas. Que nadie te menosprecie por ser joven. Al contrario, que los creyentes vean en ti un ejemplo a seguir en la manera de hablar, en la conducta, y en amor, fe y pureza. En tanto que llego, dedícate a la lectura pública de las Escrituras, y a enseñar y animar a los hermanos. Ejercita el don que recibiste mediante profecía, cuando los ancianos te impusieron las manos.

Sé diligente en estos asuntos; entrégate de lleno a ellos, de modo que todos puedan ver que estás progresando. Ten cuidado de tu conducta y de tu enseñanza. Persevera en todo ello, porque así te salvarás a ti mismo y a los que te escuchen. 1 TIMOTEO 4.1–16

No dejes de recordarles esto. Adviérteles delante de Dios que eviten las discusiones inútiles, pues no sirven nada más que para destruir a los oyentes. **Esfuérzate por presentarte a Dios aprobado, como obrero que no tiene de qué avergonzarse y que interpreta**

rectamente la palabra de verdad. Evita las palabrerías profanas, porque los que se dan a ellas se alejan cada vez más de la vida piadosa... 2 TIMOTEO 2.14–16

UNA VIDA TRANSFORMADA

El resultado deseado de estudiar la verdad de Dios es la transformación. Esta nos guía por el camino de la madurez en Cristo. Nos adentramos en la Biblia y la Biblia se da la vuelta y se adentra en nosotros, cambiándonos para bien.

Sobre este tema tenemos mucho que decir aunque es difícil explicarlo, porque a ustedes lo que les entra por un oído les sale por el otro. En realidad, a estas alturas ya deberían ser maestros, y sin embargo necesitan que alguien vuelva a enseñarles las verdades más elementales de la palabra de Dios. Dicho de otro modo, necesitan leche en vez de alimento sólido. El que sólo se alimenta de leche es inexperto en el mensaje de justicia; es como un niño de pecho. **En cambio, el alimento sólido es para los adultos, para los que tienen la capacidad de distinguir entre lo bueno y lo malo, pues han ejercitado su facultad de percepción espiritual.**

Por eso, dejando a un lado las enseñanzas elementales acerca de Cristo, avancemos hacia la madurez. No volvamos a poner los fundamentos, tales como el arrepentimiento de las obras que conducen a la muerte, la fe en Dios, la instrucción sobre bautismos, la imposición de manos, la resurrección de los muertos y el juicio eterno. Así procederemos, si Dios lo permite. HEBREOS 5.11—6.3

Reflexiona en el versículo clave que aparece al principio de esta sección. De acuerdo al autor, la Palabra de Dios es como una espada de dos filos, penetra nuestra piel y le habla a nuestro corazón. ¿De qué maneras has experimentado esto?

LO QUE CREEMOS

Si creemos que la Biblia es la Palabra de Dios y confiamos en ella para que nos guíe en la dirección correcta y mejor, debemos desarrollar la habilidad y la disciplina para leerla, estudiarla, meditarla y aplicarla a nuestra vida. Dios le dijo a Josué que si hacía esto, tendría éxito. Y él nos dice lo mismo a nosotros. Cuando abrimos la Palabra de Dios, aprendemos más del único Dios verdadero, que nos conoce y nos ama. Mientras mas sepamos acerca de la naturaleza, el carácter y las acciones de Dios, más fácil nos será discernir su voluntad y dirección para nuestra vida. Sin embargo, la Biblia puede resultar un poco sobrecogedora, ¿no? Recuerda que no estás solo. Tienes al Espíritu de Dios morando en ti y una comunidad de creyentes a tu alrededor para que te ayuden. Así que por favor, no te rindas. ¡Mantente leyendo!

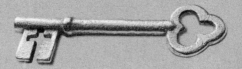

CAPÍTULO

14

Enfoque

—— PREGUNTA CLAVE ——

¿Cómo mantengo mi enfoque en Jesús
en medio de la distracción?

—— IDEA CLAVE ——

Me enfoco en Dios y sus prioridades para mi vida.

—— VERSÍCULO CLAVE ——

Más bien, busquen primeramente el reino de Dios y su justicia,
y todas estas cosas les serán añadidas.
—Mateo 6.33

NUESTRO MAPA

Estar enfocado significa tener un deseo que supera a todos los demás. Una meta. Una resolución. Desde el principio, Dios dejó claro cuál debía ser el principal enfoque de su pueblo. Sin embargo, esto es todo un reto en un mundo frenético y agitado. Resulta fácil permanecer desenfocado por días, meses e incluso años. La práctica espiritual del enfoque se relaciona con determinar nuestras prioridades para asegurarnos de que estamos ejercitando nuestra fe, viviendo de acuerdo a nuestras creencias y cumpliendo la voluntad de Dios para nuestras vidas.

En este capítulo, leeremos pasajes de las Escrituras relacionados con:

- Principios de enfoque.
- Perfiles de enfoque.
- Producto del enfoque.

PRINCIPIOS DE ENFOQUE

«Yo soy el SEÑOR tu Dios. Yo te saqué de Egipto, del país donde eras esclavo. No tengas otros dioses además de mí.»   ÉXODO 20.2–3

En el primero de los Diez Mandamientos, Dios les ordenó a los israelitas servirle exclusivamente a él debido a que era digno de su confianza, como había demostrado al sacarlos de Egipto. Después, justo antes de que Moisés muriera y los israelitas entraran en la tierra prometida, Dios inspiró a Moisés a recordarle al pueblo su llamado a permanecer enfocados.

Leímos este pasaje en el Capítulo 1 para reafirmar que el Dios de la Biblia es el único Dios verdadero. Ahora leeremos de nuevo este poderoso texto y escucharemos el llamado a hacer de Dios la prioridad de nuestra vida.

Mientras lees el pasaje de Deuteronomio 6, busca qué fue lo que Dios les prometió a los israelitas si obedecían el primer mandamiento y mantenían el pacto con él.

«Éstos son los mandamientos, preceptos y normas que el Señor tu Dios mandó que yo te enseñara, para que los pongas en práctica en la tierra de la que vas a tomar posesión, para que durante toda tu vida tú y tus hijos y tus nietos honren al Señor tu Dios cumpliendo todos los preceptos y mandamientos que te doy, y para que disfrutes de larga vida. Escucha, Israel, y esfuérzate en obedecer. Así te irá bien y serás un pueblo muy numeroso en la tierra donde abundan la leche y la miel, tal como te lo prometió el Señor, el Dios de tus antepasados.

»Escucha, Israel: El Señor nuestro Dios es el único Señor. Ama al Señor tu Dios con todo tu corazón y con toda tu alma y con todas tus fuerzas. **Grábate en el corazón estas palabras que hoy te mando. Incúlcaselas continuamente a tus hijos. Háblales de ellas cuando estés en tu casa y cuando vayas por el camino, cuando te acuestes y cuando te levantes. Átalas a tus manos como un signo; llévalas en tu frente como una marca; escríbelas en los postes de tu casa y en los portones de tus ciudades.»**

Deuteronomio 6.1–9

Al pueblo de Dios se le dio los primeros mandamientos porque necesitaba someterse totalmente a la autoridad de Dios y creer que él y solo él podía proveerles todo lo que ellos necesitaran. En el Nuevo Testamento, Jesús describe a los «otros dioses» que podemos tener de una forma que nos atañe de cerca.

«No acumulen para sí tesoros en la tierra, donde la polilla y el óxido destruyen, y donde los ladrones se meten a robar. Más bien, acumulen para sí tesoros en el cielo, donde ni la polilla ni el óxido carcomen, ni los ladrones se meten a robar. Porque donde esté tu tesoro, allí estará también tu corazón.

»El ojo es la lámpara del cuerpo. Por tanto, si tu visión es clara, todo tu ser disfrutará de la luz. Pero si tu visión está nublada, todo tu ser estará en oscuridad. Si la luz que hay en ti es oscuridad, ¡qué densa será esa oscuridad!

»Nadie puede servir a dos señores, pues menospreciará a uno y amará al otro, o querrá mucho a uno y despreciará al otro. No se puede servir a la vez a Dios y a las riquezas.

Mateo 6.19–24

¿Qué tipos de tesoros nos impiden mantenernos enfocados?
¿Cómo puede una «visión nublada» evitar que
permanezcamos enfocados? ¿Por qué resulta imposible
servir a dos señores?

Buscar primero el reino de Dios fue el mensaje del apóstol Pablo mientras viajaba de ciudad en ciudad enseñándole a la gente acerca del don de la salvación a través de Jesús y cómo los creyentes podían seguir a Cristo con enfoque. En muchos casos, un grupo combativo de líderes religiosos se acercó a las nuevas iglesias cuando Pablo se había ido e intentó subestimar su autoridad y enseñanza. Ellos alardeaban de sus credenciales religiosas y menospreciaban el mensaje de Pablo con leyes y tradiciones judías. Esto enfurecía a Pablo, que después animó a los creyentes a seguir su ejemplo de mantener su enfoque firme solo en Jesús.

Por lo demás, hermanos míos, alégrense en el Señor. Para mí no es molestia volver a escribirles lo mismo, y a ustedes les da seguridad.

Cuídense de esos perros, cuídense de esos que hacen el mal, cuídense de esos que mutilan el cuerpo. Porque la circuncisión somos nosotros, los que por medio del Espíritu de Dios adoramos, nos enorgullecemos en Cristo Jesús y no ponemos nuestra confianza en esfuerzos humanos. Yo mismo tengo motivos para tal confianza. Si cualquier otro cree tener motivos para confiar en esfuerzos humanos, yo más: circuncidado al octavo día, del pueblo de Israel, de la tribu de Benjamín, hebreo de pura cepa; en cuanto a la interpretación de la ley, fariseo; en cuanto al celo, perseguidor de la iglesia; en cuanto a la justicia que la ley exige, intachable.

Sin embargo, todo aquello que para mí era ganancia, ahora lo considero pérdida por causa de Cristo. Es más, todo lo considero pérdida por razón del incomparable valor de conocer a Cristo Jesús, mi Señor. Por él lo he perdido todo, y lo tengo por estiércol, a fin de ganar a Cristo y encontrarme unido a él. No quiero mi propia justicia que procede de la ley, sino la que se obtiene mediante la fe en Cristo, la justicia que procede de Dios, basada en la fe. Lo he perdido todo a fin de conocer a Cristo, experimentar el poder que se manifestó en su resurrección, participar en sus sufrimientos y llegar a ser semejante a él en su muerte. Así espero alcanzar la resurrección de entre los muertos.

No es que ya lo haya conseguido todo, o que ya sea perfecto. Sin embargo, sigo adelante esperando alcanzar aquello para lo cual Cristo Jesús me alcanzó a mí. Hermanos, no pienso que yo mismo lo haya logrado ya. **Más bien, una cosa hago: olvidando lo que queda atrás y esforzándome por alcanzar lo que está delante, sigo avanzando hacia la meta para ganar el premio que Dios ofrece mediante su llamamiento celestial en Cristo Jesús.** Filipenses 3.1–14

Perfiles de enfoque

El rey Josafat, del reino del sur de Judá, se vio ante un desafío tremendo. Su tierra fue amenazada por un ejército hostil. En vez de dejarse vencer por el temor, Josafat guió al pueblo a volverse al Señor con una confianza enfocada y sincera.

En el pasaje de 2 Crónicas 20, identifica las creencias clave en las cuales Josafat fundamenta su oración. ¿Cómo pueden esas creencias darnos confianza y guiar nuestras decisiones?

Los moabitas, los amonitas y algunos de los meunitas le declararon la guerra a Josafat, y alguien fue a informarle: «Del otro lado del Mar Muerto y de Edom viene contra ti una gran multitud. Ahora están en Jazezón Tamar, es decir, en Engadi.» Atemorizado, Josafat decidió consultar al Señor y proclamó un ayuno en todo Judá. Los habitantes de todas las ciudades de Judá llegaron para pedir juntos la ayuda del Señor.

En el templo del Señor, frente al atrio nuevo, Josafat se puso de pie ante la asamblea de Judá y de Jerusalén, y dijo:

«Señor, Dios de nuestros antepasados, ¿no eres tú el Dios del cielo, y el que gobierna a todas las naciones? ¡Es tal tu fuerza y tu poder que no hay quien pueda resistirte! ¿No fuiste tú, Dios nuestro, quien a los ojos de tu pueblo Israel expulsó a los habitantes de esta tierra? ¿Y no fuiste tú quien les dio para siempre esta tierra a los descendientes de tu amigo Abraham? Ellos la habitaron y construyeron un santuario en tu honor, diciendo: "Cuando nos sobrevenga una calamidad, o un castigo por medio de la espada, o la peste o el hambre, si nos congregamos ante ti, en este templo donde habitas, y clamamos a ti en medio de nuestra aflicción, tú nos escucharás y nos salvarás."

»Cuando Israel salió de Egipto, tú no le permitiste que invadiera a los amonitas, ni a los moabitas ni a los del monte de Seír, sino que lo enviaste por otro camino para que no destruyera a esas naciones. ¡Mira cómo nos pagan ahora, viniendo a arrojarnos de la tierra que tú nos diste como herencia! Dios nuestro, ¿acaso no vas a dictar sentencia contra ellos? Nosotros no podemos oponernos a esa gran multitud que viene a atacarnos. **¡No sabemos qué hacer! ¡En ti hemos puesto nuestra esperanza!**»

Todos los hombres de Judá estaban de pie delante del SEÑOR, junto con sus mujeres y sus hijos, aun los más pequeños. Entonces el Espíritu del SEÑOR vino sobre Jahaziel, hijo de Zacarías y descendiente en línea directa de Benaías, Jeyel y Matanías. Este último era un levita de los hijos de Asaf que se encontraba en la asamblea. Y dijo Jahaziel: «Escuchen, habitantes de Judá y de Jerusalén, y escuche también Su Majestad. Así dice el SEÑOR: "No tengan miedo ni se acobarden cuando vean ese gran ejército, porque la batalla no es de ustedes sino mía. Mañana, cuando ellos suban por la cuesta de Sis, ustedes saldrán contra ellos y los encontrarán junto al arroyo, frente al desierto de Jeruel. **Pero ustedes no tendrán que intervenir en esta batalla. Simplemente, quédense quietos en sus puestos, para que vean la salvación que el SEÑOR les dará. ¡Habitantes de Judá y de Jerusalén, no tengan miedo ni se acobarden! Salgan mañana contra ellos, porque yo, el SEÑOR, estaré con ustedes."** »

Josafat y todos los habitantes de Judá y de Jerusalén se postraron rostro en tierra y adoraron al SEÑOR, y los levitas de los hijos de Coat y de Coré se pusieron de pie para alabar al SEÑOR a voz en cuello.

Al día siguiente, madrugaron y fueron al desierto de Tecoa. Mientras avanzaban, Josafat se detuvo y dijo: «Habitantes de Judá y de Jerusalén, escúchenme: ¡Confíen en el SEÑOR, y serán librados! ¡Confíen en sus profetas, y tendrán éxito!»

Después de consultar con el pueblo, Josafat designó a los que irían al frente del ejército para cantar al SEÑOR y alabar el esplendor de su santidad con el cántico:

«Den gracias al SEÑOR;
su gran amor perdura para siempre.»

Tan pronto como empezaron a entonar este cántico de alabanza, el SEÑOR puso emboscadas contra los amonitas, los moabitas y los del monte de Seír que habían venido contra Judá, y los derrotó. De hecho, los amonitas y los moabitas atacaron a los habitantes de los montes de Seír y los mataron hasta aniquilarlos. Luego de exterminar a los habitantes de Seír, ellos mismos se atacaron y se mataron unos a otros.

Cuando los hombres de Judá llegaron a la torre del desierto para ver el gran ejército enemigo, no vieron sino los cadáveres que yacían en tierra. ¡Ninguno había escapado con vida! Entonces Josafat y su gente fueron para apoderarse del botín, y entre los cadáveres encontraron muchas riquezas, vestidos y joyas preciosas. Cada uno se apoderó de todo lo que quiso, hasta más no poder. Era tanto el botín, que tardaron tres días en recogerlo. El cuarto día se congregaron en el valle de Beracá, y alabaron al SEÑOR; por eso llamaron a ese lugar el valle de Beracá, nombre con el que hasta hoy se le conoce.

Más tarde, todos los de Judá y Jerusalén, con Josafat a la cabeza, regresaron a Jerusalén llenos de gozo porque el SEÑOR los había librado de sus enemigos. Al llegar, entraron en el templo del SEÑOR al son de arpas, liras y trompetas.

Al oír las naciones de la tierra cómo el SEÑOR había peleado contra los enemigos de Israel, el temor de Dios se apoderó de ellas. Por lo tanto, el reinado de Josafat disfrutó de tranquilidad, y Dios le dio paz por todas partes.   2 CRÓNICAS 20.1–30 ⚷

Aunque Josafat ciertamente demostró que su enfoque estaba en Dios, Jesús sirve como el modelo ejemplar de este tipo de enfoque que Dios tenía en mente cuando anunció en el primero de los Diez Mandamientos: «No tendrás otros dioses delante de mí». Al vivir estas antiguas reglas, Jesús no tomó decisiones basadas en sus deseos o las expectativas de nadie más. Su único objetivo era vivir según la voluntad de su Padre.

Una vez más Jesús se dirigió a la gente, y les dijo:

—Yo soy la luz del mundo. El que me sigue no andará en tinieblas, sino que tendrá la luz de la vida.

—Tú te presentas como tu propio testigo —alegaron los fariseos—, así que tu testimonio no es válido.

—Aunque yo sea mi propio testigo —repuso Jesús—, mi testimonio es válido, porque sé de dónde he venido y a dónde voy. Pero ustedes no saben de dónde vengo ni a dónde voy. Ustedes juzgan según criterios humanos; yo, en cambio, no juzgo a nadie. Y si lo hago, mis juicios son válidos porque no los emito por mi cuenta sino en unión con el Padre que me envió. En la ley de ustedes está escrito que el testimonio de dos personas es válido. Uno de mis testigos soy yo mismo, y el Padre que me envió también da testimonio de mí.

—¿Dónde está tu padre?

—Si supieran quién soy yo, sabrían también quién es mi Padre.

Estas palabras las dijo Jesús en el lugar donde se depositaban las ofrendas, mientras enseñaba en el templo. Pero nadie le echó mano porque aún no había llegado su tiempo.

De nuevo Jesús les dijo:

—Yo me voy, y ustedes me buscarán, pero en su pecado morirán. Adonde yo voy, ustedes no pueden ir.

Comentaban, por tanto, los judíos: «¿Acaso piensa suicidarse? ¿Será por eso que dice: "Adonde yo voy, ustedes no pueden ir"?»

—Ustedes son de aquí abajo —continuó Jesús—; yo soy de allá arriba. Ustedes son de este mundo; yo no soy de este mundo. Por eso les he dicho que morirán en sus pecados, pues si no creen que yo soy el que afirmo ser, en sus pecados morirán.

—¿Quién eres tú? —le preguntaron.

—En primer lugar, ¿qué tengo que explicarles? —contestó Jesús—. Son muchas las cosas que tengo que decir y juzgar de ustedes. Pero el que me envió es veraz, y lo que le he oído decir es lo mismo que le repito al mundo.

Ellos no entendieron que les hablaba de su Padre. **Por eso Jesús añadió:**

—**Cuando hayan levantado al Hijo del hombre, sabrán ustedes que yo soy, y que no hago nada por mi propia cuenta, sino que hablo conforme a lo que el Padre me ha enseñado. El que me envió está conmigo; no me ha dejado solo, porque siempre hago lo que le agrada.**

Mientras aún hablaba, muchos creyeron en él.   JUAN 8.12–30

Por desdicha, a Pedro, el discípulo de Jesús, le costó un poco más mantener su enfoque firme cuando se encontró con la distracción. La experiencia de Pedro es un buen recordatorio de que debemos pensar en Jesús y mantener los ojos fijos en él, incluso cuando nuestros pensamientos se desvían o nos sentimos asustados.

Jesús hizo que los discípulos subieran a la barca y se le adelantaran al otro lado mientras él despedía a la multitud. Después de despedir a la gente, subió a la montaña para orar a solas. Al anochecer, estaba allí él solo, y la barca ya estaba bastante lejos de la tierra, zarandeada por las olas, porque el viento le era contrario.

En la madrugada, Jesús se acercó a ellos caminando sobre el lago. Cuando los discípulos lo vieron caminando sobre el agua, quedaron aterrados.

—¡Es un fantasma! —gritaron de miedo.

Pero Jesús les dijo en seguida:

—¡Cálmense! Soy yo. No tengan miedo.

—Señor, si eres tú —respondió Pedro—, mándame que vaya a ti sobre el agua.

—Ven —dijo Jesús.

Pedro bajó de la barca y caminó sobre el agua en dirección a Jesús. Pero al sentir el viento fuerte, tuvo miedo y comenzó a hundirse. Entonces gritó:

—¡Señor, sálvame!

En seguida Jesús le tendió la mano y, sujetándolo, lo reprendió:

—¡Hombre de poca fe! ¿Por qué dudaste?

Cuando subieron a la barca, se calmó el viento. Y los que estaban en la barca lo adoraron diciendo:

—Verdaderamente tú eres el Hijo de Dios.   MATEO 14.22–33

¿Puedes mencionar algunas de las cosas que te distraen de poner a Dios primero en tu vida? ¿Qué puedes hacer para permanecer más enfocado en Dios?

Sin embargo, al final los discípulos adoptaron la valiente y firme devoción a Dios y sus propósitos que mostraba Jesús.

Por medio de los apóstoles ocurrían muchas señales y prodigios entre el pueblo; y todos los creyentes se reunían de común acuerdo en el Pórtico de Salomón. Nadie entre el pueblo se atrevía a juntarse con ellos, aunque los elogiaban. Y seguía aumentando el número de los que creían y aceptaban al Señor. Era tal la multitud de hombres y mujeres, que hasta sacaban a los enfermos a las plazas y los ponían en colchonetas y camillas para que, al pasar Pedro, por lo menos su sombra cayera sobre alguno de ellos. También de los pueblos vecinos a Jerusalén acudían multitudes que llevaban personas enfermas y atormentadas por espíritus malignos, y todas eran sanadas.

El sumo sacerdote y todos sus partidarios, que pertenecían a la secta de los saduceos, se llenaron de envidia. Entonces arrestaron a los apóstoles y los metieron en la cárcel común. Pero en la noche un ángel del Señor abrió las puertas de la cárcel y los sacó. «Vayan —les dijo—, preséntense en el templo y comuniquen al pueblo todo este mensaje de vida.»

Conforme a lo que habían oído, al amanecer entraron en el templo y se pusieron a enseñar. Cuando llegaron el sumo sacerdote y sus partidarios, convocaron al Consejo, es decir, a la asamblea general de los ancianos de Israel, y mandaron traer de la cárcel a los apóstoles. Pero al llegar los guardias a la cárcel, no los encontraron. Así que volvieron con el siguiente informe: «Encontramos la cárcel cerrada, con todas las medidas de seguridad, y a los guardias firmes a las puertas; pero cuando abrimos, no encontramos a nadie adentro.»

Al oírlo, el capitán de la guardia del templo y los jefes de los sacerdotes se quedaron perplejos, preguntándose en qué terminaría todo aquello. En esto, se presentó alguien que les informó: «¡Miren! Los hombres que ustedes metieron en la cárcel están en el templo y siguen enseñando al pueblo.» Fue entonces el capitán con sus guardias y trajo a los apóstoles sin recurrir a la fuerza, porque temían ser apedreados por la gente. Los condujeron ante el Consejo, y el sumo sacerdote les reclamó:

—Terminantemente les hemos prohibido enseñar en ese nombre. Sin embargo, ustedes han llenado a Jerusalén con sus enseñanzas, y se han propuesto echarnos la culpa a nosotros de la muerte de ese hombre.

—**¡Es necesario obedecer a Dios antes que a los hombres!** —**respondieron Pedro y los demás apóstoles**—. El Dios de nuestros antepasados resucitó a Jesús, a quien ustedes mataron colgándolo de un madero. Por su poder, Dios lo exaltó como Príncipe y Salvador, para que diera a Israel arrepentimiento y perdón de pecados. Nosotros somos testigos de estos acontecimientos, y también lo es el Espíritu Santo que Dios ha dado a quienes le obedecen.

A los que oyeron esto se les subió la sangre a la cabeza y querían matarlos. Pero un fariseo llamado Gamaliel, maestro de la ley muy respetado por todo el pueblo, se puso de pie en el Consejo y mandó que hicieran salir por un momento a los apóstoles. Luego dijo: «Hombres de Israel, piensen dos veces en lo que están a punto de hacer con estos hombres. Hace algún tiempo surgió Teudas, jactándose de ser alguien, y se le unieron unos cuatrocientos hombres. Pero lo mataron y todos sus seguidores se dispersaron y allí se acabó todo. Después de él surgió Judas el galileo, en los días del censo, y logró que la gente lo siguiera. A él también lo mataron, y todos sus secuaces se dispersaron. **En este caso les aconsejo que dejen a estos hombres en paz. ¡Suéltenlos! Si lo que se proponen y hacen es de origen humano, fracasará; pero si es de Dios, no podrán destruirlos, y ustedes se encontrarán luchando contra Dios.»**

Se dejaron persuadir por Gamaliel. Entonces llamaron a los apóstoles y, luego de azotarlos, les ordenaron que no hablaran más en el nombre de Jesús. Después de eso los soltaron.

Así, pues, los apóstoles salieron del Consejo, llenos de gozo por haber sido considerados dignos de sufrir afrentas por causa del Nombre. **Y día tras día, en el templo y de casa en casa, no dejaban de enseñar y anunciar las buenas nuevas de que Jesús es el Mesías.**

HECHOS 5.12–42

PRODUCTO DEL ENFOQUE

Cerca del final del libro de Deuteronomio —y la vida de Moisés— el Señor llamó a los israelitas a tomar una decisión: confiar en él y obedecer sus mandamientos o regresar a su antigua manera de vivir. Hablando a través de Moisés, Dios le dio este mensaje a su pueblo. ¿Y cuál fue el resultado de la decisión de la gente? ¡Como escogieron la obediencia, los siguientes siete años fueron los más fructíferos de la historia de Israel, los días gloriosos!

«Ustedes saben cómo fue nuestra vida en Egipto, y cómo avanzamos en medio de las naciones que encontramos en nuestro camino hasta aquí. Ustedes vieron entre ellos sus detestables imágenes e ídolos de madera y de piedra, de plata y de oro. Asegúrense de que ningún hombre ni mujer, ni clan ni tribu entre ustedes, aparte hoy su corazón del SEÑOR nuestro Dios para ir a adorar a los dioses de esas naciones. Tengan cuidado de que ninguno de ustedes sea como una raíz venenosa y amarga.

»Si alguno de ustedes, al oír las palabras de este juramento, se cree bueno y piensa: "Todo me saldrá bien, aunque persista yo en hacer lo que me plazca", provocará la ruina de todos. El SEÑOR no lo perdonará. La ira y el celo de Dios arderán contra ese hombre. Todas las maldiciones escritas en este libro caerán sobre él, y el SEÑOR hará que desaparezca hasta el último de sus descendientes. El SEÑOR lo apartará de todas las tribus de Israel, para su desgracia, conforme a todas las maldiciones del pacto escritas en este libro de la ley.

»Sus hijos y las generaciones futuras, y los extranjeros que vengan de países lejanos, verán las calamidades y enfermedades con que el SEÑOR habrá azotado esta tierra. Toda ella será un desperdicio ardiente de sal y de azufre, donde nada podrá plantarse, nada germinará, y ni siquiera la hierba crecerá. Será como cuando el SEÑOR destruyó con su furor las ciudades de Sodoma y Gomorra, Admá y Zeboyín. Todas las naciones preguntarán: "¿Por qué trató así el SEÑOR a esta tierra? ¿Por qué derramó con tanto ardor su furia sobre ella?" Y la respuesta será: "Porque este pueblo abandonó el pacto del Dios de sus padres, pacto que el SEÑOR hizo con ellos cuando los sacó de Egipto. Se fueron y adoraron a otros dioses; se inclinaron ante dioses que no conocían, dioses que no tenían por qué adorar. Por eso se encendió la ira del SEÑOR contra esta tierra, y derramó sobre ella todas las maldiciones escritas en este libro. Y como ahora podemos ver, con mucha furia y enojo el SEÑOR los arrancó de raíz de su tierra, y los arrojó a otro país."

»**Lo secreto le pertenece al SEÑOR nuestro Dios, pero lo revelado nos pertenece a nosotros y a nuestros hijos para siempre, para que obedezcamos todas las palabras de esta ley.**

»Cuando recibas todas estas bendiciones o sufras estas maldiciones de las que te he hablado, y las recuerdes en cualquier nación por donde el SEÑOR tu Dios te haya dispersado; y cuando tú y tus hijos se vuelvan al SEÑOR tu Dios y le obedezcan con todo el corazón y con toda el alma, tal como hoy te lo ordeno, entonces el SEÑOR tu Dios restaurará tu buena fortuna y se compadecerá de ti. ¡Volverá a reunirte de todas las naciones por donde te haya dispersado! Aunque te encuentres desterrado en el lugar más distante de la tierra, desde allá el SEÑOR tu Dios te traerá de vuelta, y volverá a reunirte. Te hará volver a la tierra que perteneció a tus antepasados, y tomarás posesión de ella. Te hará prosperar, y tendrás más descendientes que los que tuvieron tus antepasados. **El SEÑOR tu Dios quitará lo pagano que haya en tu corazón y en el de tus descendientes, para que lo ames con todo tu corazón y con toda tu alma, y así tengas vida.** Además, el SEÑOR tu Dios hará que todas estas maldiciones caigan sobre tus enemigos, los cuales te odian y persiguen. Y tú volverás a obedecer al SEÑOR y a cumplir todos sus mandamientos, tal como hoy te lo ordeno. Entonces el SEÑOR tu Dios te bendecirá con mucha prosperidad en todo el trabajo de tus manos y en el fruto de tu vientre, en las crías de tu ganado y en las cosechas de tus campos. El Señor se complacerá de nuevo en tu bienestar, así como se deleitó en la prosperidad de tus antepasados, siempre y cuando obedezcas al Señor tu Dios y cumplas sus mandamientos y preceptos, escritos en este libro de la ley, y te vuelvas al Señor tu Dios con todo tu corazón y con toda tu alma.

»Este mandamiento que hoy te ordeno obedecer no es superior a tus fuerzas ni está fuera de tu alcance. No está arriba en el cielo, para que preguntes: "¿Quién subirá al cielo por nosotros, para que nos lo traiga, y así podamos escucharlo y obedecerlo?" Tampoco está más allá del océano, para que preguntes: "¿Quién cruzará por nosotros hasta el otro lado del océano, para que nos lo traiga, y así podamos escucharlo y obedecerlo?" ¡No! La palabra está muy cerca de ti; la tienes en la boca y en el corazón, para que la obedezcas.

»Hoy te doy a elegir entre la vida y la muerte, entre el bien y el mal. Hoy te ordeno que ames al Señor tu Dios, que andes en sus caminos, y que cumplas sus mandamientos, preceptos y leyes. Así vivirás y te multiplicarás, y el Señor tu Dios te bendecirá en la tierra de la que vas a tomar posesión.

»Pero si tu corazón se rebela y no obedeces, sino que te desvías para adorar y servir a otros dioses, te advierto hoy que serás destruido sin remedio. No vivirás mucho tiempo en el territorio que vas a poseer luego de cruzar el Jordán.

»**Hoy pongo al cielo y a la tierra por testigos contra ti, de que te he dado a elegir entre la vida y la muerte, entre la bendición y la maldición. Elige, pues, la vida, para que vivan tú y tus descendientes. Ama al Señor tu Dios, obedécelo y sé fiel a él, porque de él depende tu vida, y por él vivirás mucho tiempo en el territorio que juró dar a tus antepasados Abraham, Isaac y Jacob.**»

Deuteronomio 29.16—30.20

En el Nuevo Testamento, el apóstol Pablo también desafió a los creyentes a mostrar un compromiso decidido con Dios. Y con sus exhortaciones llegaron promesas de ánimo acerca de los resultados fructíferos de tal devoción. Como con los israelitas, así ocurre también con nosotros hoy: ¡si nos enfocamos con firmeza en Cristo y sus prioridades para nuestra vida, experimentaremos nuestros propios días gloriosos!

Por lo tanto, hermanos, tomando en cuenta la misericordia de Dios, les ruego que cada uno de ustedes, en adoración espiritual, ofrezca su cuerpo como sacrificio vivo, santo y agradable a Dios. **No se amolden al mundo actual, sino sean transformados mediante la renovación de su mente. Así podrán comprobar cuál es la voluntad de Dios, buena, agradable y perfecta.** ROMANOS 12.1-2

Ya que han resucitado con Cristo, busquen las cosas de arriba, donde está Cristo sentado a la derecha de Dios. Concentren su atención en las cosas de arriba, no en las de la tierra, pues ustedes han muerto y su vida está escondida con Cristo en Dios. Cuando Cristo, que es la vida de ustedes, se manifieste, entonces también ustedes serán manifestados con él en gloria. COLOSENSES 3.1-4

Que gobierne en sus corazones la paz de Cristo, a la cual fueron llamados en un solo cuerpo. Y sean agradecidos. Que habite en ustedes la palabra de Cristo con toda su riqueza: instrúyanse y aconséjense unos a otros con toda sabiduría; canten salmos, himnos y canciones espirituales a Dios, con gratitud de corazón. **Y todo lo que hagan, de palabra o de obra, háganlo en el nombre del Señor Jesús, dando gracias a Dios el Padre por medio de él.** COLOSENSES 3.15-17

Pablo escribe: «Y todo lo que hagan, de palabra o de obra, háganlo en el nombre del Señor Jesús».
¿Qué significa este consejo para ti?
¿Cambia esto la forma en que priorizas las cosas en tu vida?

LO QUE CREEMOS

La práctica del enfoque tiene que ver con establecer prioridades. Esto implica dejar atrás nuestras decisiones y acciones del pasado y enfocarnos en el reino de Dios con la ayuda del Espíritu Santo. La Biblia nos presenta muchos perfiles inspiradores de personas que demostraron estar enfocadas por completo en Dios, incluyendo al rey Josafat en el Antiguo Testamento y a Jesús en el Nuevo Testamento. Durante sus primeros años como creyente, Pedro luchó para mantener sus ojos fijos en Jesús, pero luego él y los otros discípulos declararon con gran convicción frente a la persecución: «¡Es necesario obedecer a Dios antes que a los hombres!» (Hechos 5.29). El producto de una vida enfocada es una paz inquebrantable de la mano del único Dios verdadero que nos ama profundamente. ¡Busca primero el reino de Dios!

ACTUAR

CAPÍTULO

15

Rendición total

―――――――― PREGUNTA CLAVE ――――――――

¿Cómo cultivo una vida de servicio sacrificado?

―――――――――― IDEA CLAVE ――――――――――

Dedico mi vida a los propósitos de Dios.

――――――――― VERSÍCULO CLAVE ―――――――――

Por lo tanto, hermanos, tomando en cuenta la misericordia de
Dios, les ruego que cada uno de ustedes, en adoración espiritual,
ofrezca su cuerpo como sacrificio vivo, santo y agradable a Dios.
—*Romanos 12.1*

Una decisión genuina de seguir y obedecer a Dios conlleva una decisión de total rendición. No entablamos ningún tipo de negociación. Nos entregamos por completo como la única respuesta rasonable a Dios, que lo dio todo por nosotros. Cuando Dios Padre ofreció a su Hijo a fin de lograr nuestra redención, reveló lo valiosos que somos para él. El regalo de la salvación implicó un acto de total rendición de nuestro Salvador. ¿Estamos dispuestos a devolver el gesto? ¿Estamos preparados para rendir nuestra vida a sus propósitos?

La rendición total no tiene lugar sin algún tipo de sacrificio, lo cual se ilustra de manera conmovedora a través de los personajes e historias de la Biblia:

- *La expectación: lo que Dios quiere de nosotros.*
- *Perfiles de rendición total.*
- *El costo de la rendición total.*
- *La inspiración de los mártires.*

Reflexiona en el versículo clave. ¿Qué piensas que significa ofrecerse como un «sacrificio vivo»? Recordando nuestro estudio sobre la práctica de la adoración en el Capítulo 11, ¿por qué consideras que ofrecerse a sí mismo como un sacrificio vivo es la forma verdadera y apropiada de adorar a Dios?

LA EXPECTACIÓN: LO QUE DIOS QUIERE DE NOSOTROS

A menudo en el Antiguo Testamento se hace referencia a Dios como alguien «celoso». Esta apasionada descripción proviene del lenguaje del amor, similar al de un pacto matrimonial. Dios está totalmente comprometido con nosotros. A cambio, nos pide estar totalmente comprometidos con él, que no compartirá nuestra lealtad con nada ni nadie más. Él les dejó esto muy claro a los israelitas cuando les dio los Diez Mandamientos grabados en tablas de piedra. Los primeros tres mandamientos comunican claramente la exclusividad de nuestra relación con Dios.

Dios habló, y dio a conocer todos estos mandamientos:

«Yo soy el SEÑOR tu Dios. Yo te saqué de Egipto, del país donde eras esclavo.

»No tengas otros dioses además de mí.

»No te hagas ningún ídolo, ni nada que guarde semejanza con lo que hay arriba en el cielo, ni con lo que hay abajo en la tierra, ni con lo que hay en las aguas debajo de la tierra. No te inclines delante de ellos ni los adores. Yo, el SEÑOR tu Dios, soy un Dios celoso. Cuando los padres son malvados y me odian, yo castigo a sus hijos hasta la tercera y cuarta generación. Por el contrario, cuando me aman y cumplen mis mandamientos, les muestro mi amor por mil generaciones.

»No pronuncies el nombre del SEÑOR tu Dios a la ligera. Yo, el SEÑOR, no tendré por inocente a quien se atreva a pronunciar mi nombre a la ligera.»   ÉXODO 20.1–7

Los primeros tres de los Diez Mandamientos rigen nuestra relación con Dios. ¿Por qué piensas que es importante tener una relación correcta con Dios para cumplir con el resto de los mandamientos divinos?

PERFILES DE RENDICIÓN TOTAL

A pesar de tener las expectativas de Dios físicamente escritas en piedra, los israelitas no se mantuvieron fieles. Tras muchos años de desobediencia, el pueblo sufrió cuando Dios los privó de su protección. El reino del norte de Israel fue destruido a manos de los asirios, y el reino del sur de Judá se vio conquistado por los babilonios. Antes de que Judá fuera capturado, algunas de las personas sufrieron deportaciones. Junto a Daniel, un pequeño grupo de jóvenes brillantes —Sadrac, Mesac y Abednego— resultó seleccionado de entre los cautivos a fin de ser entrenado para servir al rey. Mientras estaban en cautividad, fueron forzados a tomar una decisión crítica: adorar al único Dios verdadero o transigir y salvar sus vidas. Ellos escogieron la total rendición.

El rey Nabucodonosor mandó hacer una estatua de oro, de veintisiete metros de alto por dos metros y medio de ancho, y mandó que la colocaran en los llanos de Dura, en la provincia de Babilonia. Luego les ordenó a los sátrapas, prefectos, gobernadores, consejeros, tesoreros, jueces, magistrados y demás oficiales de las provincias, que asistieran a la dedicación de la estatua que había mandado erigir. Para celebrar tal dedicación, los sátrapas, prefectos, gobernadores, consejeros, tesoreros, jueces, magistrados y demás oficiales de las provincias se reunieron ante la estatua. Entonces los heraldos proclamaron a voz en cuello: «A ustedes, pueblos, naciones y gente de toda lengua, se les ordena lo siguiente: Tan pronto como escuchen la música de trompetas, flautas, cítaras, liras, arpas, zampoñas y otros instrumentos musicales, deberán inclinarse y adorar la estatua de oro que el rey Nabucodonosor ha mandado erigir. Todo el que no se incline ante ella ni la adore será arrojado de inmediato a un horno en llamas.»

Ante tal amenaza, tan pronto como se escuchó la música de todos esos instrumentos musicales, todos los pueblos y naciones, y gente de toda lengua, se inclinaron y adoraron la estatua de oro que el rey Nabucodonosor había mandado erigir. Pero algunos astrólogos se presentaron ante el rey y acusaron a los judíos:

—¡Que viva Su Majestad por siempre! —exclamaron—. Usted ha emitido un decreto ordenando que todo el que oiga la música de trompetas, flautas, cítaras, liras, arpas, zampoñas y otros instrumentos musicales, se incline ante la estatua de oro y la adore. También ha ordenado que todo el que no se incline ante la estatua ni la adore será arrojado a un horno en llamas. Pero hay algunos judíos, a quienes Su Majestad ha puesto al frente de la provincia de Babilonia, que no acatan sus órdenes. No adoran a los dioses de Su Majestad ni a la estatua de oro que mandó erigir. Se trata de Sadrac, Mesac y Abednego.

Lleno de ira, Nabucodonosor los mandó llamar. Cuando los jóvenes se presentaron ante el rey, Nabucodonosor les dijo:

—Ustedes tres, ¿es verdad que no honran a mis dioses ni adoran a la estatua de oro que he mandado erigir? Ahora que escuchen la música de los instrumentos musicales, más les vale que se inclinen ante la estatua que he mandado hacer, y que la adoren. De lo contrario, serán lanzados de inmediato a un horno en llamas, ¡y no habrá dios capaz de librarlos de mis manos!

Sadrac, Mesac y Abednego le respondieron a Nabucodonosor:

—¡No hace falta que nos defendamos ante Su Majestad! Si se nos arroja al horno en llamas, el Dios al que servimos puede librarnos del horno y de las manos de Su Majestad. Pero aun si nuestro Dios no lo hace así, sepa usted que no honraremos a sus dioses ni adoraremos a su estatua.

Ante la respuesta de Sadrac, Mesac y Abednego, Nabucodonosor se puso muy furioso y cambió su actitud hacia ellos. Mandó entonces que se calentara el horno siete veces más de lo normal, y que algunos de los soldados más fuertes de su ejército ataran a los tres jóvenes y los arrojaran al horno en llamas. Fue así como los arrojaron al horno con sus mantos, sandalias, turbantes y todo, es decir, tal y como estaban vestidos. Tan inmediata fue la orden del rey, y tan caliente estaba el horno, que las llamas alcanzaron y mataron a los soldados que arrojaron a Sadrac, Mesac y Abednego, los cuales, atados de pies y manos, cayeron dentro del horno en llamas.

En ese momento Nabucodonosor se puso de pie, y sorprendido les preguntó a sus consejeros:

—¿Acaso no eran tres los hombres que atamos y arrojamos al fuego?

—Así es, Su Majestad —le respondieron.

—¡Pues miren! —exclamó—. Allí en el fuego veo a cuatro hombres, sin ataduras y sin daño alguno, ¡y el cuarto tiene la apariencia de un dios!

Dicho esto, Nabucodonosor se acercó a la puerta del horno en llamas y gritó:

—Sadrac, Mesac y Abednego, siervos del Dios Altísimo, ¡salgan de allí, y vengan acá!

Cuando los tres jóvenes salieron del horno, los sátrapas, prefectos, gobernadores y consejeros reales se arremolinaron en torno a ellos y vieron que el fuego no les había causado ningún daño, y que ni uno solo de sus cabellos se había chamuscado; es más, su ropa no estaba quemada ¡y ni siquiera olía a humo!

Entonces exclamó Nabucodonosor: «¡Alabado sea el Dios de estos jóvenes, que envió a su ángel y los salvó! Ellos confiaron en él y, desafiando la orden real, optaron por la muerte antes que honrar o adorar a otro dios que no fuera el suyo. DANIEL 3.1–28

Unos 70 años después de la primera deportación de los judíos a Babilonia, los babilonios fueron conquistados por los persas. Aunque el rey Ciro de Persia decretó en el año 538 A.C. que los judíos podían volver a Judea, muchos de ellos decidieron no regresar a casa. Sabemos que Ester y su primo Mardoqueo se quedaron en Susa bajo el reinado del rey persa Asuero. Cuando la reina imperante resultó destituida de su posición, Ester (que mantuvo su herencia judía en secreto) fue seleccionada para reemplazarla.

Amán, el oficial de más alto rango del rey, odiaba a Mardoqueo
porque este se rehusaba a postrarse ante él y honrarlo. Como ven-
ganza, Amán tramó el plan de matar a Mardoqueo y a todos los
judíos del reino de Asuero. Al igual que Sadrac, Mesac y Abedne-
go, Ester tenía una decisión difícil que tomar: proteger a su pue-
blo o proteger su posición como reina y quizá su propia vida. Ella
escogió la rendición total.

El rey Asuero honró a Amán hijo de Hamedata, el descendiente de Agag, ascendiéndolo a un puesto más alto que el de todos los
demás funcionarios que estaban con él. Todos los servidores de palacio asignados a la puerta del rey se arrodillaban ante Amán, y le ren-
dían homenaje, porque así lo había ordenado el rey. Pero Mardoqueo
no se arrodillaba ante él ni le rendía homenaje.

Entonces los servidores de palacio asignados a la puerta del rey
le preguntaron a Mardoqueo: «¿Por qué desobedeces la orden del
rey?» Día tras día se lo reclamaban; pero él no les hacía caso. Por eso
lo denunciaron a Amán para ver si seguía tolerándose la conducta de
Mardoqueo, ya que éste les había confiado que era judío.

Cuando Amán se dio cuenta de que Mardoqueo no se arrodillaba
ante él ni le rendía homenaje, se enfureció. Y cuando le informaron a
qué pueblo pertenecía Mardoqueo, desechó la idea de matarlo sólo a
él y buscó la manera de exterminar a todo el pueblo de Mardoqueo,
es decir, a los judíos que vivían por todo el reino de Asuero.

Para determinar el día y el mes, se echó el *pur*, es decir, la suerte,
en presencia de Amán, en el mes primero, que es el mes de *nisán*, del
año duodécimo del reinado de Asuero. Y la suerte cayó sobre el mes
duodécimo, el mes de *adar*.

Entonces Amán le dijo al rey Asuero:

—Hay cierto pueblo disperso y diseminado entre los pueblos de
todas las provincias del reino, cuyas leyes y costumbres son diferentes
de las de todos los demás. ¡No obedecen las leyes del reino, y a Su
Majestad no le conviene tolerarlos! Si le parece bien, emita Su Majestad
un decreto para aniquilarlos, y yo depositaré en manos de los administradores trescientos treinta mil kilos de plata para el tesoro real.

Entonces el rey se quitó el anillo que llevaba su sello y se lo dio
a Amán hijo de Hamedata, descendiente de Agag y enemigo de los
judíos.

—Quédate con el dinero —le dijo el rey a Amán—, y haz con ese
pueblo lo que mejor te parezca.

El día trece del mes primero se convocó a los secretarios del rey. Redactaron en la escritura de cada provincia y en el idioma de cada pueblo todo lo que Amán ordenaba a los sátrapas del rey, a los intendentes de las diversas provincias y a los funcionarios de los diversos pueblos. Todo se escribió en nombre del rey Asuero y se selló con el anillo real. Luego se enviaron los documentos por medio de los mensajeros a todas las provincias del rey con la orden de exterminar, matar y aniquilar a todos los judíos —jóvenes y ancianos, mujeres y niños— y saquear sus bienes en un solo día: el día trece del mes duodécimo, es decir, el mes de *adar*. En cada provincia se debía emitir como ley una copia del edicto, el cual se comunicaría a todos los pueblos a fin de que estuvieran preparados para ese día.

Los mensajeros partieron de inmediato por orden del rey, y a la vez se publicó el edicto en la ciudadela de Susa. Luego el rey y Amán se sentaron a beber, mientras que en la ciudad de Susa reinaba la confusión.

Cuando Mardoqueo se enteró de todo lo que se había hecho, se rasgó las vestiduras, se vistió de luto, se cubrió de ceniza y salió por la ciudad dando gritos de amargura. Pero como a nadie se le permitía entrar a palacio vestido de luto, sólo pudo llegar hasta la puerta del rey. En cada provincia adonde llegaban el edicto y la orden del rey, había gran duelo entre los judíos, con ayuno, llanto y lamentos. Muchos de ellos, vestidos de luto, se tendían sobre la ceniza.

Cuando las criadas y los eunucos de la reina Ester llegaron y le contaron lo que pasaba, ella se angustió mucho y le envió ropa a Mardoqueo para que se la pusiera en lugar de la ropa de luto; pero él no la aceptó. Entonces Ester mandó llamar a Hatac, uno de los eunucos del rey puesto al servicio de ella, y le ordenó que averiguara qué preocupaba a Mardoqueo y por qué actuaba de esa manera.

Así que Hatac salió a ver a Mardoqueo, que estaba en la plaza de la ciudad, frente a la puerta del rey. Mardoqueo le contó todo lo que le había sucedido, mencionándole incluso la cantidad exacta de dinero que Amán había prometido pagar al tesoro real por la aniquilación de los judíos. También le dio una copia del texto del edicto promulgado en Susa, el cual ordenaba el exterminio, para que se lo mostrara a Ester, se lo explicara, y la exhortara a que se presentara ante el rey para implorar clemencia e interceder en favor de su pueblo.

Hatac regresó y le informó a Ester lo que Mardoqueo había dicho. Entonces ella ordenó a Hatac que le dijera a Mardoqueo: «Todos los servidores del rey y el pueblo de las provincias del reino saben que, para cualquier hombre o mujer que, sin ser invitado por el rey, se acerque a él en el patio interior, hay una sola ley: la pena de muerte. La única excepción es que el rey, extendiendo su cetro de oro, le perdone la vida. En cuanto a mí, hace ya treinta días que el rey no me ha pedido presentarme ante él.»

Cuando Mardoqueo se enteró de lo que había dicho Ester, mandó a decirle: «No te imagines que por estar en la casa del rey serás la única que escape con vida de entre todos los judíos. Si ahora te quedas absolutamente callada, de otra parte vendrán el alivio y la liberación para los judíos, pero tú y la familia de tu padre perecerán. ¡Quién sabe si no has llegado al trono precisamente para un momento como éste!»

Ester le envió a Mardoqueo esta respuesta: **«Ve y reúne a todos los judíos que están en Susa, para que ayunen por mí. Durante tres días no coman ni beban, ni de día ni de noche. Yo, por mi parte, ayunaré con mis doncellas al igual que ustedes. Cuando cumpla con esto, me presentaré ante el rey, por más que vaya en contra de la ley. ¡Y si perezco, que perezca!»** Ester 3.1—4.16

EL COSTO DE LA RENDICIÓN TOTAL

Un compromiso a rendirse por completo a los propósitos de Dios es algo más fácil de decir que de hacer. Jesús les dejó esto claro a sus discípulos y nunca ocultó la dura realidad que enfrentarían o el impacto que provocaría sobre sus vidas. Tampoco evitó las conversaciones difíciles, como es obvio por sus interacciones con Pedro con respecto a la traición del discípulo antes de la muerte de Jesús. A través de Pedro, aprendemos que el costo de la rendición total a veces puede parecernos demasiado pesado como para soportarlo.

Dirigiéndose a todos, [Jesús] declaró:
—Si alguien quiere ser mi discípulo, que se niegue a sí mismo, lleve su cruz cada día y me siga. Porque el que quiera salvar su vida, la perderá; pero el que pierda su vida por mi causa, la salvará. ¿De qué le sirve a uno ganar el mundo entero si se pierde o se destruye a sí mismo? Si alguien se avergüenza de mí y de mis palabras, el Hijo del hombre se avergonzará de él cuando venga en su gloria y en la gloria del Padre y de los santos ángeles.
LUCAS 9.23—26

Tuvieron además un altercado sobre cuál de ellos sería el más importante. Jesús les dijo:

—Los reyes de las naciones oprimen a sus súbditos, y los que ejercen autoridad sobre ellos se llaman a sí mismos benefactores. No sea así entre ustedes. Al contrario, el mayor debe comportarse como el menor, y el que manda como el que sirve. Porque, ¿quién es más importante, el que está a la mesa o el que sirve? ¿No lo es el que está sentado a la mesa? Sin embargo, yo estoy entre ustedes como uno que sirve. Ahora bien, ustedes son los que han estado siempre a mi lado en mis pruebas. Por eso, yo mismo les concedo un reino, así como mi Padre me lo concedió a mí, para que coman y beban a mi mesa en mi reino, y se sienten en tronos para juzgar a las doce tribus de Israel.

»Simón, Simón, mira que Satanás ha pedido zarandearlos a ustedes como si fueran trigo. Pero yo he orado por ti, para que no falle tu fe. Y tú, cuando te hayas vuelto a mí, fortalece a tus hermanos.

—Señor —respondió Pedro—, estoy dispuesto a ir contigo tanto a la cárcel como a la muerte.

—Pedro, te digo que hoy mismo, antes de que cante el gallo, tres veces negarás que me conoces.

Luego Jesús dijo a todos:

—Cuando los envié a ustedes sin monedero ni bolsa ni sandalias, ¿acaso les faltó algo?

—Nada —respondieron.

—Ahora, en cambio, el que tenga un monedero, que lo lleve; así mismo, el que tenga una bolsa. Y el que nada tenga, que venda su manto y compre una espada. Porque les digo que tiene que cumplirse en mí aquello que está escrito: "Y fue contado entre los transgresores." En efecto, lo que se ha escrito de mí se está cumpliendo.

—Mira, Señor —le señalaron los discípulos—, aquí hay dos espadas.

—¡Basta! —les contestó.

Jesús salió de la ciudad y, como de costumbre, se dirigió al monte de los Olivos, y sus discípulos lo siguieron. Cuando llegaron al lugar, les dijo: «Oren para que no caigan en tentación.» Entonces se separó de ellos a una buena distancia, se arrodilló y empezó a orar: «Padre, si quieres, no me hagas beber este trago amargo; pero no se cumpla mi voluntad, sino la tuya.» Entonces se le apareció un ángel del cielo para fortalecerlo. Pero, como estaba angustiado, se puso a orar con más fervor, y su sudor era como gotas de sangre que caían a tierra.

Cuando terminó de orar y volvió a los discípulos, los encontró dormidos, agotados por la tristeza. «¿Por qué están durmiendo? —les exhortó—. Levántense y oren para que no caigan en tentación.»

Todavía estaba hablando Jesús cuando se apareció una turba, y al frente iba uno de los doce, el que se llamaba Judas. Éste se acercó a Jesús para besarlo, pero Jesús le preguntó:

—Judas, ¿con un beso traicionas al Hijo del hombre?

Los discípulos que lo rodeaban, al darse cuenta de lo que pasaba, dijeron:

—Señor, ¿atacamos con la espada?

Y uno de ellos hirió al siervo del sumo sacerdote, cortándole la oreja derecha.

—¡Déjenlos! —ordenó Jesús.

Entonces le tocó la oreja al hombre, y lo sanó. Luego dijo a los jefes de los sacerdotes, a los capitanes del templo y a los ancianos, que habían venido a prenderlo:

—¿Acaso soy un bandido, para que vengan contra mí con espadas y palos? Todos los días estaba con ustedes en el templo, y no se atrevieron a ponerme las manos encima. Pero ya ha llegado la hora de ustedes, cuando reinan las tinieblas.

Prendieron entonces a Jesús y lo llevaron a la casa del sumo sacerdote. Pedro los seguía de lejos. Pero luego, cuando encendieron una fogata en medio del patio y se sentaron alrededor, Pedro se les unió. Una criada lo vio allí sentado a la lumbre, lo miró detenidamente y dijo:

—Éste estaba con él.

Pero él lo negó.

—Muchacha, yo no lo conozco.

Poco después lo vio otro y afirmó:

—Tú también eres uno de ellos.

—¡No, hombre, no lo soy! —contestó Pedro.

Como una hora más tarde, otro lo acusó:

—Seguro que éste estaba con él; miren que es galileo.

—¡Hombre, no sé de qué estás hablando! —replicó Pedro.

En el mismo momento en que dijo eso, cantó el gallo. El Señor se volvió y miró directamente a Pedro. Entonces Pedro se acordó de lo que el Señor le había dicho: «Hoy mismo, antes de que el gallo cante, me negarás tres veces.» Y saliendo de allí, lloró amargamente.

LUCAS 22.24–62

¿Qué quiso decir Jesús cuando exhortó a los discípulos a «tomar su cruz cada día»? ¿Por qué Jesús indicó que esta era una decisión sabia?

La inspiración de los mártires

A pesar de su traición, Pedro recibió una segunda oportunidad para demostrar que estaba totalmente entregado a los propósitos de Dios. Tras la resurrección de Jesús, él lo perdonó y restauró a Pedro a una posición de liderazgo. Él vivió su fe con valentía y más adelante en su vida, según la tradición, fue crucificado boca abajo, quizá porque no se sentía digno de morir como Cristo.

Sin embargo, Esteban fue el primer mártir de la iglesia cristiana. Aunque no era un apóstol, desempeñó un papel importante en la iglesia primitiva ministrando a las viudas en Jerusalén y siendo un poderoso testigo de Jesús. Su muerte desató una oleada de persecución en el primer siglo. Esteban fue llevado ante el Sanedrín, donde declaró su total entrega a Dios con valentía a la vista de todos.

Esteban, hombre lleno de la gracia y del poder de Dios, hacía grandes prodigios y señales milagrosas entre el pueblo. Con él se pusieron a discutir ciertos individuos de la sinagoga llamada de los Libertos, donde había judíos de Cirene y de Alejandría, de Cilicia y de la provincia de Asia. Como no podían hacer frente a la sabiduría ni al Espíritu con que hablaba Esteban, instigaron a unos hombres a decir: «Hemos oído a Esteban blasfemar contra Moisés y contra Dios.»

Agitaron al pueblo, a los ancianos y a los maestros de la ley. Se apoderaron de Esteban y lo llevaron ante el Consejo. Presentaron testigos falsos, que declararon: «Este hombre no deja de hablar contra este lugar santo y contra la ley. Le hemos oído decir que ese Jesús de Nazaret destruirá este lugar y cambiará las tradiciones que nos dejó Moisés.»

Todos los que estaban sentados en el Consejo fijaron la mirada en Esteban y vieron que su rostro se parecía al de un ángel.

—¿Son ciertas estas acusaciones? —le preguntó el sumo sacerdote.

Él contestó:

—Hermanos y padres, ¡escúchenme! El Dios de la gloria se apareció a nuestro padre Abraham cuando éste aún vivía en Mesopotamia, antes de radicarse en Jarán. "Deja tu tierra y a tus parientes —le dijo Dios—, y ve a la tierra que yo te mostraré."

»Entonces salió de la tierra de los caldeos y se estableció en Jarán. Desde allí, después de la muerte de su padre, Dios lo trasladó a esta tierra donde ustedes viven ahora. No le dio herencia alguna en ella, ni siquiera dónde plantar el pie, pero le prometió dársela en posesión a él y a su descendencia, aunque Abraham no tenía ni un solo hijo todavía. Dios le dijo así: "Tus descendientes vivirán como extranjeros en tierra extraña, donde serán esclavizados y maltratados durante cuatrocientos años. Pero sea cual sea la nación que los esclavice, yo la castigaré, y luego tus descendientes saldrán de esa tierra y me adorarán en este lugar." Hizo con Abraham el pacto que tenía por señal la circuncisión. Así, cuando Abraham tuvo a su hijo Isaac, lo circuncidó a los ocho días de nacido, e Isaac a Jacob, y Jacob a los doce patriarcas.

»Por envidia los patriarcas vendieron a José como esclavo, quien fue llevado a Egipto; pero Dios estaba con él y lo libró de todas sus desgracias. Le dio sabiduría para ganarse el favor del faraón, rey de Egipto, que lo nombró gobernador del país y del palacio real.

»Hubo entonces un hambre que azotó a todo Egipto y a Canaán, causando mucho sufrimiento, y nuestros antepasados no encontraban alimentos. Al enterarse Jacob de que había comida en Egipto, mandó allá a nuestros antepasados en una primera visita. En la segunda, José se dio a conocer a sus hermanos, y el faraón supo del origen de José. Después de esto, José mandó llamar a su padre Jacob y a toda su familia, setenta y cinco personas en total. Bajó entonces Jacob a Egipto, y allí murieron él y nuestros antepasados. Sus restos fueron llevados a Siquén y puestos en el sepulcro que a buen precio Abraham había comprado a los hijos de Jamor en Siquén.

»Cuando ya se acercaba el tiempo de que se cumpliera la promesa que Dios le había hecho a Abraham, el pueblo crecía y se multiplicaba en Egipto. Por aquel entonces subió al trono de Egipto un nuevo rey que no sabía nada de José. Este rey usó de artimañas con nuestro pueblo y oprimió a nuestros antepasados, obligándolos a dejar abandonados a sus hijos recién nacidos para que murieran.

»En aquel tiempo nació Moisés, y fue agradable a los ojos de Dios. Por tres meses se crió en la casa de su padre y, al quedar abandonado, la hija del faraón lo adoptó y lo crió como a su propio hijo. Así Moisés fue instruido en toda la sabiduría de los egipcios, y era poderoso en palabra y en obra.

»Cuando cumplió cuarenta años, Moisés tuvo el deseo de allegarse a sus hermanos israelitas. Al ver que un egipcio maltrataba a uno de ellos, acudió en su defensa y lo vengó matando al egipcio. Moisés suponía que sus hermanos reconocerían que Dios iba a liberarlos por medio de él, pero ellos no lo comprendieron así. Al día siguiente, Moisés sorprendió a dos israelitas que estaban peleando. Trató de reconciliarlos, diciéndoles: "Señores, ustedes son hermanos; ¿por qué quieren hacerse daño?"

»Pero el que estaba maltratando al otro empujó a Moisés y le dijo: "¿Y quién te nombró a ti gobernante y juez sobre nosotros? ¿Acaso quieres matarme a mí, como mataste ayer al egipcio?" Al oír esto, Moisés huyó a Madián; allí vivió como extranjero y tuvo dos hijos.

»Pasados cuarenta años, se le apareció un ángel en el desierto cercano al monte Sinaí, en las llamas de una zarza que ardía. Moisés se asombró de lo que veía. Al acercarse para observar, oyó la voz del Señor: "Yo soy el Dios de tus antepasados, el Dios de Abraham, de Isaac y de Jacob." Moisés se puso a temblar de miedo, y no se atrevía a mirar.

»Le dijo el Señor: "Quítate las sandalias, porque estás pisando tierra santa. Ciertamente he visto la opresión que sufre mi pueblo en Egipto. Los he escuchado quejarse, así que he descendido para librarlos. Ahora ven y te enviaré de vuelta a Egipto."

»A este mismo Moisés, a quien habían rechazado diciéndole: "¿Y quién te nombró gobernante y juez?", Dios lo envió para ser gobernante y libertador, mediante el poder del ángel que se le apareció en la zarza. Él los sacó de Egipto haciendo prodigios y señales milagrosas tanto en la tierra de Egipto como en el Mar Rojo, y en el desierto durante cuarenta años.

»Este Moisés les dijo a los israelitas: "Dios hará surgir para ustedes, de entre sus propios hermanos, un profeta como yo." Este mismo Moisés estuvo en la asamblea en el desierto, con el ángel que le habló en el monte Sinaí, y con nuestros antepasados. Fue también él quien recibió palabras de vida para comunicárnoslas a nosotros.

»Nuestros antepasados no quisieron obedecerlo a él, sino que lo rechazaron. Lo que realmente deseaban era volver a Egipto, por lo cual le dijeron a Aarón: "Tienes que hacernos dioses que vayan delante de nosotros, porque a ese Moisés que nos sacó de Egipto, ¡no sabemos qué pudo haberle pasado!"

»Entonces se hicieron un ídolo en forma de becerro. Le ofrecieron sacrificios y tuvieron fiesta en honor de la obra de sus manos.

Pero Dios les volvió la espalda y los entregó a que rindieran culto a los astros. Así está escrito en el libro de los profetas:

> »"Casa de Israel, ¿acaso me ofrecieron ustedes sacrificios y
>   ofrendas
>   durante los cuarenta años en el desierto?
> Por el contrario, ustedes se hicieron cargo del tabernáculo
>   de Moloc,
>   de la estrella del dios Refán,
>   y de las imágenes que hicieron para adorarlas.
> Por lo tanto, los mandaré al exilio" más allá de Babilonia.

»Nuestros antepasados tenían en el desierto el tabernáculo del testimonio, hecho como Dios le había ordenado a Moisés, según el modelo que éste había visto. Después de haber recibido el tabernáculo, lo trajeron consigo bajo el mando de Josué, cuando conquistaron la tierra de las naciones que Dios expulsó de la presencia de ellos. Allí permaneció hasta el tiempo de David, quien disfrutó del favor de Dios y pidió que le permitiera proveer una morada para el Dios de Jacob. Pero fue Salomón quien construyó la casa.

»Sin embargo, el Altísimo no habita en casas construidas por manos humanas. Como dice el profeta:

> »"El cielo es mi trono,
>   y la tierra, el estrado de mis pies.
> ¿Qué clase de casa me construirán?
>
> —dice el Señor—.
>
> ¿O qué lugar de descanso?
> ¿No es mi mano la que ha hecho todas estas cosas?"

»¡Tercos, duros de corazón y torpes de oídos! Ustedes son iguales que sus antepasados: ¡Siempre resisten al Espíritu Santo! ¿A cuál de los profetas no persiguieron sus antepasados? Ellos mataron a los que de antemano anunciaron la venida del Justo, y ahora a éste lo han traicionado y asesinado ustedes, que recibieron la ley promulgada por medio de ángeles y no la han obedecido.

Al oír esto, rechinando los dientes montaron en cólera contra él. Pero Esteban, lleno del Espíritu Santo, fijó la mirada en el cielo y vio la gloria de Dios, y a Jesús de pie a la derecha de Dios.

—¡Veo el cielo abierto —exclamó—, y al Hijo del hombre de pie a la derecha de Dios!

Entonces ellos, gritando a voz en cuello, se taparon los oídos y todos a una se abalanzaron sobre él, lo sacaron a empellones fuera de la ciudad y comenzaron a apedrearlo. Los acusadores le encargaron sus mantos a un joven llamado Saulo.

Mientras lo apedreaban, Esteban oraba.

—**Señor Jesús —decía—, recibe mi espíritu.**

Luego cayó de rodillas y gritó:

—**¡Señor, no les tomes en cuenta este pecado!**

Cuando hubo dicho esto, murió. HECHOS 6.8—7.60 ⚷

Compare y contraste la historia de Esteban con la de Sadrac, Mesac y Abednego. Compare la muerte de Esteban con la muerte de Cristo. ¿Qué detalles de cada historia ejemplifican mejor la rendición total?

Otro mártir de la iglesia primitiva fue el apóstol Pablo. Mientras viajaba por todo el Imperio Romano en sus numerosos viajes misioneros, Pablo estableció incontables amistades íntimas y se granjeó también algunos enemigos serios. Sabiendo que en el futuro le aguardaba una gran prueba, se reunió con muchos creyentes para lo que él suponía que sería una última vez.

Por medio del Espíritu, exhortaron a Pablo a que no subiera a Jerusalén. Pero al cabo de algunos días, partimos y continuamos nuestro viaje. Todos los discípulos, incluso las mujeres y los niños, nos acompañaron hasta las afueras de la ciudad, y allí en la playa nos arrodillamos y oramos. Luego de despedirnos, subimos a bordo y ellos regresaron a sus hogares.

Nosotros continuamos nuestro viaje en barco desde Tiro y arribamos a Tolemaida, donde saludamos a los hermanos y nos quedamos con ellos un día. Al día siguiente salimos y llegamos a Cesarea, y nos hospedamos en casa de Felipe el evangelista, que era uno de los siete; éste tenía cuatro hijas solteras que profetizaban.

Llevábamos allí varios días, cuando bajó de Judea un profeta llamado Ágabo. Éste vino a vernos y, tomando el cinturón de Pablo, se ató con él de pies y manos, y dijo:

—Así dice el Espíritu Santo: "De esta manera atarán los judíos de Jerusalén al dueño de este cinturón, y lo entregarán en manos de los gentiles."

Al oír esto, nosotros y los de aquel lugar le rogamos a Pablo que no subiera a Jerusalén.

—**¿Por qué lloran? ¡Me parten el alma! —respondió Pablo—. Por el nombre del Señor Jesús estoy dispuesto no sólo a ser atado sino también a morir en Jerusalén.**

Como no se dejaba convencer, desistimos exclamando:

—**¡Que se haga la voluntad del Señor!**   Hechos 21.4–14

Las predicciones que hizo Ágabo fueron correctas. Pablo fue arrestado en Jerusalén y pasó un par de años encarcelado en Cesarea antes de finalmente viajar en barco a Roma, donde permaneció bajo arresto domiciliario otros dos años más. Jesús prometió que cuando perdemos nuestra vida realmente la encontramos. Entregar su vida a fin de que se cumplieran los propósitos de Dios era el objetivo supremo de Pablo. ¿Haremos que sea también el nuestro?

Hermanos, quiero que sepan que, en realidad, lo que me ha pasado ha contribuido al avance del evangelio. Es más, se ha hecho evidente a toda la guardia del palacio y a todos los demás que estoy encadenado por causa de Cristo. Gracias a mis cadenas, ahora más que nunca la mayoría de los hermanos, confiados en el Señor, se han atrevido a anunciar sin temor la palabra de Dios.

Es cierto que algunos predican a Cristo por envidia y rivalidad, pero otros lo hacen con buenas intenciones. Estos últimos lo hacen por amor, pues saben que he sido puesto para la defensa del evangelio. Aquéllos predican a Cristo por ambición personal y no por motivos puros, creyendo que así van a aumentar las angustias que sufro en mi prisión.

¿Qué importa? Al fin y al cabo, y sea como sea, con motivos falsos o con sinceridad, se predica a Cristo. Por eso me alegro; es más, seguiré alegrándome porque sé que, gracias a las oraciones de ustedes y a la ayuda que me da el Espíritu de Jesucristo, todo esto resultará en mi liberación. **Mi ardiente anhelo y esperanza es que en nada seré avergonzado, sino que con toda libertad, ya sea que yo viva o** muera, ahora como siempre, Cristo será exaltado en mi cuerpo. Porque para mí el vivir es Cristo y el morir es ganancia.

FILIPENSES 1.12–21

¿Cuál de las historias que has leído te inspira más?
¿Por qué?

LO QUE CREEMOS

La decisión de dedicar nuestra vida a los propósitos de Dios constituye una práctica diaria. Jesús instruyó a los discípulos a tomar su cruz cada día y seguirlo. Dios espera este tipo de consagración de nosotros también. Y parte de esta consagración incluye ser un «sacrificio vivo», lo cual requiere una decisión diaria de ofrecernos en el altar. Afortunadamente, podemos hallar inspiración en las historias de muchos valientes y fieles seguidores de Dios, incluidos Sadrac, Mesac, Abednego, Ester, Esteban y Pablo. También podemos encontrar consuelo en la vida de Pedro, quien negó a Jesús tres veces en algunos de los momentos más difíciles de la vida del Señor. Debido al incondicional amor que sentía por él, Jesús restauró a Pedro. ¡Y hará lo mismo por nosotros!

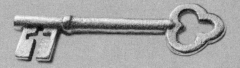

CAPÍTULO

16

Comunidad bíblica

¿Cómo desarrollo relaciones sanas con otros?

Tengo comunión con otros cristianos para llevar a cabo los propósitos
de Dios en mi vida, en las vidas de los demás y en el mundo.

Todos los creyentes estaban juntos y tenían todo en común:
vendían sus propiedades y posesiones, y compartían sus bienes
entre sí según la necesidad de cada uno. No dejaban de reunirse
en el templo ni un solo día. De casa en casa partían el pan y
compartían la comida con alegría y generosidad, alabando a Dios
y disfrutando de la estimación general del pueblo. Y cada día el
Señor añadía al grupo los que iban siendo salvos.
—Hechos 2.44–47

Nos encontramos a mitad del estudio de las diez prácticas cristianas. Las primeras cinco profundizan nuestra relación con Dios: adoración, oración, estudio bíblico, enfoque y rendición total. Ahora consideraremos aquellas que bendicen nuestras relaciones con las personas que nos rodean. La primera de estas es la comunidad bíblica.

Creemos que el único Dios verdadero quiere tener una relación con nosotros por toda la eternidad. A fin de hacer esto posible, proveyó un camino para restaurar nuestra relación con él a través del sacrificio de su Hijo, Jesucristo. Todos aquellos que creen reciben una nueva identidad y se reúnen para formar una nueva comunidad llamada la iglesia. Es por medio de la iglesia que Dios puede cumplir sus propósitos en la tierra.

La comunidad bíblica resulta esencial para la vida cristiana y constituye un aspecto vital de la iglesia. Mientras pasamos a formar parte de esta nueva familia bajo el liderazgo de Dios, no solo cumplimos su plan para nuestras vidas, las vidas de otros y el mundo, sino también fortalecemos nuestra creencia en Dios y su iglesia.

He aquí las grandes ideas que exploraremos en este capítulo:

- Creados para la comunidad.
- La presencia de Dios.
- La nueva comunidad.
- Rasgos de una comunidad bíblica.

CREADOS PARA LA COMUNIDAD

A partir de los relatos de la creación en los capítulos anteriores, aprendimos sobre la Trinidad y el origen del pecado. Resulta necesario reconsiderar ambas cosas mientras hablamos de cómo fuimos creados para la comunidad. Desde el principio, Dios nos diseñó para vivir en comunidad. La comunidad bíblica es tanto vertical como horizontal, entre Dios y nosotros, y entre nosotros y los demás. Cuando Dios plantó el jardín en Edén, estableció una regla que protegería la habilidad de Adán para mantener una comunión inquebrantable con él: comer el fruto de cualquier árbol del jardín excepto del árbol del conocimiento del bien y del *mal. Luego él creó a Eva, así que Adán, como Dios, no estaría solo, sino tendría un ser salido de su misma esencia con quien vivir en comunidad.*

Ésta es la historia de la creación de los cielos y la tierra.

Cuando Dios el Señor hizo la tierra y los cielos, aún no había ningún arbusto del campo sobre la tierra, ni había brotado la hierba, porque Dios el Señor todavía no había hecho llover sobre la tierra ni existía el hombre para que la cultivara. No obstante, salía de la tierra un manantial que regaba toda la superficie del suelo. Y Dios el Señor formó al hombre del polvo de la tierra, y sopló en su nariz hálito de vida, y el hombre se convirtió en un ser viviente.

Dios el Señor plantó un jardín al oriente del Edén, y allí puso al hombre que había formado. Dios el Señor hizo que creciera toda clase de árboles hermosos, los cuales daban frutos buenos y apetecibles. En medio del jardín hizo crecer el árbol de la vida y también el árbol del conocimiento del bien y del mal.

Del Edén nacía un río que regaba el jardín, y que desde allí se dividía en cuatro ríos menores. El primero se llamaba Pisón, y recorría toda la región de Javilá, donde había oro. El oro de esa región era fino, y también había allí resina muy buena y piedra de ónice. El segundo se llamaba Guijón, que recorría toda la región de Cus. El tercero se llamaba Tigris, que corría al este de Asiria. El cuarto era el Éufrates.

Dios el Señor tomó al hombre y lo puso en el jardín del Edén para que lo cultivara y lo cuidara, y le dio este mandato: «Puedes comer de todos los árboles del jardín, pero del árbol del conocimiento del bien y del mal no deberás comer. El día que de él comas, ciertamente morirás.»

Luego Dios el Señor dijo: «No es bueno que el hombre esté solo. Voy a hacerle una ayuda adecuada.» Entonces Dios el Señor formó de la tierra toda ave del cielo y todo animal del campo, y se los llevó al hombre para ver qué nombre les pondría. El hombre les puso nombre a todos los seres vivos, y con ese nombre se les conoce. Así el hombre fue poniéndoles nombre a todos los animales domésticos, a todas las aves del cielo y a todos los animales del campo. Sin embargo, no se encontró entre ellos la ayuda adecuada para el hombre.

Entonces Dios el Señor hizo que el hombre cayera en un sueño profundo y, mientras éste dormía, le sacó una costilla y le cerró la herida. De la costilla que le había quitado al hombre, Dios el Señor hizo una mujer y se la presentó al hombre, el cual exclamó:

«Ésta sí es hueso de mis huesos
 y carne de mi carne.
Se llamará "mujer"
 porque del hombre fue sacada.»

Por eso el hombre deja a su padre y a su madre, y se une a su mujer, y los dos se funden en un solo ser.

En ese tiempo el hombre y la mujer estaban desnudos, pero ninguno de los dos sentía vergüenza.   GÉNESIS 2.4–25

La comunidad no es solo algo «deseable», sino una experiencia esencial para vivir una vida piadosa y saludable. Dios ha querido que los seres humanos tengan unas relaciones buenas y vivificantes entre sí; relaciones vigorizadas y motivadas por la presencia divina entre ellos. Adán y Eva experimentaron este ideal perfecto en el jardín. Sin embargo su rechazo de la visión de Dios para la vida juntos causó que la humanidad fuera expulsada del jardín y la comunidad con Dios. Esta separación de Dios y la presencia del pecado en la naturaleza de cada ser humano son un desafío perpetuo para crear una comunidad fuerte. No obstante, según la Palabra de Dios está claro que las personas no fueron creadas para la separación y el aislamiento.

Vi a un hombre solitario, sin hijos ni hermanos, y que nunca dejaba de afanarse; ¡jamás le parecían demasiadas sus riquezas! «¿Para quién trabajo tanto, y me abstengo de las cosas buenas?», se preguntó. ¡También esto es absurdo, y una penosa tarea!

Más valen dos que uno,
 porque obtienen más fruto de su esfuerzo.
Si caen, el uno levanta al otro.
 ¡Ay del que cae
 y no tiene quien lo levante!
Si dos se acuestan juntos,
 entrarán en calor;
 uno solo ¿cómo va a calentarse?
Uno solo puede ser vencido,
 pero dos pueden resistir.
¡La cuerda de tres hilos
 no se rompe fácilmente!   ECLESIASTÉS 4.8–12

El pasaje de Eclesiastés 4 describe una relación entre dos personas. ¿Por qué entonces el Maestro dice que «la cuerda de tres hilos» no se rompe fácilmente?

LA PRESENCIA DE DIOS

Para mantener una comunidad que da vida, Dios debe ser el centro. Sin embargo, Adán y Eva lo rechazaron en el jardín, de modo que la comunidad con Dios y del uno con el otro fue difícil de restablecer. No obstante, Dios nunca se rinde con respecto a los seres humanos, y la narrativa de la Biblia expone sus esfuerzos para restaurar la comunidad con nosotros. Después de liberar a la nación de Israel de la esclavitud en Egipto, el Señor le informó a Moisés acerca de su intención de estar con su pueblo en una tienda conocida como el tabernáculo.

El Señor habló con Moisés y le dijo: «Ordénales a los israelitas que me traigan una ofrenda. La deben presentar todos los que sientan deseos de traérmela. Como ofrenda se les aceptará lo siguiente: oro, plata, bronce, lana teñida de púrpura, carmesí y escarlata; lino fino, pelo de cabra, pieles de carnero teñidas de rojo, pieles de delfín, madera de acacia, aceite para las lámparas, especias para aromatizar el aceite de la unción y el incienso, y piedras de ónice y otras piedras preciosas para adornar el efod y el pectoral del sacerdote. **Después me harán un santuario, para que yo habite entre ustedes. El santuario y todo su mobiliario deberán ser una réplica exacta del modelo que yo te mostraré.** Éxodo 25.1–9

La presencia de Dios estaría representada por el arca del pacto: una caja elaborada que contenía las tablas con los Diez Mandamientos, una jarra de oro llena de maná y la vara de Aarón. El arca fue situada en una sala especial en el tabernáculo llamada el lugar santísimo, el cual estaba separado por un grueso velo. Mientras Moisés y los israelitas se hallaban acampados a los pies del monte Sinaí, terminaron la construcción y la preparación necesarias para levantar el tabernáculo.

El Señor habló con Moisés y le dijo: «En el día primero del mes primero, levanta el santuario, es decir, la Tienda de reunión. Pon en su interior el arca del pacto, y cúbrela con la cortina. Lleva adentro la mesa y ponla en orden. Pon también dentro del santuario el candelabro, y enciende sus lámparas. Coloca el altar del incienso frente al arca del pacto, y cuelga la cortina a la entrada del santuario.

»Coloca el altar de los holocaustos frente a la entrada del santuario, la Tienda de reunión; coloca el lavamanos entre la Tienda de reunión y el altar, y pon agua en él. Levanta el atrio en su derredor, y coloca la cortina a la entrada del atrio.

»Toma el aceite de la unción, y unge el santuario y todo lo que haya en él; conságralo, junto con todos sus utensilios, para que sea un objeto sagrado. Unge también el altar de los holocaustos y todos sus utensilios; conságralo, para que sea un objeto muy sagrado. Unge además, y consagra, el lavamanos y su pedestal.

»Lleva luego a Aarón y a sus hijos a la entrada de la Tienda de reunión, haz que se bañen, y ponle a Aarón sus vestiduras sagradas. Úngelo y conságralo, para que ministre como sacerdote mío. Acerca entonces a sus hijos, ponles sus túnicas, y úngelos como ungiste a su padre, para que ministren como mis sacerdotes. La unción les conferirá un sacerdocio válido para todas las generaciones venideras.»

Moisés hizo todo tal y como el Señor se lo mandó. Fue así como el santuario se instaló el día primero del mes primero del año segundo.
Éxodo 40.1–17

En ese instante la nube cubrió la Tienda de reunión, y la gloria del Señor llenó el santuario. Moisés no podía entrar en la Tienda de reunión porque la nube se había posado en ella y la gloria del Señor llenaba el santuario.
Éxodo 40.34–35

La nube, un símbolo de la gloria de Dios, que había guiado a los israelitas después de su huida de Egipto, cubrió y llenó el recién establecido tabernáculo. Unos quinientos años después, los israelitas construyeron un templo en Jerusalén para reemplazar el tabernáculo por un lugar permanente en el que podrían reunirse con Dios. Y algo muy similar ocurrió después de la oración del rey Salomón en la dedicación de ese templo.

Cuando Salomón terminó de orar, descendió fuego del cielo y consumió el holocausto y los sacrificios, y la gloria del Señor llenó el templo. Tan lleno de su gloria estaba el templo, que los sacerdotes no podían entrar en él. Al ver los israelitas que el fuego descendía y que la gloria del Señor se posaba sobre el templo, cayeron de rodillas y, postrándose rostro en tierra, alabaron al Señor diciendo: «El es bueno; su gran amor perdura para siempre.»

2 Crónicas 7.1–3

En el Nuevo Testamento, la presencia de Dios entre su pueblo cambió a una nueva posición. Simultáneamente a la muerte de Jesús en la cruz, el pesado velo que colgaba delante del lugar santo y aislaba al pueblo de Dios de la presencia divina se rasgó de arriba abajo. La presencia de Dios ya no estaba limitada a esa pequeña sala en el templo. El perdón de los pecados ahora estaba disponible. Pablo nos enseña acerca del nuevo «templo» para la presencia de Dios.

Mientras lees el pasaje de Efesios 2, busca las diferencias entre los dos lugares de morada de Dios: el templo y la iglesia del Nuevo Testamento. ¿Qué barreras existen en ambos lugares? ¿A quién se le permite la entrada en cada sitio? ¿Cuál es la piedra angular de cada uno?

Recuerden ustedes los gentiles de nacimiento —los que son llamados «incircuncisos» por aquellos que se llaman «de la circuncisión», la cual se hace en el cuerpo por mano humana—, recuerden que en ese entonces ustedes estaban separados de Cristo, excluidos de la ciudadanía de Israel y ajenos a los pactos de la promesa, sin esperanza y sin Dios en el mundo. Pero ahora en Cristo Jesús, a ustedes que antes estaban lejos, Dios los ha acercado mediante la sangre de Cristo.

Porque Cristo es nuestra paz: de los dos pueblos ha hecho uno solo, derribando mediante su sacrificio el muro de enemistad que nos separaba, pues anuló la ley con sus mandamientos y requisitos. Esto lo hizo para crear en sí mismo de los dos pueblos una nueva humanidad al hacer la paz, para reconciliar con Dios a ambos en un solo cuerpo mediante la cruz, por la que dio muerte a la enemistad. Él vino y proclamó paz a ustedes que estaban lejos y paz a los que estaban cerca. Pues por medio de él tenemos acceso al Padre por un mismo Espíritu.

Por lo tanto, ustedes ya no son extraños ni extranjeros, sino conciudadanos de los santos y miembros de la familia de Dios,

edificados sobre el fundamento de los apóstoles y los profetas, siendo Cristo Jesús mismo la piedra angular. En él todo el edificio, bien armado, se va levantando para llegar a ser un templo santo en el Señor. En él también ustedes son edificados juntamente para ser morada de Dios por su Espíritu. Efesios 2.11–22

La nueva comunidad

Después de la resurrección de Jesús y antes de su ascensión de nuevo al Padre, él les dijo a sus discípulos que esperaran en Jerusalén la llegada del Espíritu Santo, el cual moraría dentro de ellos. Como lo prometió, la presencia real de Dios descendió sobre el nuevo templo: los creyentes en Jesucristo. Leemos sobre la llegada del Espíritu Santo el día de Pentecostés cuando estudiamos con respecto al nacimiento de la iglesia. Ahora descubrimos que con la presencia de Dios morando en los corazones de los creyentes, su potencial para una comunión vibrante de los unos con los otros aumentó.

Cuando llegó el día de Pentecostés, estaban todos juntos en el mismo lugar. De repente, vino del cielo un ruido como el de una violenta ráfaga de viento y llenó toda la casa donde estaban reunidos. Se les aparecieron entonces unas lenguas como de fuego que se repartieron y se posaron sobre cada uno de ellos. Todos fueron llenos del Espíritu Santo y comenzaron a hablar en diferentes lenguas, según el Espíritu les concedía expresarse. Hechos 2.1–4

Se mantenían firmes en la enseñanza de los apóstoles, en la comunión, en el partimiento del pan y en la oración. Todos estaban asombrados por los muchos prodigios y señales que realizaban los apóstoles. **Todos los creyentes estaban juntos y tenían todo en común:** vendían sus propiedades y posesiones, y compartían sus bienes entre sí según la necesidad de cada uno. No dejaban de reunirse en el templo ni un solo día. De casa en casa partían el pan y compartían la comida con alegría y generosidad, alabando a Dios y disfrutando de la estimación general del pueblo. Y cada día el Señor añadía al grupo los que iban siendo salvos. Hechos 2.42–47

Todos los creyentes eran de un solo sentir y pensar. Nadie consideraba suya ninguna de sus posesiones, sino que las compartían. Los apóstoles, a su vez, con gran poder seguían dando testimonio de la resurrección del Señor Jesús. La gracia de Dios se derramaba abundantemente sobre todos ellos, pues no había ningún necesitado en la comunidad. Quienes poseían casas o terrenos los vendían, llevaban el dinero de las ventas y lo entregaban a los apóstoles para que se distribuyera a cada uno según su necesidad.

José, un levita natural de Chipre, a quien los apóstoles llamaban Bernabé (que significa: Consolador), vendió un terreno que poseía, llevó el dinero y lo puso a disposición de los apóstoles.

HECHOS 4.32–37 🔑

¿Imaginas cómo hubiera sido ser un miembro de la primera iglesia después de Pentecostés? ¿Te hubiera gustado formar parte de esa comunidad? ¿Por que sí o por qué no?
¿De que maneras la primera iglesia debería ser un modelo para las iglesias de hoy?

Durante el primer siglo resultó difícil para muchos convertidos judíos vencer la presión y la persecución que recibían de parte de otros miembros de su familia que permanecían fieles al judaísmo. El autor de Hebreos escribió esa carta para tales creyentes, a fin de convencerlos de la superioridad de Cristo sobre la ley y animarlos a confiar mucho en su nueva comunidad de fe para perseverar.

Así que, hermanos, mediante la sangre de Jesús, tenemos plena libertad para entrar en el Lugar Santísimo, por el camino nuevo y vivo que él nos ha abierto a través de la cortina, es decir, a través de su cuerpo; y tenemos además un gran sacerdote al frente de la familia de Dios. Acerquémonos, pues, a Dios con corazón sincero y con la plena seguridad que da la fe, interiormente purificados de una conciencia culpable y exteriormente lavados con agua pura. Mantengamos firme la esperanza que profesamos, porque fiel es el que hizo la promesa. **Preocupémonos los unos por los otros, a fin de estimularnos al amor y a las buenas obras. No dejemos de congregarnos, como acostumbran hacerlo algunos, sino animémonos unos a otros, y con mayor razón ahora que vemos que aquel día se acerca.**

HEBREOS 10.19–25

No hace falta cientos de personas reunidas para producir un cambio y cumplir los propósitos de Dios. Jesús dijo que solo se necesitaban unos pocos que se comprometieran a reunirse con un propósito en común.

«Porque donde están dos o tres congregados en mi nombre, allí estoy yo en medio de ellos».   MATEO 18.20

RASGOS DE UNA COMUNIDAD BÍBLICA

Una comunidad bíblica involucra a todas las personas de la comunidad, de modo que usen sus dones, recursos y tiempo al unísono a fin de lograr una tarea importante para el plan de Dios. Los israelitas regresaron de setenta años de cautiverio y estaban reconstruyendo sus vidas bajo el reinado de Dios. Nehemías regresó con el objetivo de iniciar la reconstrucción de la muralla alrededor de la ciudad para protegerla del acoso de las naciones vecinas. Todos en la comunidad, incluidos los niños, fueron llamados a ayudar en este proyecto masivo e importante. Mientras lees esta historia, podrías sentirte tentado a saltarte los muchos nombres. Como una ayuda, imagina que el nombre de tu familia ha sido anotado en lo que respecta a este importante proyecto comunitario.

Tres días después de haber llegado a Jerusalén, [yo Nehemías] salí de noche acompañado de algunos hombres, pero a ninguno de ellos le conté lo que mi Dios me había motivado hacer por Jerusalén. La única bestia que llevábamos era la que yo montaba. Esa noche salí por la puerta del Valle hacia la fuente del Dragón y la puerta del Basurero. Inspeccioné las ruinas de la muralla de Jerusalén, y sus puertas consumidas por el fuego. Después me dirigí hacia la puerta de la Fuente y el estanque del Rey, pero no hallé por dónde pasar con mi cabalgadura. Así que, siendo aún de noche, subí por el arroyo mientras inspeccionaba la muralla. Finalmente regresé y entré por la puerta del Valle.

Los gobernadores no supieron a dónde fui ni qué hice, porque hasta entonces no había dicho nada a ningún judío: ni a los sacerdotes, ni a los nobles, ni a los gobernadores ni a los que estaban trabajando en la obra. **Por eso les dije:**

—**Ustedes son testigos de nuestra desgracia. Jerusalén está en ruinas, y sus puertas han sido consumidas por el fuego. ¡Vamos, anímense! ¡Reconstruyamos la muralla de Jerusalén para que ya nadie se burle de nosotros!**

Entonces les conté cómo la bondadosa mano de Dios había estado conmigo y les relaté lo que el rey me había dicho. Al oír esto, exclamaron:

—¡Manos a la obra!

Y unieron la acción a la palabra.

Cuando lo supieron, Sambalat el horonita, Tobías el oficial amonita y Guesén el árabe se burlaron de nosotros y nos preguntaron de manera despectiva:

—Pero, ¿qué están haciendo? ¿Acaso pretenden rebelarse contra el rey?

Yo les contesté:

—El Dios del cielo nos concederá salir adelante. Nosotros, sus siervos, vamos a comenzar la reconstrucción. Ustedes no tienen arte ni parte en este asunto, ni raigambre en Jerusalén.

Entonces el sumo sacerdote Eliasib y sus compañeros los sacerdotes trabajaron en la reconstrucción de la puerta de las Ovejas. La repararon y la colocaron en su lugar, y reconstruyeron también la muralla desde la torre de los Cien hasta la torre de Jananel. El tramo contiguo lo reconstruyeron los hombres de Jericó, y el tramo siguiente, Zacur hijo de Imrí.

La puerta de los Pescados la reconstruyeron los descendientes de Sená. Colocaron las vigas y pusieron la puerta en su lugar, con sus cerrojos y barras. El tramo contiguo lo reconstruyó Meremot, hijo de Urías y nieto de Cos, y el tramo siguiente Mesulán, hijo de Berequías y nieto de Mesezabel. El siguiente tramo lo reconstruyó Sadoc hijo de Baná. Los de Tecoa reconstruyeron el siguiente tramo de la muralla, aunque sus notables no quisieron colaborar con sus dirigentes.

La puerta de Jesaná la reconstruyeron Joyadá hijo de Paseaj y Mesulán hijo de Besodías. Colocaron las vigas y pusieron en su lugar la puerta con sus cerrojos y barras. El tramo contiguo lo reconstruyeron Melatías de Gabaón y Jadón de Meronot. A éstos se les unieron los de Gabaón y los de Mizpa, que estaban bajo el dominio del gobernador de la provincia al oeste del río Éufrates.

Uziel hijo de Jaraías, que era uno de los plateros, reconstruyó el siguiente tramo de la muralla, y uno de los perfumistas, llamado Jananías, el siguiente. Entre los dos reconstruyeron la muralla de Jerusalén hasta la muralla Ancha. El siguiente tramo lo reconstruyó Refaías hijo de Jur, que era gobernador de una mitad del distrito de Jerusalén; el siguiente, Jedaías hijo de Jarumaf, cuya casa quedaba al frente, y el siguiente, Jatús hijo de Jasabnías.

Malquías hijo de Jarín y Jasub hijo de Pajat Moab reconstruyeron el siguiente tramo de la muralla y la torre de los Hornos. Salún hijo de Halojés, que era gobernador de la otra mitad del distrito de Jerusalén, reconstruyó el siguiente tramo con la ayuda de sus hijas.

La puerta del Valle la reconstruyeron Janún y los habitantes de Zanoa, y la colocaron en su lugar con sus cerrojos y barras. Levantaron también quinientos metros de muralla hasta la puerta del Basurero.

Malquías hijo de Recab, gobernador del distrito de Bet Haqueren, reconstruyó la puerta del Basurero y la colocó en su lugar con sus cerrojos y barras.

Salún hijo de Coljozé, gobernador del distrito de Mizpa, reconstruyó la puerta de la Fuente, la techó y la colocó en su lugar con sus cerrojos y barras. Reconstruyó también el muro del estanque de Siloé, que está junto al jardín del rey, hasta las gradas que llevan a la Ciudad de David. Nehemías hijo de Azbuc, gobernador de una mitad del distrito de Betsur, reconstruyó el siguiente tramo hasta el lugar que está frente a los sepulcros de David, hasta el estanque artificial y hasta el cuartel de la guardia real.

El sector que sigue lo reconstruyeron los levitas y Rejún hijo de Baní. En el tramo siguiente Jasabías, gobernador de una mitad del distrito de Queilá, hizo las obras de reconstrucción por cuenta de su distrito, y las continuaron sus compañeros: Bavay hijo de Henadad, gobernador de la otra mitad del distrito de Queilá, y Ezer hijo de Jesúa, gobernador de Mizpa, que reconstruyó el tramo que sube frente al arsenal de la esquina. El tramo siguiente, es decir, el sector que va desde la esquina hasta la puerta de la casa del sumo sacerdote Eliasib, lo reconstruyó con entusiasmo Baruc hijo de Zabay. El sector que va desde la puerta de la casa de Eliasib hasta el extremo de la misma lo reconstruyó Meremot, hijo de Urías y nieto de Cos.

El siguiente tramo lo reconstruyeron los sacerdotes que vivían en los alrededores. Benjamín y Jasub reconstruyeron el sector que está frente a sus propias casas. Azarías, hijo de Maseías y nieto de Ananías, reconstruyó el tramo que está junto a su propia casa. Binuy hijo de Henadad reconstruyó el sector que va desde la casa de Azarías hasta el ángulo, es decir, hasta la esquina. Palal hijo de Uzay reconstruyó el sector de la esquina que está frente a la torre alta que sobresale del palacio real, junto al patio de la guardia. El tramo contiguo lo reconstruyó Pedaías hijo de Parós. Los servidores del templo que vivían en Ofel reconstruyeron el sector oriental que está frente a la puerta del Agua y la torre que allí sobresale. Los hombres de Tecoa reconstruyeron el tramo que va desde el frente de la gran torre que allí sobresale, hasta la muralla de Ofel.

Los sacerdotes, cada uno frente a su casa, reconstruyeron el sector de la muralla sobre la puerta de los Caballos, El siguiente tramo lo reconstruyó Sadoc hijo de Imer, pues quedaba frente a su propia casa. El sector que sigue lo reparó Semaías hijo de Secanías, guardián de la puerta oriental. Jananías hijo de Selemías, y Janún, el sexto hijo de Salaf, reconstruyeron otro tramo. Mesulán hijo de Berequías reconstruyó el siguiente tramo, pues quedaba frente a su casa. Malquías, que era uno de los plateros, reconstruyó el tramo que llega hasta las casas de los servidores del templo y de los comerciantes, frente a la puerta de la Inspección y hasta el puesto de vigilancia. Y el sector que va desde allí hasta la puerta de las Ovejas lo reconstruyeron los plateros y los comerciantes.

NEHEMÍAS 2.11—3.32

La muralla se terminó el día veinticinco del mes de *elul*. Su reconstrucción había durado cincuenta y dos días.   NEHEMÍAS 6.15

Una de las claras diferencias entre la iglesia y el resto de la sociedad es el llamado a vivir para los demás. A lo largo del Nuevo Testamento se insta a los seguidores de Jesús a cuidarse «unos a otros». Cuando los primeros cristianos hicieron esto en fe, provocaron una atracción irresistible en los de fuera a desear pertenecer a la familia de Dios. La práctica de preocuparse los unos por los otros es un rasgo característico de una verdadera comunidad bíblica.

Pues así como cada uno de nosotros tiene un solo cuerpo con muchos miembros, y no todos estos miembros desempeñan la misma función, también nosotros, siendo muchos, formamos un solo cuerpo en Cristo, y cada miembro está unido a todos los demás.

ROMANOS 12.4—5

Ámense los unos a los otros con amor fraternal, respetándose y honrándose mutuamente.   ROMANOS 12.10

No tengan deudas pendientes con nadie, a no ser la de amarse unos a otros. De hecho, quien ama al prójimo ha cumplido la ley.

ROMANOS 13.8

Que el Dios que infunde aliento y perseverancia les conceda vivir juntos en armonía, conforme al ejemplo de Cristo Jesús, para que con un solo corazón y a una sola voz glorifiquen al Dios y Padre de nuestro Señor Jesucristo.

Por tanto, **acéptense mutuamente,** así como Cristo los aceptó a ustedes para gloria de Dios. ROMANOS 15.5–7

Por mi parte, hermanos míos, estoy seguro de que ustedes mismos rebosan de bondad, abundan en conocimiento y **están capacitados para instruirse unos a otros.** ROMANOS 15.14

Les hablo así, hermanos, porque ustedes han sido llamados a ser libres; pero no se valgan de esa libertad para dar rienda suelta a sus pasiones. Más bien **sírvanse unos a otros** con amor. GÁLATAS 5.13

Ayúdense unos a otros a llevar sus cargas, y así cumplirán la ley de Cristo. GÁLATAS 6.2

[Sean] siempre humildes y amables, pacientes, **tolerantes unos con otros en amor.** EFESIOS 4.2

Sométanse unos a otros, por reverencia a Cristo.

EFESIOS 5.21

Pues Dios no nos destinó a sufrir el castigo sino a recibir la salvación por medio de nuestro Señor Jesucristo. Él murió por nosotros para que, en la vida o en la muerte, vivamos junto con él. Por eso, anímense y edifíquense unos a otros, tal como lo vienen haciendo.

1 TESALONICENSES 5.9–11

El llamado entre la iglesia primitiva a cuidarse unos a otros también se evidenció mediante la hospitalidad sencilla. Este mandato a mostrar amor y poner en práctica una política de puertas abiertas mejoró mucho la calidad de la comunidad y siempre dejó espacio para que se incorporaran nuevas personas, independientemente de su etapa en la vida.

Mientras lees los pasajes de Hebreos 13, Hechos 18,
1 Corintios 16, Romanos 16 y 1 Juan 1–3, considera el énfasis
y la importancia que se le atribuye a la hospitalidad.
¿Por qué piensas que esta era importante para la primera iglesia?
¿Es aún importante hoy? ¿Por qué sí o por qué no?

Sigan amándose unos a otros fraternalmente. **No se olviden de practicar la hospitalidad, pues gracias a ella algunos, sin saberlo, hospedaron ángeles.** Acuérdense de los presos, como si ustedes fueran sus compañeros de cárcel, y también de los que son maltratados, como si fueran ustedes mismos los que sufren.

HEBREOS 13.1–3

Así que ofrezcamos continuamente a Dios, por medio de Jesucristo, un sacrificio de alabanza, es decir, el fruto de los labios que confiesan su nombre. **No se olviden de hacer el bien y de compartir con otros lo que tienen, porque ésos son los sacrificios que agradan a Dios.**

HEBREOS 13.15–16

Una pareja, cuyos nombres eran Priscila y Aquila, ofrece un hermoso ejemplo de cómo ser hospitalarios. En el siglo primero las posadas no abundaban, y la iglesia primitiva no tenía edificios. A fin de experimentar la comunidad bíblica, las personas que poseían casas tenían que abrirlas para que se reuniera la iglesia. Pablo llevaba a cabo su segundo viaje misionero cuando se encontró por primera vez a esta entrañable pareja, la cual lo invitó a quedarse con ellos.

Pablo se marchó de Atenas y se fue a Corinto. Allí se encontró con un judío llamado Aquila, natural del Ponto, y con su esposa Priscila. Hacía poco habían llegado de Italia, porque Claudio había mandado que todos los judíos fueran expulsados de Roma. Pablo fue a verlos y, como hacía tiendas de campaña al igual que ellos, se quedó para que trabajaran juntos.

HECHOS 18.1–3

Pablo permaneció en Corinto algún tiempo más. Después se despidió de los hermanos y emprendió el viaje rumbo a Siria, acompañado de Priscila y Aquila. En Cencreas, antes de embarcarse, se hizo rapar la cabeza a causa de un voto que había hecho. Al llegar a Éfeso,

Pablo se separó de sus acompañantes y entró en la sinagoga, donde se puso a discutir con los judíos. HECHOS 18.18–19

Por aquel entonces llegó a Éfeso un judío llamado Apolos, natural de Alejandría. Era un hombre ilustrado y convincente en el uso de las Escrituras. Había sido instruido en el camino del Señor, y con gran fervor hablaba y enseñaba con la mayor exactitud acerca de Jesús, aunque conocía sólo el bautismo de Juan. Comenzó a hablar valientemente en la sinagoga. **Al oírlo Priscila y Aquila, lo tomaron a su cargo y le explicaron con mayor precisión el camino de Dios.** HECHOS 18.24–26

La admiración de Pablo por Priscila y Aquila se puede ver a través de sus cartas. Pablo escribió 1 Corintios cuando estaba en Éfeso. Él envió saludos de parte de Aquila y Priscila, los cuales albergaban a la iglesia en su casa.

Las iglesias de la provincia de Asia les mandan saludos. Aquila y Priscila los saludan cordialmente en el Señor, como también la iglesia que se reúne en la casa de ellos. 1 CORINTIOS 16.19

Además, un par de años después, cuando Pablo escribió la Epístola a los Romanos, expresó su gratitud hacia Priscila y Aquila, que ahora estaban en Roma.

Saluden a Priscila y a Aquila, mis compañeros de trabajo en Cristo Jesús. Por salvarme la vida, ellos arriesgaron la suya. Tanto yo como todas las iglesias de los gentiles les estamos agradecidos. ROMANOS 16.3–4

A fin de que la iglesia logre su misión completa, todos los creyentes, viendo el ejemplo de Priscila y Aquila, tienen que usar los dones que Dios les ha dado para servir a otros. En 1 Juan, el apóstol Juan enfatizó el valor de la comunión cristiana. Si practicamos esta cualidad y profundidad de comunión con otros cristianos, lograremos los propósitos de Dios en nuestra vida, las vidas de los demás y el mundo.

Lo que ha sido desde el principio, lo que hemos oído, lo que hemos visto con nuestros propios ojos, lo que hemos contemplado, lo que hemos tocado con las manos, esto les anunciamos respecto al Verbo que es vida. Esta vida se manifestó. Nosotros la hemos visto y damos testimonio de ella, y les anunciamos a ustedes la vida eterna que estaba con el Padre y que se nos ha manifestado. Les anunciamos lo que hemos visto y oído, para que también ustedes tengan comunión con nosotros. Y nuestra comunión es con el Padre y con su Hijo Jesucristo. Les escribimos estas cosas para que nuestra alegría sea completa.

Éste es el mensaje que hemos oído de él y que les anunciamos: Dios es luz y en él no hay ninguna oscuridad. Si afirmamos que tenemos comunión con él, pero vivimos en la oscuridad, mentimos y no ponemos en práctica la verdad. **Pero si vivimos en la luz, así como él está en la luz, tenemos comunión unos con otros, y la sangre de su Hijo Jesucristo nos limpia de todo pecado.** 1 JUAN 1.1–7

Queridos hermanos, lo que les escribo no es un mandamiento nuevo, sino uno antiguo que han tenido desde el principio. Este mandamiento antiguo es el mensaje que ya oyeron. Por otra parte, lo que les escribo es un mandamiento nuevo, cuya verdad se manifiesta tanto en la vida de Cristo como en la de ustedes, porque la oscuridad se va desvaneciendo y ya brilla la luz verdadera.

El que afirma que está en la luz, pero odia a su hermano, todavía está en la oscuridad. El que ama a su hermano permanece en la luz, y no hay nada en su vida que lo haga tropezar. Pero el que odia a su hermano está en la oscuridad y en ella vive, y no sabe a dónde va porque la oscuridad no lo deja ver. 1 JUAN 2.7–11

En esto conocemos lo que es el amor: en que Jesucristo entregó su vida por nosotros. Así también nosotros debemos entregar la vida por nuestros hermanos. Si alguien que posee bienes materiales ve que su hermano está pasando necesidad, y no tiene compasión de él, ¿cómo se puede decir que el amor de Dios habita en él? Queridos hijos, no amemos de palabra ni de labios para afuera, sino con hechos y de verdad. 1 JUAN 3.16–18

La Palabra de Dios le asigna un gran valor a la comunidad cristiana. ¿Cuán importante es este valor para ti en este preciso momento? ¿Qué impacto produce esto en tu vida?

LO QUE CREEMOS

Dios nos creó para vivir en comunidad. Debido a nuestra naturaleza pecaminosa, resulta esencial que Dios esté en el centro de esa comunidad. Él estaba en el jardín con Adán y Eva; moró en el tabernáculo y el templo con Israel; literalmente caminó junto a los primeros discípulos por más de treinta años. Desde el comienzo de la iglesia hasta ahora, Dios no ha habitado en un templo construido por manos humanas, sino en un nuevo templo: las vidas de sus seguidores. Mientras contamos con la presencia del Espíritu Santo entre nosotros, crecemos en lo que respecta a tener una verdadera comunidad bíblica, caracterizada por el cuidado de los unos a los otros y una franca hospitalidad. Al tener comunión con otros cristianos, no solo disfrutamos de una rica experiencia para la cual fuimos creados, sino también despedimos un «aroma» que atrae a otros. Por lo tanto, debemos hacer de la comunidad bíblica una prioridad a fin de cumplir los propósitos de Dios en nuestra vida, las vidas de los demás y el mundo.

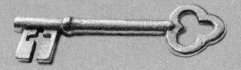

CAPÍTULO

17

Dones espirituales

PREGUNTA CLAVE

¿Qué dones y capacidades me ha dado Dios para servir a otros?

IDEA CLAVE

Conozco mis dones espirituales y los uso para cumplir los propósitos de Dios.

VERSÍCULO CLAVE

Pues así como cada uno de nosotros tiene un solo cuerpo con muchos miembros, y no todos estos miembros desempeñan la misma función, también nosotros, siendo muchos, formamos un solo cuerpo en Cristo, y cada miembro está unido a todos los demás. Tenemos dones diferentes, según la gracia que se nos ha dado.
—*Romanos 12.4–6*

Dios ha usado a dos comunidades principales para cumplir su gran propósito de redimir a la humanidad y restaurar su visión de que estemos con él para siempre. En el Antiguo Testamento esta comunidad fue Israel. En el Nuevo Testamento esa comunidad fue (y continúa siendo) la iglesia. Dios equipó a miembros individuales de estas comunidades con las habilidades y los dones necesarios para cumplir su plan y propósitos. Es deber de cada individuo reconocer y usar sus dones para los propósitos de Dios. Luego, colectivamente, la comunidad debe decidir trabajar junta en unidad. Cuando esto sucede, se logran cosas asombrosas. Ocurren milagros. La vida cambia.

En este capítulo leeremos pasajes de las Escrituras que nos ayudarán a entender más sobre los dones espirituales, incluyendo:

- Dones espirituales en el Antiguo Testamento.
- El don prometido del Espíritu Santo.
- Propósito y función de los dones espirituales.
- Administración de nuestros dones.

Dones espirituales en el Antiguo Testamento

Aunque la frase «don espiritual» no se encuentra en el Antiguo Testamento, vemos con claridad la evidencia del Espíritu Santo obrando a través de su pueblo durante este período. En el Antiguo Testamento, el Espíritu les concedía de manera peculiar sus poderes a los individuos (a menudo solo de manera temporal) principalmente para capacitarlos a fin de llevar a cabo las responsabilidades especiales que Dios les había encomendado. Cuando los israelitas vagaban por el desierto luego del éxodo de Egipto, Dios instruyó a Moisés para que construyera un tabernáculo que él usaría como morada desde ese día en adelante. Serían necesarios las habilidades y los dones de muchas personas para llevar a cabo la complicada tarea de Dios de construir su nuevo santuario.

Moisés les dijo a los israelitas: «Tomen en cuenta que el Señor ha escogido expresamente a Bezalel, hijo de Uri y nieto de Jur, de la tribu de Judá, y lo ha llenado del Espíritu de Dios, de sabiduría, inteligencia y capacidad creativa para hacer trabajos artísticos en oro, plata y bronce, para cortar y engastar piedras preciosas, para hacer tallados en madera y realizar toda clase de diseños artísticos y artesanías. Dios les ha dado a él y a Aholiab hijo de Ajisamac, de la tribu de Dan, la habilidad de enseñar a otros. Los ha llenado de gran sabiduría para realizar toda clase de artesanías, diseños y recamados en lana púrpura, carmesí y escarlata, y lino. Son expertos tejedores y hábiles artesanos en toda clase de labores y diseños.

»Así, pues, Bezalel y Aholiab llevarán a cabo los trabajos para el servicio del santuario, tal y como el SEÑOR lo ha ordenado, junto con todos los que tengan ese mismo espíritu artístico, y a quienes el SEÑOR haya dado pericia y habilidad para realizar toda la obra del servicio del santuario.» ÉXODO 35.30—36.1

Dios le da a su pueblo las habilidades necesarias para cumplir sus propósitos. Esto abarca no solo la tarea del sacerdote o pastor, sino también el movimiento del martillo del trabajador de la construcción y la interpretación del plano por parte del director de un proyecto.

En el Antiguo Testamento, los dones espirituales se empleaban ocasionalmente para los de fuera. En estas oportunidades, Dios usó señales milagrosas para revelarse como el único Dios verdadero. Por ejemplo, mientras los israelitas vivían en el exilio bajo el reinado del rey Nabucodonosor, Dios le concedió a Daniel la capacidad de interpretar sueños complejos.

En el segundo año de su reinado, Nabucodonosor tuvo varios sueños que lo perturbaron y no lo dejaban dormir. Mandó entonces que se reunieran los magos, hechiceros, adivinos y astrólogos de su reino, para que le dijeran lo que había soñado. Una vez reunidos, y ya en presencia del rey, éste les dijo:

—Tuve un sueño que me tiene preocupado, y quiero saber lo que significa.

Los astrólogos le respondieron:

—¡Que viva Su Majestad por siempre! Estamos a su servicio. Cuéntenos el sueño, y nosotros le diremos lo que significa.

Pero el rey les advirtió:

—Mi decisión ya está tomada: Si no me dicen lo que soñé, ni me dan su interpretación, ordenaré que los corten en pedazos y que sus casas sean reducidas a cenizas. Pero si me dicen lo que soñé y me explican su significado, yo les daré regalos, recompensas y grandes honores. Así que comiencen por decirme lo que soñé, y luego explíquenme su significado.

Los astrólogos insistieron:

—Si Su Majestad les cuenta a estos siervos suyos lo que soñó, nosotros le diremos lo que significa.

Pero el rey les contestó:

—Mi decisión ya está tomada. Eso ustedes bien lo saben, y por eso quieren ganar tiempo. Si no me dicen lo que soñé, ya saben lo que les espera. Ustedes se han puesto de acuerdo para salirme con cuestiones engañosas y mal intencionadas, esperando que cambie yo de parecer. Díganme lo que soñé, y así sabré que son capaces de darme su interpretación.

Entonces los astrólogos le respondieron:

—¡No hay nadie en la tierra capaz de hacer lo que Su Majestad nos pide! ¡Jamás a ningún rey se le ha ocurrido pedirle tal cosa a ningún mago, hechicero o astrólogo! Lo que Su Majestad nos pide raya en lo imposible, y nadie podrá revelárselo, a no ser los dioses. ¡Pero ellos no viven entre nosotros!

Tanto enfureció al rey la respuesta de los astrólogos, que mandó ejecutar a todos los sabios de Babilonia. Se publicó entonces un edicto que decretaba la muerte de todos los sabios, de modo que se ordenó la búsqueda de Daniel y de sus compañeros para que fueran ejecutados.

Cuando el comandante de la guardia real, que se llamaba Arioc, salió para ejecutar a los sabios babilonios, Daniel le habló con mucho tacto e inteligencia. Le dijo: «¿Por qué ha emitido el rey un edicto tan violento?» Y una vez que Arioc le explicó cuál era el problema, Daniel fue a ver al rey y le pidió tiempo para poder interpretarle su sueño. Después volvió a su casa y les contó a sus amigos Ananías, Misael y Azarías cómo se presentaba la situación. Al mismo tiempo, les pidió que imploraran la misericordia del Dios del cielo en cuanto a ese sueño misterioso, para que ni él ni sus amigos fueran ejecutados con el resto de los sabios babilonios.

Durante la noche, Daniel recibió en una visión la respuesta al misterio. Entonces alabó al Dios del cielo y dijo:

> «¡Alabado sea por siempre el nombre de Dios!
> Suyos son la sabiduría y el poder.
> Él cambia los tiempos y las épocas,
> pone y depone reyes.

A los sabios da sabiduría,
  y a los inteligentes, discernimiento.
Él revela lo profundo y lo escondido,
  y sabe lo que se oculta en las sombras.
¡En él habita la luz!
  A ti, Dios de mis padres,
  te alabo y te doy gracias.
Me has dado sabiduría y poder,
  me has dado a conocer lo que te pedimos,
  ¡me has dado a conocer el sueño del rey!»

Entonces Daniel fue a ver a Arioc, a quien el rey le había dado la orden de ejecutar a los sabios de Babilonia, y le dijo:

—No mates a los sabios babilonios. Llévame ante el rey, y le interpretaré el sueño que tuvo.

Inmediatamente Arioc condujo a Daniel a la presencia del rey, y le dijo:

—Entre los exiliados de Judá he hallado a alguien que puede interpretar el sueño de Su Majestad.

El rey le preguntó a Daniel, a quien los babilonios le habían puesto por nombre Beltsasar:

—¿Puedes decirme lo que vi en mi sueño, y darme su interpretación?

A esto Daniel respondió:

—No hay ningún sabio ni hechicero, ni mago o adivino, que pueda explicarle a Su Majestad el misterio que le preocupa. Pero hay un Dios en el cielo que revela los misterios. Ese Dios le ha mostrado a usted lo que tendrá lugar en los días venideros. Éstos son el sueño y las visiones que pasaron por la mente de Su Majestad mientras dormía: Allí, en su cama, Su Majestad dirigió sus pensamientos a las cosas por venir, y el que revela los misterios le **mostró** lo que está por suceder. Por lo que a mí toca, este misterio me ha sido revelado, no porque yo sea más sabio que el resto de la humanidad, sino para que Su Majestad llegue a conocer su interpretación y entienda lo que pasaba por su mente.

»En su sueño Su Majestad veía una estatua enorme, de tamaño impresionante y de aspecto horrible. La cabeza de la estatua era de oro puro, el pecho y los brazos eran de plata, el vientre y los muslos eran de bronce, y las piernas eran de hierro, lo mismo que la mitad de los pies, en tanto que la otra mitad era de barro cocido. De pronto, y mientras Su Majestad contemplaba la estatua, una roca que nadie desprendió vino y golpeó los pies de hierro y barro de la estatua, y los hizo pedazos. Con ellos se hicieron añicos el hierro y el barro, junto con el bronce, la plata y el oro. La estatua se hizo polvo, como el que vuela en el verano cuando se trilla el trigo. El viento barrió con la estatua, y no quedó ni rastro de ella. En cambio, la roca que dio contra la estatua se convirtió en una montaña enorme que llenó toda la tierra.

»Éste fue el sueño que tuvo Su Majestad, y éste es su significado: Su Majestad es rey entre los reyes; el Dios del cielo le ha dado el reino, el poder, la majestad y la gloria. Además, ha puesto en manos de Su Majestad a la humanidad entera, a las bestias del campo y a las aves del cielo. No importa dónde vivan, Dios ha hecho de Su Majestad el gobernante de todos ellos. ¡Su Majestad es la cabeza de oro!

»Después de Su Majestad surgirá otro reino de menor importancia. Luego vendrá un tercer reino, que será de bronce, y dominará sobre toda la tierra. Finalmente, vendrá un cuarto reino, sólido como el hierro. Y así como el hierro todo lo rompe, destroza y pulveriza, este cuarto reino hará polvo a los otros reinos.

»Su Majestad veía que los pies y los dedos de la estatua eran mitad hierro y mitad barro cocido. El hierro y el barro, que Su Majestad vio mezclados, significan que éste será un reino dividido, aunque tendrá la fuerza del hierro. Y como los dedos eran también mitad hierro y mitad barro, este reino será medianamente fuerte y medianamente débil. Su Majestad vio mezclados el hierro y el barro, dos elementos que no pueden fundirse entre sí. De igual manera, el pueblo será una mezcla que no podrá mantenerse unida.

»En los días de estos reyes el Dios del cielo establecerá un reino que jamás será destruido ni entregado a otro pueblo, sino que permanecerá para siempre y hará pedazos a todos estos reinos. Tal es el sentido del sueño donde la roca se desprendía de una montaña; roca que, sin la intervención de nadie, hizo añicos al hierro, al bronce, al barro, a la plata y al oro. El gran Dios le ha mostrado a Su Majestad lo que tendrá lugar en el futuro. El sueño es verdadero, y esta interpretación, digna de confianza.

Al oír esto, el rey Nabucodonosor se postró ante Daniel y le rindió pleitesía, ordenó que se le presentara una ofrenda e incienso, y le dijo:

—¡Tu Dios es el Dios de dioses y el soberano de los reyes! ¡Tu Dios revela todos los misterios, pues fuiste capaz de revelarme este sueño misterioso! DANIEL 2.1–47

¿Cuál fue el don espiritual de Daniel? ¿Por qué resultó importante que Daniel reconociera que su don provenía del Señor?

El don prometido del Espíritu Santo

En el Nuevo Testamento, cuando Jesús celebró la última cena con sus discípulos, sabía que pronto moriría. Queriendo que ellos se animaran y se prepararan para vivir sin que él estuviera a su lado, prometió enviarles el don del Espíritu Santo, el cual les otorgaría esperanza y guía, y la capacidad de superar los días difíciles que les esperaban.

Si ustedes me aman, obedecerán mis mandamientos. Y yo le pediré al Padre, y él les dará otro Consolador para que los acompañe siempre: el Espíritu de verdad, a quien el mundo no puede aceptar porque no lo ve ni lo conoce. Pero ustedes sí lo conocen, porque vive con ustedes y estará en ustedes. No los voy a dejar huérfanos; volveré a ustedes. Dentro de poco el mundo ya no me verá más, pero ustedes sí me verán. Y porque yo vivo, también ustedes vivirán. En aquel día ustedes se darán cuenta de que yo estoy en mi Padre, y ustedes en mí, y yo en ustedes. ¿Quién es el que me ama? El que hace suyos mis mandamientos y los obedece. Y al que me ama, mi Padre lo amará, y yo también lo amaré y me manifestaré a él.

Judas (no el Iscariote) le dijo:

—¿Por qué, Señor, estás dispuesto a manifestarte a nosotros, y no al mundo?

Le contestó Jesús:

—El que me ama, obedecerá mi palabra, y mi Padre lo amará, y haremos nuestra vivienda en él. El que no me ama, no obedece mis palabras. Pero estas palabras que ustedes oyen no son mías sino del Padre, que me envió.

»Todo esto lo digo ahora que estoy con ustedes. Pero el Consolador, el Espíritu Santo, a quien el Padre enviará en mi nombre, les enseñará todas las cosas y les hará recordar todo lo que les he dicho. La paz les dejo; mi paz les doy. Yo no se la doy a ustedes como la da el mundo. No se angustien ni se acobarden.

»Ya me han oído decirles: "Me voy, pero vuelvo a ustedes." Si me amaran, se alegrarían de que voy al Padre, porque el Padre es más grande que yo. Y les he dicho esto ahora, antes de que suceda, para que cuando suceda, crean. Ya no hablaré más con ustedes, porque viene el príncipe de este mundo. Él no tiene ningún dominio sobre mí, pero el mundo tiene que saber que amo al Padre, y que hago exactamente lo que él me ha ordenado que haga.   JUAN 14.15–31

Más tarde, las últimas palabras de Jesús a sus discípulos antes de ascender al cielo les indicaron que esperasen en Jerusalén la promesa del don del Espíritu Santo. Diez días después, el Espíritu Santo llegó en la celebración judía de Pentecostés (es decir, cincuenta días después de la Pascua), los discípulos fueron dotados de una valentía increíble y nació la iglesia. Los judíos usan esta celebración para conmemorar la entrega de la ley. Los cristianos usan este día para conmemorar la entrega del Espíritu.

Cuando llegó el día de Pentecostés, estaban todos juntos en el mismo lugar. De repente, vino del cielo un ruido como el de una violenta ráfaga de viento y llenó toda la casa donde estaban reunidos. Se les aparecieron entonces unas lenguas como de fuego que se repartieron y se posaron sobre cada uno de ellos. Todos fueron llenos del Espíritu Santo y comenzaron a hablar en diferentes lenguas, según el Espíritu les concedía expresarse.

Estaban de visita en Jerusalén judíos piadosos, procedentes de todas las naciones de la tierra. Al oír aquel bullicio, se agolparon y quedaron todos pasmados porque cada uno los escuchaba hablar en su propio idioma. Desconcertados y maravillados, decían: «¿No son galileos todos estos que están hablando? ¿Cómo es que cada uno de nosotros los oye hablar en su lengua materna? Partos, medos y elamitas; habitantes de Mesopotamia, de Judea y de Capadocia, del Ponto y de Asia, de Frigia y de Panfilia, de Egipto y de las regiones de Libia cercanas a Cirene; visitantes llegados de Roma; judíos y prosélitos; cretenses y árabes: ¡todos por igual los oímos proclamar en nuestra propia lengua las maravillas de Dios!»

Desconcertados y perplejos, se preguntaban: «¿Qué quiere decir esto?» Otros se burlaban y decían: «Lo que pasa es que están borrachos.»

Entonces Pedro, con los once, se puso de pie y dijo a voz en cuello: «Compatriotas judíos y todos ustedes que están en Jerusalén, déjenme explicarles lo que sucede; presten atención a lo que les voy a decir. Éstos no están borrachos, como suponen ustedes. ¡Apenas son las nueve de la mañana! En realidad lo que pasa es lo que anunció el profeta Joel:

»**"Sucederá que en los últimos días —dice Dios—,
derramaré mi Espíritu sobre todo el género humano.**
Los hijos y las hijas de ustedes profetizarán,
   tendrán visiones los jóvenes
   y sueños los ancianos.
En esos días derramaré mi Espíritu
   aun sobre mis siervos y mis siervas,
   y profetizarán.
Arriba en el cielo y abajo en la tierra mostraré prodigios:
   sangre, fuego y nubes de humo.
El sol se convertirá en tinieblas
   y la luna en sangre
   antes que llegue el día del Señor, día grande y
      esplendoroso.
Y todo el que invoque el nombre del Señor
   será salvo."»   Hechos 2.1–21

El Espíritu Santo mora ahora en todos los que creen en Jesús. Nosotros somos el nuevo templo de Dios. Jesús le llamó al Espíritu Santo nuestro «abogado». ¿Qué piensas que eso significa para nosotros?

Propósito y función de los dones espirituales

Los dones espirituales se dan con un propósito. Dios quiere redimir a este mundo quebrantado, y ha escogido usar a la iglesia para hacerlo. Mientras que en el Antiguo Testamento el Espíritu Santo descendía de forma temporal sobre los seguidores de Dios a fin de capacitarlos para cumplir tareas específicas, el Nuevo Testamento indica claramente que el Espíritu Santo mora en todos los creyentes y que todos los creyentes tienen dones espirituales. Y como el Nuevo Testamento hace referencia a dones específicos, parece seguro asumir que Dios quiere que identifiquemos nuestros dones para usarlos de la mejor forma.

Mientras lees los pasajes de Romanos 12 y 1 Corintios 12, anota cuáles dones piensas que posees. Escoge a un familiar o amigo y haz lo mismo con respecto a su persona. Permite que sepa cuál consideras que es su don y cómo este te ha impactado de manera positiva.

Pues así como cada uno de nosotros tiene un solo cuerpo con muchos miembros, y no todos estos miembros desempeñan la misma función, también nosotros, siendo muchos, formamos un solo cuerpo en Cristo, y cada miembro está unido a todos los demás. Tenemos dones diferentes, según la gracia que se nos ha dado. Si el don de alguien es el de profecía, que lo use en proporción con su fe; si es el de prestar un servicio, que lo preste; si es el de enseñar, que enseñe; si es el de animar a otros, que los anime; si es el de socorrer a los necesitados, que dé con generosidad; si es el de dirigir, que dirija con esmero; si es el de mostrar compasión, que lo haga con alegría. ROMANOS 12.4–8

Ahora bien, hay diversos dones, pero un mismo Espíritu. Hay diversas maneras de servir, pero un mismo Señor. Hay diversas funciones, pero es un mismo Dios el que hace todas las cosas en todos.

A cada uno se le da una manifestación especial del Espíritu para el bien de los demás. A unos Dios les da por el Espíritu palabra de sabiduría; a otros, por el mismo Espíritu, palabra de conocimiento; a otros, fe por medio del mismo Espíritu; a otros, y por ese mismo Espíritu, dones para sanar enfermos; a otros, poderes milagrosos; a otros, profecía; a otros, el discernir espíritus; a otros, el hablar en diversas lenguas; y a otros, el interpretar lenguas. Todo esto lo hace un mismo y único Espíritu, quien reparte a cada uno según él lo determina.

De hecho, aunque el cuerpo es uno solo, tiene muchos miembros, y todos los miembros, no obstante ser muchos, forman un solo cuerpo. Así sucede con Cristo. Todos fuimos bautizados por un solo Espíritu para constituir un solo cuerpo —ya seamos judíos o gentiles, esclavos o libres—, y a todos se nos dio a beber de un mismo Espíritu.

Ahora bien, el cuerpo no consta de un solo miembro sino de muchos. Si el pie dijera: «Como no soy mano, no soy del cuerpo», no por eso dejaría de ser parte del cuerpo. Y si la oreja dijera: «Como no soy ojo, no soy del cuerpo», no por eso dejaría de ser parte del cuerpo. Si todo el cuerpo fuera ojo, ¿qué sería del oído? Si todo el cuerpo fuera oído, ¿qué sería del olfato? En realidad, Dios colocó cada miembro del cuerpo como mejor le pareció. Si todos ellos fueran un solo miembro, ¿qué sería del cuerpo? Lo cierto es que hay muchos miembros, pero el cuerpo es uno solo.

El ojo no puede decirle a la mano: «No te necesito.» Ni puede la cabeza decirles a los pies: «No los necesito.» Al contrario, los miembros del cuerpo que parecen más débiles son indispensables, y a los que nos parecen menos honrosos los tratamos con honra especial. Y se les trata con especial modestia a los miembros que nos parecen menos presentables, mientras que los más presentables no requieren trato especial. Así Dios ha dispuesto los miembros de nuestro cuerpo, dando mayor honra a los que menos tenían, a fin de que no haya división en el cuerpo, sino que sus miembros se preocupen por igual unos por otros. Si uno de los miembros sufre, los demás comparten su sufrimiento; y si uno de ellos recibe honor, los demás se alegran con él.

Ahora bien, ustedes son el cuerpo de Cristo, y cada uno es miembro de ese cuerpo. En la iglesia Dios ha puesto, en primer lugar, apóstoles; en segundo lugar, profetas; en tercer lugar, maestros; luego los que hacen milagros; después los que tienen dones para sanar enfermos, los que ayudan a otros, los que administran y los que hablan en diversas lenguas. ¿Son todos apóstoles? ¿Son todos profetas? ¿Son todos maestros? ¿Hacen todos milagros? ¿Tienen todos dones para sanar enfermos? ¿Hablan todos en lenguas? ¿Acaso interpretan todos? Ustedes, por su parte, ambicionen los mejores dones.

1 Corintios 12.4–31

ADMINISTRACIÓN DE NUESTROS DONES

Debemos emplear nuestros dones espirituales para beneficio del cuerpo de Cristo. Jesús usó una historia sobre unas monedas de oro para ilustrarles este principio a los discípulos. Así como el oro debe ser invertido, nuestros dones espirituales deben utilizarse para el bien de otros, multiplicando las bendiciones mientras las compartimos de acuerdo a los propósitos de Dios.

»El reino de los cielos será también como un hombre que, al emprender un viaje, llamó a sus siervos y les encargó sus bienes. A uno le dio cinco mil monedas de oro, a otro dos mil y a otro sólo mil, a cada uno según su capacidad. Luego se fue de viaje. El que había recibido las cinco mil fue en seguida y negoció con ellas y ganó otras cinco mil. Así mismo, el que recibió dos mil ganó otras dos mil. Pero el que había recibido mil fue, cavó un hoyo en la tierra y escondió el dinero de su señor.

»Después de mucho tiempo volvió el señor de aquellos siervos y arregló cuentas con ellos. El que había recibido las cinco mil monedas llegó con las otras cinco mil. "Señor —dijo—, usted me encargó cinco mil monedas. Mire, he ganado otras cinco mil." **Su señor le respondió: "¡Hiciste bien, siervo bueno y fiel! En lo poco has sido fiel; te pondré a cargo de mucho más. ¡Ven a compartir la felicidad de tu señor!"** Llegó también el que recibió dos mil monedas. "Señor —informó—, usted me encargó dos mil monedas. Mire, he ganado otras dos mil." Su señor le respondió: "¡Hiciste bien, siervo bueno y fiel! Has sido fiel en lo poco; te pondré a cargo de mucho más. ¡Ven a compartir la felicidad de tu señor!"

»Después llegó el que había recibido sólo mil monedas. "Señor —explicó—, yo sabía que usted es un hombre duro, que cosecha donde no ha sembrado y recoge donde no ha esparcido. Así que tuve miedo, y fui y escondí su dinero en la tierra. Mire, aquí tiene lo que es suyo." Pero su señor le contestó: "¡Siervo malo y perezoso! ¿Así que sabías que cosecho donde no he sembrado y recojo donde no he esparcido? Pues debías haber depositado mi dinero en el banco, para que a mi regreso lo hubiera recibido con intereses.

»"Quítenle las mil monedas y dénselas al que tiene las diez mil. Porque a todo el que tiene, se le dará más, y tendrá en abundancia. Al que no tiene se le quitará hasta lo que tiene. Y a ese siervo inútil échenlo afuera, a la oscuridad, donde habrá llanto y rechinar de dientes."»

MATEO 25.14–30

Al igual que el pistón de un motor necesita gasolina para funcionar bien, nuestros dones deben estar motivados por unas buenas intenciones. Los dones espirituales que son impulsados por una ambición egoísta y el orgullo chisporrotearán y fallarán.

Ya se acerca el fin de todas las cosas. Así que, para orar bien, manténganse sobrios y con la mente despejada. Sobre todo, ámense los unos a los otros profundamente, porque el amor cubre multitud de pecados. Practiquen la hospitalidad entre ustedes sin quejarse. **Cada uno ponga al servicio de los demás el don que haya recibido, administrando fielmente la gracia de Dios en sus diversas formas.** El que habla, hágalo como quien expresa las palabras mismas de Dios; el que presta algún servicio, hágalo como quien tiene el poder de Dios. Así Dios será en todo alabado por medio de Jesucristo.

1 PEDRO 4.7–11

¿Qué sucede cuando los dones espirituales son puestos en práctica sin amor? (Pedro dio un ejemplo de hospitalidad sin amor.) ¿Por qué es importante ser impulsados por el amor cuando ejercitamos nuestros dones espirituales?

Esta selección final de Efesios 4.1–16 también aparece en el Capítulo 6 (Iglesia). Para que la iglesia cumpla su propósito, todos debemos trabajar juntos como un cuerpo unificado. Mientras vuelves a leer este pasaje, nota cómo los líderes de la iglesia son un don para la congregación. Cuando ellos usan sus dones espirituales, otros creyentes también son equipados para administrar los suyos, lo cual resulta en que el cuerpo de Cristo se desarrolla cada vez más y los creyentes individuales alcanzan una mayor madurez.

Por eso yo, que estoy preso por la causa del Señor, les ruego que vivan de una manera digna del llamamiento que han recibido, siempre humildes y amables, pacientes, tolerantes unos con otros en amor. Esfuércense por mantener la unidad del Espíritu mediante el vínculo de la paz. Hay un solo cuerpo y un solo Espíritu, así como también fueron llamados a una sola esperanza; un solo Señor, una sola fe, un solo bautismo; un solo Dios y Padre de todos, que está sobre todos y por medio de todos y en todos.

Pero a cada uno de nosotros se nos ha dado gracia en la medida en que Cristo ha repartido los dones. Por esto dice:

> «Cuando ascendió a lo alto,
>   se llevó consigo a los cautivos
>   y dio dones a los hombres.»

(¿Qué quiere decir eso de que «ascendió», sino que también descendió a las partes bajas, o sea, a la tierra? El que descendió es el mismo que ascendió por encima de todos los cielos, para llenarlo todo.) Él mismo constituyó a unos, apóstoles; a otros, profetas; a otros, evangelistas; y a otros, pastores y maestros, a fin de capacitar al pueblo de Dios para la obra de servicio, para edificar el cuerpo de Cristo. De este modo, todos llegaremos a la unidad de la fe y del conocimiento del Hijo de Dios, a una humanidad perfecta que se conforme a la plena estatura de Cristo.

Así ya no seremos niños, zarandeados por las olas y llevados de aquí para allá por todo viento de enseñanza y por la astucia y los artificios de quienes emplean artimañas engañosas. Más bien, al vivir la verdad con amor, creceremos hasta ser en todo como aquel que es la cabeza, es decir, Cristo. **Por su acción todo el cuerpo crece y se edifica en amor, sostenido y ajustado por todos los ligamentos, según la actividad propia de cada miembro.** Efesios 4.1–16

La Biblia compara a la iglesia con un cuerpo. Colectivamente, somos el cuerpo de Cristo. Los creyentes individuales son identificados como las distintas partes el cuerpo, las cuales trabajan juntas para lograr que las necesidades sean satisfechas. ¿Puedes recordar un momento en que alguna parte de tu cuerpo resultó lastimada de alguna forma y cómo esto afectó al cuerpo completo? ¿Cómo funciona esta analogía con relación a la iglesia?

LO QUE CREEMOS

El único Dios verdadero se ha unido a su pueblo para lograr sus propósitos en la tierra. La tercera persona de la Trinidad, el Espíritu Santo, es el conductor de esta iniciativa. En el Antiguo Testamento, el Espíritu Santo solo moraba en individuos seleccionados por un período de tiempo para cumplir los propósitos de Dios. El Espíritu le daba dones a artesanos, arquitectos, constructores, sacerdotes y profetas. En el Nuevo Testamento, Jesús prometió que el Espíritu Santo habitaría en todos los creyentes. Esa promesa se cumplió el día de Pentecostés, según narra Hechos 2. El Espíritu le da dones a todos los creyentes con el expreso propósito de edificar el reino de Dios en la tierra. No todos tenemos el mismo don. En unidad, debemos celebrar los talentos de los demás y trabajar juntos para lograr que se cumpla la voluntad de Dios en nuestra vida y el mundo.

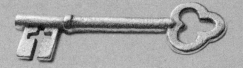

CAPÍTULO

18

Ofrecimiento de mi tiempo

───────────── PREGUNTA CLAVE ─────────────

¿Cómo utilizar mejor mi tiempo para servir a Dios y los demás?

───────────── IDEA CLAVE ─────────────

Invierto mi tiempo en cumplir los propósitos de Dios.

───────────── VERSÍCULO CLAVE ─────────────

Y todo lo que hagan, de palabra o de obra, háganlo en el nombre
del Señor Jesús, dando gracias a Dios el Padre por medio de él.
—*Colosenses 3.17*

Creer es un verbo que indica acción. Cualquier cosa que creamos en nuestros corazones se expresará en el modo que vivimos. Creencias tales como la iglesia, la compasión y la mayordomía conducen naturalmente a la práctica de ofrecerle nuestro tiempo a Dios para lograr sus propósitos. Cada vez que llevamos a cabo esta práctica espiritual, incluso si nuestros corazones no están totalmente comprometidos, esto ayuda a llevar tales creencias de nuestra mente a nuestro corazón. Así que practicamos nuestras creencias en fe.

En este capítulo leeremos pasajes de las Escrituras que se enfocan en los siguientes temas:

- *Dándole a Dios nuestro tiempo.*
- *Sirvamos a los propósitos de Dios.*
- *Administración de nuestro tiempo.*
- *Las recompensas de entregar nuestro tiempo.*

DÁNDOLE A DIOS NUESTRO TIEMPO

En esencia, no podemos hablar de «nuestro» tiempo, ya que todo el tiempo le pertenece a Dios. Cada momento que tenemos es un regalo de él. Es por eso que somos llamados a usar ese tiempo para honrar a nuestro Padre. El profeta Jonás aprendió esto por la vía difícil. Dios llamó a Jonás a desviar su tiempo del popular trabajo de servir a Israel a la ingrata tarea de viajar a Nínive para darles a sus enemigos la oportunidad de arrepentirse y que Dios los salvara. De más está decir que Jonás no estaba comprometido con ese llamado.

La palabra del SEÑOR vino a Jonás hijo de Amitay: «Anda, ve a la gran ciudad de Nínive y proclama contra ella que su maldad ha llegado hasta mi presencia.»

Jonás se fue, pero en dirección a Tarsis, para huir del SEÑOR. Bajó a Jope, donde encontró un barco que zarpaba rumbo a Tarsis. Pagó su pasaje y se embarcó con los que iban a esa ciudad, huyendo así del SEÑOR. Pero el SEÑOR lanzó sobre el mar un fuerte viento, y se desencadenó una tormenta tan violenta que el barco amenazaba con hacerse pedazos.

Los marineros, aterrados y a fin de aliviar la situación, comenzaron a clamar cada uno a su dios y a lanzar al mar lo que había en el barco. Jonás, en cambio, que había bajado al fondo de la nave para acostarse, ahora dormía profundamente. El capitán del barco se le acercó y le dijo:

—¿Cómo puedes estar durmiendo? ¡Levántate! ¡Clama a tu dios! Quizá se fije en nosotros, y no perezcamos.

Los marineros, por su parte, se dijeron unos a otros:

—¡Vamos, echemos suertes para averiguar quién tiene la culpa de que nos haya venido este desastre!

Así lo hicieron, y la suerte recayó en Jonás. Entonces le preguntaron:

—Dinos ahora, ¿quién tiene la culpa de que nos haya venido este desastre? ¿A qué te dedicas? ¿De dónde vienes? ¿Cuál es tu país? ¿A qué pueblo perteneces?

—Soy hebreo y temo al Señor, Dios del cielo, que hizo el mar y la tierra firme —les respondió.

Al oír esto, los marineros se aterraron aún más, y como sabían que Jonás huía del Señor, pues él mismo se lo había contado, le dijeron:

—¡Qué es lo que has hecho!

Pero el mar se iba enfureciendo más y más, así que le preguntaron:

—¿Qué vamos a hacer contigo para que el mar deje de azotarnos?

—Tómenme y láncenme al mar, y el mar dejará de azotarlos —les respondió—. Yo sé bien que por mi culpa se ha desatado sobre ustedes esta terrible tormenta.

Sin embargo, en un intento por regresar a tierra firme, los marineros se pusieron a remar con todas sus fuerzas; pero como el mar se enfurecía más y más contra ellos, no lo consiguieron. Entonces clamaron al Señor: «Oh Señor, tú haces lo que quieres. No nos hagas perecer por quitarle la vida a este hombre, ni nos hagas responsables de la muerte de un inocente.» Así que tomaron a Jonás y lo lanzaron al agua, y la furia del mar se aplacó. Al ver esto, se apoderó de ellos un profundo temor al Señor, a quien le ofrecieron un sacrificio y le hicieron votos.

El Señor, por su parte, dispuso un enorme pez para que se tragara a Jonás, quien pasó tres días y tres noches en su vientre.

Entonces Jonás oró al Señor su Dios desde el vientre del pez. Dijo:

> «En mi angustia clamé al Señor,
>   y él me respondió.
> Desde las entrañas del sepulcro pedí auxilio,
>   y tú escuchaste mi clamor.

A lo profundo me arrojaste,
    al corazón mismo de los mares;
las corrientes me envolvían,
    todas tus ondas y tus olas pasaban sobre mí.
Y pensé: "He sido expulsado
    de tu presencia.
¿Cómo volveré a contemplar
    tu santo templo?"
Las aguas me llegaban hasta el cuello,
    lo profundo del océano me envolvía;
las algas se me enredaban en la cabeza,
    arrastrándome a los cimientos de las montañas.
Me tragó la tierra, y para siempre
    sus cerrojos se cerraron tras de mí.
Pero tú, SEÑOR, Dios mío,
    me rescataste de la fosa.

»Al sentir que se me iba la vida,
    me acordé del SEÑOR,
y mi oración llegó hasta ti,
    hasta tu santo templo.

»Los que siguen a ídolos vanos
    abandonan el amor de Dios.
Yo, en cambio, te ofreceré sacrificios
    y cánticos de gratitud.
Cumpliré las promesas que te hice.
    ¡La salvación viene del SEÑOR!»

Entonces el SEÑOR dio una orden y el pez vomitó a Jonás en tierra
firme.   JONÁS 1.1—2.10

¿Piensas que Dios aún envía a las personas al «vientre de un pez»
cuando ellas ignoran su llamado?

SIRVAMOS A LOS PROPÓSITOS DE DIOS

*No solo tenemos que darle nuestro tiempo a Dios, sino también
tenemos que usar ese tiempo para servir a sus propósitos, lo cual
puede significar muchas cosas distintas. Como Jonás, el pueblo*

de Dios a menudo necesitó que le recordaran esto. Una vez que los primeros exiliados regresaron a Judá tras el cautiverio en Babilonia, una de sus principales prioridades era reconstruir el templo y restaurar la adoración al único Dios verdadero. En el año 536 A.C., bajo el liderazgo de Zorobabel, comenzó el proyecto de edificación. Cuando la oposición de los samaritanos y otros vecinos se intensificó, el pueblo se desanimó y la edificación se detuvo por completo. Durante diez años el proyecto permaneció detenido. El profeta Hageo dio un mensaje escalofriante y eficaz de parte del Señor animando al pueblo de Dios a reconsiderar cómo priorizar su tiempo.

El día primero del mes sexto del segundo año del rey Darío, vino palabra del Señor por medio del profeta Hageo a Zorobabel hijo de Salatiel, gobernador de Judá, y al sumo sacerdote Josué hijo de Josadac: «Así dice el Señor Todopoderoso: "Este pueblo alega que todavía no es el momento apropiado para ir a reconstruir la casa del Señor."»

También vino esta palabra del Señor por medio del profeta Hageo:

> «¿Acaso es el momento apropiado
>   para que ustedes residan en casas techadas
>   mientras que esta casa está en ruinas?»

Así dice ahora el Señor Todopoderoso:

> «¡Reflexionen sobre su proceder!

> »Ustedes siembran mucho, pero cosechan poco;
>   comen, pero no quedan satisfechos;
> beben, pero no llegan a saciarse;
>   se visten, pero no logran abrigarse;
> y al jornalero se le va su salario
>   como por saco roto.»

Así dice el Señor Todopoderoso:

> «¡Reflexionen sobre su proceder!
> »Vayan ustedes a los montes;
>   traigan madera y reconstruyan mi casa.

Yo veré su reconstrucción con gusto,
y manifestaré mi gloria

—dice el Señor—.

»Ustedes esperan mucho,
pero cosechan poco;
lo que almacenan en su casa,
yo lo disipo de un soplo.
¿Por qué? ¡Porque mi casa está en ruinas,
mientras ustedes sólo se ocupan de la suya!

—afirma el Señor Todopoderoso—.

»Por eso, por culpa de ustedes, los cielos retuvieron el rocío y la tierra se negó a dar sus productos. Yo hice venir una sequía sobre los campos y las montañas, sobre el trigo y el vino nuevo, sobre el aceite fresco y el fruto de la tierra, sobre los animales y los hombres, y sobre toda la obra de sus manos.»

Zorobabel hijo de Salatiel, el sumo sacerdote Josué hijo de Josadac, y todo el resto del pueblo, obedecieron al Señor su Dios, es decir, obedecieron las palabras del profeta Hageo, a quien el Señor su Dios había enviado. Y el pueblo sintió temor en la presencia del Señor. Entonces Hageo su mensajero comunicó al pueblo el mensaje del Señor: «Yo estoy con ustedes. Yo, el Señor, lo afirmo.» Y el Señor inquietó de tal manera a Zorobabel hijo de Salatiel, gobernador de Judá, y al sumo sacerdote Josué hijo de Josadac, y a todo el resto del pueblo, que vinieron y empezaron a trabajar en la casa de su Dios, el Señor Todopoderoso. Era el día veinticuatro del mes sexto del segundo año del rey Darío.   Hageo 1.1–15

A la luz de lo que hemos aprendido sobre el templo del
Antiguo Testamento en los capítulos previos,
¿por qué Dios quería que los cautivos que habían regresado
construyeran su casa primero que las propias?

Una persona que nunca necesitó que le recordaran que su tiempo era para dedicárselo al Señor fue el Hijo de Dios, Jesús. Después de asistir a la fiesta de la Pascua con sus padres terrenales, Jesús tomó la decisión de quedarse un poco más y pasar un tiempo en la casa de su Padre celestial. Incluso a la temprana edad de doce años, él entendió cuál era la mejor forma de usar su tiempo

○━┓ Los padres de Jesús subían todos los años a Jerusalén para la fiesta de la Pascua. Cuando cumplió doce años, fueron allá según era la costumbre. Terminada la fiesta, emprendieron el viaje de regreso, pero el niño Jesús se había quedado en Jerusalén, sin que sus padres se dieran cuenta. Ellos, pensando que él estaba entre el grupo de viajeros, hicieron un día de camino mientras lo buscaban entre los parientes y conocidos. Al no encontrarlo, volvieron a Jerusalén en busca de él. Al cabo de tres días lo encontraron en el templo, sentado entre los maestros, escuchándolos y haciéndoles preguntas. Todos los que le oían se asombraban de su inteligencia y de sus respuestas. Cuando lo vieron sus padres, se quedaron admirados.

—Hijo, ¿por qué te has portado así con nosotros? —le dijo su madre—. ¡Mira que tu padre y yo te hemos estado buscando angustiados!

—¿Por qué me buscaban? ¿No sabían que tengo que estar en la casa de mi Padre?

Pero ellos no entendieron lo que les decía.

Así que Jesús bajó con sus padres a Nazaret y vivió sujeto a ellos. Pero su madre conservaba todas estas cosas en el corazón. Jesús siguió creciendo en sabiduría y estatura, y cada vez más gozaba del favor de Dios y de toda la gente.　　　　Lucas 2.41–52 ○━┓

Administración de nuestro tiempo

Dios desea que estemos reestablecidos y renovados para servirlo mejor a él y a los demás. Sin embargo, para experimentar esto, debemos manejar nuestro tiempo de acuerdo al diseño de Dios para el ritmo y el balance de la vida. En el Antiguo Testamento, uno de los Diez Mandamientos le enseñó al pueblo de Dios a apartar el sábado como un día de reposo. No obstante, antes de que Dios les entregara a los israelitas los Diez Mandamientos en el monte Sinaí, les dio un mandamiento y una lección con respecto al día de reposo y la recolección del maná. Dios claramente diseñó a las personas con la necesidad de un descanso regular y deliberado.

Mientras lees los pasajes de Éxodo 16, 18 y Proverbios 31, anota cualquier principio práctico que encuentres sobre la administración del tiempo.

Toda la comunidad israelita partió de Elim y llegó al desierto de Sin, que está entre Elim y el Sinaí. Esto ocurrió a los quince días del mes segundo, contados a partir de su salida de Egipto. Allí, en el desierto, toda la comunidad murmuró contra Moisés y Aarón:

—¡Cómo quisiéramos que el SEÑOR nos hubiera quitado la vida en Egipto! —les decían los israelitas—. Allá nos sentábamos en torno a las ollas de carne y comíamos pan hasta saciarnos. ¡Ustedes han traído nuestra comunidad a este desierto para matarnos de hambre a todos!

Entonces el SEÑOR le dijo a Moisés: «Voy a hacer que les llueva pan del cielo. El pueblo deberá salir todos los días a recoger su ración diaria. Voy a ponerlos a prueba, para ver si cumplen o no mis instrucciones. El día sexto recogerán una doble porción, y todo esto lo dejarán preparado.»

Moisés y Aarón les dijeron a todos los israelitas:

—Esta tarde sabrán que fue el SEÑOR quien los sacó de Egipto, y mañana por la mañana verán la gloria del SEÑOR. Ya él sabe que ustedes andan murmurando contra él. Nosotros no somos nadie, para que ustedes murmuren contra nosotros.

Y añadió Moisés:

—Esta tarde el SEÑOR les dará a comer carne, y mañana los saciará de pan, pues ya los oyó murmurar contra él. Porque ¿quiénes somos nosotros? ¡Ustedes no están murmurando contra nosotros sino contra el SEÑOR!

Luego se dirigió Moisés a Aarón:

—Dile a toda la comunidad israelita que se acerque al SEÑOR, pues los ha oído murmurar contra él.

Mientras Aarón hablaba con toda la comunidad israelita, volvieron la mirada hacia el desierto, y vieron que la gloria del SEÑOR se hacía presente en una nube.

El SEÑOR habló con Moisés y le dijo: «Han llegado a mis oídos las murmuraciones de los israelitas. Diles que antes de que caiga la noche comerán carne, y que mañana por la mañana se hartarán de pan. Así sabrán que yo soy el SEÑOR su Dios.»

Esa misma tarde el campamento se llenó de codornices, y por la mañana una capa de rocío rodeaba el campamento. Al desaparecer el rocío, sobre el desierto quedaron unos copos muy finos, semejantes a la escarcha que cae sobre la tierra. Como los israelitas no sabían lo que era, al verlo se preguntaban unos a otros: «¿Y esto qué es?» Moisés les respondió:

—Es el pan que el SEÑOR les da para comer. Y éstas son las órdenes que el SEÑOR me ha dado: "Recoja cada uno de ustedes la cantidad que necesite para toda la familia, calculando dos litros por persona."

Así lo hicieron los israelitas. Algunos recogieron mucho; otros recogieron poco. Pero cuando lo midieron por litros, ni al que recogió mucho le sobraba, ni al que recogió poco le faltaba: cada uno recogió la cantidad necesaria. Entonces Moisés les dijo:

—Nadie debe guardar nada para el día siguiente.

Hubo algunos que no le hicieron caso a Moisés y guardaron algo para el día siguiente, pero lo guardado se llenó de gusanos y comenzó a apestar. Entonces Moisés se enojó contra ellos.

Todas las mañanas cada uno recogía la cantidad que necesitaba, porque se derretía en cuanto calentaba el sol. Pero el día sexto recogieron el doble, es decir, cuatro litros por persona, así que los jefes de la comunidad fueron a informar de esto a Moisés.

—Esto es lo que el SEÑOR ha ordenado —les contestó—. Mañana sábado es día de reposo consagrado al SEÑOR. Así que cuezan lo que tengan que cocer, y hiervan lo que tengan que hervir. Lo que sobre, apártenlo y guárdenlo para mañana.

Los israelitas cumplieron las órdenes de Moisés y guardaron para el día siguiente lo que les sobró, ¡y no se pudrió ni se agusanó!

—Cómanlo hoy sábado —les dijo Moisés—, que es el día de reposo consagrado al SEÑOR. Hoy no encontrarán nada en el campo. Deben recogerlo durante seis días, porque el día séptimo, que es sábado, no encontrarán nada.

Algunos israelitas salieron a recogerlo el día séptimo, pero no encontraron nada, así que el SEÑOR le dijo a Moisés: «¿Hasta cuándo seguirán desobedeciendo mis leyes y mandamientos? Tomen en cuenta que yo, el SEÑOR, les he dado el sábado. Por eso en el día sexto les doy pan para dos días. El día séptimo nadie debe salir. Todos deben quedarse donde estén.»

Fue así como los israelitas descansaron el día séptimo.

ÉXODO 16.1–30

Claramente, la Palabra de Dios, la Biblia, contiene historias y consejos innegables que ilustran el buen manejo del tiempo. Por ejemplo, las necesidades de los israelitas eran abrumadoras después de haber escapado de Egipto. Vivir juntos en el duro desierto creó una gran cantidad de conflictos que necesitaban un arbitraje. Como líder de la comunidad, Moisés hizo su mejor esfuerzo para tratar cada caso por sí mismo. Aparentemente Moisés envió a su esposa, Séfora, a ver a su padre con las noticias de que el Señor había bendecido su misión y estaban en los alrededores del monte Sinaí. Cuando llegó de visita su suegro, se quedó muy preocupado por lo que vio y le dio una lección a Moisés con respecto al manejo del tiempo.

Jetro fue al desierto para ver a Moisés, que estaba acampando junto a la montaña de Dios. Lo acompañaban la esposa y los hijos de Moisés. Jetro le había avisado: «Yo, tu suegro Jetro, voy a verte. Me acompañan tu esposa y tus dos hijos.»

Moisés salió al encuentro de su suegro, se inclinó delante de él y lo besó. Luego de intercambiar saludos y desearse lo mejor, entraron en la tienda de campaña. Allí Moisés le contó a su suegro todo lo que el SEÑOR les había hecho al faraón y a los egipcios en favor de Israel, todas las dificultades con que se habían encontrado en el camino, y cómo el SEÑOR los había salvado.

Jetro se alegró de saber que el SEÑOR había tratado bien a Israel y lo había rescatado del poder de los egipcios, y exclamó: «¡Alabado sea el SEÑOR, que los salvó a ustedes del poder de los egipcios! ¡Alabado sea el que salvó a los israelitas del poder opresor del faraón! Ahora sé que el SEÑOR es más grande que todos los dioses, por lo que hizo a quienes trataron a Israel con arrogancia.» Dicho esto, Jetro le presentó a Dios un holocausto y otros sacrificios, y Aarón y todos los ancianos de Israel se sentaron a comer con el suegro de Moisés en presencia de Dios.

Al día siguiente, Moisés ocupó su lugar como juez del pueblo, y los israelitas estuvieron de pie ante Moisés desde la mañana hasta la noche. Cuando su suegro vio cómo procedía Moisés con el pueblo, le dijo:

—¡Pero qué es lo que haces con esta gente! ¿Cómo es que sólo tú te sientas, mientras todo este pueblo se queda de pie ante ti desde la mañana hasta la noche?

—Es que el pueblo viene a verme para consultar a Dios —le contestó Moisés—. Cuando tienen algún problema, me lo traen a mí para que yo dicte sentencia entre las dos partes. Además, les doy a conocer las leyes y las enseñanzas de Dios.

—No está bien lo que estás haciendo —le respondió su suegro—, pues te cansas tú y se cansa la gente que te acompaña. La tarea es demasiado pesada para ti; no la puedes desempeñar tú

solo. Oye bien el consejo que voy a darte, y que Dios te ayude. Tú debes representar al pueblo ante Dios y presentarle los problemas que ellos tienen. A ellos los debes instruir en las leyes y en las enseñanzas de Dios, y darles a conocer la conducta que deben llevar y las obligaciones que deben cumplir. Elige tú mismo entre el pueblo hombres capaces y temerosos de Dios, que amen la verdad y aborrezcan las ganancias mal habidas, y desígnalos jefes de mil, de cien, de cincuenta y de diez personas. Serán ellos los que funjan como jueces de tiempo completo, atendiendo los casos sencillos, y los casos difíciles te los traerán a ti. Eso te aligerará la carga, porque te ayudarán a llevarla. Si pones esto en práctica y Dios así te lo ordena, podrás aguantar; el pueblo, por su parte, se irá a casa satisfecho.

Moisés atendió a la voz de su suegro y siguió sus sugerencias. Escogió entre todos los israelitas hombres capaces, y los puso al frente de los israelitas como jefes de mil, cien, cincuenta y diez personas. Estos jefes fungían como jueces de tiempo completo, atendiendo los casos sencillos pero remitiendo a Moisés los casos difíciles.

Más tarde Moisés despidió a su suegro, quien volvió entonces a su país. ÉXODO 18.5–27

El libro de Proverbios en el Antiguo Testamento es una colección de palabras de sabiduría breves ligeramente vinculadas entre sí a fin de enseñarles a los lectores habilidades para la vida, incluida la administración del tiempo. El último capítulo del libro es único. En detalle, describe las acciones diarias de la «mujer ejemplar», que es básicamente una personificación de la sabiduría. La manera en que ella manejaba sus responsabilidades mientras cumplía los propósitos divinos en medio de todo es una inspiración para cualquier seguidor de Dios.

Mujer ejemplar, ¿dónde se hallará?
    ¡Es más valiosa que las piedras preciosas!
Su esposo confía plenamente en ella
    y no necesita de ganancias mal habidas.
Ella le es fuente de bien, no de mal,
    todos los días de su vida.
Anda en busca de lana y de lino,
    y gustosa trabaja con sus manos.
Es como los barcos mercantes,
    que traen de muy lejos su alimento.

Se levanta de madrugada,
  da de comer a su familia
  y asigna tareas a sus criadas.
Calcula el valor de un campo y lo compra;
  con sus ganancias planta un viñedo.
Decidida se ciñe la cintura
  y se apresta para el trabajo.
Se complace en la prosperidad de sus negocios,
  y no se apaga su lámpara en la noche.
Con una mano sostiene el huso
  y con la otra tuerce el hilo.
Tiende la mano al pobre,
  y con ella sostiene al necesitado.
Si nieva, no tiene que preocuparse de su familia,
  pues todos están bien abrigados.
Las colchas las cose ella misma,
  y se viste de púrpura y lino fino.
Su esposo es respetado en la comunidad;
  ocupa un puesto entre las autoridades del lugar.
Confecciona ropa de lino y la vende;
  provee cinturones a los comerciantes.
Se reviste de fuerza y dignidad,
  y afronta segura el porvenir.
Cuando habla, lo hace con sabiduría;
  cuando instruye, lo hace con amor.
Está atenta a la marcha de su hogar,
  y el pan que come no es fruto del ocio.
Sus hijos se levantan y la felicitan;
  también su esposo la alaba:
«Muchas mujeres han realizado proezas,
  pero tú las superas a todas.»
Engañoso es el encanto y pasajera la belleza;
  la mujer que teme al SEÑOR es digna de alabanza.
¡Sean reconocidos sus logros,
  y públicamente alabadas sus obras! PROVERBIOS 31.10–31

Al igual que la mujer ejemplar, Jesús también mantuvo a Dios como su enfoque en todo lo que hizo, incluyendo su manera de administrar el tiempo. Cuando el ministerio de Jesús estaba en pleno apogeo, las demandas de su agenda eran muy exigentes.

En ese momento de su viaje sus hermanos no aceptaban su posición como Mesías. En tono de burla sugirieron que Jesús fuera a Judea a tiempo para la mayor fiesta judía a fin de acelerar su «campaña». Jesús les enseñó un principio importante de su vida: él manejaba sus prioridades de acuerdo al tiempo de Dios Padre.

Algún tiempo después, Jesús andaba por Galilea. No tenía ningún interés en ir a Judea, porque allí los judíos buscaban la oportunidad para matarlo. Faltaba poco tiempo para la fiesta judía de los Tabernáculos, así que los hermanos de Jesús le dijeron:

—Deberías salir de aquí e ir a Judea, para que tus discípulos vean las obras que realizas, porque nadie que quiera darse a conocer actúa en secreto. Ya que haces estas cosas, deja que el mundo te conozca.

Lo cierto es que ni siquiera sus hermanos creían en él. **Por eso Jesús les dijo:**

—Para ustedes cualquier tiempo es bueno, pero el tiempo mío aún no ha llegado. El mundo no tiene motivos para aborrecerlos; a mí, sin embargo, me aborrece porque yo testifico que sus obras son malas. Suban ustedes a la fiesta. Yo no voy todavía a esta fiesta porque mi tiempo aún no ha llegado.

Dicho esto, se quedó en Galilea. Sin embargo, después de que sus hermanos se fueron a la fiesta, fue también él, no públicamente sino en secreto. Por eso las autoridades judías lo buscaban durante la fiesta, y decían: «¿Dónde se habrá metido?»

Entre la multitud corrían muchos rumores acerca de él. Unos decían: «Es una buena persona.» Otros alegaban: «No, lo que pasa es que engaña a la gente.» Sin embargo, por temor a los judíos nadie hablaba de él abiertamente.

Jesús esperó hasta la mitad de la fiesta para subir al templo y comenzar a enseñar. Los judíos se admiraban y decían: «¿De dónde sacó éste tantos conocimientos sin haber estudiado?»

—Mi enseñanza no es mía —replicó Jesús— sino del que me envió.   JUAN 7.1–16

LAS RECOMPENSAS DE OFRECER NUESTRO TIEMPO

Cuando damos de nuestro tiempo para servir a los propósitos de Dios, en particular a aquellos que no pueden devolvernos nada, Dios no solo se da cuenta, sino puede que también nos recompense grandemente.

Mientras lees los pasajes de Mateo 25, Efesios 5 y Gálatas 6, busca respuestas a esta pregunta: ¿cómo Dios recompensa a aquellos que hacen lo que él les pide?

«Cuando el Hijo del hombre venga en su gloria, con todos sus ángeles, se sentará en su trono glorioso. Todas las naciones se reunirán delante de él, y él separará a unos de otros, como separa el pastor las ovejas de las cabras. Pondrá las ovejas a su derecha, y las cabras a su izquierda.

»Entonces dirá el Rey a los que estén a su derecha: "Vengan ustedes, a quienes mi Padre ha bendecido; reciban su herencia, el reino preparado para ustedes desde la creación del mundo. Porque tuve hambre, y ustedes me dieron de comer; tuve sed, y me dieron de beber; fui forastero, y me dieron alojamiento; necesité ropa, y me vistieron; estuve enfermo, y me atendieron; estuve en la cárcel, y me visitaron." Y le contestarán los justos: "Señor, ¿cuándo te vimos hambriento y te alimentamos, o sediento y te dimos de beber? ¿Cuándo te vimos como forastero y te dimos alojamiento, o necesitado de ropa y te vestimos? ¿Cuándo te vimos enfermo o en la cárcel y te visitamos?" **El Rey les responderá: "Les aseguro que todo lo que hicieron por uno de mis hermanos, aun por el más pequeño, lo hicieron por mí."**

»Luego dirá a los que estén a su izquierda: "Apártense de mí, malditos, al fuego eterno preparado para el diablo y sus ángeles. Porque tuve hambre, y ustedes no me dieron nada de comer; tuve sed, y no me dieron nada de beber; fui forastero, y no me dieron alojamiento; necesité ropa, y no me vistieron; estuve enfermo y en la cárcel, y no me atendieron." Ellos también le contestarán: "Señor, ¿cuándo te vimos hambriento o sediento, o como forastero, o necesitado de ropa, o enfermo, o en la cárcel, y no te ayudamos?" Él les responderá: "Les aseguro que todo lo que no hicieron por el más pequeño de mis hermanos, tampoco lo hicieron por mí."

»Aquéllos irán al castigo eterno, y los justos a la vida eterna.»

MATEO 25.31–46

Así que tengan cuidado de su manera de vivir. No vivan como necios sino como sabios, aprovechando al máximo cada momento oportuno, porque los días son malos. Por tanto, no sean insensatos, sino entiendan cuál es la voluntad del Señor. EFESIOS 5.15–17

No se engañen: de Dios nadie se burla. Cada uno cosecha lo que siembra. El que siembra para agradar a su naturaleza pecaminosa, de esa misma naturaleza cosechará destrucción; el que siembra para agradar al Espíritu, del Espíritu cosechará vida eterna. **No nos cansemos de hacer el bien, porque a su debido tiempo cosecharemos si no nos damos por vencidos.** Por lo tanto, siempre que tengamos la oportunidad, hagamos bien a todos, y en especial a los de la familia de la fe. GÁLATAS 6.7–10

¿Qué puedes hacer para mejorar la importante práctica de ofrecerle tu tiempo a Dios?

LO QUE CREEMOS

Jonás tuvo mucha razón cuando fue confrontado por los marineros en cuanto al motivo de la tormenta. Él respondió: «Soy hebreo y temo al SEÑOR, Dios del cielo, que hizo el mar y la tierra firme» (Jonás 1.9). Jonás adoraba al único Dios verdadero y sabía que él hizo todo y que todo le pertenece. Esta creencia conduce a la obediencia en lo que respecta a ofrecerle nuestro tiempo a Dios para cumplir sus propósitos. Mientras buscamos servir a Dios, haríamos bien en mantener en nuestra mente las palabras de Dios a través del profeta Hageo: «¡Reflexionen sobre su proceder!» (Hageo 1.5). La Palabra de Dios nos enseña y nos alienta a aprender cómo manejar nuestro tiempo, no para nuestro propio bien, sino para el bien del reino de Dios. La meta, reflejada en el versículo clave al inicio del capítulo, es no solo ofrecerle más tiempo a Dios, sino redefinir todo lo que tenemos, todo lo que somos y todo lo que hacemos de modo que él reciba gloria y honor. Las recompensas relacionales, físicas y espirituales de parte de Dios hacen que valga la pena el esfuerzo para aquellos que se dedican fielmente a esta práctica piadosa.

CAPÍTULO

19

Donación de mis recursos

¿Cómo uso mejor mis recursos para servir a Dios y a otros?

Doy de mis recursos para cumplir los propósitos de Dios.

Pero ustedes, así como sobresalen en todo —en fe, en palabras,
en conocimiento, en dedicación y en su amor hacia nosotros—,
procuren también sobresalir en esta gracia de dar.
—*2 Corintios 8.7*

NUESTRO MAPA

Las creencias clave que nos animan a ofrecerle nuestro tiempo a Dios para cumplir sus propósitos —iglesia, compasión y mayordomía— también nos conduce a dar de nuestros recursos. Todo lo que tenemos le pertenece a Dios, y hemos recibido instrucciones claras en la Biblia de ofrecerles nuestro tiempo y darles de nuestros recursos a aquellas personas en necesidad. También reconocemos que nuestro Dios es el único Dios verdadero, que nos ama y ha provisto un camino para que tengamos una relación con él como sus hijos ahora y para siempre. Debido a esto, le entregamos lo que justamente le pertenece como un acto de adoración.

En este capítulo, leeremos pasajes del Antiguo Testamento y el Nuevo Testamento acerca de ese tema:

- *Demos los diezmos y ofrendas.*
- *Consejos de hombres sabios.*
- *Enseñanzas de Jesús sobre el dinero y dar.*
- *La generosidad en acción.*

DEMOS LOS DIEZMOS Y OFRENDAS

A lo largo del Antiguo Testamento, el pueblo de Dios apartó una décima parte de sus ganancias de tierra, manadas y rebaños para los propósitos de Dios. A este principio se le llama diezmar. Dar el diezmo comenzó como una tradición no religiosa y política en el mundo antiguo, donde entregarle un tributo o impuesto de una décima parte (diezmo) al rey era la costumbre. Esta ofrenda demostraba lealtad al reinado del monarca. Cuando damos el diezmo de nuestros ingresos para los propósitos de Dios, declaramos nuestra lealtad a Dios y su reino.

Jacob fue uno de los primeros seguidores de Dios que hizo una declaración de honrar al Señor con un diezmo, aunque era una de las personas menos probables que lo hiciera. Era el nieto de Abraham, hijo de Isaac y Rebeca, y hermano gemelo de Esaú. Jacob y Esaú tuvieron una relación bastante difícil. Esaú era el primogénito, sin embargo, Jacob lo manipuló para adquirir su primogenitura y después, con la ayuda de su madre, engañó a su padre para recibir la bendición especial del primogénito. Como uno podría esperar, esto molestó mucho a Esaú. El resultado fue que Jacob se tuvo que ir a vivir con sus parientes, en una tierra lejos de su hermano.

Jacob partió de Berseba y se encaminó hacia Jarán. Cuando llegó a cierto lugar, se detuvo para pasar la noche, porque ya estaba anocheciendo. Tomó una piedra, la usó como almohada, y se acostó a dormir en ese lugar. Allí soñó que había una escalinata apoyada en la tierra, y cuyo extremo superior llegaba hasta el cielo. Por ella subían y bajaban los ángeles de Dios. En el sueño, el Señor estaba de pie junto a él y le decía: «Yo soy el Señor, el Dios de tu abuelo Abraham y de tu padre Isaac. A ti y a tu descendencia les daré la tierra sobre la que estás acostado. Tu descendencia será tan numerosa como el polvo de la tierra. Te extenderás de norte a sur, y de oriente a occidente, y todas las familias de la tierra serán bendecidas por medio de ti y de tu descendencia. Yo estoy contigo. Te protegeré por dondequiera que vayas, y te traeré de vuelta a esta tierra. No te abandonaré hasta cumplir con todo lo que te he prometido.»

Al despertar Jacob de su sueño, pensó: «En realidad, el Señor está en este lugar, y yo no me había dado cuenta.» Y con mucho temor, añadió: «¡Qué asombroso es este lugar! Es nada menos que la casa de Dios; ¡es la puerta del cielo!»

A la mañana siguiente Jacob se levantó temprano, tomó la piedra que había usado como almohada, la erigió como una estela y derramó aceite sobre ella. En aquel lugar había una ciudad que se llamaba Luz, pero Jacob le cambió el nombre y le puso Betel.

Luego Jacob hizo esta promesa: «Si Dios me acompaña y me protege en este viaje que estoy haciendo, y si me da alimento y ropa para vestirme, y si regreso sano y salvo a la casa de mi padre, entonces el Señor será mi Dios. Y esta piedra que yo erigí como pilar será casa de Dios, y de todo lo que Dios me dé, le daré la décima parte.» Génesis 28.10—22

Resulta evidente por medio de muchos ejemplos en la Biblia que nuestras ofrendas a Dios no tienen que estar limitadas a nuestro dinero, sino que se pueden extender a nuestras posesiones, habilidades, trabajo, creatividad y tiempo. Es de destacar que en un momento de la historia de Israel, en el que los israelitas eran más vulnerables y se encontraban vagando por el desierto como nómadas, demostraron su mayor generosidad. Dios le pidió a Moisés que edificara un lugar llamado tabernáculo a fin de morar con su pueblo. Para que eso sucediera, el pueblo de Dios tenía que contribuir con sus tesoros y talentos. Su generosa respuesta fue tan desmesurada que Moisés tuvo que decirles que dejasen de llevar sus donativos para el tabernáculo.

Encuentra todas las veces que se usa la palabra «movidos» en Éxodo 35 y 36. ¿Por qué es la motivación del corazón tan importante para Dios?

⚷ Moisés le dijo a toda la comunidad israelita: «Esto es lo que el Señor les ordena: Tomen de entre sus pertenencias una ofrenda para el Señor. Todo el que se sienta movido a hacerlo, presente al Señor una ofrenda de oro, plata y bronce; lana púrpura, carmesí y escarlata; lino, pelo de cabra, pieles de carnero teñidas de rojo y pieles de delfín, madera de acacia, aceite de oliva para el alumbrado, especias para el aceite de la unción y para el incienso aromático, y piedras de ónice y otras piedras preciosas para engastarlas en el efod y en el pectoral.

»Todos los artesanos hábiles que haya entre ustedes deben venir y hacer todo lo que el Señor ha ordenado que se haga: el santuario, con su tienda y su toldo, sus ganchos, sus tablones, sus travesaños, sus postes y sus bases; el arca con sus varas, el propiciatorio y la cortina que resguarda el arca; la mesa con sus varas y todos sus utensilios, y el pan de la Presencia; el candelabro para el alumbrado y sus accesorios, las lámparas y el aceite para el alumbrado; el altar del incienso con sus varas, el aceite de la unción y el incienso aromático, la cortina para la puerta a la entrada del santuario, el altar del los holocaustos con su enrejado de bronce, sus varas y todos sus utensilios, el lavamanos de bronce con su pedestal, las cortinas del atrio con sus postes y bases, la cortina para la entrada del atrio, las estacas del toldo para el santuario y para el atrio, y sus cuerdas; y las vestiduras tejidas que deben llevar los sacerdotes para ministrar en el santuario, tanto las vestiduras sagradas para Aarón como las vestiduras para sus hijos.»

Toda la comunidad israelita se retiró de la presencia de Moisés, y todos los que en su interior se sintieron movidos a hacerlo llevaron una ofrenda al Señor para las obras en la Tienda de reunión, para todo su servicio, y para las vestiduras sagradas. Así mismo, todos los que se sintieron movidos a hacerlo, tanto hombres como mujeres, llevaron como ofrenda toda clase de joyas de oro: broches, pendientes, anillos, y otros adornos de oro. Todos ellos presentaron su oro como ofrenda mecida al SEÑOR, o bien llevaron lo que tenían: lana púrpura, carmesí y escarlata, lino, pelo de cabra, pieles de carnero teñidas de rojo, y pieles de delfín. Los que tenían plata o bronce los presentaron como ofrenda al SEÑOR, lo mismo que quienes tenían madera de acacia, contribuyendo así con algo para la obra. Las mujeres expertas en artes manuales presentaron los hilos de lana púrpura, carmesí o escarlata que habían torcido, y lino. Otras, que conocían bien el oficio y se sintieron movidas a hacerlo, torcieron hilo de pelo de cabra. Los jefes llevaron piedras de ónice y otras piedras preciosas, para que se engastaran en el efod y en el pectoral. También llevaron especias y aceite de oliva para el alumbrado, el aceite de la unción y el incienso aromático. Todos los israelitas que se sintieron movidos a hacerlo, lo mismo hombres que mujeres, presentaron al SEÑOR ofrendas voluntarias para toda la obra que el SEÑOR, por medio de Moisés, les había mandado hacer. ÉXODO 35.4–29

[Moisés] les entregó [Bezalel y Aholiab] todas las ofrendas que los israelitas habían llevado para realizar la obra del servicio del santuario. Pero como día tras día el pueblo seguía llevando ofrendas voluntarias, todos los artesanos y expertos que estaban ocupados en la obra del santuario suspendieron su trabajo para ir a decirle a Moisés: «La gente está trayendo más de lo que se necesita para llevar a cabo la obra que el SEÑOR mandó hacer.»

Entonces Moisés ordenó que corriera la voz por todo el campamento: «¡Que nadie, ni hombre ni mujer, haga más labores ni traiga más ofrendas para el santuario!» De ese modo los israelitas dejaron de llevar más ofrendas pues, lo que ya habían hecho era más que suficiente para llevar a cabo toda la obra.

ÉXODO 36.3–7 ⚷

Mientras los israelitas se movían de un lugar a otro en el desierto durante la época de Moisés, llevaban el tabernáculo con ellos a dondequiera que se reubicaban. Cientos de años más tarde, después que Israel ocupó la tierra prometida y se convirtió en una nación estable, el pueblo nuevamente dio de sus recursos con generosidad y sinceridad, con lo cual reconocieron que Dios se los había dado a ellos, para edificar una casa digna de su presencia.

El rey David le dijo a toda la asamblea: «Dios ha escogido a mi hijo Salomón, pero para una obra de esta magnitud todavía le falta experiencia. El palacio no es para un hombre sino para Dios el SEÑOR. Con mucho esfuerzo he hecho los preparativos para el templo de Dios. He conseguido oro para los objetos de oro, plata para los de plata, bronce para los de bronce, hierro para los de hierro, madera para los de madera, y piedras de ónice, piedras de engaste, piedras talladas de diversos colores, piedras preciosas de toda clase, y mármol en abundancia. Además, aparte de lo que ya he conseguido, por amor al templo de mi Dios entrego para su templo todo el oro y la plata que poseo: cien mil kilos de oro de Ofir y doscientos treinta mil kilos de plata finísima, para recubrir las paredes de los edificios, para todos los objetos de oro y de plata, y para toda clase de trabajo que hagan los orfebres. ¿Quién de ustedes quiere hoy dar una ofrenda al SEÑOR?»

Entonces los jefes de familia, los jefes de las tribus de Israel, los jefes de mil y de cien soldados, y los encargados de las obras del rey hicieron sus ofrendas voluntarias. Donaron para las obras del templo de Dios ciento sesenta y cinco mil kilos y diez mil monedas de oro, trescientos treinta mil kilos de plata, y alrededor de seiscientos mil kilos de bronce y tres millones trescientos mil kilos de hierro. Los que tenían piedras preciosas las entregaron a Jehiel el guersonita para el tesoro del templo del SEÑOR. El pueblo estaba muy contento de poder dar voluntariamente sus ofrendas al SEÑOR, y también el rey David se sentía muy feliz.

Entonces David bendijo así al SEÑOR en presencia de toda la asamblea:

«¡Bendito seas, SEÑOR,
   Dios de nuestro padre Israel,
   desde siempre y para siempre!
Tuyos son, SEÑOR,
   la grandeza y el poder,
   la gloria, la victoria y la majestad.
Tuyo es todo cuanto hay
   en el cielo y en la tierra.
Tuyo también es el reino,
   y tú estás por encima de todo.
De ti proceden la riqueza y el honor;
   tú lo gobiernas todo.
En tus manos están la fuerza y el poder,
   y eres tú quien engrandece y fortalece a todos.

Por eso, Dios nuestro, te damos gracias,
y a tu glorioso nombre tributamos
alabanzas.

»**Pero, ¿quién soy yo, y quién es mi pueblo, para que podamos darte estas ofrendas voluntarias? En verdad, tú eres el dueño de todo, y lo que te hemos dado, de ti lo hemos recibido.** Ante ti, somos extranjeros y peregrinos, como lo fueron nuestros antepasados. Nuestros días sobre la tierra son sólo una sombra sin esperanza. SEÑOR y Dios nuestro, de ti procede todo cuanto hemos conseguido para construir un templo a tu santo nombre. ¡Todo es tuyo! Yo sé, mi Dios, que tú pruebas los corazones y amas la rectitud. Por eso, con rectitud de corazón te he ofrecido voluntariamente todas estas cosas, y he visto con júbilo que tu pueblo, aquí presente, te ha traído sus ofrendas. SEÑOR, Dios de nuestros antepasados Abraham, Isaac e Israel, conserva por siempre estos pensamientos en el corazón de tu pueblo, y dirige su corazón hacia ti.»   1 CRÓNICAS 29.1–18

CONSEJOS DE HOMBRES SABIOS

Mientras lees los pasajes de Proverbios 3 y 11,
identifica el consejo que más te dice en este momento.

Dar nuestro dinero y recursos resulta beneficioso no solo para los receptores, sino también para nosotros. Cuando hacemos de la donación para los propósitos de Dios una parte regular de nuestros hábitos de gastos, honramos al Señor y mantenemos nuestro egoísmo a raya. Los escritores de Proverbios ofrecieron las siguientes palabras de sabiduría acerca de cómo debemos manejar lo que Dios nos ha dado.

Honra al SEÑOR con tus riquezas
y con los primeros frutos de tus cosechas.
Así tus graneros se llenarán a reventar
y tus bodegas rebosarán de vino nuevo.   PROVERBIOS 3.9–10

Unos dan a manos llenas, y reciben más de lo que dan;
otros ni sus deudas pagan, y acaban en la miseria.

**El que es generoso prospera;
el que reanima será reanimado.** PROVERBIOS 11.24–25

El que confía en sus riquezas se marchita,
pero el justo se renueva como el follaje. PROVERBIOS 11.28

*Salomón, uno de los escritores de Proverbios e hijo del rey David,
disfrutó de una riqueza inmensa durante el transcurso de su vida.
En el libro de Eclesiastés, tradicionalmente considerado como
un escrito de Salomón, él medita sobre su vida y comparte sus
palabras de sabiduría con nosotros en cuanto a los peligros de la
riqueza. El dinero en sí no es malo, pero el amor al dinero puede
incitarnos a pecar. Más riqueza no significa más satisfacción en la
vida. Para evitar ser víctima de la tentación seductora del dinero,
debemos usar lo que tenemos para el Señor.*

Quien ama el dinero, de dinero no se sacia. Quien ama las
riquezas nunca tiene suficiente. ¡También esto es absurdo! Donde
abundan los bienes, sobra quien se los gaste; ¿y qué saca de esto su
dueño, aparte de contemplarlos? El trabajador duerme tranquilo,
coma mucho o coma poco. Al rico sus muchas riquezas no lo dejan
dormir.

He visto un mal terrible en esta vida: riquezas acumuladas que
redundan en perjuicio de su dueño, y riquezas que se pierden en
un mal negocio. Y si llega su dueño a tener un hijo, ya no tendrá
nada que dejarle. Tal como salió del vientre de su madre, así se
irá: desnudo como vino al mundo, y sin llevarse el fruto de tanto
trabajo.

Esto es un mal terrible: que tal como viene el hombre, así se va.
¿Y de qué le sirve afanarse tanto para nada? Además, toda su vida
come en tinieblas, y en medio de muchas molestias, enfermedades
y enojos.

Esto es lo que he comprobado: que en esta vida lo mejor es comer
y beber, y disfrutar del fruto de nuestros afanes. Es lo que Dios nos ha
concedido; es lo que nos ha tocado. **Además, a quien Dios le concede abundancia y riquezas, también le concede comer de ellas, y
tomar su parte y disfrutar de sus afanes, pues esto es don de Dios.
Y como Dios le llena de alegría el corazón, muy poco reflexiona
el hombre en cuanto a su vida.** ECLESIASTÉS 5.10–20

Cuando Jesús nació, tres hombres sabios vinieron desde lejos a visitarlo y traerle regalos. Probablemente eran astrólogos de Persia, el sur de Arabia o Mesopotamia que habían anticipado la llegada del «rey de los judíos» desde hacía tiempo. Sus consejos para nosotros no provienen tanto de sus labios como de sus acciones. Ellos le dedicaron meses de su tiempo mientras viajaban hasta donde Jesús se encontraba. Eran hombres honorables, sin embargo, se humillaron a sí mismos y se pusieron de rodillas para adorar a Jesús. También le dieron costosos obsequios, que eran lo mejor que tenían para dar.

Después de que Jesús nació en Belén de Judea en tiempos del rey Herodes, llegaron a Jerusalén unos sabios procedentes del Oriente.

—¿Dónde está el que ha nacido rey de los judíos? —preguntaron—. Vimos levantarse su estrella y hemos venido a adorarlo.

Cuando lo oyó el rey Herodes, se turbó, y toda Jerusalén con él. Así que convocó de entre el pueblo a todos los jefes de los sacerdotes y maestros de la ley, y les preguntó dónde había de nacer el Cristo.

—En Belén de Judea —le respondieron—, porque esto es lo que ha escrito el profeta:

> »"Pero tú, Belén, en la tierra de Judá,
>   de ninguna manera eres la menor entre los
>   principales de Judá;
>   porque de ti saldrá un príncipe
>   que será el pastor de mi pueblo Israel."

Luego Herodes llamó en secreto a los sabios y se enteró por ellos del tiempo exacto en que había aparecido la estrella. Los envió a Belén y les dijo:

—Vayan e infórmense bien de ese niño y, tan pronto como lo encuentren, avísenme para que yo también vaya y lo adore.

Después de oír al rey, siguieron su camino, y sucedió que la estrella que habían visto levantarse iba delante de ellos hasta que se detuvo sobre el lugar donde estaba el niño. Al ver la estrella, se llenaron de alegría. **Cuando llegaron a la casa, vieron al niño con María, su madre; y postrándose lo adoraron.** Abrieron sus cofres y le presentaron como regalos oro, incienso y mirra. Entonces, advertidos en sueños de que no volvieran a Herodes, regresaron a su tierra por otro camino.

MATEO 2.1–12

Enseñanzas de Jesús sobre el dinero y dar

Jesús habló más acerca del dinero que sobre los temas del cielo y el infierno juntos. Nuestra actitud hacia el dinero y los recursos personales dice mucho en cuanto a nuestra vida. Dar debería fluir de un corazón puro que desea suplir una necesidad. Existe una trampa sutil que deberíamos evitar a la hora de dar: esto no debe ser una forma de llamar la atención hacia nosotros mismos. También es importante pensar más allá de nuestra vida terrenal y compartir lo que hemos recibido para edificar el reino de Dios.

»Cuídense de no hacer sus obras de justicia delante de la gente para llamar la atención. Si actúan así, su Padre que está en el cielo no les dará ninguna recompensa.

»Por eso, cuando des a los necesitados, no lo anuncies al son de trompeta, como lo hacen los hipócritas en las sinagogas y en las calles para que la gente les rinda homenaje. Les aseguro que ellos ya han recibido toda su recompensa. **Más bien, cuando des a los necesitados, que no se entere tu mano izquierda de lo que hace la derecha, para que tu limosna sea en secreto. Así tu Padre, que ve lo que se hace en secreto, te recompensará.»** Mateo 6.1–4

«No acumulen para sí tesoros en la tierra, donde la polilla y el óxido destruyen, y donde los ladrones se meten a robar. Más bien, acumulen para sí tesoros en el cielo, donde ni la polilla ni el óxido carcomen, ni los ladrones se meten a robar. Porque donde esté tu tesoro, allí estará también tu corazón.

»El ojo es la lámpara del cuerpo. Por tanto, si tu visión es clara, todo tu ser disfrutará de la luz. Pero si tu visión está nublada, todo tu ser estará en oscuridad. Si la luz que hay en ti es oscuridad, ¡qué densa será esa oscuridad!

»**Nadie puede servir a dos señores, pues menospreciará a uno y amará al otro, o querrá mucho a uno y despreciará al otro. No se puede servir a la vez a Dios y a las riquezas.»** Mateo 6.19–24

Uno de entre la multitud le pidió:

—Maestro, dile a mi hermano que comparta la herencia conmigo.

—Hombre —replicó Jesús—, ¿quién me nombró a mí juez o árbitro entre ustedes?

»¡Tengan cuidado! —advirtió a la gente—. Absténganse de toda avaricia; la vida de una persona no depende de la abundancia de sus bienes.

Entonces les contó esta parábola:

—El terreno de un hombre rico le produjo una buena cosecha. Así que se puso a pensar: "¿Qué voy a hacer? No tengo dónde almacenar mi cosecha." Por fin dijo: "Ya sé lo que voy a hacer: derribaré mis graneros y construiré otros más grandes, donde pueda almacenar todo mi grano y mis bienes. Y diré: Alma mía, ya tienes bastantes cosas buenas guardadas para muchos años. Descansa, come, bebe y goza de la vida." **Pero Dios le dijo: "¡Necio! Esta misma noche te van a reclamar la vida. ¿Y quién se quedará con lo que has acumulado?"**

»Así le sucede al que acumula riquezas para sí mismo, en vez de ser rico delante de Dios. Lucas 12.13–21

Como resulta evidente en base a la parábola anterior del rico necio, Jesús era experto en darse cuenta de los momentos propicios para impartir una lección. Los encuentros cotidianos con una higuera, un pozo de agua y una cena sencilla proporcionaban ilustraciones para que Jesús explicara lo que más le importa a Dios. En la siguiente situación, Jesús se encontraba observando las actividades diarias en el templo cuando surgió una oportunidad para que les enseñara a sus discípulos acerca de la forma de dar que toca el corazón de Dios.

Jesús se sentó frente al lugar donde se depositaban las ofrendas, y estuvo observando cómo la gente echaba sus monedas en las alcancías del templo. Muchos ricos echaban grandes cantidades. Pero una viuda pobre llegó y echó dos moneditas de muy poco valor.

Jesús llamó a sus discípulos y les dijo: «Les aseguro que esta viuda pobre ha echado en el tesoro más que todos los demás. Éstos dieron de lo que les sobraba; pero ella, de su pobreza, echó todo lo que tenía, todo su sustento.» Marcos 12.41–44

Es fácil dar cuando sabemos que recibiremos algo a cambio. Jesús nos desafía a recordar que para dar de verdad no debemos tener intereses escondidos.

«¿Qué mérito tienen ustedes al amar a quienes los aman? Aun los pecadores lo hacen así. ¿Y qué mérito tienen ustedes al hacer bien a quienes les hacen bien? Aun los pecadores actúan así. ¿Y qué mérito tienen ustedes al dar prestado a quienes pueden corresponderles? Aun los pecadores se prestan entre sí, esperando recibir el mismo trato. Ustedes, por el contrario, amen a sus enemigos, háganles bien y denles prestado sin esperar nada a cambio. Así tendrán una gran recompensa y serán hijos del Altísimo, porque él es bondadoso con los ingratos y malvados. Sean compasivos, así como su Padre es compasivo.»

LUCAS 6.32–36

Si alguien te pidiera que resumieras lo que Jesús
enseñó sobre el dinero y el dar, ¿qué dirías?

LA GENEROSIDAD EN ACCIÓN

Después de la muerte, la resurrección y la ascensión al cielo de Jesús, sus seguidores se comprometieron a dar generosamente de su dinero para ayudar a los necesitados que había entre ellos y cumplir los propósitos de Dios.

Todos los creyentes eran de un solo sentir y pensar. Nadie consideraba suya ninguna de sus posesiones, sino que las compartían. Los apóstoles, a su vez, con gran poder seguían dando testimonio de la resurrección del Señor Jesús. La gracia de Dios se derramaba abundantemente sobre todos ellos, pues no había ningún necesitado en la comunidad. Quienes poseían casas o terrenos los vendían, llevaban el dinero de las ventas y lo entregaban a los apóstoles para que se distribuyera a cada uno según su necesidad.

José, un levita natural de Chipre, a quien los apóstoles llamaban Bernabé (que significa: Consolador), vendió un terreno que poseía, llevó el dinero y lo puso a disposición de los apóstoles.

HECHOS 4.32–37

Se puede ver la evidencia de la generosidad de la iglesia primitiva en muchas circunstancias. Por ejemplo, Pablo animó a los creyentes de Corinto a enviarles una ofrenda a sus compañeros creyentes en Jerusalén, algo que los corintios habían querido hacer, pero no lo habían llegado a materializar.

Mientras lees los pasajes de 2 Corintios 8 y 9,
busca el proceso que los creyentes tuvieron que atravesar
para determinar lo que debían dar.

Ahora, hermanos, queremos que se enteren de la gracia que Dios ha dado a las iglesias de Macedonia. En medio de las pruebas más difíciles, su desbordante alegría y su extrema pobreza abundaron en rica generosidad. Soy testigo de que dieron espontáneamente tanto como podían, y aún más de lo que podían, rogándonos con insistencia que les concediéramos el privilegio de tomar parte en esta ayuda para los santos. Incluso hicieron más de lo que esperábamos, ya que se entregaron a sí mismos, primeramente al Señor y después a nosotros, conforme a la voluntad de Dios. De modo que rogamos a Tito que llevara a feliz término esta obra de gracia entre ustedes, puesto que ya la había comenzado. **Pero ustedes, así como sobresalen en todo —en fe, en palabras, en conocimiento, en dedicación y en su amor hacia nosotros—, procuren también sobresalir en esta gracia de dar.**

No es que esté dándoles órdenes, sino que quiero probar la sinceridad de su amor en comparación con la dedicación de los demás. Ya conocen la gracia de nuestro Señor Jesucristo, que aunque era rico, por causa de ustedes se hizo pobre, para que mediante su pobreza ustedes llegaran a ser ricos.

Aquí va mi consejo sobre lo que les conviene en este asunto: El año pasado ustedes fueron los primeros no sólo en dar sino también en querer hacerlo. Lleven ahora a feliz término la obra, para que, según sus posibilidades, cumplan con lo que de buena gana propusieron. Porque si uno lo hace de buena voluntad, lo que da es bien recibido según lo que tiene, y no según lo que no tiene.

No se trata de que otros encuentren alivio mientras que ustedes sufren escasez; es más bien cuestión de igualdad. En las circunstancias actuales la abundancia de ustedes suplirá lo que ellos necesitan, para que a su vez la abundancia de ellos supla lo que ustedes necesitan. Así habrá igualdad, como está escrito: «Ni al que recogió mucho le sobraba, ni al que recogió poco le faltaba.»

Gracias a Dios que puso en el corazón de Tito la misma preocupación que yo tengo por ustedes. De hecho, cuando accedió a nuestra petición de ir a verlos, lo hizo con mucho entusiasmo y por su propia voluntad. Junto con él les enviamos al hermano que se ha ganado el reconocimiento de todas las iglesias por los servicios prestados al evangelio. Además, las iglesias lo escogieron para que nos acompañe cuando llevemos la ofrenda, la cual administramos para honrar al Señor y demostrar nuestro ardiente deseo de servir. Queremos evitar cualquier crítica sobre la forma en que administramos este generoso donativo; porque procuramos hacer lo correcto, no sólo delante del Señor sino también delante de los demás.

Con ellos les enviamos a nuestro hermano que nos ha demostrado con frecuencia y de muchas maneras que es diligente, y ahora lo es aún más por la gran confianza que tiene en ustedes. En cuanto a Tito, es mi compañero y colaborador entre ustedes; y en cuanto a los otros hermanos, son enviados de las iglesias, son una honra para Cristo. Por tanto, den a estos hombres una prueba de su amor y muéstrenles por qué nos sentimos orgullosos de ustedes, para testimonio ante las iglesias.

No hace falta que les escriba acerca de esta ayuda para los santos, porque conozco la buena disposición que ustedes tienen. Esto lo he comentado con orgullo entre los macedonios, diciéndoles que desde el año pasado ustedes los de Acaya estaban preparados para dar. El entusiasmo de ustedes ha servido de estímulo a la mayoría de ellos. Con todo, les envío a estos hermanos para que en este asunto no resulte vano nuestro orgullo por ustedes, sino que estén preparados, como ya he dicho que lo estarían, no sea que algunos macedonios vayan conmigo y los encuentren desprevenidos. En ese caso nosotros —por no decir nada de ustedes— nos avergonzaríamos por haber estado tan seguros. Así que me pareció necesario rogar a estos hermanos que se adelantaran a visitarlos y completaran los preparativos para esa generosa colecta que ustedes habían prometido. Entonces estará lista como una ofrenda generosa, y no como una tacañería.

Recuerden esto: El que siembra escasamente, escasamente cosechará, y el que siembra en abundancia, en abundancia cosechará. Cada uno debe dar según lo que haya decidido en su corazón, no de mala gana ni por obligación, porque Dios ama al que da con alegría. Y Dios puede hacer que toda gracia abunde para ustedes, de manera que siempre, en toda circunstancia, tengan todo lo necesario, y toda buena obra abunde en ustedes. Como está escrito:

«Repartió sus bienes entre los pobres;
su justicia permanece para siempre.»

El que le suple semilla al que siembra también le suplirá pan para que coma, aumentará los cultivos y hará que ustedes produzcan una abundante cosecha de justicia. Ustedes serán enriquecidos en todo sentido para que en toda ocasión puedan ser generosos, y para que por medio de nosotros la generosidad de ustedes resulte en acciones de gracias a Dios.

Esta ayuda que es un servicio sagrado no sólo suple las necesidades de los santos sino que también redunda en abundantes acciones de gracias a Dios. En efecto, al recibir esta demostración de servicio, ellos alabarán a Dios por la obediencia con que ustedes acompañan la confesión del evangelio de Cristo, y por su generosa solidaridad con ellos y con todos. Además, en las oraciones de ellos por ustedes, expresarán el afecto que les tienen por la sobreabundante gracia que ustedes han recibido de Dios. ¡Gracias a Dios por su don inefable!

2 Corintios 8.1—9.15

En una escala de 1–10, evalúa tu nivel de generosidad.
¿Qué te ha ayudado a ser más generoso?
¿Qué causa que aún te refrenes a la hora de dar?

LO QUE CREEMOS

Muchas personas consideran el dar una obligación, pero en realidad esto es un acto de adoración de alguien que ha aceptado en su corazón las creencias clave de la fe cristiana. El único Dios verdadero es bueno y ha provisto el camino a la salvación eterna. Cuando aceptamos este regalo de vida, se nos da una nueva identidad y se nos llama a un nuevo propósito para cumplir la misión de Dios en la tierra hasta que él regrese. Así que damos de nuestros recursos con esa motivación y propósito en mente. Las personas en el Antiguo Testamento le daban el primer diez por ciento a Dios como una declaración de su lealtad a él. Sin embargo, dieron mucho más allá del diezmo con un corazón dispuesto debido al gran amor de Dios hacia ellos. Las palabras de los escritores sabios y de los hombres que visitaron al bebé Jesús ilustran la importancia y los beneficios de estar contentos y ser generosos con nuestros recursos. Jesús nos recuerda que debemos esforzarnos por pensar más allá de nuestras vidas terrenales y usar nuestros recursos para fortalecer el reino de Dios. Dios se interesa más en las razones por las que damos que en el monto de nuestra ofrenda.

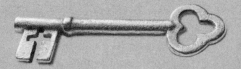

CAPÍTULO

20

Proclamación de mi fe

----------- PREGUNTA CLAVE -----------

¿Cómo comparto mi fe con los que no conocen a Dios?

----------- IDEA CLAVE -----------

Proclamo mi fe ante otros para cumplir los propósitos de Dios.

----------- VERSÍCULO CLAVE -----------

Oren también por mí para que, cuando hable, Dios me dé las palabras para dar a conocer con valor el misterio del evangelio, por el cual soy embajador en cadenas. Oren para que lo proclame valerosamente, como debo hacerlo.

—*Efesios 6.19–20*

Creemos en el único Dios verdadero que ha desarrollado su gran plan para proveernos la salvación por medio de Jesucristo. Creemos que Dios ama a todas las personas y les hace una invitación a que reciban la vida eterna. Creemos que hay un cielo y un infierno y que Jesús va a retornar a juzgar la tierra y establecer su reino eterno. Solo aquellos que obtienen la salvación en esta vida por medio de su fe en Cristo podrán experimentar la vida eterna por venir. Creemos que Dios ha designado a la iglesia para que sea su principal embajadora a la hora de proclamar este mensaje, las buenas nuevas, al mundo. Debido a estos valores, nos comprometemos a compartir nuestra fe. Así que, ¿cómo compartimos nuestra fe con aquellos que no conocen a Dios?

En este capítulo, leeremos pasajes de las Escrituras que responden esa cuestión. He aquí los temas principales de este capítulo:

- *El llamado a proclamar nuestra fe.*
- *Compartamos nuestra fe mediante nuestra vida.*
- *Compartamos nuestra fe mediante nuestras palabras.*
- *Compartamos nuestra fe con todos.*

EL LLAMADO A PROCLAMAR NUESTRA FE

Catastróficamente, la caída de la raza humana en el jardín de Edén hizo añicos la conexión de la humanidad con Dios, la conexión que él en un origen quería cuando creó a los seres humanos. Así que Dios desplegó un plan para proporcionar un modo en que toda la gente pudiera volver a tener una relación con él. Su grandioso plan incluía la creación de una nueva nación. Dos mil años antes de la llegada de Jesús, Dios llamó a Abram (a quien después se le cambió el nombre por Abraham) para comenzar esta nueva nación, finalmente conocida como Israel. Las personas de todos los países conocerían a Dios mediante la descendencia de Abraham.

El Señor le dijo a Abram: «Deja tu tierra, tus parientes y la casa de tu padre, y vete a la tierra que te mostraré.

»Haré de ti una nación grande,
   y te bendeciré;

haré famoso tu nombre,
y serás una bendición.
Bendeciré a los que te bendigan
y maldeciré a los que te maldigan;
**¡por medio de ti serán bendecidas
todas las familias de la tierra!»**

Abram partió, tal como el Señor se lo había ordenado, y Lot se fue con él. Abram tenía setenta y cinco años cuando salió de Jarán.

Génesis 12.1–4

En los dos mil años que siguieron, Israel fue una demostración viva ante el mundo de todo lo que Dios haría para restablecer su relación con su pueblo. Más tarde, con el sacrificio definitivo de su Hijo, la reconciliación con Dios que antes estaba limitada a Israel ahora se hallaba disponible para toda la humanidad. Lo más destacable es que nosotros podemos jugar un papel vital en el plan de restauración de Dios. Al responder al llamado de proclamar nuestra fe, colaboramos con Dios en su divina búsqueda de las almas quebrantadas.

El amor de Cristo nos obliga, porque estamos convencidos de que uno murió por todos, y por consiguiente todos murieron. Y él murió por todos, para que los que viven ya no vivan para sí, sino para el que murió por ellos y fue resucitado.

Así que de ahora en adelante no consideramos a nadie según criterios meramente humanos. Aunque antes conocimos a Cristo de esta manera, ya no lo conocemos así. Por lo tanto, si alguno está en Cristo, es una nueva creación. ¡Lo viejo ha pasado, ha llegado ya lo nuevo! Todo esto proviene de Dios, quien por medio de Cristo nos reconcilió consigo mismo y nos dio el ministerio de la reconciliación: esto es, que en Cristo, Dios estaba reconciliando al mundo consigo mismo, no tomándole en cuenta sus pecados y **encargándonos a nosotros el mensaje de la reconciliación. Así que somos embajadores de Cristo, como si Dios los exhortara a ustedes por medio de nosotros:** «En nombre de Cristo les rogamos que se reconcilien con Dios.» Al que no cometió pecado alguno, por nosotros Dios lo trató como pecador, para que en él recibiéramos la justicia de Dios.

2 Corintios 5.14–21

¿De qué maneras podemos ser los «embajadores» de Dios para el mundo?

COMPARTAMOS NUESTRA FE MEDIANTE NUESTRA VIDA

La forma más poderosa de compartir nuestra fe en Dios es mediante nuestra vida: siendo un ejemplo positivo para todos en la manera de vivir cada día. Cuando otros ven la fe, la esperanza y el amor en nuestra vida, sienten la motivación a vivir del mismo modo. Después de prestar atención, con el tiempo se darán cuenta de nuestra confianza y relación con el único Dios verdadero. En 2 Reyes encontramos una historia en la que una joven de Israel que había sido hecha prisionera habla gracias a su fe y su noble preocupación por su amo, el comandante del ejército de Siria, un enemigo de Israel. Las palabras de la muchacha finalmente condujeron a la sanidad de este soldado extranjero e inspiraron su creencia en el único Dios verdadero.

Naamán, jefe del ejército del rey de Siria, era un hombre de mucho prestigio y gozaba del favor de su rey porque, por medio de él, el SEÑOR le había dado victorias a su país. Era un soldado valiente, pero estaba enfermo de lepra.

En cierta ocasión los sirios, que salían a merodear, capturaron a una muchacha israelita y la hicieron criada de la esposa de Naamán. Un día la muchacha le dijo a su ama: «Ojalá el amo fuera a ver al profeta que hay en Samaria, porque él lo sanaría de su lepra.»

Naamán fue a contarle al rey lo que la muchacha israelita había dicho. El rey de Siria le respondió:

—Bien, puedes ir; yo le mandaré una carta al rey de Israel.

Y así Naamán se fue, llevando treinta mil monedas de plata, seis mil monedas de oro y diez mudas de ropa. La carta que le llevó al rey de Israel decía: «Cuando te llegue esta carta, verás que el portador es Naamán, uno de mis oficiales. Te lo envío para que lo sanes de su lepra.»

Al leer la carta, el rey de Israel se rasgó las vestiduras y exclamó: «¿Y acaso soy Dios, capaz de dar vida o muerte, para que ese tipo me pida sanar a un leproso? ¡Fíjense bien que me está buscando pleito!»

Cuando Eliseo, hombre de Dios, se enteró de que el rey de Israel se había rasgado las vestiduras, le envió este mensaje: «¿Por qué está

Su Majestad tan molesto? ¡Mándeme usted a ese hombre, para que sepa que hay profeta en Israel!»

Así que Naamán, con sus caballos y sus carros, fue a la casa de Eliseo y se detuvo ante la puerta. Entonces Eliseo envió un mensajero a que le dijera: «Ve y zambúllete siete veces en el río Jordán; así tu piel sanará, y quedarás limpio.»

Naamán se enfureció y se fue, quejándose: «¡Yo creí que el profeta saldría a recibirme personalmente para invocar el nombre del Señor su Dios, y que con un movimiento de la mano me sanaría de la lepra! ¿Acaso los ríos de Damasco, el Abaná y el Farfar, no son mejores que toda el agua de Israel? ¿Acaso no podría zambullirme en ellos y quedar limpio?» Furioso, dio media vuelta y se marchó.

Entonces sus criados se le acercaron para aconsejarle: «Señor, si el profeta le hubiera mandado hacer algo complicado, ¿usted no le habría hecho caso? ¡Con más razón si lo único que le dice a usted es que se zambulla, y así quedará limpio!» Así que Naamán bajó al Jordán y se sumergió siete veces, según se lo había ordenado el hombre de Dios. ¡Y su piel se volvió como la de un niño, y quedó limpio! **Luego Naamán volvió con todos sus acompañantes y, presentándose ante el hombre de Dios, le dijo:**

—Ahora reconozco que no hay Dios en todo el mundo, sino sólo en Israel. 2 Reyes 5.1–15

El único Dios verdadero quiere que nosotros reflejemos su imagen ante el mundo. En su famoso Sermón del Monte, Jesús usó la metáfora de «la sal» y «la luz» para expresar el poder de una vida vivida con fe y en obediencia a Dios.

«Ustedes son la sal de la tierra. Pero si la sal se vuelve insípida, ¿cómo recobrará su sabor? Ya no sirve para nada, sino para que la gente la deseche y la pisotee.

»Ustedes son la luz del mundo. Una ciudad en lo alto de una colina no puede esconderse. Ni se enciende una lámpara para cubrirla con un cajón. Por el contrario, se pone en la repisa para que alumbre a todos los que están en la casa. **Hagan brillar su luz delante de todos, para que ellos puedan ver las buenas obras de ustedes y alaben al Padre que está en el cielo.**» Mateo 5.13–16

Ser la luz del mundo requiere tener la actitud de un siervo humilde. Algunas veces debemos adaptar nuestro enfoque a fin de suplir las necesidades de aquellos que estamos tratando de alcanzar con el evangelio. Muchos nuevos creyentes en la primera iglesia fueron llevados a la fe en Cristo al ver la forma en que las personas de la iglesia se servían unas a otras.

Se mantenían firmes en la enseñanza de los apóstoles, en la comunión, en el partimiento del pan y en la oración. Todos estaban asombrados por los muchos prodigios y señales que realizaban los apóstoles. Todos los creyentes estaban juntos y tenían todo en común: vendían sus propiedades y posesiones, y compartían sus bienes entre sí según la necesidad de cada uno. No dejaban de reunirse en el templo ni un solo día. **De casa en casa partían el pan y compartían la comida con alegría y generosidad, alabando a Dios y disfrutando de la estimación general del pueblo. Y cada día el Señor añadía al grupo los que iban siendo salvos.**

HECHOS 2.42–47

El apóstol Pablo estaba muy conciente de que su vida debería representar la luz de Cristo y el buen sabor de la sal para este mundo. Él hizo concientemente cualquier cosa que fuera necesaria para asegurarse de poner las necesidades de los demás ante de las propias, de modo que no tuvieran razón para rechazar las buenas nuevas.

Aunque soy libre respecto a todos, de todos me he hecho esclavo para ganar a tantos como sea posible. Entre los judíos me volví judío, a fin de ganarlos a ellos. Entre los que viven bajo la ley me volví como los que están sometidos a ella (aunque yo mismo no vivo bajo la ley), a fin de ganar a éstos. Entre los que no tienen la ley me volví como los que están sin ley (aunque no estoy libre de la ley de Dios sino comprometido con la ley de Cristo), a fin de ganar a los que están sin ley. Entre los débiles me hice débil, a fin de ganar a los débiles. **Me hice todo para todos, a fin de salvar a algunos por todos los medios posibles. Todo esto lo hago por causa del evangelio, para participar de sus frutos.** 1 CORINTIOS 9.19–23

¿Qué quiere decir Pablo cuando escribe: «Me hice todo para todos, a fin de salvar a algunos por todos los medios posibles»? ¿Qué piensas que no significa?

Compartamos nuestra fe mediante nuestras palabras

Además de compartir nuestra fe mediante nuestra forma de vivir, también estamos llamados a proclamar quién es Dios y las grandes cosas que ha hecho por nosotros mediante nuestras palabras. David, sobrecogido por la intervención de Dios en su vida, fue un gran testigo a través de sus palabras del carácter y las obras de Dios.

> Puse en el Señor toda mi esperanza;
>   él se inclinó hacia mí y escuchó mi clamor.
> Me sacó de la fosa de la muerte,
>   del lodo y del pantano;
> puso mis pies sobre una roca,
>   y me plantó en terreno firme.
> Puso en mis labios un cántico nuevo,
>   un himno de alabanza a nuestro Dios.
> Al ver esto, muchos tuvieron miedo
>   y pusieron su confianza en el Señor.
>
> Dichoso el que pone su confianza en el Señor
>   y no recurre a los idólatras
>   ni a los que adoran dioses falsos.
> Muchas son, Señor mi Dios,
>   las maravillas que tú has hecho.
> No es posible enumerar
>   tus bondades en favor nuestro.
> Si quisiera anunciarlas y proclamarlas,
>   serían más de lo que puedo contar.
>
> A ti no te complacen sacrificios ni ofrendas,
>   pero me has hecho obediente;
> tú no has pedido holocaustos
>   ni sacrificios por el pecado.
> Por eso dije: «Aquí me tienes
>   —como el libro dice de mí—.
> Me agrada, Dios mío, hacer tu voluntad;
>   tu ley la llevo dentro de mí.»
>
> En medio de la gran asamblea

he dado a conocer tu justicia.
Tú bien sabes, Señor,
que no he sellado mis labios.
No escondo tu justicia en mi corazón,
sino que proclamo tu fidelidad y tu salvación.
No oculto en la gran asamblea
tu gran amor y tu verdad. Salmos 40.1–10

Todos en la iglesia primitiva tenían la misión de compartir la verdad acerca del amor y la fidelidad de Dios, lo cual lograron testificando con su boca acerca del Cristo resucitado. Aunque quizá consideremos que no somos tan elocuentes como David o no tenemos el conocimiento de Pablo, al igual que los miembros de la iglesia primitiva, todos tenemos la misión de compartir nuestra fe con otros. Es mediante Dios que hemos recibido el poder para llevar a cabo esa tarea.

Estimado Teófilo, en mi primer libro [yo Pablo] me referí a todo lo que Jesús comenzó a hacer y enseñar hasta el día en que fue llevado al cielo, luego de darles instrucciones por medio del Espíritu Santo a los apóstoles que había escogido. Después de padecer la muerte, se les presentó dándoles muchas pruebas convincentes de que estaba vivo. Durante cuarenta días se les apareció y les habló acerca del reino de Dios. Una vez, mientras comía con ellos, les ordenó:

—No se alejen de Jerusalén, sino esperen la promesa del Padre, de la cual les he hablado: Juan bautizó con agua, pero dentro de pocos días ustedes serán bautizados con el Espíritu Santo.

Entonces los que estaban reunidos con él le preguntaron:

—Señor, ¿es ahora cuando vas a restablecer el reino a Israel?

—No les toca a ustedes conocer la hora ni el momento determinados por la autoridad misma del Padre —les contestó Jesús—. **Pero cuando venga el Espíritu Santo sobre ustedes, recibirán poder y serán mis testigos tanto en Jerusalén como en toda Judea y Samaria, y hasta los confines de la tierra.** Hechos 1.1–8

Las personas de la primera iglesia tenían la misión de compartir la verdad acerca del amor y la fidelidad de Dios, lo cual hicieron al testificar del Cristo resucitado. Sin embargo, cuando realmente se trata de usar las palabras, podemos sentir temor de que no sepamos qué decir. Dios nos promete que el Espíritu Santo nos dará las palabras cuando las necesitemos, así como Pablo ora en el versículo clave al principio del capítulo. Como vemos en al caso de Felipe, el Espíritu Santo incluso se asegura de que nos encontremos con las personas en el momento preciso, cuando están listas para oír las buenas nuevas.

Mientras lees sobre el encuentro divino de Felipe con el etíope en Hechos 8, identifica estrategias efectivas a la hora de compartir la fe que puedes emular.

Se desató una gran persecución contra la iglesia en Jerusalén, y todos, excepto los apóstoles, se dispersaron por las regiones de Judea y Samaria. Saulo, por su parte, causaba estragos en la iglesia: entrando de casa en casa, arrastraba a hombres y mujeres y los metía en la cárcel.

Los que se habían dispersado predicaban la palabra por dondequiera que iban. Felipe bajó a una ciudad de Samaria y les anunciaba al Mesías. Al oír a Felipe y ver las señales milagrosas que realizaba, mucha gente se reunía y todos prestaban atención a su mensaje. De muchos endemoniados los espíritus malignos salían dando alaridos, y un gran número de paralíticos y cojos quedaban sanos. Y aquella ciudad se llenó de alegría.   HECHOS 8.1–8

Un ángel del Señor le dijo a Felipe: «Ponte en marcha hacia el sur, por el camino del desierto que baja de Jerusalén a Gaza.» Felipe emprendió el viaje, y resulta que se encontró con un etíope eunuco, alto funcionario encargado de todo el tesoro de la Candace, reina de los etíopes. Éste había ido a Jerusalén para adorar y, en el viaje de regreso a su país, iba sentado en su carro, leyendo el libro del profeta Isaías. El Espíritu le dijo a Felipe: «Acércate y júntate a ese carro.»

Felipe se acercó de prisa al carro y, al oír que el hombre leía al profeta Isaías, le preguntó:

—¿Acaso entiende usted lo que está leyendo?

—¿Y cómo voy a entenderlo —contestó— si nadie me lo explica?

Así que invitó a Felipe a subir y sentarse con él. El pasaje de la Escritura que estaba leyendo era el siguiente:

«Como oveja, fue llevado al matadero;
    y como cordero que enmudece ante su trasquilador,
    ni siquiera abrió su boca.

Lo humillaron y no le hicieron justicia.
¿Quién describirá su descendencia?
Porque su vida fue arrancada de la tierra.»

—Dígame usted, por favor, ¿de quién habla aquí el profeta, de sí mismo o de algún otro? —le preguntó el eunuco a Felipe. **Entonces Felipe, comenzando con ese mismo pasaje de la Escritura, le anunció las buenas nuevas acerca de Jesús.** Mientras iban por el camino, llegaron a un lugar donde había agua, y dijo el eunuco:

—Mire usted, aquí hay agua. ¿Qué impide que yo sea bautizado?

Entonces mandó parar el carro, y ambos bajaron al agua, y Felipe lo bautizó. Cuando subieron del agua, el Espíritu del Señor se llevó de repente a Felipe. El eunuco no volvió a verlo, pero siguió alegre su camino. En cuanto a Felipe, apareció en Azoto, y se fue predicando el evangelio en todos los pueblos hasta que llegó a Cesarea.

HECHOS 8.26–40 🗝

Así como Felipe ilustró mediante su propia vida al seguir las instrucciones del Espíritu Santo, cuando decidimos colaborar con Dios en su plan de unir este mundo quebrantado, nos convertimos en sus embajadores, sus representantes sobre la tierra. Ser un embajador de Cristo no es tarea fácil. El apóstol Pablo, que sufrió mucho por compartir su fe, entendió bien esto. A pesar de la persecución, él sentía pasión por compartir las buenas nuevas. Mientras se dirigía a Jerusalén durante su tercer viaje misionero, pidió reunirse con sus buenos amigos de Éfeso, ya que sabía que probablemente no volvería a verlos más. Durante el encuentro, declaró su pasión por proclamar su fe.

Desde Mileto, Pablo mandó llamar a los ancianos de la iglesia de Éfeso. Cuando llegaron, les dijo: «Ustedes saben cómo me porté todo el tiempo que estuve con ustedes, desde el primer día que vine a la provincia de Asia. He servido al Señor con toda humildad y con lágrimas, a pesar de haber sido sometido a duras pruebas por las maquinaciones de los judíos. Ustedes saben que no he vacilado en predicarles nada que les fuera de provecho, sino que les he enseñado públicamente y en las casas. A judíos y a griegos les he instado a convertirse a Dios y a creer en nuestro Señor Jesús.

»Y ahora tengan en cuenta que voy a Jerusalén obligado por el Espíritu, sin saber lo que allí me espera. Lo único que sé es que en todas las ciudades el Espíritu Santo me asegura que me esperan prisiones y sufrimientos. **Sin embargo, considero que mi vida carece de valor para mí mismo, con tal de que termine mi carrera y lleve a cabo el servicio que me ha encomendado el Señor Jesús, que es el de dar testimonio del evangelio de la gracia de Dios.**»

HECHOS 20.17–24

En sus cartas, Pablo les pidió a otros creyentes que oraran por él mientras compartía su fe. Y los llamó a proclamar también el mensaje de las buenas nuevas. Las palabras de Pablo son del mismo modo preciosas para nosotros mientras nos esforzamos en compartir nuestra fe con las personas que Dios pone en nuestro camino.

Oren también por mí para que, cuando hable, Dios me dé las palabras para dar a conocer con valor el misterio del evangelio, por el cual soy embajador en cadenas. Oren para que lo proclame valerosamente, como debo hacerlo. EFESIOS 6.19–20

Dedíquense a la oración: perseveren en ella con agradecimiento y, al mismo tiempo, intercedan por nosotros a fin de que Dios nos abra las puertas para proclamar la palabra, el misterio de Cristo por el cual estoy preso. Oren para que yo lo anuncie con claridad, como debo hacerlo. **Compórtense sabiamente con los que no creen en Cristo, aprovechando al máximo cada momento oportuno. Que su conversación sea siempre amena y de buen gusto. Así sabrán cómo responder a cada uno.** COLOSENSES 4.2–6

¿Qué significa «comportarse sabiamente con los que no creen en Cristo»? ¿Qué significa que nuestra conversación sea «amena y de buen gusto»?

COMPARTAMOS NUESTRA FE CON TODOS

El plan de Dios desde el principio previó que todas las naciones y pueblos fueran parte del plan divino de redención y restauración. Los israelitas rechazaron el llamado de Dios a ser el canal de sus propósitos redentores para los pueblos del mundo. Este sentimiento quedó demostrado en la historia de Jonás. Dios lo llamó para que le llevara su mensaje al pueblo asirio en la gran ciudad de Nínive. Los asirios, enemigos de Israel, eran personas malvadas que llevaban a cabo prácticas pecaminosas. Como leemos en el Capítulo 18 (Ofrecimiento de mi tiempo), cuando el Señor le dio esta tarea a Jonás, él huyó corriendo en dirección opuesta, pues pensaba que las personas de esa ciudad estaban más allá de la salvación. Dios le dio a Jonás la oportunidad de considerar bien su decisión encerrándolo en el vientre de un gran pez durante tres días. Una vez que hizo que el pez vomitara a Jonás en tierra seca, Dios le ofreció la oportunidad de cambiar de opinión. Aun así, Jonás no pensaba que las personas fueran capaces de responder a su mensaje.

La palabra del Señor vino por segunda vez a Jonás: «Anda, ve a la gran ciudad de Nínive y proclámale el mensaje que te voy a dar.»

Jonás se fue hacia Nínive, conforme al mandato del Señor. Ahora bien, Nínive era una ciudad grande y de mucha importancia. Jonás se fue internando en la ciudad, y la recorrió todo un día, mientras proclamaba: «¡Dentro de cuarenta días Nínive será destruida!» Y los ninivitas le creyeron a Dios, proclamaron ayuno y, desde el mayor hasta el menor, se vistieron de luto en señal de arrepentimiento.

Cuando el rey de Nínive se enteró del mensaje, se levantó de su trono, se quitó su manto real, hizo duelo y se cubrió de ceniza. Luego mandó que se pregonara en Nínive:

«Por decreto del rey y de su corte:

»Ninguna persona o animal, ni ganado lanar o vacuno, probará alimento alguno, ni tampoco pastará ni beberá agua. Al contrario, el rey ordena que toda persona, junto con sus animales, haga duelo y clame a Dios con todas sus fuerzas. Ordena así mismo que cada uno se convierta de su mal camino y de sus hechos violentos. ¡Quién sabe! Tal vez Dios cambie de parecer, y aplaque el ardor de su ira, y no perezcamos.»

Al ver Dios lo que hicieron, es decir, que se habían convertido de su mal camino, cambió de parecer y no llevó a cabo la destrucción que les había anunciado.

Pero esto disgustó mucho a Jonás, y lo hizo enfurecerse. Así que oró al Señor de esta manera:

—¡Oh Señor! ¿No era esto lo que yo decía cuando todavía estaba en mi tierra? Por eso me anticipé a huir a Tarsis, pues bien sabía que tú eres un Dios bondadoso y compasivo, lento para la ira y lleno de amor, que cambias de parecer y no destruyes. Así que ahora, Señor, te suplico que me quites la vida. ¡Prefiero morir que seguir viviendo!

—¿Tienes razón de enfurecerte tanto? —le respondió el Señor.

Jonás salió y acampó al este de la ciudad. Allí hizo una enramada y se sentó bajo su sombra para ver qué iba a suceder con la ciudad. Para aliviarlo de su malestar, Dios el Señor dispuso una planta, la cual creció hasta cubrirle a Jonás la cabeza con su sombra. Jonás se alegró muchísimo por la planta. Pero al amanecer del día siguiente Dios dispuso que un gusano la hiriera, y la planta se marchitó. Al salir el sol, Dios dispuso un viento oriental abrasador. Además, el sol hería a Jonás en la cabeza, de modo que éste desfallecía. Con deseos de morirse, exclamó: «¡Prefiero morir que seguir viviendo!»

Pero Dios le dijo a Jonás:

—¿Tienes razón de enfurecerte tanto por la planta?

—¡Claro que la tengo! —le respondió—. ¡Me muero de rabia!

El Señor le dijo:

—Tú te compadeces de una planta que, sin ningún esfuerzo de tu parte, creció en una noche y en la otra pereció. Y de Nínive, una gran ciudad donde hay más de ciento veinte mil personas que no distinguen su derecha de su izquierda, y tanto ganado, ¿no habría yo de compadecerme?   JONÁS 3.1—4.11 ⚷

La negativa de los judíos a compartir su fe con los de fuera se extendió hasta el tiempo de Jesús. Los samaritanos eran una raza de sangre mezclada resultante de los matrimonios que los israelitas habían celebrado tiempo atrás cuando el pueblo del reino del norte fue exiliado y los gentiles se vieron llevados a esa tierra por los asirios. Debido a esto existía una rencorosa hostilidad entre judíos y samaritanos en tiempos de Jesús. Para evitar a estas personas que vivían en la gran región entre Judea y Galilea, los judíos a menudo se desviaban de su camino y cruzaban el río Jordán, viajando por el lado este. A fin de darles el ejemplo a sus discípulos de que había que incluir a los demás, Jesús viajó directamente a través de Samaria y se desvió un instante de su camino para hablar con una mujer samaritana.

Por eso [Jesús] se fue de Judea y volvió otra vez a Galilea. Como tenía que pasar por Samaria, llegó a un pueblo samaritano llamado Sicar, cerca del terreno que Jacob le había dado a su hijo José. Allí estaba el pozo de Jacob. Jesús, fatigado del camino, se sentó junto al pozo. Era cerca del mediodía. Sus discípulos habían ido al pueblo a comprar comida.

En eso llegó a sacar agua una mujer de Samaria, y Jesús le dijo:

—Dame un poco de agua.

Pero como los judíos no usan nada en común con los samaritanos, la mujer le respondió:

—¿Cómo se te ocurre pedirme agua, si tú eres judío y yo soy samaritana?

—Si supieras lo que Dios puede dar, y conocieras al que te está pidiendo agua —contestó Jesús—, tú le habrías pedido a él, y él te habría dado agua que da vida.

—Señor, ni siquiera tienes con qué sacar agua, y el pozo es muy hondo; ¿de dónde, pues, vas a sacar esa agua que da vida? ¿Acaso eres tú superior a nuestro padre Jacob, que nos dejó este pozo, del cual bebieron él, sus hijos y su ganado?

—Todo el que beba de esta agua volverá a tener sed —respondió Jesús—, pero el que beba del agua que yo le daré, no volverá a tener sed jamás, sino que dentro de él esa agua se convertirá en un manantial del que brotará vida eterna.

—Señor, dame de esa agua para que no vuelva a tener sed ni siga viniendo aquí a sacarla.

—Ve a llamar a tu esposo, y vuelve acá —le dijo Jesús.

—No tengo esposo —respondió la mujer.

—Bien has dicho que no tienes esposo. Es cierto que has tenido cinco, y el que ahora tienes no es tu esposo. En esto has dicho la verdad.

—Señor, me doy cuenta de que tú eres profeta. Nuestros antepasados adoraron en este monte, pero ustedes los judíos dicen que el lugar donde debemos adorar está en Jerusalén.

—Créeme, mujer, que se acerca la hora en que ni en este monte ni en Jerusalén adorarán ustedes al Padre. Ahora ustedes adoran lo que no conocen; nosotros adoramos lo que conocemos, porque la salvación proviene de los judíos. Pero se acerca la hora, y ha llegado ya, en que los verdaderos adoradores rendirán culto al Padre en espíritu y en verdad, porque así quiere el Padre que sean los que le adoren. Dios es espíritu, y quienes lo adoran deben hacerlo en espíritu y en verdad.

—Sé que viene el Mesías, al que llaman el Cristo —respondió la mujer—. Cuando él venga nos explicará todas las cosas.

—Ése soy yo, el que habla contigo —le dijo Jesús.

En esto llegaron sus discípulos y se sorprendieron de verlo hablando con una mujer, aunque ninguno le preguntó: «¿Qué pretendes?» o «¿De qué hablas con ella?»

La mujer dejó su cántaro, volvió al pueblo y le decía a la gente:

—Vengan a ver a un hombre que me ha dicho todo lo que he hecho. ¿No será éste el Cristo?

Salieron del pueblo y fueron a ver a Jesús. Mientras tanto, sus discípulos le insistían:

—Rabí, come algo.

—Yo tengo un alimento que ustedes no conocen —replicó él.

«¿Le habrán traído algo de comer?», comentaban entre sí los discípulos.

—Mi alimento es hacer la voluntad del que me envió y terminar su obra —les dijo Jesús—. ¿No dicen ustedes: "Todavía faltan cuatro meses para la cosecha"? Yo les digo: ¡Abran los ojos y miren los campos sembrados! **Ya la cosecha está madura; ya el segador recibe su salario y recoge el fruto para vida eterna. Ahora tanto el sembrador como el segador se alegran juntos. Porque como dice el refrán: "Uno es el que siembra y otro el que cosecha." Yo los he enviado a ustedes a cosechar lo que no les costó ningún trabajo. Otros se han fatigado trabajando, y ustedes han cosechado el fruto de ese trabajo.**

Muchos de los samaritanos que vivían en aquel pueblo creyeron en él por el testimonio que daba la mujer: «Me dijo todo lo que he hecho.» Así que cuando los samaritanos fueron a su encuentro le insistieron en que se quedara con ellos. Jesús permaneció allí dos días, y muchos más llegaron a creer por lo que él mismo decía.

—Ya no creemos sólo por lo que tú dijiste —le decían a la mujer—; ahora lo hemos oído nosotros mismos, y sabemos que verdaderamente éste es el Salvador del mundo. JUAN 4.3-42

Con relación a la proclamación de nuestra fe, ¿qué quiso decir Jesús cuando señaló que algunos «siembran» la semilla y otros «cosechan»? ¿Por qué debemos compartir nuestra fe incluso si nuestro mensaje puede ser rechazado?

Aunque Pablo era conocido como el apóstol de los gentiles, su corazón anhelaba que sus compatriotas judíos respondieran al mensaje acerca de Jesús. En su Epístola a los Romanos, Pablo

declara el plan y el deseo de Dios de que tanto judíos como gentiles, todas las personas, oigan el evangelio y conozcan a Jesús
como Señor. También leímos este pasaje en el Capítulo 3 (Salvación). Esta vez debemos leerlo teniendo en mente la responsabilidad de proclamar nuestra fe.

Hermanos, el deseo de mi corazón, y mi oración a Dios por los israelitas, es que lleguen a ser salvos. Puedo declarar en favor de ellos que muestran celo por Dios, pero su celo no se basa en el conocimiento. No conociendo la justicia que proviene de Dios, y procurando establecer la suya propia, no se sometieron a la justicia de Dios. De hecho, Cristo es el fin de la ley, para que todo el que cree reciba la justicia.

Así describe Moisés la justicia que se basa en la ley: «Quien practique estas cosas vivirá por ellas.» Pero la justicia que se basa en la fe afirma: «No digas en tu corazón: "¿Quién subirá al cielo?" (es decir, para hacer bajar a Cristo), o "¿Quién bajará al abismo?" » (es decir, para hacer subir a Cristo de entre los muertos). ¿Qué afirma entonces? «La palabra está cerca de ti; la tienes en la boca y en el corazón.» Ésta es la palabra de fe que predicamos: que si confiesas con tu boca que Jesús es el Señor, y crees en tu corazón que Dios lo levantó de entre los muertos, serás salvo. Porque con el corazón se cree para ser justificado, pero con la boca se confiesa para ser salvo. Así dice la Escritura: «Todo el que confíe en él no será jamás defraudado.» No hay diferencia entre judíos y gentiles, pues el mismo Señor es Señor de todos y bendice abundantemente a cuantos lo invocan, porque «todo el que invoque el nombre del Señor será salvo».

Ahora bien, ¿cómo invocarán a aquel en quien no han creído? **¿Y cómo creerán en aquel de quien no han oído? ¿Y cómo oirán si no hay quien les predique? ¿Y quién predicará sin ser enviado? Así está escrito: «¡Qué hermoso es recibir al mensajero que trae buenas nuevas!»** ROMANOS 10.1–15

Todos los creyentes son llamados a compartir su fe con los demás. A nosotros se nos ha dado el «ministerio de la reconciliación, y ahora somos «embajadores» de Dios ante el mundo. Se nos ha llamado a compartir nuestra fe a través de la forma en que vivimos. Debemos ser «sal y luz» para las personas que Dios ha colocado en nuestra esfera de influencia. La mera belleza de la forma en que los cristianos se tratan los unos a los otros constituye un aroma que atrae a los de afuera a querer conocer a Dios y tener una relación con él. También se nos llama a proclamar nuestra fe por medio de nuestras palabras. Como David, nuestra relación con Dios es tan significativa que puede resultarnos difícil mantener sellados nuestros labios. Como Felipe, debemos permanecer atentos a los encuentros que Dios organiza a fin de compartir el evangelio con aquellas personas que lo están buscando de forma genuina. La gracia y el amor de Dios no conocen límites. Dios desea que todas las personas tengan una relación salvadora con él. Por lo tanto, debemos compartir nuestra fe con nuestros enemigos, las personas de otras razas o religiones, o incluso en ocasiones con los miembros de nuestra propia familia. Oremos, como Pablo, que podamos proclamar valerosamente nuestra fe.

¿Quién estoy llegando a ser?

Yo soy la vid y ustedes son las ramas.
El que permanece en mí, como yo en él, dará mucho fruto;
separados de mí no pueden ustedes hacer nada.
—Juan 15.5

En el pasaje anterior, Jesús compara la vida cristiana con una vid. Él es la vid; nosotros somos las ramas. Si permanecemos en la vid de Cristo, con el tiempo se producirá un fruto sorprendente y exquisito al final de nuestras ramas para que todos lo vean y prueben.

A la gente le encanta el fruto maduro, pero a nadie le gusta el fruto verde, podrido o artificial. Jesús quiere producir en nuestra vida un fruto que nos cause un gran gozo tanto a nosotros como a otros. Para que esto suceda debemos permanecer en Cristo. «Permanecer» simplemente significa «estar quieto». El crecimiento espiritual implica un proceso de composición. Mientras más permanezcamos unidos a Cristo, mayor llega a ser.

Nutrir la pasión y la disciplina para *pensar* y *actuar* como Jesús es nuestra parte en lo que respecta a permanecer en la vid de Cristo, pero no estamos solos. El Padre es el labrador. Él riega, labra la tierra, se asegura de que tengamos una exposición al sol adecuada y nos poda.

A medida que permanecemos en Cristo y el labrador hace su trabajo, finalmente el brote del fruto aparece al final de nuestra rama. Con el pasar del tiempo, el fruto crece y madura. El fruto maduro es una evidencia de la salud de la rama por dentro. El fruto maduro por fuera ministra a las personas que Dios ha puesto en nuestra vida. Ese fruto las acerca a nosotros; ese fruto las alimenta y constituye un refrigerio. A Dios le agrada que nosotros «repartamos» el amor que él depositó primero en nosotros.

Los últimos diez capítulos exponen las diez virtudes clave que Dios desea ver desarrolladas en tu vida. Mientras lees, susurra en silencio: «¡Esto es lo que quiero llegar a ser!». Y con la ayuda de Dios, lo conseguirás.

Todo lo puedo en Cristo que me fortalece.
—*Filipenses 4.13*

CAPÍTULO

21

Amor

───── PREGUNTA CLAVE ─────

¿Qué significa amar a otros de modo sacrificado e incondicional?

───── IDEA CLAVE ─────

Estoy comprometido a amar a Dios y amar a otros.

───── VERSÍCULO CLAVE ─────

En esto consiste el amor: no en que nosotros hayamos amado
a Dios, sino en que él nos amó y envió a su Hijo para que fuera
ofrecido como sacrificio por el perdón de nuestros pecados.
Queridos hermanos, ya que Dios nos ha amado así, también
nosotros debemos amarnos los unos a los otros. Nadie ha visto
jamás a Dios, pero si nos amamos los unos a los otros, Dios
permanece entre nosotros, y entre nosotros su amor se ha
manifestado plenamente.
—1 Juan 4.10–12

Creemos con el objetivo de llegar a ser. Las diez creencias clave de la vida cristiana no son un objetivo en sí mismas. Debemos comprenderlas con nuestra mente (una renovación después de la caída) y luego aceptarlas en nuestro corazón al llevar a cabo las diez prácticas espirituales. Ahora pasaremos a considerar las diez virtudes clave de la vida cristiana. Mientras que las creencias se aceptan en nuestro corazón, los «brotes» de virtudes, o el fruto del Espíritu, aparecen en las ramas externas de nuestra vida para que otros los vean y disfruten. El fruto supremo, la virtud esencial, es el AMOR. ¿Qué significa amar a otros de modo sacrificado e incondicional?

Los pasajes de las Escrituras de este capítulo proveerán la respuesta al tratar los siguientes temas:

- La definición del amor.
- El mayor mandamiento.
- Un nuevo mandamiento.
- Ejemplos de amor.

La Biblia es una narrativa compleja. Sin embargo, ¿cuál es la idea elevada, y a la vez sencilla, detrás de todas las historias y enseñanzas que contiene este libro antiguo? El amor: el amor domina la historia de Dios. En 1 Corintios 13 se nos ofrece una ferviente descripción del amor que resuena por todas las Escrituras.

Mientras lees 1 Corintios 13, confecciona dos listas. ¿Cuáles son las características del amor en el sentido positivo (todo lo que el amor es)? ¿Qué características no posee el amor?

Si hablo en lenguas humanas y angelicales, pero no tengo amor, no soy más que un metal que resuena o un platillo que hace ruido. Si tengo el don de profecía y entiendo todos los misterios y poseo todo conocimiento, y si tengo una fe que logra trasladar montañas, pero me falta el amor, no soy nada. Si reparto entre los pobres todo lo que poseo, y si entrego mi cuerpo para que lo consuman las llamas, pero no tengo amor, nada gano con eso.

El amor es paciente, es bondadoso. El amor no es envidioso ni jactancioso ni orgulloso. No se comporta con rudeza, no es egoísta, no se enoja fácilmente, no guarda rencor. El amor no se deleita en la maldad sino que se regocija con la verdad. Todo lo disculpa, todo lo cree, todo lo espera, todo lo soporta.

El amor jamás se extingue, mientras que el don de profecía cesará, el de lenguas será silenciado y el de conocimiento desaparecerá. Porque conocemos y profetizamos de manera imperfecta; pero cuando llegue lo perfecto, lo imperfecto desaparecerá. Cuando yo era niño, hablaba como niño, pensaba como niño, razonaba como niño; cuando llegué a ser adulto, dejé atrás las cosas de niño. Ahora vemos de manera indirecta y velada, como en un espejo; pero entonces veremos cara a cara. Ahora conozco de manera imperfecta, pero entonces conoceré tal y como soy conocido.

Ahora, pues, permanecen estas tres virtudes: la fe, la esperanza y el amor. Pero la más excelente de ellas es el amor.

1 Corintios 13.1–13

El mayor mandamiento

El amor como el mayor mandamiento se puede encontrar muy pronto en la historia de Dios con su pueblo. Por ejemplo, cerca del final de su vida, Moisés reunió a los israelitas para recordarles lo que verdaderamente importaba mientras se preparaban para entrar en la tierra prometida. Sus palabras, narradas en el libro de Deuteronomio, incluyen un pasaje conocido como el Shema («oír» en hebreo), el cuál más adelante se convirtió en la confesión de fe judía, recitada dos veces al día en los servicios de oración de la mañana y la noche. Como articula el Shema con mucha belleza, el amor entre Dios y su pueblo siempre ha sido la fuerza impulsora detrás de una vida de fe.

«Escucha, Israel: El Señor nuestro Dios es el único Señor. **Ama al Señor tu Dios con todo tu corazón y con toda tu alma y con todas tus fuerzas.** Grábate en el corazón estas palabras que hoy te mando. Incúlcaselas continuamente a tus hijos. Háblales de ellas cuando estés en tu casa y cuando vayas por el camino, cuando te acuestes y cuando te levantes. Átalas a tus manos como un signo; llévalas en tu frente como una marca; escríbelas en los postes de tu casa y en los portones de tus ciudades.» Deuteronomio 6.4–9

Fluyendo de la prioridad de amar a Dios con todo nuestro corazón, alma y mente se presenta el mandamiento de amar a nuestro prójimo como a nosotros mismos.

«No alimentes odios secretos contra tu hermano, sino reprende con franqueza a tu prójimo para que no sufras las consecuencias de su pecado.

»**No seas vengativo con tu prójimo, ni le guardes rencor. Ama a tu prójimo como a ti mismo. Yo soy el Señor.»** Levítico 19.17–18

Durante un encuentro narrado en el Nuevo Testamento entre Jesús y los líderes religiosos, el Señor calificó estos dos mandamientos del Antiguo Testamento —amar a Dios y amar a los demás— como los dos mayores de todos los mandamientos.

Uno de los maestros de la ley se acercó y los oyó discutiendo. Al ver lo bien que Jesús les había contestado, le preguntó:

—De todos los mandamientos, ¿cuál es el más importante?

—**El más importante es: "Oye, Israel. El Señor nuestro Dios es el único Señor —contestó Jesús—. Ama al Señor tu Dios con todo tu corazón, con toda tu alma, con toda tu mente y con todas tus fuerzas." El segundo es: "Ama a tu prójimo como a ti mismo." No hay otro mandamiento más importante que éstos.**

—Bien dicho, Maestro —respondió el hombre—. Tienes razón al decir que Dios es uno solo y que no hay otro fuera de él. Amarlo con todo el corazón, con todo el entendimiento y con todas las fuerzas, y amar al prójimo como a uno mismo, es más importante que todos los holocaustos y sacrificios.

Al ver Jesús que había respondido con inteligencia, le dijo:

—No estás lejos del reino de Dios.

Y desde entonces nadie se atrevió a hacerle más preguntas.

Marcos 12.28–34

¿Amas al Señor tu Dios con todo tu corazón, alma, mente y fuerzas? ¿Cómo describirías la cantidad de amor que les muestras a otros? ¿Estás satisfecho con tus respuestas?

Un nuevo mandamiento

Cada ley moral del Antiguo Testamento encaja en uno de estos dos grandes mandamientos: ama a Dios y ama a los demás. La ley fue dada para expresar los elevados estándares de Dios para la comunidad en su reino y demostrar legalmente que las personas eran incapaces de cumplir con los mandamientos y requerimientos de

Dios, por lo que necesitaban un Salvador. Jesús vino a cumplir la ley y ofrecernos un nuevo mandamiento. De manera interesante, fue después de que Judas abandonó la reunión con los discípulos en el aposento alto a fin de traicionar a su Maestro que Jesús cambió la fórmula para el amor y nos dio un nuevo mandamiento.

Jesús dijo:

—Ahora es glorificado el Hijo del hombre, y Dios es glorificado en él. Si Dios es glorificado en él, Dios glorificará al Hijo en sí mismo, y lo hará muy pronto.

»Mis queridos hijos, poco tiempo me queda para estar con ustedes. Me buscarán, y lo que antes les dije a los judíos, ahora se lo digo a ustedes: Adonde yo voy, ustedes no pueden ir.

»Este mandamiento nuevo les doy: que se amen los unos a los otros. Así como yo los he amado, también ustedes deben amarse los unos a los otros. De este modo todos sabrán que son mis discípulos, si se aman los unos a los otros. Juan 13.31–35

A partir de este punto, nunca se hace referencia al mandamiento de amar de la misma forma. En lugar de esforzarnos para amar a Dios y a los demás, recibimos el amor que Cristo nos ofrece y entonces se lo brindamos a los otros. Ese es el ejemplo que Jesús estableció para nosotros. Él recibió el amor del Padre y nos lo traspasó a nosotros. Es el amor de Dios en nosotros el que nos da la capacidad de amar a los demás.

Escribe con tus propias palabras lo que sucedió en el cambio del gran mandamiento del Antiguo Testamento al nuevo mandamiento de Jesús.

Cuando lo que nos mueve es nuestra naturaleza pecaminosa, o la carne, nos apartamos de nuestro amor sacrificado e incondicional y en cambio anhelamos satisfacer nuestros deseos por encima de las necesidades e intereses de los demás. Vivir una vida de amor requiere la presencia del amor de Dios y su poder dentro de nosotros. Cuando nos rendimos a su presencia en nuestras vidas, esto produce en nuestro interior amor por otros. La ley aporta alguna instrucción con respecto a cómo vivir una vida de amor; el Espíritu nos capacita para poder hacerlo.

Les hablo así, hermanos, porque ustedes han sido llamados a ser libres; pero no se valgan de esa libertad para dar rienda suelta a sus pasiones. Más bien sírvanse unos a otros con amor. En efecto, toda la ley se resume en un solo mandamiento: «Ama a tu prójimo como a ti mismo.» Pero si siguen mordiéndose y devorándose, tengan cuidado, no sea que acaben por destruirse unos a otros.

Así que les digo: Vivan por el Espíritu, y no seguirán los deseos de la naturaleza pecaminosa. Porque ésta desea lo que es contrario al Espíritu, y el Espíritu desea lo que es contrario a ella. Los dos se oponen entre sí, de modo que ustedes no pueden hacer lo que quieren. Pero si los guía el Espíritu, no están bajo la ley.

Las obras de la naturaleza pecaminosa se conocen bien: inmoralidad sexual, impureza y libertinaje; idolatría y brujería; odio, discordia, celos, arrebatos de ira, rivalidades, disensiones, sectarismos y envidia; borracheras, orgías, y otras cosas parecidas. Les advierto ahora, como antes lo hice, que los que practican tales cosas no heredarán el reino de Dios.

En cambio, el fruto del Espíritu es amor, alegría, paz, paciencia, amabilidad, bondad, fidelidad, humildad y dominio propio. No hay ley que condene estas cosas. Los que son de Cristo Jesús han crucificado la naturaleza pecaminosa, con sus pasiones y deseos. Si el Espíritu nos da vida, andemos guiados por el Espíritu.

GÁLATAS 5.13—25

Después que Pablo menciona todas las cualidades del fruto de Espíritu, ¿por qué escribe luego: «No hay ley que condene estas cosas»?

Nuestra capacidad de amar comienza recibiendo el amor que Dios siente por nosotros. De esta reserva desbordamos amor los unos por los otros. La presencia del Espíritu de Dios en nuestra vida, actuando a través de nosotros para vencer nuestra pasión por el yo en favor de amar a otros, es la confirmación de que somos sin lugar a dudas hijos de Dios.

Queridos hermanos, amémonos los unos a los otros, porque el amor viene de Dios, y todo el que ama ha nacido de él y lo conoce. El que no ama no conoce a Dios, porque Dios es amor. Así manifestó Dios su amor entre nosotros: en que envió a su Hijo unigénito al mundo para que vivamos por medio de él. **En esto consiste el amor: no en que nosotros hayamos amado a Dios, sino en que él nos amó y envió a su Hijo para que fuera ofrecido como sacrificio por el perdón de nuestros pecados. Queridos hermanos, ya que Dios nos ha amado así, también nosotros debemos amarnos los unos a los otros.** Nadie ha visto jamás a Dios, pero si nos amamos los unos a los otros, Dios permanece entre nosotros, y entre nosotros su amor se ha manifestado plenamente.

¿Cómo sabemos que permanecemos en él, y que él permanece en nosotros? Porque nos ha dado de su Espíritu. Y nosotros hemos visto y declaramos que el Padre envió a su Hijo para ser el Salvador del mundo. Si alguien reconoce que Jesús es el Hijo de Dios, Dios permanece en él, y él en Dios. Y nosotros hemos llegado a saber y creer que Dios nos ama.

Dios es amor. El que permanece en amor, permanece en Dios, y Dios en él. Ese amor se manifiesta plenamente entre nosotros para que en el día del juicio comparezcamos con toda confianza, porque en este mundo hemos vivido como vivió Jesús. En el amor no hay temor, sino que el amor perfecto echa fuera el temor. El que teme espera el castigo, así que no ha sido perfeccionado en el amor.

Nosotros amamos a Dios porque él nos amó primero. Si alguien afirma: «Yo amo a Dios», pero odia a su hermano, es un mentiroso; pues el que no ama a su hermano, a quien ha visto, no puede amar a Dios, a quien no ha visto. Y él nos ha dado este mandamiento: el que ama a Dios, ame también a su hermano.

1 JUAN 4.7–21

Junto con esta habilidad incrementada de tener el amor de Dios fluyendo en y a través de nosotros, disfrutamos de una mayor esperanza. El listón que Jesús y Pablo colocaron está más alto de lo que podemos alcanzar por nosotros mismos. Sin embargo, con el amor de Dios en nosotros, esto resulta bastante posible.

«Ustedes han oído que se dijo: "Ama a tu prójimo y odia a tu enemigo." Pero yo les digo: Amen a sus enemigos y oren por quienes los persiguen, para que sean hijos de su Padre que está en el cielo. Él hace que salga el sol sobre malos y buenos, y que llueva sobre justos e injustos. Si ustedes aman solamente a quienes los aman, ¿qué recompensa recibirán? ¿Acaso no hacen eso hasta los recaudadores de impuestos? Y si saludan a sus hermanos solamente, ¿qué de más hacen ustedes? ¿Acaso no hacen esto hasta los gentiles? Por tanto, sean perfectos, así como su Padre celestial es perfecto».

MATEO 5.43–48

No tengan deudas pendientes con nadie, a no ser la de amarse unos a otros. De hecho, quien ama al prójimo ha cumplido la ley. Porque los mandamientos que dicen: «No cometas adulterio», «No mates», «No robes», «No codicies», y todos los demás mandamientos, se resumen en este precepto: «Ama a tu prójimo como a ti mismo.» El amor no perjudica al prójimo. Así que el amor es el cumplimiento de la ley.

ROMANOS 13.8–10

Aunque quizá amemos a nuestro hermano o hermana, todas las relaciones tienen sus problemas. Por desdicha, la disonancia puede reemplazar al amor si dejamos que esas heridas y ofensas permanezcan sin resolverse. Cuando Pedro se acercó a Jesús con una pregunta acerca del perdón, Jesús respondió la pregunta y continuó narrando una emotiva parábola para ilustrar su punto. Es el perdón lo que mantiene conectadas las relaciones e impide que una raíz de amargura divida a las personas.

Pedro se acercó a Jesús y le preguntó:

—Señor, ¿cuántas veces tengo que perdonar a mi hermano que peca contra mí? ¿Hasta siete veces?

—No te digo que hasta siete veces, sino hasta setenta y siete veces —le contestó Jesús—.

»Por eso el reino de los cielos se parece a un rey que quiso ajustar cuentas con sus siervos. Al comenzar a hacerlo, se le presentó uno que le debía miles y miles de monedas de oro. Como él no tenía con qué pagar, el señor mandó que lo vendieran a él, a su esposa y a sus hijos, y todo lo que tenía, para así saldar la deuda. El siervo se postró delante de él. "Tenga paciencia conmigo —le rogó—, y se lo pagaré todo." El señor se compadeció de su siervo, le perdonó la deuda y lo dejó en libertad.

»Al salir, aquel siervo se encontró con uno de sus compañeros que le debía cien monedas de plata. Lo agarró por el cuello y comenzó a estrangularlo. "¡Págame lo que me debes!", le exigió. Su compañero se postró delante de él. "Ten paciencia conmigo —le rogó—, y te lo pagaré." Pero él se negó. Más bien fue y lo hizo meter en la cárcel hasta que pagara la deuda. Cuando los demás siervos vieron lo ocurrido, se entristecieron mucho y fueron a contarle a su señor todo lo que había sucedido. Entonces el señor mandó llamar al siervo. "¡Siervo malvado! —le increpó—. Te perdoné toda aquella deuda porque me lo suplicaste. ¿No debías tú también haberte compadecido de tu compañero, así como yo me compadecí de ti?" Y enojado, su señor lo entregó a los carceleros para que lo torturaran hasta que pagara todo lo que debía.

»Así también mi Padre celestial los tratará a ustedes, a menos que cada uno perdone de corazón a su hermano.»   MATEO 18.21–35

EJEMPLOS DE AMOR

Ahora que tenemos un entendimiento claro del amor según Dios ha querido que sea, resulta poderoso mirar cómo ese amor ha sido ejemplificado por el pueblo de Dios en la Biblia. Una de las historias más hermosas e inspiradoras de alguien que ama a otro como a sí mismo es la que tiene lugar entre Jonatán y David. Jonatán, el hijo del rey Saúl, el primer monarca de Israel, era el siguiente en la línea de sucesión. Sin embargo, cuando el joven David emergió al centro de la atención después de matar al gigante filisteo Goliat solo con una honda, fue evidente que Dios tenía otros planes. Jonatán reconoció la mano de Dios sobre David y amablemente se hizo a un lado e incluso lo protegió. El rey Saúl percibió lo mismo, pero en este caso se dejó llevar por los celos y la inseguridad.

Mientras lees la historia de 1 Samuel 19, anota las formas en que Jonatán le ofreció a David un amor incondicional y sacrificado.

Jonatán, por su parte, entabló con David una amistad entrañable y llegó a quererlo como a sí mismo. **Tanto lo quería, que hizo un pacto con él: Se quitó el manto que llevaba puesto y se lo dio a David; también le dio su túnica, y aun su espada, su arco y su cinturón.**
1 SAMUEL 18.1–4

Saúl les comunicó a su hijo Jonatán y a todos sus funcionarios su decisión de matar a David. Pero como Jonatán le tenía tanto afecto a David, le advirtió: «Mi padre Saúl está buscando una oportunidad para matarte. Así que ten mucho cuidado mañana; escóndete en algún sitio seguro, y quédate allí. Yo saldré con mi padre al campo donde tú estés, y le hablaré de ti. Cuando averigüe lo que pasa, te lo haré saber.»

Jonatán le habló a su padre Saúl en favor de David:

—¡No vaya Su Majestad a hacerle daño a su siervo David! —le rogó—. Él no le ha hecho ningún mal; al contrario, lo que ha hecho ha sido de gran beneficio para Su Majestad. Para matar al filisteo arriesgó su propia vida, y el SEÑOR le dio una gran victoria a todo Israel. Su Majestad mismo lo vio y se alegró. ¿Por qué ha de hacerle daño a un inocente y matar a David sin motivo?

Saúl le hizo caso a Jonatán, y exclamó:

—Tan cierto como que el SEÑOR vive, te juro que David no morirá.

Entonces Jonatán llamó a David y, después de contarle toda la conversación, lo llevó ante Saúl para que estuviera a su servicio como antes. 1 SAMUEL 19.1–7 🔑

No pasó mucho tiempo para que Saúl celosamente se volviera contra David de nuevo y le arrojara una lanza con la intención de matarlo. David escapó y se convirtió en un fugitivo. Parece que el propósito de esta prueba en la vida de David fue el de darle la oportunidad de ver la mano de Dios en su vida y aprender a confiar en Dios sin reservas. David al fin encontró una forma de llegar sano y salvo hasta Jonatán. Aparentemente quería hacer un intento más por ponerse al lado de Saúl y servirle si el rey así lo quería. David y Jonatán acordaron un plan para conocer cuál era la intención del corazón de Saúl.

David huyó de Nayot de Ramá y fue adonde estaba Jonatán.

—¿Qué he hecho yo? —le preguntó—. ¿Qué crimen o delito he cometido contra tu padre, para que él quiera matarme?

—¿Morir tú? ¡De ninguna manera! —respondió Jonatán—. Mi padre no hace nada, por insignificante que sea, sin que me lo diga. ¿Por qué me lo habría de ocultar? ¡Eso no es posible!

Pero David juró y perjuró:

—Tu padre sabe muy bien que tú me estimas, así que seguramente habrá pensado: "Jonatán no debe enterarse, para que no se disguste." Pero tan cierto como que el SEÑOR y tú viven, te aseguro que estoy a un paso de la muerte.

—Dime qué quieres que haga, y lo haré —le respondió Jonatán.

—Sabes —dijo David—, mañana es la fiesta de luna nueva, y se supone que yo debo sentarme a la mesa para comer con el rey. Pues bien, deja que me esconda en el campo hasta pasado mañana por la tarde. Si tu padre me extraña, dile que yo insistí en que me dejaras ir en seguida a Belén, mi pueblo, pues toda mi familia estaba reunida allá para celebrar su sacrificio anual. Si él responde que está bien, entonces no corro ningún peligro. Pero si se enfurece, con eso sabrás que ha decidido acabar conmigo. Ya que en presencia del SEÑOR has hecho un pacto conmigo, que soy tu servidor, te ruego que me seas leal. Si me consideras culpable, no hace falta que me entregues a tu padre; ¡mátame tú mismo!

—¡No digas tal cosa! —exclamó Jonatán—. Si llegara a enterarme de que mi padre ha decidido hacerte algún daño, ¿no crees que te lo diría?

David le preguntó:

—Si tu padre te responde de mal modo, ¿quién me lo hará saber?

Por toda respuesta, Jonatán invitó a David a salir al campo. Una vez allí, le dijo:

—David, te juro por el SEÑOR, Dios de Israel, que a más tardar pasado mañana a esta hora averiguaré lo que piensa mi padre. Si no corres peligro, de alguna manera te lo haré saber. Pero si mi padre intenta hacerte daño, y yo no te aviso para que puedas escapar, ¡que el SEÑOR me castigue sin piedad, y que esté contigo como estuvo con mi padre! Y si todavía estoy vivo cuando el SEÑOR te muestre su bondad, te pido que también tú seas bondadoso conmigo y no dejes que me maten. ¡Nunca dejes de ser bondadoso con mi familia, aun cuando el SEÑOR borre de la faz de la tierra a todos tus enemigos! ¡Que el SEÑOR pida cuentas de esto a tus enemigos!

De ese modo Jonatán hizo un pacto con la familia de David, pues quería a David como a sí mismo. Por ese cariño que le tenía, le pidió a David confirmar el pacto bajo juramento. Además le dijo:

—Mañana es la fiesta de luna nueva. Cuando vean tu asiento desocupado, te van a extrañar. Pasado mañana, sin falta, ve adonde te escondiste la otra vez, y quédate junto a la piedra de Ézel. Yo fingiré estar tirando al blanco y lanzaré tres flechas en esa dirección. Entonces le diré a uno de mis criados que vaya a buscarlas. Si le digo: "Mira, las flechas están más acá, recógelas"; eso querrá decir que no hay peligro y podrás salir sin ninguna preocupación. ¡Tan cierto como que el SEÑOR vive! Pero si le digo: "Mira, las flechas están más allá", eso querrá decir que el SEÑOR quiere que te vayas, así que ¡escápate! ¡Que el SEÑOR sea siempre testigo del juramento que tú y yo nos hemos hecho!

David se escondió en el campo. Cuando llegó la fiesta de luna nueva, el rey se sentó a la mesa para comer ocupando, como de costumbre, el puesto junto a la pared. Jonatán se sentó enfrente, mientras que Abner se acomodó a un lado de Saúl. El asiento de David quedó desocupado. Ese día Saúl no dijo nada, pues pensó: «Algo le habrá pasado a David, que lo dejó ritualmente impuro, y seguramente no pudo purificarse.» Pero como al día siguiente, que era el segundo del mes, el puesto de David seguía desocupado, Saúl le preguntó a Jonatán:

—¿Cómo es que ni ayer ni hoy vino el hijo de Isaí a la comida?

Jonatán respondió:

—David me insistió en que le diera permiso para ir a Belén. Me dijo: "Por favor, déjame ir. Mi familia va a celebrar el sacrificio anual en nuestro pueblo, y mi hermano me ha ordenado que vaya. Hazme este favor, y permite que me dé una escapada para ver a mis hermanos." Por eso es que David no se ha sentado a comer con Su Majestad.

Al oír esto, Saúl se enfureció con Jonatán.

—¡Hijo de mala madre! —exclamó—. ¿Crees que no sé que eres muy amigo del hijo de Isaí, para vergüenza tuya y de tu desgraciada madre? Mientras el hijo de Isaí viva en esta tierra, ¡ni tú ni tu reino estarán seguros! Así que manda a buscarlo, y tráemelo, pues está condenado a morir.

—¿Y por qué ha de morir? —le reclamó Jonatán—. ¿Qué mal ha hecho?

Por toda respuesta, Saúl le arrojó su lanza para herirlo. Así Jonatán se convenció de que su padre estaba decidido a matar a David. Enfurecido, Jonatán se levantó de la mesa y no quiso tomar parte en la comida del segundo día de la fiesta. Estaba muy afligido porque su padre había insultado a David.

Por la mañana Jonatán salió al campo para encontrarse con David. Uno de sus criados más jóvenes lo acompañaba. Jonatán le dijo: «Corre a buscar las flechas que voy a lanzar.»

El criado se echó a correr, y Jonatán lanzó una flecha que lo sobrepasó. Cuando el criado llegó al lugar donde la flecha había caído, Jonatán le gritó: «¡Más allá! ¡La flecha está más allá! ¡Date prisa! ¡No te detengas!» Y así continuó gritándole Jonatán. Cuando el criado recogió la flecha y se la trajo a su amo, lo hizo sin sospechar nada, pues sólo Jonatán y David sabían de qué se trataba. Entonces Jonatán le dio sus armas al criado. «Vete —le dijo—; llévalas de vuelta a la ciudad.»

En cuanto el criado se fue, David salió de su escondite y, luego de inclinarse tres veces, se postró rostro en tierra. En seguida se besaron y lloraron juntos, hasta que David se desahogó.

«Puedes irte tranquilo —le dijo Jonatán a David—, pues los dos hemos hecho un juramento eterno en nombre del SEÑOR, pidiéndole que juzgue entre tú y yo, y entre tus descendientes y los míos.» Así que David se fue, y Jonatán regresó a la ciudad.   1 SAMUEL 20.1–42

David era un fugitivo que se mantuvo huyendo del rey Saúl durante varios años. Mientras David se escondía de Saúl, los filisteos, el mismo enemigo que él había derrotado siendo joven, atacó y venció a Israel. Jonatán murió en batalla y Saúl se quitó la vida cuando el enemigo lo acorraló. Poco después David fue coronado rey de Israel. Cuando su reino estuvo bien establecido, demostró que no había olvidado su promesa de mostrar bondad hacia la familia de Jonatán cuidando de su hijo, Mefiboset. En su relación tanto con Jonatán como con Mefiboset y a lo largo de todo su reinado, David demostró su compromiso a amar a Dios y los demás.

Por supuesto, el ejemplo supremo de una vida llena de amor proviene de Jesús. Él se refirió constantemente al amor y la gracia de Dios fluyendo primero del Padre hacia él y luego a nosotros. Este es el secreto para amar a los demás.

«Yo soy el buen pastor; conozco a mis ovejas, y ellas me conocen a mí, así como el Padre me conoce a mí y yo lo conozco a él, y doy mi vida por las ovejas. Tengo otras ovejas que no son de este redil, y también a ellas debo traerlas. Así ellas escucharán mi voz, y habrá un solo rebaño y un solo pastor. Por eso me ama el Padre: porque entrego mi vida para volver a recibirla. Nadie me la arrebata, sino que yo la entrego por mi propia voluntad. Tengo autoridad para entregarla, y tengo también autoridad para volver a recibirla. Éste es el mandamiento que recibí de mi Padre.»   JUAN 10.14–18

El amor es la expresión suprema de llegar a ser como Jesús. Dios el Padre desea que amemos a los demás de forma incondicional y sacrificada. El amor bíblico se define en 1 Corintios 13 y el Gran Mandamiento se declara en Marcos 12. Amar a Dios y a nuestro prójimo es el estándar de Dios, el cual no podemos alcanzar por nosotros mismos. Sin embargo, en Cristo se nos da un nuevo mandamiento. Dios derrama su presencia y su amor en nosotros primero. Luego, a medida que los recibimos, permitimos que su amor fluya a través de nosotros hacia los demás. Jonatán nos ofrece un hermoso ejemplo de amor en su relación con David. No obstante, nadie modela esto mejor que Jesús mismo. Con el amor y la presencia de Dios en nosotros, podemos llegar a ser cada vez más como Jesús.

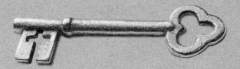

CAPÍTULO

22

Gozo

PREGUNTA CLAVE

¿Qué nos da verdadera felicidad y contentamiento en la vida?

IDEA CLAVE

A pesar de mis circunstancias, siento contentamiento interior y entiendo mi propósito en la vida.

VERSÍCULO CLAVE

Les he dicho esto para que tengan mi alegría y así su alegría sea completa.
—*Juan 15.11*

353

Una persona puede tener dinero, todas las posesiones que desee, salud e incluso una buena apariencia, pero si no tiene gozo, la vida puede ser bastante desafiante. Es fácil sentir gozo cuando las cosas están yendo bien. Sin embargo, algunas personas luchan para experimentar esta virtud incluso en medio de las situaciones más favorables de la vida. ¡He aquí algunas extraordinarias noticias! Cristo nos ofrece gozo a pesar de nuestras circunstancias. El verdadero gozo se fundamenta en la creencia clave de que el único Dios verdadero es un Dios personal que se involucra en nuestra vida cotidiana y se interesa por ella. Él nos ama y está llevando a cabo un buen plan para nosotros. Cuando creemos esto con toda confianza en nuestro corazón, podemos elevarnos por encima de las circunstancias y encontrar gozo solo en Cristo. ¿Cómo podemos hacer esto?

En este capítulo exploraremos los siguientes conceptos bíblicos:

- *Fuente de gozo.*
- *Celebraciones gozosas.*
- *Gozo a pesar de nuestras circunstancias.*

FUENTE DE GOZO

Dios puede hacer llover sobre nosotros bendiciones y circunstancias que traigan gozo a nuestra vida, pero el verdadero gozo se halla no en esas cosas, sino en su fuente. El gozo también se puede avivar y encontrar al vivir la Palabra de Dios y confiar en las promesas que él nos da en su Palabra. El salmista declara esta verdad con gran confianza en este canto.

Cuídame, oh Dios, porque en ti busco refugio.
Yo le he dicho al SEÑOR: «Mi SEÑOR eres tú.
Fuera de ti, no poseo bien alguno.»
Poderosos son los sacerdotes paganos del país,
según todos sus seguidores.
Pero aumentarán los dolores
de los que corren tras ellos.
¡Jamás derramaré sus sangrientas libaciones,
ni con mis labios pronunciaré sus nombres!

> Tú, Señor, eres mi porción y mi copa;
> eres tú quien ha afirmado mi suerte.
> Bellos lugares me han tocado en suerte;
> ¡preciosa herencia me ha correspondido!
>
> Bendeciré al Señor, que me aconseja;
> aun de noche me reprende mi conciencia.
> Siempre tengo presente al Señor;
> con él a mi derecha, nada me hará caer.
>
> Por eso mi corazón se alegra,
> y se regocijan mis entrañas;
> todo mi ser se llena de confianza.
> No dejarás que mi vida termine en el sepulcro;
> no permitirás que sufra corrupción tu siervo fiel.
> **Me has dado a conocer la senda de la vida;**
> **me llenarás de alegría en tu presencia,**
> **y de dicha eterna a tu derecha.**   Salmos 16.1–11

Las promesas de Dios encuentran su cumplimiento supremo en su Hijo Jesús. Note cómo su llegada a nuestro mundo trajo gozo a todos los presentes.

Por aquellos días Augusto César decretó que se levantara un censo en todo el imperio romano. (Este primer censo se efectuó cuando Cirenio gobernaba en Siria.) Así que iban todos a inscribirse, cada cual a su propio pueblo.

También José, que era descendiente del rey David, subió de Nazaret, ciudad de Galilea, a Judea. Fue a Belén, la ciudad de David, para inscribirse junto con María su esposa. Ella se encontraba encinta y, mientras estaban allí, se le cumplió el tiempo. Así que dio a luz a su hijo primogénito. Lo envolvió en pañales y lo acostó en un pesebre, porque no había lugar para ellos en la posada.

En esa misma región había unos pastores que pasaban la noche en el campo, turnándose para cuidar sus rebaños. Sucedió que un ángel del Señor se les apareció. La gloria del Señor los envolvió en su luz, y se llenaron de temor. Pero el ángel les dijo: «**No tengan miedo. Miren que les traigo buenas noticias que serán motivo de mucha alegría para todo el pueblo. Hoy les ha nacido en la ciudad de David un Salvador, que es Cristo el Señor.** Esto les servirá de señal: Encontrarán a un niño envuelto en pañales y acostado en un pesebre.»

De repente apareció una multitud de ángeles del cielo, que alababan a Dios y decían:

> «Gloria a Dios en las alturas,
> y en la tierra paz a los que gozan de su buena voluntad.»

Cuando los ángeles se fueron al cielo, los pastores se dijeron unos a otros: «Vamos a Belén, a ver esto que ha pasado y que el Señor nos ha dado a conocer.»

Así que fueron de prisa y encontraron a María y a José, y al niño que estaba acostado en el pesebre.

Cuando vieron al niño, contaron lo que les habían dicho acerca de él, y cuantos lo oyeron se asombraron de lo que los pastores decían. María, por su parte, guardaba todas estas cosas en su corazón y meditaba acerca de ellas. Los pastores regresaron glorificando y alabando a Dios por lo que habían visto y oído, pues todo sucedió tal como se les había dicho.

Cuando se cumplieron los ocho días y fueron a circuncidarlo, lo llamaron Jesús, nombre que el ángel le había puesto antes de que fuera concebido.   LUCAS 2.1–21 🗝

Jesús nos enseñó que el crecimiento espiritual se parece mucho al desarrollo del fruto en una vid. Cuando depositamos nuestra fe en Jesús, él es la vid y nosotros nos convertimos en las ramas. Así que cuando habitamos en la vid de Cristo mediante la obediencia a sus mandamientos, sus nutrientes de gozo corren por nuestras venas espirituales de adentro hacia afuera, produciendo el fruto del gozo maduro y jugoso en nuestra vida y a través de ella.

«Yo soy la vid verdadera, y mi Padre es el labrador. Toda rama que en mí no da fruto, la corta; pero toda rama que da fruto la poda para que dé más fruto todavía. Ustedes ya están limpios por la palabra que les he comunicado. Permanezcan en mí, y yo permaneceré en ustedes. Así como ninguna rama puede dar fruto por sí misma, sino que tiene que permanecer en la vid, así tampoco ustedes pueden dar fruto si no permanecen en mí.

»Yo soy la vid y ustedes son las ramas. El que permanece en mí, como yo en él, dará mucho fruto; separados de mí no pueden ustedes hacer nada. El que no permanece en mí es desechado y se seca, como las ramas que se recogen, se arrojan al fuego y se queman. Si permanecen en mí y mis palabras permanecen en ustedes, pidan lo que quieran, y se les concederá. Mi Padre es glorificado cuando ustedes dan mucho fruto y muestran así que son mis discípulos.

»**Así como el Padre me ha amado a mí, también yo los he amado a ustedes. Permanezcan en mi amor. Si obedecen mis mandamientos, permanecerán en mi amor, así como yo he obedecido los mandamientos de mi Padre y permanezco en su amor. Les he dicho esto para que tengan mi alegría y así su alegría sea completa.** Juan 15.1–11

¿De qué manera cumplir los mandamientos de Dios produce gozo en nuestra vida?

Celebraciones gozosas

En el Antiguo Testamento, las personas a menudo respondían a las bendiciones de Dios con celebraciones gozosas. Juntarse intencionalmente para recordar a Dios estimulaba el gozo en los corazones de la gente. La fiesta anual de los Tabernáculos proporcionaba en especial una oportunidad para que los israelitas celebraran la bondad de Dios, ya que el enfoque era recordarles que Dios había provisto alimentos y refugio durante sus días en el desierto. Cuando el pueblo retornó de la cautividad, habían pasado años desde que se reunieran por última vez para esta celebración gozosa. Ellos reinstalaron esta tradición con gran pasión y los resultados hablan por sí mismos.

Al día siguiente, los jefes de familia, junto con los sacerdotes y los levitas, se reunieron con el maestro Esdras para estudiar los términos de la ley. Y en ésta encontraron escrito que el Señor le había mandado a Moisés que durante la fiesta del mes séptimo los israelitas debían habitar en enramadas y pregonar en todas sus ciudades y en Jerusalén esta orden: «Vayan a la montaña y traigan ramas de olivo, de olivo silvestre, de arrayán, de palmera y de todo árbol frondoso, para hacer enramadas, conforme a lo que está escrito.»

De modo que la gente fue y trajo ramas, y con ellas hizo enramadas en las azoteas, en los patios, en el atrio del templo de Dios, en la plaza de la puerta del Agua y en la plaza de la puerta de Efraín.

Toda la asamblea de los que habían regresado del cautiverio hicieron enramadas y habitaron en ellas. Como los israelitas no habían hecho esto desde los días de Josué hijo de Nun, hicieron una gran fiesta.

NEHEMÍAS 8.13–17 🔑

Otra celebración gozosa narrada en el Antiguo Testamento tuvo lugar cuando David recuperó el arca del pacto de manos de los filisteos. David entendió el poder de la presencia de Dios en el centro de la vida y la comunidad israelitas. Después de construir una tienda para albergar el arca, escribió un grandioso cántico a fin de celebrar a Dios por lo que él es y lo que había hecho una y otra vez a favor de Israel. Celebrar la participación de Dios en nuestra vida evoca el gozo.

David ordenó, por primera vez, que Asaf y sus compañeros fueran los encargados de esta alabanza al SEÑOR:

> «¡Alaben al SEÑOR, proclamen su nombre,
>   testifiquen de sus proezas entre los pueblos!
> ¡Cántenle, cántenle salmos!
>   ¡Hablen de sus maravillosas obras!
> ¡Gloríense en su nombre santo!
>   ¡Alégrense de veras los que buscan al SEÑOR!
> ¡Refúgiense en el SEÑOR y en su fuerza,
>   busquen siempre su presencia!
> ¡Recuerden las maravillas que ha realizado,
>   los prodigios y los juicios que ha emitido!
>
> »Descendientes de Israel, su siervo,
>   hijos de Jacob, sus elegidos:
> el SEÑOR es nuestro Dios,
>   sus juicios rigen en toda la tierra.
> Él se acuerda siempre de su pacto,
>   de la palabra que dio a mil generaciones;
> del pacto que hizo con Abraham,
>   y del juramento que le hizo a Isaac,
> que confirmó como estatuto para Jacob,
>   como pacto eterno para Israel:
> "A ti te daré la tierra de Canaán
>   como la herencia que te corresponde."

Cuando apenas eran un puñado de vivientes,
   unos cuantos extranjeros en la tierra,
cuando iban de nación en nación
   y pasaban de reino en reino,
Dios no permitió que los oprimieran;
   por amor a ellos advirtió a los reyes:
"¡No toquen a mis ungidos!
   ¡No maltraten a mis profetas!"

»¡Que toda la tierra cante al Señor!
   ¡Proclamen su salvación cada día!
Anuncien su gloria entre las naciones,
   y sus maravillas a todos los pueblos.
Porque el Señor es grande,
   y digno de toda alabanza;
     ¡más temible que todos los dioses!
Nada son los dioses de los pueblos,
   pero el Señor fue quien hizo los cielos;
esplendor y majestad hay en su presencia;
   poder y alegría hay en su santuario.

»Tributen al Señor, familias de los pueblos,
   tributen al Señor la gloria y el poder;
tributen al Señor la gloria que corresponde
     a su nombre;
   preséntense ante él con ofrendas,
   adoren al Señor en su hermoso santuario.

¡Que tiemble ante él toda la tierra!
   Él afirmó el mundo, y éste no se moverá.
¡Alégrense los cielos, y regocíjese la tierra!
   Digan las naciones: "¡El Señor reina!"

»¡Que resuene el mar y todo cuanto contiene!
   ¡Que salte de alegría el campo y lo que hay
     en él!
¡Que los árboles del campo canten de gozo ante
     el Señor,
   porque él ha venido a juzgar a la tierra!
»¡Alaben al Señor porque él es bueno,

y su gran amor perdura para siempre!
Díganle: "¡Sálvanos, oh Dios, Salvador nuestro!
Reúnenos y líbranos de entre los paganos,
y alabaremos tu santo nombre
y nos regocijaremos en tu alabanza."
¡Bendito sea el Señor, Dios de Israel,
desde siempre y para siempre!»

Y todo el pueblo respondió: «Amén», y alabó al Señor.

1 Crónicas 16.7–36

¿Cómo la participación de Dios en nuestra vida evoca el gozo?
Israel llevaba a cabo festivales anuales y tradicionales para celebrar
las bendiciones de Dios. ¿Cómo los cristianos cumplen con eso hoy?

Gozo a pesar de nuestras circunstancias

Después del reinado de David, el reino dividido se sumergió rápidamente en una época oscura de desobediencia. El pueblo estuvo liderado casi sin interrupción por una sucesión de reyes malvados. Habacuc fue un profeta que intentó desesperadamente hacer que la gente regresara al buen camino. Le preguntó a Dios cuánto tiempo iba a permitir que la injusticia y la maldad continuaran antes de disciplinar a la nación. Dios le informó al profeta que iba a usar a los babilonios para tratar con la persistente desobediencia de Judá. Habacuc luchó con esta idea al principio, pero al final encontró la determinación. Aunque el pueblo de Dios iba a pasar por una época difícil, el profeta sabía que podían retener su gozo basándose en lo que Dios había hecho por ellos en el pasado y sus promesas para el futuro.

Al oírlo, se estremecieron mis entrañas;
a su voz, me temblaron los labios;
la carcoma me caló en los huesos,
y se me aflojaron las piernas.
Pero yo espero con paciencia
el día en que la calamidad
vendrá sobre la nación que nos invade.
Aunque la higuera no dé renuevos,
ni haya frutos en las vides;

**aunque falle la cosecha del olivo,
  y los campos no produzcan alimentos;
aunque en el aprisco no haya ovejas,
  ni ganado alguno en los establos;
aun así, yo me regocijaré en el Señor,
  ¡me alegraré en Dios, mi libertador!**

El Señor omnipotente es mi fuerza;
  da a mis pies la ligereza de una gacela
  y me hace caminar por las alturas.   Habacuc 3.2–19

Así como el pueblo de Dios encontró gozo y fortaleza en las promesas divinas en medio de tiempos oscuros durante los días de Habacuc, Jesús y sus promesas fueron una fuente de consuelo y fortaleza para sus discípulos mientras se preparaban con el fin de enfrentar su muerte. Pocas horas antes de ser crucificado, Jesús se sentó con ellos y les confirmó que su dolor duraría poco; tres días para ser exactos. Después de ese tiempo, algo iba a suceder que aseguraría su gozo en todas las circunstancias.

Se acercaba la fiesta de la Pascua. Jesús sabía que le había llegado la hora de abandonar este mundo para volver al Padre. Y habiendo amado a los suyos que estaban en el mundo, los amó hasta el fin.
                                                              Juan 13.1

»Dentro de poco ya no me verán; pero un poco después volverán a verme.

Algunos de sus discípulos comentaban entre sí:

«¿Qué quiere decir con eso de que "dentro de poco ya no me verán", y ün poco después volverán a verme", y "porque voy al Padre"?» E insistían: «¿Qué quiere decir con eso de "dentro de poco"? No sabemos de qué habla.»

Jesús se dio cuenta de que querían hacerle preguntas acerca de esto, así que les dijo:

—¿Se están preguntando qué quise decir cuando dije: "Dentro de poco ya no me verán", y ün poco después volverán a verme"? Ciertamente les aseguro que ustedes llorarán de dolor, mientras que el mundo se alegrará. Se pondrán tristes, pero su tristeza se convertirá en alegría. La mujer que está por dar a luz siente dolores porque ha llegado su momento, pero en cuanto nace la criatura se olvida de su angustia por la alegría de haber traído al mundo un nuevo ser. Lo mismo les pasa a ustedes: **Ahora están tristes, pero cuando vuelva a verlos se alegrarán, y nadie les va a quitar esa alegría.** En aquel día ya no me preguntarán nada. Ciertamente les aseguro que mi Padre les dará todo lo que le pidan en mi nombre. Hasta ahora no han pedido nada en mi nombre. Pidan y recibirán, para que su alegría sea completa.   JUAN 16.16–24

Santiago le da inicio al libro que lleva su nombre con una declaración que nos hace pensar: no solo podemos tener gozo a pesar de nuestras circunstancias, sino que el gozo puede crecer al atravesar circunstancias difíciles.

Hermanos míos, considérense muy dichosos cuando tengan que enfrentarse con diversas pruebas, pues ya saben que la prueba de su fe produce constancia. Y la constancia debe llevar a feliz término la obra, para que sean perfectos e íntegros, sin que les falte nada. Si a alguno de ustedes le falta sabiduría, pídasela a Dios, y él se la dará, pues Dios da a todos generosamente sin menospreciar a nadie. Pero que pida con fe, sin dudar, porque quien duda es como las olas del mar, agitadas y llevadas de un lado a otro por el viento. Quien es así no piense que va a recibir cosa alguna del Señor; es indeciso e inconstante en todo lo que hace.

El hermano de condición humilde debe sentirse orgulloso de su alta dignidad, y el rico, de su humilde condición. El rico pasará como la flor del campo. El sol, cuando sale, seca la planta con su calor abrasador. A ésta se le cae la flor y pierde su belleza. Así se marchitará también el rico en todas sus empresas.

Dichoso el que resiste la tentación porque, al salir aprobado, recibirá la corona de la vida que Dios ha prometido a quienes lo aman.

Que nadie, al ser tentado, diga: «Es Dios quien me tienta.» Porque Dios no puede ser tentado por el mal, ni tampoco tienta él a nadie. Todo lo contrario, cada uno es tentado cuando sus propios malos deseos lo arrastran y seducen. Luego, cuando el deseo ha concebido, engendra el pecado; y el pecado, una vez que ha sido consumado, da a luz la muerte.

Mis queridos hermanos, no se engañen. Toda buena dádiva y todo don perfecto descienden de lo alto, donde está el Padre que creó las lumbreras celestes, y que no cambia como los astros ni se mueve como las sombras.   SANTIAGO 1.2–17

¿Cómo pueden en realidad producir gozo las circunstancias difíciles? ¿Qué papel juega la actitud en lo que respecta a ser capaz de experimentar el gozo?

Una persona cuyo gozo parecía crecer a pesar de las circunstancias fue el apóstol Pablo, quien escribió un gozoso tratado mientras se encontraba en arresto domiciliario y encadenado a un guardia romano. En una carta apasionada a la iglesia en Filipos, Pablo expresó fervientemente su gozo en Cristo. La mitad de las lecciones acerca de aumentar nuestro gozo las «enseñó» de forma explícita. La otra mitad de las lecciones se «captan» implícitamente observando cómo Pablo encontraba gozo a pesar de sus circunstancias. En la apertura de la carta observamos que él encontró gozo en las personas que Dios había puesto en su vida. Después aprendemos que Pablo incluso vio su encarcelamiento como una bendición, porque lo ayudaba a llevar la atención de la gente al mensaje del evangelio.

Pablo y Timoteo, siervos de Cristo Jesús,

a todos los santos en Cristo Jesús que están en Filipos, junto con los obispos y diáconos:

Que Dios nuestro Padre y el Señor Jesucristo les concedan gracia y paz.

Doy gracias a mi Dios cada vez que me acuerdo de ustedes. En todas mis oraciones por todos ustedes, siempre oro con alegría, porque han participado en el evangelio desde el primer día hasta ahora. Estoy convencido de esto: el que comenzó tan buena obra en ustedes la irá perfeccionando hasta el día de Cristo Jesús. Es justo que yo piense así de todos ustedes porque los llevo en el corazón; pues, ya sea que me encuentre preso o defendiendo y confirmando el evangelio, todos ustedes participan conmigo de la gracia que Dios me ha dado. Dios es testigo de cuánto los quiero a todos con el entrañable amor de Cristo Jesús. Filipenses 1:1-8

Hermanos, quiero que sepan que, en realidad, lo que me ha pasado ha contribuido al avance del evangelio. Es más, se ha hecho evidente a toda la guardia del palacio y a todos los demás que estoy encadenado por causa de Cristo. Gracias a mis cadenas, ahora más que nunca la mayoría de los hermanos, confiados en el Señor, se han atrevido a anunciar sin temor la palabra de Dios.

Es cierto que algunos predican a Cristo por envidia y rivalidad, pero otros lo hacen con buenas intenciones. Estos últimos lo hacen por amor, pues saben que he sido puesto para la defensa del evangelio. Aquéllos predican a Cristo por ambición personal y no por motivos puros, creyendo que así van a aumentar las angustias que sufro en mi prisión.

¿Qué importa? Al fin y al cabo, y sea como sea, con motivos falsos o con sinceridad, se predica a Cristo. Por eso me alegro; es más, seguiré alegrándome porque sé que, gracias a las oraciones de ustedes y a la ayuda que me da el Espíritu de Jesucristo, todo esto resultará en mi liberación. Filipenses 1.12–19

Pablo también les enseñó a los creyentes filipenses cómo sobreponerse al temor que provocaban los que se oponían a ellos. Él los invitó a eliminar de su vocabulario la queja y la discusión como una manera de aumentar su gozo. La fuente definitiva de gozo está en conocer mejor a Cristo, así que Pablo animó a sus lectores a dejar el pasado atrás y permanecer enfocados en el futuro, entregándole todos sus problemas a Dios y celebrando sus bendiciones de continuo.

Háganlo todo sin quejas ni contiendas, para que sean intachables y puros, hijos de Dios sin culpa en medio de una generación torcida y depravada. En ella ustedes brillan como estrellas en el firmamento, manteniendo en alto la palabra de vida. Así en el día de Cristo me sentiré satisfecho de no haber corrido ni trabajado en vano. Y aunque mi vida fuera derramada sobre el sacrificio y servicio que proceden de su fe, me alegro y comparto con todos ustedes mi alegría. Así también ustedes, alégrense y compartan su alegría conmigo. Filipenses 2.14–18

Por lo demás, hermanos míos, alégrense en el Señor. Para mí no es molestia volver a escribirles lo mismo, y a ustedes les da seguridad.

Cuídense de esos perros, cuídense de esos que hacen el mal, cuídense de esos que mutilan el cuerpo. Porque la circuncisión somos nosotros, los que por medio del Espíritu de Dios adoramos, nos enorgullecemos en Cristo Jesús y no ponemos nuestra confianza en esfuerzos humanos. Yo mismo tengo motivos para tal confianza. Si cualquier otro cree tener motivos para confiar en esfuerzos humanos, yo más: circuncidado al octavo día, del pueblo de Israel, de la tribu de Benjamín, hebreo de pura cepa; en cuanto a la interpretación de la ley, fariseo; en cuanto al celo, perseguidor de la iglesia; en cuanto a la justicia que la ley exige, intachable.

Sin embargo, todo aquello que para mí era ganancia, ahora lo considero pérdida por causa de Cristo. Es más, todo lo considero pérdida por razón del incomparable valor de conocer a Cristo Jesús, mi Señor. Por él lo he perdido todo, y lo tengo por estiércol, a fin de ganar a Cristo y encontrarme unido a él. No quiero mi propia justicia que procede de la ley, sino la que se obtiene mediante la fe en Cristo, la justicia que procede de Dios, basada en la fe. Lo he perdido todo a fin de conocer a Cristo, experimentar el poder que se manifestó en su resurrección, participar en sus sufrimientos y llegar a ser semejante a él en su muerte. Así espero alcanzar la resurrección de entre los muertos.

No es que ya lo haya conseguido todo, o que ya sea perfecto. Sin embargo, sigo adelante esperando alcanzar aquello para lo cual Cristo Jesús me alcanzó a mí. Hermanos, no pienso que yo mismo lo haya logrado ya. Más bien, una cosa hago: olvidando lo que queda atrás y esforzándome por alcanzar lo que está delante, sigo avanzando hacia la meta para ganar el premio que Dios ofrece mediante su llamamiento celestial en Cristo Jesús.

Así que, ¡escuchen los perfectos! Todos debemos tener este modo de pensar. Y si en algo piensan de forma diferente, Dios les hará ver esto también. En todo caso, vivamos de acuerdo con lo que ya hemos alcanzado.

Hermanos, sigan todos mi ejemplo, y fíjense en los que se comportan conforme al modelo que les hemos dado. Como les he dicho a menudo, y ahora lo repito hasta con lágrimas, muchos se comportan como enemigos de la cruz de Cristo. Su destino es la destrucción, adoran al dios de sus propios deseos y se enorgullecen de lo que es su vergüenza. Sólo piensan en lo terrenal. En cambio, nosotros somos ciudadanos del cielo, de donde anhelamos recibir al Salvador, el Señor Jesucristo. Él transformará nuestro cuerpo miserable para que sea como su cuerpo glorioso, mediante el poder con que somete a sí mismo todas las cosas. Filipenses 3.1–21

Por lo tanto, queridos hermanos míos, a quienes amo y extraño mucho, ustedes que son mi alegría y mi corona, manténganse así firmes en el Señor. FILIPENSES 4.1

Alégrense siempre en el Señor. Insisto: ¡Alégrense!
FILIPENSES 4.4

Pablo resumió sus pensamientos mostrando el secreto para el contentamiento a pesar de las circunstancias variables de la vida.

Me alegro muchísimo en el Señor de que al fin hayan vuelto a interesarse en mí. Claro está que tenían interés, sólo que no habían tenido la oportunidad de demostrarlo. No digo esto porque esté necesitado, pues he aprendido a estar satisfecho en cualquier situación en que me encuentre. Sé lo que es vivir en la pobreza, y lo que es vivir en la abundancia. **He aprendido a vivir en todas y cada una de las circunstancias, tanto a quedar saciado como a pasar hambre, a tener de sobra como a sufrir escasez. Todo lo puedo en Cristo que me fortalece.** FILIPENSES 4.10–13

Pablo dijo que él había aprendido a estar contento incluso cuando tuviera abundancia. ¿Por qué algunas veces es difícil que las personas que tienen mucho se sientan contentas?

Como Pablo, el apóstol Pedro también les enseñó por medio de sus cartas a los cristianos dispersos a través de Asia Menor que los creyentes están en posición de experimentar gozo a pesar de, y debido a, sus circunstancias difíciles. Lo mismo es cierto para los seguidores de Jesús hoy en día.

¡Alabado sea Dios, Padre de nuestro Señor Jesucristo! Por su gran misericordia, nos ha hecho nacer de nuevo mediante la resurrección de Jesucristo, para que tengamos una esperanza viva y recibamos una herencia indestructible, incontaminada e inmarchitable. Tal herencia está reservada en el cielo para ustedes, a quienes el poder de Dios protege mediante la fe hasta que llegue la salvación que se ha de revelar en los últimos tiempos. Esto es para ustedes motivo de gran alegría, a pesar de que hasta ahora han tenido que sufrir diversas pruebas por un tiempo. El oro, aunque perecedero, se acrisola al fuego. Así también la fe de ustedes, que vale mucho más que el oro, al ser acrisolada por las pruebas demostrará que es digna de aprobación, gloria y honor cuando Jesucristo se revele. **Ustedes lo aman a pesar de no haberlo visto; y aunque no lo ven ahora, creen en él y se alegran con un gozo indescriptible y glorioso, pues están obteniendo la meta de su fe, que es su salvación.** 1 Pedro 1.3–9

Queridos hermanos, no se extrañen del fuego de la prueba que están soportando, como si fuera algo insólito. Al contrario, alégrense de tener parte en los sufrimientos de Cristo, para que también sea inmensa su alegría cuando se revele la gloria de Cristo. **Dichosos ustedes si los insultan por causa del nombre de Cristo, porque el glorioso Espíritu de Dios reposa sobre ustedes.** Que ninguno tenga que sufrir por asesino, ladrón o delincuente, ni siquiera por entrometido. Pero si alguien sufre por ser cristiano, que no se avergüence, sino que alabe a Dios por llevar el nombre de Cristo.

1 Pedro 4.12–16

Humíllense, pues, bajo la poderosa mano de Dios, para que él los exalte a su debido tiempo. Depositen en él toda ansiedad, porque él cuida de ustedes.
Practiquen el dominio propio y manténganse alerta. Su enemigo el diablo ronda como león rugiente, buscando a quién devorar. Resístanlo, manteniéndose firmes en la fe, sabiendo que sus hermanos en todo el mundo están soportando la misma clase de sufrimientos.
Y después de que ustedes hayan sufrido un poco de tiempo, Dios mismo, el Dios de toda gracia que los llamó a su gloria eterna en Cristo, los restaurará y los hará fuertes, firmes y estables. A él sea el poder por los siglos. Amén. 1 Pedro 5.6–11

¿Cuán a menudo reconoces con gozo la bondad de Dios
en tu vida? Identifica una cosa buena que Dios te ha dado
o ha hecho por ti durante la semana pasada y dedica
un momento a celebrarlo con alguien más.

Si queremos experimentar verdadero gozo, debemos anclar nuestras vidas en la fuente de todo gozo: Dios mismo. Saturar nuestras mentes con las creencias y prácticas clave de la fe cristiana puede acercarnos más a Dios. Y mientras más cerca estamos de él, más confianza tenemos para enfrentar cada día. Como lo hicieron los israelitas, debemos celebrar incluso las más pequeñas bendiciones de Dios en nuestra vida. Cristo ofrece un contentamiento y una felicidad que no están limitados por las circunstancias. Debido a la integridad, la fidelidad y las promesas de Dios, podemos superar cualquier circunstancia con una sonrisa en nuestro rostro y verdadero gozo en nuestro corazón. Como cristianos, compartimos el conocimiento de esta virtud con aquellos que Dios coloca en nuestra vida, de modo que ellos también puedan experimentar el profundo e inagotable gozo de Dios.

CAPÍTULO

23

Paz

────── PREGUNTA CLAVE ──────

¿Dónde encuentro fortaleza para batallar contra la ansiedad
y el temor?

────── IDEA CLAVE ──────

Soy libre de la ansiedad porque he encontrado paz con Dios, paz
con otros y paz conmigo mismo.

────── VERSÍCULO CLAVE ──────

No se inquieten por nada; más bien, en toda ocasión, con oración y
ruego, presenten sus peticiones a Dios y denle gracias. Y la paz de
Dios, que sobrepasa todo entendimiento, cuidará sus corazones y
sus pensamientos en Cristo Jesús.
—*Filipenses 4.6–7*

La mayoría de nosotros pensamos en la paz como un senti-miento. Queremos intercambiar nuestra ansiedad, depresión y temor por una calmada tranquilidad. Hay muchas maneras dañinas e ineficaces por medio de las cuales las personas intentan conseguir este sentimiento, la más notable es con-sumiendo alcohol o drogas. Sin embargo, la paz bíblica no comienza con el sentimiento de paz, sino con la raíz que la causa; es decir, una relación fuerte y saludable con Dios y los demás. ¿Dónde encontramos fortaleza para batallar contra la ansiedad y el temor? En las relaciones correctas.

En este capítulo descubriremos cómo encontrar:

- Paz con Dios.
- Paz con otros.
- Paz contigo mismo (paz interior).

PAZ CON DIOS

La paz con Dios solo es posible mediante el Príncipe de Paz. Cuan-do Cristo establezca su reino eterno, la paz de la sociedad será la norma. Aproximadamente setecientos años antes de que naciera Jesús, Isaías anunció su llegada a la tierra y el inmenso impacto de su reinado.

> Porque nos ha nacido un niño,
>   se nos ha concedido un hijo;
> la soberanía reposará sobre sus hombros,
>   y se le darán estos nombres:
> Consejero admirable, Dios fuerte,
>   Padre eterno, Príncipe de paz.
> Se extenderán su soberanía y su paz,
>   y no tendrán fin.
> Gobernará sobre el trono de David
>   y sobre su reino,
> para establecerlo y sostenerlo
>   con justicia y rectitud
>   desde ahora y para siempre.
> Esto lo llevará a cabo
>   el celo del SEÑOR Todopoderoso.   ISAÍAS 9.6–7

Jesucristo es el Príncipe de paz no solo en el futuro reino de los cielos, sino también en nuestra vida. El derramamiento de su sangre permitió la posibilidad de una vida de paz entre Dios y nosotros hoy.

En los pasajes de Romanos 5 y Efesios 2, busca todas las referencias a la «paz» y términos similares tales como «reconciliados», «acercados» y «hechos uno solo». ¿Cómo Jesucristo establece la paz entre nosotros y Dios y entre unos y otros?

En consecuencia, ya que hemos sido justificados mediante la fe, tenemos paz con Dios por medio de nuestro Señor Jesucristo. También por medio de él, y mediante la fe, tenemos acceso a esta gracia en la cual nos mantenemos firmes. Así que nos regocijamos en la esperanza de alcanzar la gloria de Dios. Y no sólo en esto, sino también en nuestros sufrimientos, porque sabemos que el sufrimiento produce perseverancia; la perseverancia, entereza de carácter; la entereza de carácter, esperanza. Y esta esperanza no nos defrauda, porque Dios ha derramado su amor en nuestro corazón por el Espíritu Santo que nos ha dado.

A la verdad, como éramos incapaces de salvarnos, en el tiempo señalado Cristo murió por los malvados. Difícilmente habrá quien muera por un justo, aunque tal vez haya quien se atreva a morir por una persona buena. Pero Dios demuestra su amor por nosotros en esto: en que cuando todavía éramos pecadores, Cristo murió por nosotros.

Y ahora que hemos sido justificados por su sangre, ¡con cuánta más razón, por medio de él, seremos salvados del castigo de Dios! Porque si, cuando éramos enemigos de Dios, fuimos reconciliados con él mediante la muerte de su Hijo, ¡con cuánta más razón, habiendo sido reconciliados, seremos salvados por su vida! Y no sólo esto, sino que también nos regocijamos en Dios por nuestro Señor Jesucristo, pues gracias a él ya hemos recibido la reconciliación.

Romanos 5.1–11

En los tiempos de Pablo había enormes barreras de prejuicios culturales y un aislamiento religioso entre judíos y gentiles. Los judíos menospreciaban con arrogancia a los gentiles paganos al considerarlos con desprecio como «incircuncisos». Esas actitudes se evidenciaban de ambos lados. Por ejemplo, los griegos dividían a toda la gente en dos clases: griegos y bárbaros. Sin embargo, estas barreras se desmoronaron gracias a Cristo. Mediante la obra salvadora de la muerte y la resurrección de Jesús, todos los creyentes comparten una ciudadanía en el reino de paz de Dios.

En otro tiempo ustedes estaban muertos en sus transgresiones y pecados, en los cuales andaban conforme a los poderes de este mundo. Se conducían según el que gobierna las tinieblas, según el espíritu que ahora ejerce su poder en los que viven en la desobediencia. En ese tiempo también todos nosotros vivíamos como ellos, impulsados por nuestros deseos pecaminosos, siguiendo nuestra propia voluntad y nuestros propósitos. Como los demás, éramos por naturaleza objeto de la ira de Dios. Pero Dios, que es rico en misericordia, por su gran amor por nosotros, nos dio vida con Cristo, aun cuando estábamos muertos en pecados. ¡Por gracia ustedes han sido salvados! Y en unión con Cristo Jesús, Dios nos resucitó y nos hizo sentar con él en las regiones celestiales, para mostrar en los tiempos venideros la incomparable riqueza de su gracia, que por su bondad derramó sobre nosotros en Cristo Jesús. Porque por gracia ustedes han sido salvados mediante la fe; esto no procede de ustedes, sino que es el regalo de Dios, no por obras, para que nadie se jacte. Porque somos hechura de Dios, creados en Cristo Jesús para buenas obras, las cuales Dios dispuso de antemano a fin de que las pongamos en práctica.

Por lo tanto, recuerden ustedes los gentiles de nacimiento —los que son llamados «incircuncisos» por aquellos que se llaman «de la circuncisión», la cual se hace en el cuerpo por mano humana—, recuerden que en ese entonces ustedes estaban separados de Cristo, excluidos de la ciudadanía de Israel y ajenos a los pactos de la promesa, sin esperanza y sin Dios en el mundo. Pero ahora en Cristo Jesús, a ustedes que antes estaban lejos, Dios los ha acercado mediante la sangre de Cristo.

Porque Cristo es nuestra paz: de los dos pueblos ha hecho uno solo, derribando mediante su sacrificio el muro de enemistad que nos separaba, pues anuló la ley con sus mandamientos y requisitos. Esto lo hizo para crear en sí mismo de los dos pueblos una nueva humanidad al hacer la paz, para reconciliar con Dios a ambos en un solo cuerpo mediante la cruz, por la que dio muerte

a la enemistad. Él vino y proclamó paz a ustedes que estaban lejos y paz a los que estaban cerca. Pues por medio de él tenemos acceso al Padre por un mismo Espíritu.

Por lo tanto, ustedes ya no son extraños ni extranjeros, sino conciudadanos de los santos y miembros de la familia de Dios, edificados sobre el fundamento de los apóstoles y los profetas, siendo Cristo Jesús mismo la piedra angular. En él todo el edificio, bien armado, se va levantando para llegar a ser un templo santo en el Señor. En él también ustedes son edificados juntamente para ser morada de Dios por su Espíritu. EFESIOS 2.1–22

PAZ CON OTROS

Aunque la Biblia contiene muchísimos ejemplos de hostilidad y lucha, también contiene destacados ejemplos de personas que se esforzaron por la paz. He aquí un caso: en el Antiguo Testamento, Abram (después renombrado como Abraham), su esposa Sarai (después renombrada como Sara) y un sobrino, Lot, se mudaron a Canaán y vivieron como pastores nómadas. Cuando surgió un conflicto entre los dos hombres con respecto al espacio y la tierra, Abram tomó la iniciativa a fin de calmar la disputa. Aunque siendo el anciano él normalmente habría podido escoger primero la tierra, puso la paz de la familia por encima de sus deseos individuales.

Abram salió de Egipto con su esposa, con Lot y con todos sus bienes, en dirección a la región del Néguev. Abram se había hecho muy rico en ganado, plata y oro. Desde el Néguev, Abram regresó por etapas hasta Betel, es decir, hasta el lugar donde había acampado al principio, entre Betel y Hai. En ese lugar había erigido antes un altar, y allí invocó Abram el nombre del SEÑOR.

También Lot, que iba acompañando a Abram, tenía rebaños, ganado y tiendas de campaña. La región donde estaban no daba abasto para mantener a los dos, porque tenían demasiado como para vivir juntos. Por eso comenzaron las fricciones entre los pastores de los rebaños de Abram y los que cuidaban los ganados de Lot. Además, los cananeos y los ferezeos también habitaban allí en aquel tiempo.

Así que Abram le dijo a Lot: «No debe haber pleitos entre nosotros, ni entre nuestros pastores, porque somos parientes. Allí tienes toda la tierra a tu disposición. Por favor, aléjate de mí. Si te vas a la izquierda, yo me iré a la derecha, y si te vas a la derecha, yo me iré a la izquierda.»

Lot levantó la vista y observó que todo el valle del Jordán, hasta Zoar, era tierra de regadío, como el jardín del Señor o como la tierra de Egipto. Así era antes de que el Señor destruyera a Sodoma y a Gomorra. Entonces Lot escogió para sí todo el valle del Jordán, y partió hacia el oriente. Fue así como Abram y Lot se separaron. Abram se quedó a vivir en la tierra de Canaán, mientras que Lot se fue a vivir entre las ciudades del valle, estableciendo su campamento cerca de la ciudad de Sodoma. Los habitantes de Sodoma eran malvados y cometían muy graves pecados contra el Señor.

Después de que Lot se separó de Abram, el Señor le dijo: «Abram, levanta la vista desde el lugar donde estás, y mira hacia el norte y hacia el sur, hacia el este y hacia el oeste. Yo te daré a ti y a tu descendencia, para siempre, toda la tierra que abarca tu mirada. Multiplicaré tu descendencia como el polvo de la tierra. Si alguien puede contar el polvo de la tierra, también podrá contar tus descendientes. ¡Ve y recorre el país a lo largo y a lo ancho, porque a ti te lo daré!»

Entonces Abram levantó su campamento y se fue a vivir cerca de Hebrón, junto al encinar de Mamré. Allí erigió un altar al Señor.

GÉNESIS 13.1–18

Durante los primeros años de su reinado, el rey Salomón tuvo un encuentro especial con Dios. Su respuesta a este encuentro condujo a una mayor paz con Dios y un aumento en su habilidad para discernir el bien del mal durante su gobierno. Las reglas sabias y justas resuelven los conflictos apropiadamente y conducen al desarrollo de la paz con los demás por mucho tiempo. Los mismos principios se aplican a nuestra vida hoy. (Nota: La obediencia de Salomón a Dios se demuestra en el cambio del lugar donde llevaba a cabo sus sacrificios al Señor, desde donde comenzó en el lugar alto de Gabaón hasta donde adoraba después de tener su sueño.)

Salomón amaba al Señor y cumplía los decretos de su padre David. Sin embargo, también iba a los santuarios paganos para ofrecer sacrificios y quemar incienso. Como en Gabaón estaba el santuario pagano más importante, Salomón acostumbraba ir allá para ofrecer sacrificios. Allí ofreció mil holocaustos; y allí mismo se le apareció el Señor en un sueño, y le dijo:

—Pídeme lo que quieras.

Salomón respondió:

—Tú trataste con mucho amor a tu siervo David, mi padre, pues se condujo delante de ti con lealtad y justicia, y con un corazón recto. Y, como hoy se puede ver, has reafirmado tu gran amor al concederle que un hijo suyo lo suceda en el trono. »Ahora, Señor mi Dios, me has hecho rey en lugar de mi padre David. No soy más que un muchacho, y apenas sé cómo comportarme. Sin embargo, aquí me tienes, un siervo tuyo en medio del pueblo que has escogido, un pueblo tan numeroso que es imposible contarlo. Yo te ruego que le des a tu siervo discernimiento para gobernar a tu pueblo y para distinguir entre el bien y el mal. De lo contrario, ¿quién podrá gobernar a este gran pueblo tuyo?

Al Señor le agradó que Salomón hubiera hecho esa petición, de modo que le dijo:

—Como has pedido esto, y no larga vida ni riquezas para ti, ni has pedido la muerte de tus enemigos sino discernimiento para administrar justicia, voy a concederte lo que has pedido. Te daré un corazón sabio y prudente, como nadie antes de ti lo ha tenido ni lo tendrá después. Además, aunque no me lo has pedido, te daré tantas riquezas y esplendor que en toda tu vida ningún rey podrá compararse contigo. Si andas por mis sendas y obedeces mis decretos y mandamientos, como lo hizo tu padre David, te daré una larga vida.

Cuando Salomón despertó y se dio cuenta del sueño que había tenido, regresó a Jerusalén. Se presentó ante el arca del pacto del Señor y ofreció holocaustos y sacrificios de comunión. Luego ofreció un banquete para toda su corte.   1 Reyes 3.3–15

El resultado de la decisión de Salomón se registra debajo. Si queremos disfrutar de mayor paz en nuestra vida, debemos primero buscar vivir en obediencia a Dios y luego aplicar su sabiduría para encontrar paz en nuestras relaciones con los demás.

Los pueblos de Judá y de Israel eran tan numerosos como la arena que está a la orilla del mar; y abundaban la comida, la bebida y la alegría. Salomón gobernaba sobre todos los reinos desde el río Éufrates hasta la tierra de los filisteos y la frontera con Egipto. Mientras Salomón vivió, todos estos países fueron sus vasallos tributarios.

La provisión diaria de Salomón era de seis mil seiscientos litros de flor de harina y trece mil doscientos litros de harina, diez bueyes engordados y veinte de pastoreo, y cien ovejas, así como venados, gacelas, corzos y aves de corral. **El dominio de Salomón se extendía** sobre todos los reinos al oeste del río Éufrates, desde Tifsa hasta Gaza, y disfrutaba de paz en todas sus fronteras. Durante el reinado de Salomón, todos los habitantes de Judá y de Israel, desde Dan hasta Berseba, vivieron seguros bajo su propia parra y su propia higuera. 1 REYES 4.20–25 ⚷

Otro ejemplo de una persona que se esfuerza por la paz en la Biblia se encuentra en la vida de Jesús. En el Sermón del Monte, él nos anima a que vivir en paz unos con otros sea una de nuestras principales prioridades, incluso por encima de los actos de adoración. Dios deja claro a lo largo de las Escrituras que valora la obediencia más que el sacrificio. Por lo tanto, si no estamos en paz con respecto a nuestras relaciones, Jesús nos insta a no seguir realizando actos de adoración, sino a buscar primero la reconciliación.

«Ustedes han oído que se dijo a sus antepasados: "No mates, y todo el que mate quedará sujeto al juicio del tribunal." Pero yo les digo que todo el que se enoje con su hermano quedará sujeto al juicio del tribunal. Es más, cualquiera que insulte a su hermano quedará sujeto al juicio del Consejo. Pero cualquiera que lo maldiga quedará sujeto al juicio del infierno.

»Por lo tanto, si estás presentando tu ofrenda en el altar y allí recuerdas que tu hermano tiene algo contra ti, deja tu ofrenda allí delante del altar. Ve primero y reconcíliate con tu hermano; luego vuelve y presenta tu ofrenda.

»Si tu adversario te va a denunciar, llega a un acuerdo con él lo más pronto posible. Hazlo mientras vayan de camino al juzgado, no sea que te entregue al juez, y el juez al guardia, y te echen en la cárcel. Te aseguro que no saldrás de allí hasta que pagues el último centavo.»

MATEO 5.21–26

Vivir en paz, incluso con otros seguidores de Jesús, puede ser un reto. Cada uno de nosotros piensa y siente de manera diferente. Es natural que se produzcan conflictos. La iglesia en los tiempos del Nuevo Testamento estaba compuesta tanto por judíos como por gentiles. Muchos judíos convertidos se aferraban aún a los rituales de la ley del Antiguo Testamento con respecto a las dietas y fiestas. Otros seguidores judíos dejaron alegremente esas reglas en favor de su nueva libertad en Cristo. Como los gentiles tenían en poca estima esas tradiciones, esto creó tensión en la comunidad. Pablo le enseñó a la iglesia en Roma cómo experimentar la paz incluso en medio de estos intensos desacuerdos.

Reciban al que es débil en la fe, pero no para entrar en discusiones. A algunos su fe les permite comer de todo, pero hay quienes son débiles en la fe, y sólo comen verduras. El que come de todo no debe menospreciar al que no come ciertas cosas, y el que no come de todo no debe condenar al que lo hace, pues Dios lo ha aceptado. ¿Quién eres tú para juzgar al siervo de otro? Que se mantenga en pie, o que caiga, es asunto de su propio señor. Y se mantendrá en pie, porque el Señor tiene poder para sostenerlo.

Hay quien considera que un día tiene más importancia que otro, pero hay quien considera iguales todos los días. Cada uno debe estar firme en sus propias opiniones. El que le da importancia especial a cierto día, lo hace para el Señor. El que come de todo, come para el Señor, y lo demuestra dándole gracias a Dios; y el que no come, para el Señor se abstiene, y también da gracias a Dios. Porque ninguno de nosotros vive para sí mismo, ni tampoco muere para sí. Si vivimos, para el Señor vivimos; y si morimos, para el Señor morimos. Así pues, sea que vivamos o que muramos, del Señor somos. Para esto mismo murió Cristo, y volvió a vivir, para ser Señor tanto de los que han muerto como de los que aún viven. Tú, entonces, ¿por qué juzgas a tu hermano? O tú, ¿por qué lo menosprecias? ¡Todos tendremos que comparecer ante el tribunal de Dios! Está escrito:

«Tan cierto como que yo vivo —dice el Señor—,
    ante mí se doblará toda rodilla
    y toda lengua confesará a Dios.»

Así que cada uno de nosotros tendrá que dar cuentas de sí a Dios.

Por tanto, dejemos de juzgarnos unos a otros. Más bien, propónganse no poner tropiezos ni obstáculos al hermano. Yo, de mi parte, estoy plenamente convencido en el Señor Jesús de que no hay nada impuro en sí mismo. Si algo es impuro, lo es solamente para quien así lo considera. Ahora bien, si tu hermano se angustia por causa de lo que comes, ya no te comportas con amor. No destruyas, por causa de la comida, al hermano por quien Cristo murió. En una palabra, no den lugar a que se hable mal del bien que ustedes practican, porque el reino de Dios no es cuestión de comidas o bebidas sino de justicia, paz y alegría en el Espíritu Santo. El que de esta manera sirve a Cristo, agrada a Dios y es aprobado por sus semejantes.

Por lo tanto, esforcémonos por promover todo lo que conduzca a la paz y a la mutua edificación. No destruyas la obra de Dios por causa de la comida. Todo alimento es puro; lo malo es hacer tropezar a otros por lo que uno come. Más vale no comer carne ni beber vino, ni hacer nada que haga caer a tu hermano. Así que la convicción que tengas tú al respecto, manténla como algo entre Dios y tú. Dichoso aquel a quien su conciencia no lo acusa por lo que hace. Pero el que tiene dudas en cuanto a lo que come, se condena; porque no lo hace por convicción. Y todo lo que no se hace por convicción es pecado.

Los fuertes en la fe debemos apoyar a los débiles, en vez de hacer lo que nos agrada. Cada uno debe agradar al prójimo para su bien, con el fin de edificarlo. Porque ni siquiera Cristo se agradó a sí mismo sino que, como está escrito: «Sobre mí han recaído los insultos de tus detractores.» De hecho, todo lo que se escribió en el pasado se escribió para enseñarnos, a fin de que, alentados por las Escrituras, perseveremos en mantener nuestra esperanza.

Que el Dios que infunde aliento y perseverancia les conceda vivir juntos en armonía, conforme al ejemplo de Cristo Jesús, para que con un solo corazón y a una sola voz glorifiquen al Dios y Padre de nuestro Señor Jesucristo.

Por tanto, acéptense mutuamente, así como Cristo los aceptó a ustedes para gloria de Dios. Les digo que Cristo se hizo servidor de los judíos para demostrar la fidelidad de Dios, a fin de confirmar las promesas hechas a los patriarcas, y para que los gentiles glorifiquen a Dios por su compasión, como está escrito:

> «Por eso te alabaré entre las naciones;
>   cantaré salmos a tu nombre.»

En otro pasaje dice:

> «Alégrense, naciones, con el pueblo de Dios.»

Y en otra parte:

> «¡Alaben al Señor, naciones todas!
>   ¡Pueblos todos, cántenle alabanzas!»

A su vez, Isaías afirma:

«Brotará la raíz de Isaí,
el que se levantará para gobernar a las naciones;
en él los pueblos pondrán su esperanza.»

Que el Dios de la esperanza los llene de toda alegría y paz a ustedes que creen en él, para que rebosen de esperanza por el poder del Espíritu Santo.   ROMANOS 14.1—15.13

Las «discusiones» surgen con relación a asuntos en los que existe más de una opción u opinión aceptable, de modo que cada uno debe decidir con convicción y también respeto por aquellos que elijan algo diferente. ¿Cuáles son algunos temas de discusión para los cristianos hoy?

Muchas de las cartas del Nuevo Testamento ayudaron a resocializar a la iglesia a fin de vivir en el reino de Dios: un reino de justicia, paz y gozo. Pablo les dio instrucciones concretas a los creyentes de varias iglesias con respecto a cómo lograr esta visión divina a través de Cristo. Los creyentes debían enfocarse en vivir en paz con todos lo mejor que pudieran.

Ya que han resucitado con Cristo, busquen las cosas de arriba, donde está Cristo sentado a la derecha de Dios. Concentren su atención en las cosas de arriba, no en las de la tierra, pues ustedes han muerto y su vida está escondida con Cristo en Dios. Cuando Cristo, que es la vida de ustedes, se manifieste, entonces también ustedes serán manifestados con él en gloria.

Por tanto, hagan morir todo lo que es propio de la naturaleza terrenal: inmoralidad sexual, impureza, bajas pasiones, malos deseos y avaricia, la cual es idolatría. Por estas cosas viene el castigo de Dios. Ustedes las practicaron en otro tiempo, cuando vivían en ellas. Pero ahora abandonen también todo esto: enojo, ira, malicia, calumnia y lenguaje obsceno. Dejen de mentirse unos a otros, ahora que se han quitado el ropaje de la vieja naturaleza con sus vicios, y se han puesto el de la nueva naturaleza, que se va renovando en conocimiento a imagen de su Creador. En esta nueva naturaleza no hay griego ni judío, circunciso ni incircunciso, culto ni inculto, esclavo ni libre, sino que Cristo es todo y está en todos.

Por lo tanto, como escogidos de Dios, santos y amados, revístanse de afecto entrañable y de bondad, humildad, amabilidad y paciencia, de modo que se toleren unos a otros y se perdonen si alguno tiene queja contra otro. Así como el Señor los perdonó, perdonen también ustedes. Por encima de todo, vístanse de amor, que es el vínculo perfecto. **Que gobierne en sus corazones la paz de Cristo, a la cual fueron llamados en un solo cuerpo.** Y sean agradecidos. Que habite en ustedes la palabra de Cristo con toda su riqueza: instrúyanse y aconséjense unos a otros con toda sabiduría; canten salmos, himnos y canciones espirituales a Dios, con gratitud de corazón. Y todo lo que hagan, de palabra o de obra, háganlo en el nombre del Señor Jesús, dando gracias a Dios el Padre por medio de él. Colosenses 3.1–17

No paguen a nadie mal por mal. Procuren hacer lo bueno delante de todos. Si es posible, y en cuanto dependa de ustedes, vivan en paz con todos. No tomen venganza, hermanos míos, sino dejen el castigo en las manos de Dios, porque está escrito: «Mía es la venganza; yo pagaré», dice el Señor. Antes bien,

«Si tu enemigo tiene hambre, dale de comer;
si tiene sed, dale de beber.
Actuando así, harás que se avergüence de su conducta.»

No te dejes vencer por el mal; al contrario, vence el mal con el bien. Romanos 12.17–21

Después de leer el consejo de Pablo a la iglesia en Colosas y Roma en Romanos 12, ¿cómo podrías describir los principios que promueven la paz en nuestras relaciones con los demás?

Pablo le ofreció un discurso similar a la iglesia en Éfeso.

Así que recomiendo, ante todo, que se hagan plegarias, oraciones, súplicas y acciones de gracias por todos, especialmente por los gobernantes y por todas las autoridades, para que tengamos paz y tranquilidad, y llevemos una vida piadosa y digna. Esto es bueno y agradable a Dios nuestro Salvador, pues él quiere que todos sean salvos y lleguen a conocer la verdad. Porque hay un solo Dios y un solo mediador entre Dios y los hombres, Jesucristo hombre, quien dio su vida como rescate por todos. Este testimonio Dios lo ha dado a su debido tiempo, y para proclamarlo me nombró heraldo y apóstol. Digo la verdad y no miento: Dios me hizo maestro de los gentiles para enseñarles la verdadera fe.

Quiero, pues, que en todas partes los hombres levanten las manos al cielo con pureza de corazón, sin enojos ni contiendas.

1 TIMOTEO 2.1–8

¿Cómo el hecho de vivir en paz con las personas fuera de la fe, incluidos los líderes del gobierno, promueve el evangelio? ¿De qué manera logramos esto cuando el gobierno está haciendo decisiones y llevando a cabo acciones que se hallan en conflicto con nuestra fe cristiana?

Pablo le escribió una carta a Tito, su fiel compañero en el ministerio, mientras este último se encontraba dirigiendo a los nuevos creyentes en la isla de Creta, en el mar Mediterráneo. En este tiempo, Creta era conocida como un lugar inmoral y deshonesto lleno de personas egoístas, todos los ingredientes para el conflicto y la riña. Pablo le dio a Tito un consejo tangible y práctico a fin de que guiara a los creyentes allí con respecto a cómo vivir una vida de paz.

Recuérdales a todos que deben mostrarse obedientes y sumisos ante los gobernantes y las autoridades. Siempre deben estar dispuestos a hacer lo bueno: a no hablar mal de nadie, sino a buscar la paz y ser respetuosos, demostrando plena humildad en su trato con todo el mundo.

En otro tiempo también nosotros éramos necios y desobedientes. Estábamos descarriados y éramos esclavos de todo género de pasiones y placeres. Vivíamos en la malicia y en la envidia. Éramos detestables y nos odiábamos unos a otros. Pero cuando se manifestaron la bondad y el amor de Dios nuestro Salvador, él nos salvó, no por nuestras propias obras de justicia sino por su misericordia. Nos salvó mediante el lavamiento de la regeneración y de la renovación por el Espíritu Santo, el cual fue derramado abundantemente sobre nosotros por medio de Jesucristo nuestro Salvador. Así lo hizo para que, justificados por su gracia, llegáramos a ser herederos que abrigan la esperanza de recibir la vida eterna. Este mensaje es digno de confianza, y quiero que lo recalques, para que los que han creído en Dios se empeñen en hacer buenas obras. Esto es excelente y provechoso para todos. Evita las necias controversias y genealogías, las discusiones y peleas sobre la ley, porque carecen de provecho y de sentido. Al que cause divisiones, amonéstalo dos veces, y después evítalo. Puedes estar seguro de que tal individuo se condena a sí mismo por ser un perverso pecador. TITO 3.1–11

PAZ CONTIGO MISMO (PAZ INTERIOR)

La preocupación es la ladrona principal de la paz en nuestra vida. Nos impide tumbarnos y dormir tranquilos por la noche. Nos mantiene nerviosos durante el día. Nuestro Príncipe de Paz, Jesús, enfatizó la inmensa capacidad de Dios Padre para amar y cuidar de su pueblo individualmente antes de que las personas permitan que las preocupaciones de esta vida las venzan. También trató sobre el importante papel del Espíritu Santo, el regalo del Padre, para apoyar al pueblo de Dios.

«Por eso les digo: No se preocupen por su vida, qué comerán o beberán; ni por su cuerpo, cómo se vestirán. ¿No tiene la vida más valor que la comida, y el cuerpo más que la ropa? Fíjense en las aves del cielo: no siembran ni cosechan ni almacenan en graneros; sin embargo, el Padre celestial las alimenta. ¿No valen ustedes mucho más que ellas? ¿Quién de ustedes, por mucho que se preocupe, puede añadir una sola hora al curso de su vida?

»¿Y por qué se preocupan por la ropa? Observen cómo crecen los lirios del campo. No trabajan ni hilan; sin embargo, les digo que ni siquiera Salomón, con todo su esplendor, se vestía como uno de ellos. Si así viste Dios a la hierba que hoy está en el campo y mañana es arrojada al horno, ¿no hará mucho más por ustedes, gente de poca fe? **Así que no se preocupen diciendo: "¿Qué comeremos?" o "¿Qué beberemos?" o "¿Con qué nos vestiremos?" Porque los paganos andan tras todas estas cosas, y el Padre celestial sabe que ustedes las necesitan. Más bien, busquen primeramente el reino de Dios y su justicia, y todas estas cosas les serán añadidas.** Por lo tanto, no se angustien por el mañana, el cual tendrá sus propios afanes. Cada día tiene ya sus problemas.» MATEO 6.25–34

Es cierto que cada día tiene suficientes problemas en sí mismo y que como seguidores de Cristo debemos estar preparados para manejar esos problemas con la fuerza que Dios nos da. Pudiera ser tentador ceder ante la ansiedad, pero como Jesús les ilustró gráficamente a sus discípulos, mediante nuestra fe podemos encontrar paz y permanecer en control.

⚷ Ese día al anochecer, les dijo a sus discípulos:
—Crucemos al otro lado.
Dejaron a la multitud y se fueron con él en la barca donde estaba. También lo acompañaban otras barcas. Se desató entonces una fuerte tormenta, y las olas azotaban la barca, tanto que ya comenzaba a inundarse. Jesús, mientras tanto, estaba en la popa, durmiendo sobre un cabezal, así que los discípulos lo despertaron.
—¡Maestro! —gritaron—, ¿no te importa que nos ahoguemos?
Él se levantó, reprendió al viento y ordenó al mar:
—¡Silencio! ¡Cálmate!
El viento se calmó y todo quedó completamente tranquilo.
—¿Por qué tienen tanto miedo? —dijo a sus discípulos—. ¿Todavía no tienen fe?
Ellos estaban espantados y se decían unos a otros:
—¿Quién es éste, que hasta el viento y el mar le obedecen?
MARCOS 4.35–41 ⚷

En la conclusión de su carta personal a los creyentes en Filipos, Pablo les habló directamente acerca de cómo obtener una paz que sobrepasa todo entendimiento.

Alégrense siempre en el Señor. Insisto: ¡Alégrense! Que su amabilidad sea evidente a todos. El Señor está cerca. **No se inquieten por nada; más bien, en toda ocasión, con oración y ruego, presenten sus peticiones a Dios y denle gracias. Y la paz de Dios, que sobrepasa todo entendimiento, cuidará sus corazones y sus pensamientos en Cristo Jesús.**

Por último, hermanos, consideren bien todo lo verdadero, todo lo respetable, todo lo justo, todo lo puro, todo lo amable, todo lo digno de admiración, en fin, todo lo que sea excelente o merezca elogio. Pongan en práctica lo que de mí han aprendido, recibido y oído, y lo que han visto en mí, y el Dios de paz estará con ustedes. FILIPENSES 4.4–9

¿Cuál es la receta de Pablo contra la ansiedad y la preocupación?

LO QUE CREEMOS

El sentimiento de paz que añoramos fluirá de forma natural cuando todo marche bien en nuestras relaciones. De vital importancia es tener una relación reconciliada con Dios, la cual ha sido posible a través de Jesucristo. Cuando aceptamos su oferta de salvación, el conflicto entre Dios y nosotros queda eliminado para siempre. Ahora una relación reconciliada con Dios se convierte en la fuente de paz en nuestras relaciones con los demás. Los pasajes de las Escrituras de este capítulo nos explican cómo hacer nuestra parte a fin de promover la paz en nuestras relaciones. El Espíritu de Dios nos capacita para lograr esto. También somos llamados a vivir en paz con nosotros mismos al aceptar el amor y el perdón de Dios en nuestra vida. Esto requiere que tomemos nuestras cargas y problemas y se los entreguemos a Dios. Cuando hacemos esto, declaramos que Dios es más grande que cualquiera de nuestros problemas y que «la paz de Dios, que sobrepasa todo entendimiento, cuidará [nuestros] corazones y [nuestros] pensamientos en Cristo Jesús» (Filipenses 4:7).

SER

CAPÍTULO

24

Dominio propio

——————— PREGUNTA CLAVE ———————

¿Cómo me libera Dios de las adicciones y los hábitos
pecaminosos?

——————— IDEA CLAVE ———————

Tengo el poder de controlarme por medio de Cristo.

——————— VERSÍCULO CLAVE ———————

En verdad, Dios ha manifestado a toda la humanidad su gracia,
la cual trae salvación y nos enseña a rechazar la impiedad y las
pasiones mundanas. Así podremos vivir en este mundo con
justicia, piedad y dominio propio, mientras aguardamos la bendita
esperanza, es decir, la gloriosa venida de nuestro gran Dios y
Salvador Jesucristo.

—*Tito 2.11–13*

El dominio propio es la habilidad para controlar nuestras emociones y conductas. Todos en algún punto luchan con el dominio propio, lo cual se debe a la naturaleza de pecado dentro de nosotros. Así que, ¿cómo Dios nos ayuda cuando perdemos el control y dejamos que nuestra naturaleza de pecado nos domine? ¿Cómo nos libera de las adicciones y los hábitos pecaminosos? La Palabra de Dios contiene la respuesta.
En este capítulo leeremos acerca de:

* *El llamado y el desafío.*
* *Modelos de dominio propio: malo y bueno.*
* *Los cómo.*

EL LLAMADO Y EL DESAFÍO

Dios desea que todos demostremos dominio propio. Sin embargo, frente a las presiones externas, la batalla para mantener controlada a nuestra naturaleza pecaminosa resulta bastante difícil. El escritor de Proverbios nos da opciones, entre las que se destacan de manera evidente el dominio propio.

> Más vale ser paciente que valiente;
> más vale dominarse a sí mismo que conquistar ciudades.
>
> PROVERBIOS 16.32

> El que es entendido refrena sus palabras;
> el que es prudente controla sus impulsos.   PROVERBIOS 17.27

> **Como ciudad sin defensa y sin murallas**
> **es quien no sabe dominarse.**   PROVERBIOS 25.28

> El necio da rienda suelta a su ira,
> pero el sabio sabe dominarla.
>
> PROVERBIOS 29.11

Los beneficios de tener dominio propio son numerosos. En el Nuevo Testamento, Pablo le escribió una carta personal a su compañero de ministerio, Tito, para que designara ancianos en la iglesia que se reunía en la isla de Creta. El dominio propio era una característica prominente que Tito debería buscar en esos líderes espirituales. Pablo también lo animó a exhortar a todos los creyentes de todas las edades a mostrar esta virtud, que obviamente se necesitaba mucho en Creta.

A Tito, mi verdadero hijo en esta fe que compartimos: Que Dios el Padre y Cristo Jesús nuestro Salvador te concedan gracia y paz.

Te dejé en Creta para que pusieras en orden lo que quedaba por hacer y en cada pueblo nombraras ancianos de la iglesia, de acuerdo con las instrucciones que te di. El anciano debe ser intachable, esposo de una sola mujer; sus hijos deben ser creyentes, libres de sospecha de libertinaje o de desobediencia. **El obispo tiene a su cargo la obra de Dios, y por lo tanto debe ser intachable: no arrogante, ni iracundo, ni borracho, ni violento, ni codicioso de ganancias mal habidas. Al contrario, debe ser hospitalario, amigo del bien, sensato, justo, santo y disciplinado.** Debe apegarse a la palabra fiel, según la enseñanza que recibió, de modo que también pueda exhortar a otros con la sana doctrina y refutar a los que se opongan.

Tito 1.4–9

Tú, en cambio, predica lo que va de acuerdo con la sana doctrina. A los ancianos, enséñales que sean moderados, respetables, sensatos, e íntegros en la fe, en el amor y en la constancia.

A las ancianas, enséñales que sean reverentes en su conducta, y no calumniadoras ni adictas al mucho vino. Deben enseñar lo bueno y aconsejar a las jóvenes a amar a sus esposos y a sus hijos, a ser sensatas y puras, cuidadosas del hogar, bondadosas y sumisas a sus esposos, para que no se hable mal de la palabra de Dios.

A los jóvenes, exhórtalos a ser sensatos. Con tus buenas obras, dales tú mismo ejemplo en todo. Cuando enseñes, hazlo con integridad y seriedad, y con un mensaje sano e intachable. Así se avergonzará cualquiera que se oponga, pues no podrá decir nada malo de nosotros.

Enseña a los esclavos a someterse en todo a sus amos, a procurar agradarles y a no ser respondones. No deben robarles sino demostrar que son dignos de toda confianza, para que en todo hagan honor a la enseñanza de Dios nuestro Salvador.

En verdad, Dios ha manifestado a toda la humanidad su gracia, la cual trae salvación y nos enseña a rechazar la impiedad y las pasiones mundanas. Así podremos vivir en este mundo con justicia, piedad y dominio propio, mientras aguardamos la bendita esperanza, es decir, la gloriosa venida de nuestro gran Dios y Salvador Jesucristo. Él se entregó por nosotros para rescatarnos de toda maldad y purificar para sí un pueblo elegido, dedicado a hacer el bien. Esto es lo que debes enseñar. Exhorta y reprende con toda autoridad. Que nadie te menosprecie. TITO 2.1–15

Considera cada referencia al dominio propio que aparece en Tito 2.1–15. ¿Por qué piensas que el dominio propio es una virtud clave que requieren muchas iglesias?

MODELOS DE DOMINIO PROPIO: MALO Y BUENO

Durante los días de los jueces, los filisteos acosaron a Israel por cuarenta años. Sin embargo, una y otra vez, Dios levantó a una persona especial, un juez, para liberar a Israel de esa opresión. Él intervino en la vida de una pareja israelita sin hijos y permitió que la esposa concibiera y diera a luz a Sansón, a quien usaría para liberar a Israel de esta atadura. Desde la concepción, Sansón fue un nazareo —un término que proviene de la palabra hebrea que significa «separado»— y Dios lo bendijo con una fuerza sobrenatural. Como señal espiritual y física de este voto, Sansón nunca debía cortarse el cabello. De manera interesante, este hombre especial, uno de los últimos jueces de Israel, luchó tenazmente para tener dominio propio sobre sus pasiones sexuales; e irónicamente sentía una atracción particular por las mujeres filisteas. Por último, Sansón dejó que su falta de dominio propio se llevara lo mejor de él.

Un día Sansón fue a Gaza, donde vio a una prostituta. Entonces entró para pasar la noche con ella. Al pueblo de Gaza se le anunció: «¡Sansón ha venido aquí!» Así que rodearon el lugar y toda la noche estuvieron al acecho junto a la puerta de la ciudad. Se quedaron quietos durante toda la noche diciéndose: «Lo mataremos al amanecer.»

Pero Sansón estuvo acostado allí hasta la medianoche; luego se levantó y arrancó las puertas de la entrada de la ciudad, junto con sus dos postes, con cerrojo y todo. Se las echó al hombro y las llevó hasta la cima del monte que está frente a Hebrón.

Pasado algún tiempo, Sansón se enamoró de una mujer del valle de Sorec, que se llamaba Dalila. Los jefes de los filisteos fueron a verla y le dijeron: «Sedúcelo, para que te revele el secreto de su tremenda fuerza y cómo podemos vencerlo, de modo que lo atemos y lo tengamos sometido. Cada uno de nosotros te dará mil cien monedas de plata.»

Dalila le dijo a Sansón:

—Dime el secreto de tu tremenda fuerza, y cómo se te puede atar y dominar.

Sansón le respondió:

—Si se me ata con siete cuerdas de arco que todavía no estén secas, me debilitaré y seré como cualquier otro hombre.

Los jefes de los filisteos le trajeron a ella siete cuerdas de arco que aún no se habían secado, y Dalila lo ató con ellas. Estando unos hombres al acecho en el cuarto, ella le gritó:

—¡Sansón, los filisteos se lanzan sobre ti!

Pero él rompió las cuerdas como quien rompe un pedazo de cuerda chamuscada. De modo que no se descubrió el secreto de su fuerza.

Dalila le dijo a Sansón:

—¡Te burlaste de mí! ¡Me dijiste mentiras! Vamos, dime cómo se te puede atar.

—Si se me ata firmemente con sogas nuevas, sin usar —le dijo él—, me debilitaré y seré como cualquier otro hombre.

Mientras algunos filisteos estaban al acecho en el cuarto, Dalila tomó sogas nuevas y lo ató, y luego le gritó:

—¡Sansón, los filisteos se lanzan sobre ti!

Pero él rompió las sogas que ataban sus brazos, como quien rompe un hilo.

Entonces Dalila le dijo a Sansón:

—¡Hasta ahora te has burlado de mí, y me has dicho mentiras! Dime cómo se te puede atar.

—Si entretejes las siete trenzas de mi cabello con la tela del telar, y aseguras ésta con la clavija —respondió él—, me debilitaré y seré como cualquier otro hombre.

Entonces, mientras él dormía, Dalila tomó las siete trenzas de Sansón, las entretejió con la tela y las aseguró con la clavija.

Una vez más ella le gritó: «¡Sansón, los filisteos se lanzan sobre ti!» Sansón despertó de su sueño y arrancó la clavija y el telar, junto con la tela.

Entonces ella le dijo: «¿Cómo puedes decir que me amas, si no confías en mí? Ya van tres veces que te burlas de mí, y aún no me has dicho el secreto de tu tremenda fuerza.»

Como todos los días lo presionaba con sus palabras, y lo acosaba hasta hacerlo sentirse harto de la vida, **al fin se lo dijo todo.** «**Nunca ha pasado navaja sobre mi cabeza —le explicó—, porque soy nazareo, consagrado a Dios desde antes de nacer. Si se me afeitara la cabeza, perdería mi fuerza, y llegaría a ser tan débil como cualquier otro hombre.**»

Cuando Dalila se dio cuenta de que esta vez le había confiado todo, mandó llamar a los jefes de los filisteos, y les dijo: «Vuelvan una vez más, que él me lo ha confiado todo.» Entonces los gobernantes de los filisteos regresaron a ella con la plata que le habían ofrecido. Después de hacerlo dormir sobre sus rodillas, ella llamó a un hombre para que le cortara las siete trenzas de su cabello. Así comenzó a dominarlo. Y su fuerza lo abandonó.

Luego ella gritó: «¡Sansón, los filisteos se lanzan sobre ti!»

Sansón despertó de su sueño y pensó: «Me escaparé como las otras veces, y me los quitaré de encima.» Pero no sabía que el SEÑOR lo había abandonado.

Entonces los filisteos lo capturaron, le arrancaron los ojos y lo llevaron a Gaza. Lo sujetaron con cadenas de bronce, y lo pusieron a moler en la cárcel.   JUECES 16.1–21 🔑

A diferencia de Sansón, José ofrece uno de los mejores ejemplos en la Biblia de un hombre que ejerció un excelente dominio propio. Sus celosos hermanos lo vendieron como esclavo, y el grupo de mercaderes que lo compró lo llevó desde su hogar en Canaán hasta Egipto, para luego volver a venderlo a un oficial importante de la corte del faraón. Aunque José fue castigado por sus captores debido a su dominio propio, Dios recompensó su fidelidad.

Cuando José fue llevado a Egipto, los ismaelitas que lo habían trasladado allá lo vendieron a Potifar, un egipcio que era funcionario del faraón y capitán de su guardia. Ahora bien, el SEÑOR estaba con José y las cosas le salían muy bien. Mientras José vivía en la casa de su patrón egipcio, éste se dio cuenta de que el SEÑOR estaba con José y lo hacía prosperar en todo. José se ganó la confianza de Potifar, y éste lo nombró mayordomo de toda su casa y le confió la administración de todos sus bienes. Por causa de José, el SEÑOR bendijo la casa del egipcio Potifar a partir del momento en que puso a José a cargo de su casa y de todos sus bienes. La bendición del SEÑOR se extendió sobre todo lo que tenía el egipcio, tanto en la casa como en el campo. Por esto Potifar dejó todo a cargo de José, y tan sólo se preocupaba por lo que tenía que comer.

José tenía muy buen físico y era muy atractivo. Después de algún tiempo, la esposa de su patrón empezó a echarle el ojo y le propuso:

—Acuéstate conmigo.

Pero José no quiso saber nada, sino que le contestó:

—**Mire, señora: mi patrón ya no tiene que preocuparse de nada en la casa, porque todo me lo ha confiado a mí. En esta casa no hay nadie más importante que yo. Mi patrón no me ha negado nada, excepto meterme con usted, que es su esposa. ¿Cómo podría yo cometer tal maldad y pecar así contra Dios?**

Y por más que ella lo acosaba día tras día para que se acostara con ella y le hiciera compañía, José se mantuvo firme en su rechazo.

Un día, en un momento en que todo el personal de servicio se encontraba ausente, José entró en la casa para cumplir con sus responsabilidades. Entonces la mujer de Potifar lo agarró del manto y le rogó: «¡Acuéstate conmigo!»

Pero José, dejando el manto en manos de ella, salió corriendo de la casa. Al ver ella que él había dejado el manto en sus manos y había salido corriendo, llamó a los siervos de la casa y les dijo: «¡Miren!, el hebreo que nos trajo mi esposo sólo ha venido a burlarse de nosotros. Entró a la casa con la intención de acostarse conmigo, pero yo grité con todas mis fuerzas. En cuanto me oyó gritar, salió corriendo y dejó su manto a mi lado.»

La mujer guardó el manto de José hasta que su marido volvió a su casa. Entonces le contó la misma historia: «El esclavo hebreo que nos trajiste quiso aprovecharse de mí. Pero en cuanto grité con todas mis fuerzas, salió corriendo y dejó su manto a mi lado.»

Cuando el patrón de José escuchó de labios de su mujer cómo la había tratado el esclavo, se enfureció y mandó que echaran a José en la cárcel donde estaban los presos del rey.

Pero aun en la cárcel el SEÑOR estaba con él y no dejó de mostrarle su amor. Hizo que se ganara la confianza del guardia de la cárcel, el cual puso a José a cargo de todos los prisioneros y de todo lo que allí se hacía. Como el SEÑOR estaba con José y hacía prosperar todo lo que él hacía, el guardia de la cárcel no se preocupaba de nada de lo que dejaba en sus manos. GÉNESIS 39.1–23

Los cómo

La Biblia ofrece una instrucción práctica acerca de cómo crecer en la virtud del dominio propio. Una de las aplicaciones principales es «huir»: huir de la persona, entorno o situación que nos tienta a perder el control. Corinto era un lugar dado a vivir una vida sin límites. En la carta de Pablo conocida como 1 Corintios, él exhortó a los creyentes de ese lugar a mantenerse lejos del camino del mal para que no cayeran.

«Todo me está permitido», pero no todo es para mi bien. «Todo me está permitido», pero no dejaré que nada me domine. «Los alimentos son para el estómago y el estómago para los alimentos»; así es, y Dios los destruirá a ambos. Pero el cuerpo no es para la inmoralidad sexual sino para el Señor, y el Señor para el cuerpo. Con su poder Dios resucitó al Señor, y nos resucitará también a nosotros. ¿No saben que sus cuerpos son miembros de Cristo mismo? ¿Tomaré acaso los miembros de Cristo para unirlos con una prostituta? ¡Jamás! ¿No saben que el que se une a una prostituta se hace un solo cuerpo con ella? Pues la Escritura dice: «Los dos llegarán a ser un solo cuerpo.» Pero el que se une al Señor se hace uno con él en espíritu.

Huyan de la inmoralidad sexual. Todos los demás pecados que una persona comete quedan fuera de su cuerpo; pero el que comete inmoralidades sexuales peca contra su propio cuerpo. ¿Acaso no saben que su cuerpo es templo del Espíritu Santo, quien está en ustedes y al que han recibido de parte de Dios? Ustedes no son sus propios dueños; fueron comprados por un precio. Por tanto, honren con su cuerpo a Dios.   1 Corintios 6.12–20

Por tanto, **mis queridos hermanos, huyan de la idolatría.** Me dirijo a personas sensatas; juzguen ustedes mismos lo que digo. Esa copa de bendición por la cual damos gracias, ¿no significa que entramos en comunión con la sangre de Cristo? Ese pan que partimos, ¿no significa que entramos en comunión con el cuerpo de Cristo? Hay un solo pan del cual todos participamos; por eso, aunque somos muchos, formamos un solo cuerpo.

Consideren al pueblo de Israel como tal: ¿No entran en comunión con el altar los que comen de lo sacrificado? ¿Qué quiero decir con esta comparación? ¿Que el sacrificio que los gentiles ofrecen a los ídolos sea algo, o que el ídolo mismo sea algo? No, sino que cuando ellos ofrecen sacrificios, lo hacen para los demonios, no para Dios, y no quiero que ustedes entren en comunión con los demonios. No pueden beber de la copa del Señor y también de la copa de los demonios; no pueden participar de la mesa del Señor y también de la mesa de los demonios. ¿O vamos a provocar a celos al Señor? ¿Somos acaso más fuertes que él? 1 Corintios 10.14–22

Pablo reiteró el mandato de huir en sus cartas a Timoteo, las cuales le envió para ofrecerle al joven líder instrucciones con respecto a cómo guiar espiritualmente a la iglesia en Éfeso. Él escribió acerca de cómo evitar a los falsos maestros y la seducción del amor al dinero. También instó a Timoteo y los miembros de la iglesia a no estar con personas que los arrastraran a conductas impías.

Si alguien enseña falsas doctrinas, apartándose de la sana enseñanza de nuestro Señor Jesucristo y de la doctrina que se ciñe a la verdadera religión, es un obstinado que nada entiende. Ese tal padece del afán enfermizo de provocar discusiones inútiles que generan envidias, discordias, insultos, suspicacias y altercados entre personas de mente depravada, carentes de la verdad. Éste es de los que piensan que la religión es un medio de obtener ganancias. Es cierto que con la verdadera religión se obtienen grandes ganancias, pero sólo si uno está satisfecho con lo que tiene. Porque nada trajimos a este mundo, y nada podemos llevarnos. Así que, si tenemos ropa y comida, contentémonos con eso. Los que quieren enriquecerse caen en la tentación y se vuelven esclavos de sus muchos deseos. Estos afanes insensatos y dañinos hunden a la gente en la ruina y en la destrucción. Porque el amor al dinero es la raíz de toda clase de males. Por codiciarlo, algunos se han desviado de la fe y se han causado muchísimos sinsabores.

Tú, en cambio, hombre de Dios, huye de todo eso, y esmérate en seguir la justicia, la piedad, la fe, el amor, la constancia y la humildad. Pelea la buena batalla de la fe; haz tuya la vida eterna, a la que fuiste llamado y por la cual hiciste aquella admirable declaración de fe delante de muchos testigos. Teniendo a Dios por testigo, el cual da vida a todas las cosas, y a Cristo Jesús, que dio su admirable testimonio delante de Poncio Pilato, te encargo que guardes este mandato sin mancha ni reproche hasta la venida de nuestro Señor Jesucristo, la cual Dios a su debido tiempo hará que se cumpla.

Al único y bendito Soberano,
Rey de reyes y Señor de señores,

al único inmortal,
que vive en luz inaccesible,
a quien nadie ha visto ni puede ver... 1 TIMOTEO 6.2–16

Huye de las malas pasiones de la juventud, y esmérate en seguir la justicia, la fe, el amor y la paz, junto con los que invocan al Señor con un corazón limpio. No tengas nada que ver con discusiones necias y sin sentido, pues ya sabes que terminan en pleitos. Y un siervo del Señor no debe andar peleando; más bien, debe ser amable con todos, capaz de enseñar y no propenso a irritarse. Así, humildemente, debe corregir a los adversarios, con la esperanza de que Dios les conceda el arrepentimiento para conocer la verdad, de modo que se despierten y escapen de la trampa en que el diablo los tiene cautivos, sumisos a su voluntad.

Ahora bien, ten en cuenta que en los últimos días vendrán tiempos difíciles. La gente estará llena de egoísmo y avaricia; serán jactanciosos, arrogantes, blasfemos, desobedientes a los padres, ingratos, impíos, insensibles, implacables, calumniadores, libertinos, despiadados, enemigos de todo lo bueno, traicioneros, impetuosos, vanidosos y más amigos del placer que de Dios. Aparentarán ser piadosos, pero su conducta desmentirá el poder de la piedad. ¡Con esa gente ni te metas!

Así son los que van de casa en casa cautivando a mujeres débiles cargadas de pecados, que se dejan llevar de toda clase de pasiones. Ellas siempre están aprendiendo, pero nunca logran conocer la verdad. 2 TIMOTEO 2.22–3.7

¿Cómo influyen las personas que nos acompañan en nuestra habilidad para tener dominio propio?

Una segunda estrategia, también defensiva en naturaleza, en la lucha por preservar el dominio propio es resistir. Podemos domar nuestra lengua, reducir las peleas y conflictos entre nosotros, controlar nuestros deseos egoístas y mitigar la influencia negativa del mundo y el diablo. Sin embargo, finalmente, el dominio propio total resulta inalcanzable. Nuestra naturaleza pecaminosa, o la carne, al fin nos desgasta y se lleva lo mejor de nosotros. La solución definitiva para conseguir dominio propio está en el «dominio de Dios». El creyente tiene la presencia y el poder de Dios en su interior para vivir una vida no minada por nuestros deseos internos y la

*corrupción del mundo. Como creyentes, debemos echar mano de
este poder a fin de llevar vidas productivas y eficaces.*

Hermanos míos, no pretendan muchos de ustedes ser maestros,
pues, como saben, seremos juzgados con más severidad. Todos falla-
mos mucho. Si alguien nunca falla en lo que dice, es una persona
perfecta, capaz también de controlar todo su cuerpo.

Cuando ponemos freno en la boca de los caballos para que nos
obedezcan, podemos controlar todo el animal. Fíjense también en
los barcos. A pesar de ser tan grandes y de ser impulsados por fuertes vientos, se gobiernan por un pequeño timón a voluntad del pilo-
to. Así también la lengua es un miembro muy pequeño del cuerpo,
pero hace alarde de grandes hazañas. ¡Imagínense qué gran bosque
se incendia con tan pequeña chispa! También la lengua es un fuego,
un mundo de maldad. Siendo uno de nuestros órganos, contamina
todo el cuerpo y, encendida por el infierno, prende a su vez fuego a
todo el curso de la vida.

El ser humano sabe domar y, en efecto, ha domado toda clase
de fieras, de aves, de reptiles y de bestias marinas; pero nadie puede
domar la lengua. Es un mal irrefrenable, lleno de veneno mortal.

Con la lengua bendecimos a nuestro Señor y Padre, y con ella mal-
decimos a las personas, creadas a imagen de Dios. De una misma boca
salen bendición y maldición. Hermanos míos, esto no debe ser así.
¿Puede acaso brotar de una misma fuente agua dulce y agua salada?
Hermanos míos, ¿acaso puede dar aceitunas una higuera o higos una
vid? Pues tampoco una fuente de agua salada puede dar agua dulce.

¿Quién es sabio y entendido entre ustedes? Que lo demuestre con
su buena conducta, mediante obras hechas con la humildad que le
da su sabiduría. Pero si ustedes tienen envidias amargas y rivalidades
en el corazón, dejen de presumir y de faltar a la verdad. Ésa no es la
sabiduría que desciende del cielo, sino que es terrenal, puramente
humana y diabólica. Porque donde hay envidias y rivalidades, también hay confusión y toda clase de acciones malvadas.

En cambio, la sabiduría que desciende del cielo es ante todo pura,
y además pacífica, bondadosa, dócil, llena de compasión y de buenos
frutos, imparcial y sincera. En fin, el fruto de la justicia se siembra en
paz para los que hacen la paz.

¿De dónde surgen las guerras y los conflictos entre ustedes? ¿No es
precisamente de las pasiones que luchan dentro de ustedes mismos?
Desean algo y no lo consiguen. Matan y sienten envidia, y no pueden

obtener lo que quieren. Riñen y se hacen la guerra. No tienen, porque no piden. Y cuando piden, no reciben porque piden con malas intenciones, para satisfacer sus propias pasiones. ¡Oh gente adúltera! ¿No saben que la amistad con el mundo es enemistad con Dios? Si alguien quiere ser amigo del mundo se vuelve enemigo de Dios. ¿O creen que la Escritura dice en vano que Dios ama celosamente al espíritu que hizo morar en nosotros? Pero él nos da mayor ayuda con su gracia. Por eso dice la Escritura:

«Dios se opone a los orgullosos,
pero da gracia a los humildes.»

Así que sométanse a Dios. Resistan al diablo, y él huirá de ustedes. Acérquense a Dios, y él se acercará a ustedes. ¡Pecadores, límpiense las manos! ¡Ustedes los inconstantes, purifiquen su corazón! Reconozcan sus miserias, lloren y laméntense. Que su risa se convierta en llanto, y su alegría en tristeza. Humíllense delante del Señor, y él los exaltará. SANTIAGO 3.1—4.10

¿Por qué es tan difícil controlar nuestra lengua?

Pedro ofreció un consejo similar en su primera carta a los cristianos dispersos por las cinco provincias romanas de Asia Menor (la actual Turquía).

Practiquen el dominio propio y manténganse alerta. Su enemigo el diablo ronda como león rugiente, buscando a quién devorar. Resístanlo, manteniéndose firmes en la fe, sabiendo que sus hermanos en todo el mundo están soportando la misma clase de sufrimientos.

Y después de que ustedes hayan sufrido un poco de tiempo, Dios mismo, el Dios de toda gracia que los llamó a su gloria eterna en Cristo, los restaurará y los hará fuertes, firmes y estables. A él sea el poder por los siglos de los siglos. Amén. 1 PEDRO 5.8–11

El apóstol Pablo presentó una estrategia diferente para practicar el dominio propio en nuestra vida, particularmente en el área de las pasiones sexuales. Encerremos estos deseos naturales dentro de los límites del diseño de Dios.

Paso ahora a los asuntos que me plantearon por escrito: «Es mejor no tener relaciones sexuales.» Pero en vista de tanta inmoralidad, cada hombre debe tener su propia esposa, y cada mujer su propio esposo. El hombre debe cumplir su deber conyugal con su esposa, e igualmente la mujer con su esposo. La mujer ya no tiene derecho sobre su propio cuerpo, sino su esposo. Tampoco el hombre tiene derecho sobre su propio cuerpo, sino su esposa. No se nieguen el uno al otro, a no ser de común acuerdo, y sólo por un tiempo, para dedicarse a la oración. No tarden en volver a unirse nuevamente; de lo contrario, pueden caer en tentación de Satanás, por falta de dominio propio. Ahora bien, esto lo digo como una concesión y no como una orden. En realidad, preferiría que todos fueran como yo. No obstante, cada uno tiene de Dios su propio don: éste posee uno; aquél, otro.

A los solteros y a las viudas les digo que sería mejor que se quedaran como yo. Pero si no pueden dominarse, que se casen, porque es preferible casarse que quemarse de pasión.

1 Corintios 7.1–9

El dominio propio es verdaderamente imposible. Nuestra naturaleza pecaminosa al final nos desgasta y se lleva lo mejor de nosotros. Por fortuna, como creyentes contamos con la presencia y el poder de Dios en nuestro interior para vivir una vida no minada por nuestros deseos internos y la corrupción del mundo. En la segunda carta de Pedro, desafió a los creyentes a hacer uso de este poder a fin de vivir vidas productivas y eficaces.

Después de leer el pasaje de Pedro (ver 2 Pedro 1.3–11) y el pasaje de Pablo (ver Gálatas 5.16–25), describe con tus propias palabras cómo el «dominio de Dios» nos permite tener «dominio propio» en nuestra vida.

Su divino poder, al darnos el conocimiento de aquel que nos llamó por su propia gloria y potencia, nos ha concedido todas las cosas que necesitamos para vivir como Dios manda. Así Dios nos ha entregado sus preciosas y magníficas promesas para que ustedes, luego de escapar de la corrupción que hay en el mundo debido a los malos deseos, lleguen a tener parte en la naturaleza divina.

Precisamente por eso, esfuércense por añadir a su fe, virtud; a su virtud, entendimiento; al entendimiento, dominio propio; al dominio propio, constancia; a la constancia, devoción a Dios; a la devoción a Dios, afecto fraternal; y al afecto fraternal, amor. Porque estas cualidades, si abundan en ustedes, les harán crecer en el conocimiento de nuestro Señor Jesucristo, y evitarán que sean inútiles e improductivos. En cambio, el que no las tiene es tan corto de vista que ya ni ve, y se olvida de que ha sido limpiado de sus antiguos pecados. Por lo tanto, hermanos, esfuércense más todavía por asegurarse del llamado de Dios, que fue quien los eligió. Si hacen estas cosas, no caerán jamás, y se les abrirán de par en par las puertas del reino eterno de nuestro Señor y Salvador Jesucristo. 2 PEDRO 1.3–11

Pablo también subrayó la importancia de confiar en el poder de Dios, caminando con el Espíritu Santo, a fin de permanecer en control. La solución definitiva para conseguir el dominio propio está en el «dominio de Dios».

Así que les digo: Vivan por el Espíritu, y no seguirán los deseos de la naturaleza pecaminosa. Porque ésta desea lo que es contrario al Espíritu, y el Espíritu desea lo que es contrario a ella. Los dos se oponen entre sí, de modo que ustedes no pueden hacer lo que quieren. Pero si los guía el Espíritu, no están bajo la ley.

Las obras de la naturaleza pecaminosa se conocen bien: inmoralidad sexual, impureza y libertinaje; idolatría y brujería; odio, discordia, celos, arrebatos de ira, rivalidades, disensiones, sectarismos y envidia; borracheras, orgías, y otras cosas parecidas. Les advierto ahora, como antes lo hice, que los que practican tales cosas no heredarán el reino de Dios.

En cambio, el fruto del Espíritu es amor, alegría, paz, paciencia, amabilidad, bondad, fidelidad, humildad y dominio propio. No hay ley que condene estas cosas. Los que son de Cristo Jesús han crucificado la naturaleza pecaminosa, con sus pasiones y deseos. Si el Espíritu nos da vida, andemos guiados por el Espíritu. GÁLATAS 5.16–25

La conclusión es que todos luchamos y caemos. Este fracaso puede hacer que la culpa nos abrume y nos escondamos de Dios. Dios conoce nuestras luchas. Y desea que «regresemos a casa»,

*a él, sin que importe nuestra condición. Esto se demuestra con
claridad en la parábola del hijo perdido.*

⊶ Un hombre tenía dos hijos —continuó Jesús—. El menor de ellos
le dijo a su padre: "Papá, dame lo que me toca de la herencia." Así que
el padre repartió sus bienes entre los dos. Poco después el hijo menor
juntó todo lo que tenía y se fue a un país lejano; allí vivió desenfrena-
damente y derrochó su herencia.

»Cuando ya lo había gastado todo, sobrevino una gran escasez
en la región, y él comenzó a pasar necesidad. Así que fue y consiguió
empleo con un ciudadano de aquel país, quien lo mandó a sus campos a cuidar cerdos. Tanta hambre tenía que hubiera querido llenarse
el estómago con la comida que daban a los cerdos, pero aun así nadie
le daba nada. Por fin recapacitó y se dijo: "¡Cuántos jornaleros de mi
padre tienen comida de sobra, y yo aquí me muero de hambre! Tengo
que volver a mi padre y decirle: Papá, he pecado contra el cielo y contra ti. Ya no merezco que se me llame tu hijo; trátame como si fuera
uno de tus jornaleros." Así que emprendió el viaje y se fue a su padre.

»Todavía estaba lejos cuando su padre lo vio y se compadeció de
él; salió corriendo a su encuentro, lo abrazó y lo besó. El joven le
dijo: "Papá, he pecado contra el cielo y contra ti. Ya no merezco que
se me llame tu hijo." **Pero el padre ordenó a sus siervos: "¡Pronto!
Traigan la mejor ropa para vestirlo. Pónganle también un anillo
en el dedo y sandalias en los pies. Traigan el ternero más gordo y
mátenlo para celebrar un banquete. Porque este hijo mío estaba
muerto, pero ahora ha vuelto a la vida; se había perdido, pero ya
lo hemos encontrado." Así que empezaron a hacer fiesta.**

LUCAS 15.11–24 ⊶

¿En qué áreas de tu vida luchas con el dominio propio? ¿Qué
desafíos enfrentas? ¿De qué forma te reconforta el conocimiento de
la gracia de Dios?

Si en verdad deseamos llegar a ser como Jesús por el bien de otros, debemos aceptar el llamado y el desafío a tener dominio propio. Mientras leemos las historias que se encuentran en la Biblia, encontramos evidencias del daño que causa la falta de dominio propio, como ocurrió en la vida de Sansón. También observamos el honor y las bendiciones que llegan con el dominio propio, como sucedió en la vida de José. ¿Cómo nos liberamos de las adicciones y los hábitos pecaminosos? Debemos aprender a huir de la tentación y resistirla. Sin embargo, no hay nada mejor para tener dominio propio que permanecer bajo el dominio de Dios. Cuando dedicamos nuestra vida al plan de Dios, su divino poder nos da la fortaleza para decirle que «no» a las cosas que no son buenas y «sí» a su voluntad. Tenemos el poder por medio de Cristo de controlarnos a nosotros mismos. Sin embargo, cuando caemos, podemos recordar la gracia de Dios y correr de vuelta a él. Dios nos estará esperando todo el tiempo con los brazos abiertos.

CAPÍTULO

25

Esperanza

---------- PREGUNTA CLAVE ----------

¿Cómo manejo las dificultades y las luchas de la vida?

---------- IDEA CLAVE ----------

Puedo lidiar con las dificultades de la vida debido a la esperanza
que tengo en Jesucristo.

---------- VERSÍCULO CLAVE ----------

Tenemos como firme y segura ancla del alma una esperanza que
penetra hasta detrás de la cortina del santuario, hasta donde Jesús,
el precursor, entró por nosotros.

—Hebreos 6.19–20

Sencillamente, no podemos vivir sin esperanza. Como afirma nuestro versículo clave, la esperanza cristiana es un ancla para nuestra alma. Ella nos estabiliza durante los tiempos difíciles, porque sabemos que no es así como termina nuestra historia. Nuestra esperanza se fundamenta en la creencia y la confianza en un Dios personal, su salvación y la eternidad. Si creemos esas verdades en nuestro corazón, producirán una esperanza que no nos defraudará.

En este capítulo veremos temas tales como:

- *La necesidad de esperanza.*
- *Fuentes de falsa esperanza.*
- *La fuente de la verdadera esperanza.*
- *El efecto de la esperanza.*
- *La esperanza activa la fe, la fe profundiza la esperanza.*

La necesidad de esperanza

Es imposible salir adelante sin esperanza. Job había perdido todo y se estaba quedando sin fuerzas. Deseaba morir. Sus «amigos» llegaron para consolarlo. Su respuesta a esos amigos que no lo ayudaron mucho es la expresión de un hombre sin esperanza.

A esto Job respondió:

«¡Cómo quisiera que mi angustia se pesara
    y se pusiera en la balanza, junto con mi desgracia!
¡De seguro pesarían más que la arena de los mares!
    ¡Por algo mis palabras son tan impetuosas!
Las saetas del Todopoderoso me han herido,
    y mi espíritu absorbe su veneno.
¡Dios ha enviado sus terrores contra mí!
¿Rebuzna el asno salvaje si tiene hierba?
    ¿Muge el buey si tiene forraje?
¿Puede comerse sin sal la comida desabrida?
    ¿Tiene algún sabor la clara de huevo?
Mi paladar se niega a probarla;
    ¡esa comida me enferma!

»¡Ah, si Dios me concediera lo que pido!

¡Si Dios me otorgara lo que anhelo!
¡Ah, si Dios se decidiera a destrozarme por completo,
 a descargar su mano sobre mí, y aniquilarme!
Aun así me quedaría este consuelo,
 esta alegría en medio de mi implacable dolor:
 ¡el no haber negado las palabras del Dios Santo!
»¿Qué fuerzas me quedan para seguir esperando?
¿Qué fin me espera para querer vivir?
¿Tengo acaso la fuerza de la roca?
 ¿Acaso tengo piel de bronce?
¿Cómo puedo valerme por mí mismo,
 si me han quitado todos mis recursos?   JOB 6.1–13

«¿No tenemos todos una obligación en este mundo?
 ¿No son nuestros días como los de un asalariado?
Como el esclavo que espera con ansias la noche,
 como el asalariado que ansioso espera su paga,
meses enteros he vivido en vano;
 ¡me han tocado noches de miseria!
Me acuesto y pienso:
 "¿Cuánto falta para que amanezca?"
La noche se me hace interminable;
 me doy vueltas en la cama hasta el amanecer.
Tengo el cuerpo cubierto de gusanos y de costras;
 ¡la piel se me raja y me supura!
»Mis días se van más veloces que una lanzadera,
 y sin esperanza alguna llegan a su fin.»   JOB 7.1–6

¿Te has sentido desesperado al igual que Job?
¿Qué preguntas le has hecho a Dios?

FUENTES DE FALSA ESPERANZA

Nuestra profunda necesidad de esperanza a veces nos lleva a poner nuestras expectativas en la cosas equivocadas. La falsa esperanza hace que las personas planifiquen, edifiquen y se arriesguen por algo que probablemente no va a ocurrir. La Biblia identifica varias cosas en las que por desdicha los seres humanos ponen su esperanza solo para acabar decepcionados.

Mientras lees sobre las cuatro fuentes de la falsa esperanza, piensa en cuál de ellas te afecta más. ¿Por qué escogiste esa en específico?

Falsa esperanza... en las riquezas.
Debido a su intrépida confianza en Dios, David puede proferir la condenación de su enemigo que confía en la riqueza.

¿Por qué te jactas de tu maldad, varón prepotente?
¡El amor de Dios es constante!
Tu lengua, como navaja afilada,
trama destrucción y practica el engaño.
Más que el bien, amas la maldad;
más que la verdad, amas la mentira.
Lengua embustera,
te encanta ofender con tus palabras.

Pero Dios te arruinará para siempre;
te tomará y te arrojará de tu hogar;
¡te arrancará del mundo de los vivientes!
Los justos verán esto, y temerán;
entre burlas dirán de él:
«¡Aquí tienen al hombre
que no buscó refugio en Dios,
sino que confió en su gran riqueza
y se afirmó en su maldad!»

Pero yo soy como un olivo verde
que florece en la casa de Dios;
yo confío en el gran amor de Dios
eternamente y para siempre.
En todo tiempo te alabaré por tus obras;
en ti pondré mi esperanza en presencia de tus fieles,
porque tu nombre es bueno. Salmos 52.1–9

Pablo le dice a Timoteo que les enseñe a los creyentes en Éfeso acerca de la falsa esperanza de confiar en las riquezas.

A los ricos de este mundo, mándales que no sean arrogantes ni pongan su esperanza en las riquezas, que son tan inseguras,

sino en Dios, que nos provee de todo en abundancia para que lo disfrutemos.   1 TIMOTEO 6.17

Falsa esperanza... en las personas.
Los salmistas nos dicen que seremos decepcionados si ponemos nuestra esperanza en las personas en lugar de colocarla en Dios.

Es mejor refugiarse en el SEÑOR
que confiar en el hombre.
Es mejor refugiarse en el SEÑOR
que fiarse de los poderosos.   SALMOS 118.8–9

No pongan su confianza en gente poderosa,
en simples mortales, que no pueden salvar.
Exhalan el espíritu y vuelven al polvo,
y ese mismo día se desbaratan sus planes.   SALMOS 146.3–4

El profeta Jeremías declara el mismo sentimiento.

Así dice el SEÑOR:

«¡Maldito el hombre que confía en el hombre!
¡Maldito el que se apoya en su propia fuerza
y aparta su corazón del SEÑOR!
Será como una zarza en el desierto:
no se dará cuenta cuando llegue el bien.
Morará en la sequedad del desierto,
en tierras de sal, donde nadie habita.   JEREMÍAS 17.5–6

Falsa esperanza... en los ídolos.
Un ídolo es cualquier objeto que ponemos por encima de Dios. El profeta Habacuc declara cuán absurdo es poner nuestra esperanza en estas invenciones de los hombres.

«¿De qué sirve una imagen,
si quien la esculpe es un artesano?
¿De qué sirve un ídolo fundido,
si tan sólo enseña mentiras?
El artesano que hace ídolos que no pueden hablar

sólo está confiando en su propio artificio.
¡Ay del que le dice al madero: "Despierta",
y a la piedra muda: "Levántate"!
Aunque están recubiertos de oro y plata,
nada pueden enseñarle,
pues carecen de aliento de vida.»   HABACUC 2.18–19

Falsa esperanza... en el gobierno humano.
Es fácil y a menudo más tangible que las personas pongan su
confianza y esperanza en las naciones. Isaías le advierte al pueblo
de Judá que evite este error, incluso con la poderosa nación de
Egipto.

¡Ay de los que descienden a Egipto en busca de ayuda,
de los que se apoyan en la caballería,
de los que confían en la multitud de sus carros de guerra
y en la gran fuerza de sus jinetes,
pero no toman en cuenta al *Santo de Israel,
ni buscan al SEÑOR!   ISAÍAS 31.1

Los egipcios, en cambio, son hombres y no dioses;
sus caballos son carne y no espíritu.
Cuando el SEÑOR extienda su mano,
tropezará el que presta ayuda
y caerá el que la recibe.
¡Todos juntos perecerán!   ISAÍAS 31.3

LA FUENTE DE LA VERDADERA ESPERANZA
La verdadera esperanza se encuentra solo en Dios.
La esperanza es solo tan buena como el poder y el carácter
de aquel que la ofrece. El salmista expresa con profunda pasión
su confianza en Dios como su fuente de esperanza cuando los
tiempos son difíciles.

Cual ciervo jadeante en busca del agua,
así te busca, oh Dios, todo mi ser.
Tengo sed de Dios, del Dios de la vida.
¿Cuándo podré presentarme ante Dios?
Mis lágrimas son mi pan de día y de noche,
mientras me echan en cara a todas horas:

«¿Dónde está tu Dios?»

Recuerdo esto y me deshago en llanto:
yo solía ir con la multitud,
y la conducía a la casa de Dios.
Entre voces de alegría y acciones de gracias
hacíamos gran celebración.

¿Por qué voy a inquietarme?
¿Por qué me voy a angustiar?
**En Dios pondré mi esperanza
y todavía lo alabaré.
¡Él es mi Salvador y mi Dios!**

Me siento sumamente angustiado;
por eso, mi Dios, pienso en ti
desde la tierra del Jordán,
desde las alturas del Hermón,
desde el monte Mizar.
Un abismo llama a otro abismo
en el rugir de tus cascadas;
todas tus ondas y tus olas
se han precipitado sobre mí.
Ésta es la oración al Dios de mi vida:
que de día el Señor mande su amor,
y de noche su canto me acompañe.
Y le digo a Dios, a mi Roca:
«¿Por qué me has olvidado?
¿Por qué debo andar de luto
y oprimido por el enemigo?»
Mortal agonía me penetra hasta los huesos
ante la burla de mis adversarios,
mientras me echan en cara a todas horas:
«¿Dónde está tu Dios?»

¿Por qué voy a inquietarme?
¿Por qué me voy a angustiar?
**En Dios pondré mi esperanza,
y todavía lo alabaré.
¡Él es mi Salvador y mi Dios!** Salmos 42.1–11

La verdadera esperanza se encuentra en las promesas de Dios. Todos los autores del Nuevo Testamento escribieron acerca del tema de la esperanza. Resulta evidente que este es uno de los particulares y poderosos beneficios de seguir a Dios. El escritor de Hebreos se aferró al carácter de Dios para confirmar las promesas divinas.

¿Qué promesas de Dios puedes encontrar en los pasajes
de Hebreos 6, Colosenses 1, 1 Pedro 1,
1 Tesalonicenses 4 y 1 Juan 3?

Cuando Dios hizo su promesa a Abraham, como no tenía a nadie superior por quien jurar, juró por sí mismo, y dijo: «Te bendeciré en gran manera y multiplicaré tu descendencia.» Y así, después de esperar con paciencia, Abraham recibió lo que se le había prometido.

Los seres humanos juran por alguien superior a ellos mismos, y el juramento, al confirmar lo que se ha dicho, pone punto final a toda discusión. Por eso Dios, queriendo demostrar claramente a los herederos de la promesa que su propósito es inmutable, la confirmó con un juramento. Lo hizo así para que, mediante la promesa y el juramento, que son dos realidades inmutables en las cuales es imposible que Dios mienta, tengamos un estímulo poderoso los que, buscando refugio, nos aferramos a la esperanza que está delante de nosotros. **Tenemos como firme y segura ancla del alma una esperanza que penetra hasta detrás de la cortina del santuario, hasta donde Jesús, el precursor, entró por nosotros,** llegando a ser sumo sacerdote para siempre, según el orden de Melquisedec.

HEBREOS 6.13–20

Como el carácter de Dios es una roca sólida, fiable y verdadera, anclamos nuestra esperanza en sus promesas para nosotros. Pablo le escribió una carta a la iglesia en Colosas mientras se encontraba bajo arresto domiciliario en Roma. Dios había estado desplegando su grandiosa promesa de redención desde la caída de Adán y Eva. El contenido verdadero y completo de esta promesa fue un misterio para el pueblo de la época del Antiguo Testamento. Ahora, Dios ha cumplido su promesa y nos la ha revelado: la fuente de nuestra esperanza ha llegado.

Ahora me alegro en medio de mis sufrimientos por ustedes, y voy completando en mí mismo lo que falta de las aflicciones de Cristo, en favor de su cuerpo, que es la iglesia. De ésta llegué a ser servidor según el plan que Dios me encomendó para ustedes: el dar cumplimiento a la palabra de Dios, anunciando el misterio que se ha mantenido oculto por siglos y generaciones, pero que ahora se ha manifestado a sus santos. **A éstos Dios se propuso dar a conocer cuál es la gloriosa riqueza de este misterio entre las naciones, que es Cristo en ustedes, la esperanza de gloria.**

A este Cristo proclamamos, aconsejando y enseñando con toda sabiduría a todos los seres humanos, para presentarlos a todos perfectos en él. Con este fin trabajo y lucho fortalecido por el poder de Cristo que obra en mí. COLOSENSES 1.24–29

Lo que Dios les ha prometido a todos los creyentes en Jesús nos capacita para soportar las dificultades de la vida. Pedro comenzó su primera carta proclamando esta verdad. La promesa definitiva de Dios es nuestra futura resurrección. La esperanza de esta promesa sobrepasa a todas la pruebas momentáneas.

Pedro, apóstol de Jesucristo,

a los elegidos, extranjeros dispersos por el Ponto, Galacia, Capadocia, Asia y Bitinia, según la previsión de Dios el Padre, mediante la obra santificadora del Espíritu, para obedecer a Jesucristo y ser redimidos por su sangre:

Que abunden en ustedes la gracia y la paz.

¡Alabado sea Dios, Padre de nuestro Señor Jesucristo! **Por su gran misericordia, nos ha hecho nacer de nuevo mediante la resurrección de Jesucristo, para que tengamos una esperanza viva y recibamos una herencia indestructible, incontaminada e inmarchitable.** Tal herencia está reservada en el cielo para ustedes, a quienes el poder de Dios protege mediante la fe hasta que llegue la salvación que se ha de revelar en los últimos tiempos. Esto es para ustedes motivo de gran alegría, a pesar de que hasta ahora han tenido que sufrir diversas pruebas por un tiempo. El oro, aunque perecedero, se acrisola al fuego. Así también la fe de ustedes, que vale mucho más que el oro, al ser acrisolada por las pruebas demostrará que es digna de aprobación, gloria y honor cuando Jesucristo se revele. Ustedes lo aman a pesar de no haberlo visto; y aunque no lo ven ahora, creen en él y se alegran con un gozo indescriptible y glorioso, pues están obteniendo la meta de su fe, que es su salvación. Los profetas, que anunciaron la gracia reservada para ustedes, estudiaron y observaron esta salvación. Querían descubrir a qué tiempo y a cuáles circunstancias se refería el Espíritu de Cristo, que estaba en ellos, cuando testificó de antemano acerca de los sufrimientos de Cristo y de la gloria que vendría después de éstos. A ellos se les reveló que no se estaban sirviendo a sí mismos, sino que les servían a ustedes. Hablaban de las cosas que ahora les han anunciado los que les predicaron el evangelio por medio del Espíritu Santo enviado del cielo. Aun los mismos ángeles anhelan contemplar esas cosas.

Por eso, dispónganse para actuar con inteligencia; tengan dominio propio; pongan su esperanza completamente en la gracia que se les dará cuando se revele Jesucristo. Como hijos obedientes, no se amolden a los malos deseos que tenían antes, cuando vivían en la ignorancia. Más bien, sean ustedes santos en todo lo que hagan, como también es santo quien los llamó; pues está escrito: «Sean santos, porque yo soy santo.» Ya que invocan como Padre al que juzga con imparcialidad las obras de cada uno, vivan con temor reverente mientras sean peregrinos en este mundo. Como bien saben, ustedes fueron rescatados de la vida absurda que heredaron de sus antepasados. El precio de su rescate no se pagó con cosas perecederas, como el oro o la plata, sino con la preciosa sangre de Cristo, como de un cordero sin mancha y sin defecto. Cristo, a quien Dios escogió antes de la creación del mundo, se ha manifestado en estos últimos tiempos en beneficio de ustedes. Por medio de él ustedes creen en Dios, que lo resucitó y glorificó, de modo que su fe y su esperanza están puestas en Dios.

Ahora que se han purificado obedeciendo a la verdad y tienen un amor sincero por sus hermanos, ámense de todo corazón los unos a los otros. Pues ustedes han nacido de nuevo, no de simiente perecedera, sino de simiente imperecedera, mediante la palabra de Dios que vive y permanece. Porque

> «todo mortal es como la hierba,
>   y toda su gloria como la flor del campo;
>   la hierba se seca y la flor se cae,

pero la palabra del Señor permanece para siempre.»

Y ésta es la palabra del evangelio que se les ha anunciado a ustedes.

1 PEDRO 1.1–25

Los cristianos en Tesalónica habían malentendido a Pablo y pensaban que todos los creyentes vivirían hasta que regresara Cristo. Eso provocó angustia cuando algunos de la iglesia murieron. Pablo les escribió su primera carta a fin de aclarar este asunto. La promesa para todos los creyentes, pasados y presentes, de estar con el Señor para siempre es el fundamento de nuestra esperanza.

Hermanos, no queremos que ignoren lo que va a pasar con los que ya han muerto, para que no se entristezcan como esos otros que no tienen esperanza. ¿Acaso no creemos que Jesús murió y resucitó? Así también Dios resucitará con Jesús a los que han muerto en unión con él. Conforme a lo dicho por el Señor, afirmamos que nosotros, los que estemos vivos y hayamos quedado hasta la venida del Señor, de ninguna manera nos adelantaremos a los que hayan muerto. El Señor mismo descenderá del cielo con voz de mando, con voz de arcángel y con trompeta de Dios, y los muertos en Cristo resucitarán primero. Luego los que estemos vivos, los que hayamos quedado, seremos arrebatados junto con ellos en las nubes para encontrarnos con el Señor en el aire. Y así estaremos con el Señor para siempre. Por lo tanto, anímense unos a otros con estas palabras.

1 TESALONICENSES 4.13–18

Juan se hizo eco de los escritos de Pablo y Pedro con respecto a la esperanza que tenemos mediante la resurrección prometida. Él desafió a sus lectores a vivir vidas puras en anticipación de este suceso garantizado.

¡Fíjense qué gran amor nos ha dado el Padre, que se nos llame hijos de Dios! ¡Y lo somos! El mundo no nos conoce, precisamente porque no lo conoció a él. Queridos hermanos, ahora somos hijos de Dios, pero todavía no se ha manifestado lo que habremos de ser. **Sabemos, sin embargo, que cuando Cristo venga seremos semejantes a él, porque lo veremos tal como él es. Todo el que tiene esta esperanza en Cristo, se purifica a sí mismo, así como él es puro.** 1 JUAN 3.1-3

El efecto de la esperanza

Cuando tenemos esperanza en las promesas de Dios, el efecto en nuestra vida es profundo. Incluso si atravesamos tiempos difíciles, la esperanza nos brinda la fortaleza para continuar. Isaías profetizó que el pueblo de Judá experimentaría setenta años de dificultades mientras permanecía cautivo de los babilonios. A pesar de tal sufrimiento, Isaías fue capaz de darles esperanza a las personas con toda confianza, porque Dios había prometido traerlas de vuelta a casa. Los exiliados podían tener una vida plena y feliz en medio de una situación dolorosa, ya que sabían que Dios mantendría su promesa.

⊙━ «¿Con quién, entonces, me compararán ustedes?
　　¿Quién es igual a mí?», dice el Santo.
Alcen los ojos y miren a los cielos:
　　¿Quién ha creado todo esto?
El que ordena la multitud de estrellas una por una,
　　y llama a cada una por su nombre.
¡Es tan grande su poder, y tan poderosa su
　　　fuerza,
　　que no falta ninguna de ellas!
¿Por qué murmuras, Jacob?
　　¿Por qué refunfuñas, Israel:
«Mi camino está escondido del Señor;
　　mi Dios ignora mi derecho»?
¿Acaso no lo sabes?
　　¿Acaso no te has enterado?
El Señor es el Dios eterno,
　　creador de los confines de la tierra.
No se cansa ni se fatiga,
　　y su inteligencia es insondable.
Él fortalece al cansado
　　y acrecienta las fuerzas del débil.
Aun los jóvenes se cansan, se fatigan,
　　y los muchachos tropiezan y caen;
pero los que confían en el
　　renovarán sus fuerzas;
volarán como las águilas:
　　correrán y no se fatigarán,
　　caminarán y no se cansarán.
　　　　　　　　　　　　　Isaías 40.25–31 ⊙━

El efecto positivo de la esperanza resulta más poderoso de lo que pudiéramos pensar. Simeón esperó muchos años sin ver el cumplimiento de su esperanza, pero persistió, dejando que la misma le diera fortaleza para cada nuevo día. Dios y sus promesas son la razón de nuestra esperanza. Cuando abrazamos tal esperanza, esto provoca un efecto dramático en nuestra vida diaria. La historia de Simeón puede ayudarnos a pensar en el impacto que nuestra esperanza en Cristo tiene en nuestra habilidad para perseverar.

Ahora bien, en Jerusalén había un hombre llamado Simeón, que era justo y devoto, y aguardaba con esperanza la redención de Israel. El Espíritu Santo estaba con él y le había revelado que no moriría sin antes ver al Cristo del Señor. Movido por el Espíritu, fue al templo. Cuando al niño Jesús lo llevaron sus padres para cumplir con la costumbre establecida por la ley, Simeón lo tomó en sus brazos y bendijo a Dios:

> «Según tu palabra, Soberano Señor,
>   ya puedes despedir a tu siervo en paz.
> Porque han visto mis ojos tu salvación,
>   que has preparado a la vista de todos los pueblos:
> luz que ilumina a las naciones
>   y gloria de tu pueblo Israel.»

El padre y la madre del niño se quedaron maravillados por lo que se decía de él. Simeón les dio su bendición y le dijo a María, la madre de Jesús: «Este niño está destinado a causar la caída y el levantamiento de muchos en Israel, y a crear mucha oposición, a fin de que se manifiesten las intenciones de muchos corazones. En cuanto a ti, una espada te atravesará el alma.» LUCAS 2.25–35

¿Qué efecto tuvo en la vida de Simeón la promesa de Dios acerca de que él vería la primera llegada de Cristo? ¿Qué efecto podría tener en nuestra vida la promesa de Dios de que veremos la segunda venida de Cristo?

LA ESPERANZA ACTIVA LA FE, LA FE PROFUNDIZA LA ESPERANZA

La esperanza está disponible para todos los seguidores de Dios, pero no todos se apropian de ella. Puede ser duro para nosotros confiar en un Dios al que no podemos ver y aferrarnos a promesas fantásticas que aún están por venir. *Para activar el poder de la esperanza en nuestra vida, necesitamos tener fe en Dios y sus promesas. El escritor de Hebreos les predicó este mensaje a sus lectores. Después enumeró a varias personas del pasado que pusieron su fe en Dios y experimentaron resultados asombrosos en sus vidas. Dios ofrece esta misma oportunidad para nosotros hoy. En realidad, Dios tiene «algo mejor» planeado para los que conocen a Jesús.*

Ahora bien, la fe es la garantía de lo que se espera, la certeza de lo que no se ve. Gracias a ella fueron aprobados los antiguos. Por la fe entendemos que el universo fue formado por la palabra de Dios, de modo que lo visible no provino de lo que se ve.

Por la fe Abel ofreció a Dios un sacrificio más aceptable que el de Caín, por lo cual recibió testimonio de ser justo, pues Dios aceptó su ofrenda. Y por la fe Abel, a pesar de estar muerto, habla todavía.

Por la fe Enoc fue sacado de este mundo sin experimentar la muerte; no fue hallado porque Dios se lo llevó, pero antes de ser llevado recibió testimonio de haber agradado a Dios. En realidad, sin fe es imposible agradar a Dios, ya que cualquiera que se acerca a Dios tiene que creer que él existe y que recompensa a quienes lo buscan.

Por la fe Noé, advertido sobre cosas que aún no se veían, con temor reverente construyó un arca para salvar a su familia. Por esa fe condenó al mundo y llegó a ser heredero de la justicia que viene por la fe.

Por la fe Abraham, cuando fue llamado para ir a un lugar que más tarde recibiría como herencia, obedeció y salió sin saber a dónde iba. Por la fe se radicó como extranjero en la tierra prometida, y habitó en tiendas de campaña con Isaac y Jacob, herederos también de la misma promesa, porque esperaba la ciudad de cimientos sólidos, de la cual Dios es arquitecto y constructor.

Por la fe Abraham, a pesar de su avanzada edad y de que Sara misma era estéril, recibió fuerza para tener hijos, porque consideró fiel al que le había hecho la promesa. Así que de este solo hombre, ya en decadencia, nacieron descendientes numerosos como las estrellas del cielo e incontables como la arena a la orilla del mar.

Todos ellos vivieron por la fe, y murieron sin haber recibido las cosas prometidas; más bien, las reconocieron a lo lejos, y confesaron que eran extranjeros y peregrinos en la tierra. Al expresarse así, claramente dieron a entender que andaban en busca de una patria. Si hubieran estado pensando en aquella patria de donde habían emigrado, habrían tenido oportunidad de regresar a ella. Antes bien, anhelaban una patria mejor, es decir, la celestial. Por lo tanto, Dios no se avergonzó de ser llamado su Dios, y les preparó una ciudad.

Por la fe Abraham, que había recibido las promesas, fue puesto a prueba y ofreció a Isaac, su hijo único, a pesar de que Dios le había dicho: «Tu descendencia se establecerá por medio de Isaac.» Consideraba Abraham que Dios tiene poder hasta para resucitar a los muertos, y así, en sentido figurado, recobró a Isaac de entre los muertos.

Por la fe Isaac bendijo a Jacob y a Esaú, previendo lo que les esperaba en el futuro.

Por la fe Jacob, cuando estaba a punto de morir, bendijo a cada uno de los hijos de José, y adoró apoyándose en la punta de su bastón.

Por la fe José, al fin de su vida, se refirió a la salida de los israelitas de Egipto y dio instrucciones acerca de sus restos mortales.

Por la fe Moisés, recién nacido, fue escondido por sus padres durante tres meses, porque vieron que era un niño precioso, y no tuvieron miedo del edicto del rey.

Por la fe Moisés, ya adulto, renunció a ser llamado hijo de la hija del faraón. Prefirió ser maltratado con el pueblo de Dios a disfrutar de los efímeros placeres del pecado. Consideró que el oprobio por causa del Mesías era una mayor riqueza que los tesoros de Egipto, porque tenía la mirada puesta en la recompensa. Por la fe salió de Egipto sin tenerle miedo a la ira del rey, pues se mantuvo firme como si estuviera viendo al Invisible. Por la fe celebró la Pascua y el rociamiento de la sangre, para que el exterminador de los primogénitos no tocara a los de Israel.

Por la fe el pueblo cruzó el Mar Rojo como por tierra seca; pero cuando los egipcios intentaron cruzarlo, se ahogaron.

Por la fe cayeron las murallas de Jericó, después de haber marchado el pueblo siete días a su alrededor.

Por la fe la prostituta Rajab no murió junto con los desobedientes, pues había recibido en paz a los espías.

¿Qué más voy a decir? Me faltaría tiempo para hablar de Gedeón, Barac, Sansón, Jefté, David, Samuel y los profetas, los cuales por la fe conquistaron reinos, hicieron justicia y alcanzaron lo prometido; cerraron bocas de leones, apagaron la furia de las llamas y escaparon del filo de la espada; sacaron fuerzas de flaqueza; se mostraron valientes en la guerra y pusieron en fuga a ejércitos extranjeros. Hubo mujeres que por la resurrección recobraron a sus muertos. Otros, en cambio, fueron muertos a golpes, pues para alcanzar una mejor resurrección no aceptaron que los pusieran en libertad. Otros sufrieron la prueba de burlas y azotes, e incluso de cadenas y cárceles. Fueron apedreados, aserrados por la mitad, asesinados a filo de espada. Anduvieron fugitivos de aquí para allá, cubiertos de pieles de oveja y de cabra, pasando necesidades, afligidos y maltratados. ¡El mundo no merecía gente así! Anduvieron sin rumbo por desiertos y montañas, por cuevas y cavernas.

Aunque todos obtuvieron un testimonio favorable mediante la fe, ninguno de ellos vio el cumplimiento de la promesa. Esto sucedió para que ellos no llegaran a la meta sin nosotros, pues Dios nos había preparado algo mejor.

Por tanto, también nosotros, que estamos rodeados de una multitud tan grande de testigos, despojémonos del lastre que nos estorba, en especial del pecado que nos asedia, y **corramos con perseverancia la carrera que tenemos por delante. Fijemos la mirada en Jesús, el iniciador y perfeccionador de nuestra fe**, quien por el gozo que le esperaba, soportó la cruz, menospreciando la vergüenza que ella significaba, y ahora está sentado a la derecha del trono de Dios. Así, pues, consideren a aquel que perseveró frente a tanta oposición por parte de los pecadores, para que no se cansen ni pierdan el ánimo.   HEBREOS 11.1—12.3

De acuerdo con el escritor de Hebreos, ¿qué soportaron
los héroes bíblicos debido a que tenían puesta su esperanza
en Dios? ¿Cuál es «la carrera que tenemos por delante»?
¿De qué manera la esperanza depende de la fe

LO QUE CREEMOS

Desafortunadamente, demasiado a menudo los seres humanos ponen su esperanza en cosas que ofrecen promesas y satisfacciones excesivas: las riquezas, las personas, los ídolos y los gobiernos. La única fuente de esperanza se encuentra en Cristo Jesús. Cristo y sus promesas se convierten en un ancla para nuestra alma y la razón de que podamos perseverar. De todas las promesas que Jesús nos ha hecho, la más significativa es la de nuestra vida eterna con Dios. No importa lo difíciles que puedan ser nuestros días, sabemos que lo que sucede en esta vida no es el modo en que nuestra historia termina. Nuestra historia termina, o en realidad verdaderamente comienza, en la presencia de Dios en su reino eterno.

CAPÍTULO

26

Paciencia

¿Cómo proporciona Dios la ayuda que necesito para manejar el estrés?

Soy lento para la ira y soporto con paciencia bajo las inevitables presiones de la vida.

El que es paciente muestra gran discernimiento;
el que es agresivo muestra mucha insensatez.
—*Proverbios 14.29*

418

NUESTRO MAPA

Al igual que con las creencias y prácticas, la primera mitad de las virtudes clave son más bien verticales o internas en su naturaleza: Dios planta dentro de nosotros sus sentimientos de amor, gozo, paz, dominio propio y esperanza. Ahora nos volvemos más hacia fuera y consideramos virtudes que los demás perciben cuando las exhibimos.

Una virtud cuya falta resulta muy evidente es la paciencia. Todos tenemos detonadores que desencadenan nuestro estrés: los proverbiales botones que cuando se aprietan causan la pérdida de nuestra paciencia. Algunos de esos detonadores son otras personas. La forma en que ellas actúan, se mueven, hablan o incluso lucen puede no gustarnos. Luego están los detonadores de las circunstancias. Nos encontramos demasiado ocupados; un miembro caprichoso de nuestra familia está haciendo elecciones destructivas; sufrimos de una condición física o una enfermedad prolongada. No obstante, si deseamos ser como Jesús, convertirse en una persona más paciente es algo indispensable Así que, ¿cómo proporciona Dios la ayuda que necesito para manejar el estrés?

En ese tema se enfocan los pasajes bíblicos de este capítulo. En nuestra lectura aprenderemos:

- *Dios es paciente con nosotros.*
- *Ser lento para airarse.*
- *Perseverar bajo presión.*

DIOS ES PACIENTE CON NOSOTROS

Como puedes imaginar, Dios modela lo que desea ver en nosotros.

Pero tú, SEÑOR, eres Dios clemente y compasivo, lento para la ira, y grande en amor y verdad. SALMOS 86.15

Dios amaba al pueblo de Israel y tenía un plan maravilloso para ellos. Sin embargo, a los israelitas les costaba confiar en Dios incluso después que él demostró esto una y otra vez de formas poderosas.

Los israelitas habían pasado cuatrocientos largos años en Egipto, pero ahora la tierra que Dios le había prometido a Abraham para sus descendientes estaba lista. No obstante, el pueblo tenía que avanzar con fe. El Señor haría el resto. En el libro de Éxodo leemos cómo Dios, a través de Moisés, sacó al pueblo de Egipto e incluso abrió el mar Rojo.

En el libro de Números, el pueblo estaba posicionado para entrar en la tierra prometida. Ellos enviaron doce espías a la tierra para evaluar la situación. Tras su regreso, los espías informaron que el tamaño y la fortaleza del enemigo era grande. Salvo Josué y Caleb, todos los espías cayeron presos del temor y dijeron: «No podemos atacar a esos pueblos; son más fuertes que nosotros». Después de darle el informe al pueblo, tomaron su decisión. Prefirieron regresar a Egipto y volver a ser esclavos antes que confiar en Dios para alcanzar una vida de libertad.

Mientras lees el pasaje de Números 14,
busca algunos ejemplos de la paciencia de Dios.

Aquella noche toda la comunidad israelita se puso a gritar y a llorar. En sus murmuraciones contra Moisés y Aarón, la comunidad decía: «¡Cómo quisiéramos haber muerto en Egipto! ¡Más nos valdría morir en este desierto! ¿Para qué nos ha traído el Señor a esta tierra? ¿Para morir atravesados por la espada, y que nuestras esposas y nuestros niños se conviertan en botín de guerra? ¿No sería mejor que volviéramos a Egipto?» Y unos a otros se decían: «¡Escojamos un cabecilla que nos lleve a Egipto!»

Entonces Moisés y Aarón cayeron rostro en tierra ante toda la comunidad israelita. Allí estaban también Josué hijo de Nun y Caleb hijo de Jefone, los cuales habían participado en la exploración de la tierra. Ambos se rasgaron las vestiduras en señal de duelo y le dijeron a toda la comunidad israelita:

—La tierra que recorrimos y exploramos es increíblemente buena. Si el Señor se agrada de nosotros, nos hará entrar en ella. ¡Nos va a dar una tierra donde abundan la leche y la miel! Así que no se rebelen contra el Señor ni tengan miedo de la gente que habita en esa tierra. ¡Ya son pan comido! No tienen quién los proteja, porque el Señor está de parte nuestra. Así que, ¡no les tengan miedo!

Pero como toda la comunidad hablaba de apedrearlos, la gloria del Señor se manifestó en la Tienda, frente a todos los israelitas. Entonces el Señor le dijo a Moisés:

—¿Hasta cuándo esta gente me seguirá menospreciando? ¿Hasta cuándo se negarán a creer en mí, a pesar de todas las maravillas que he hecho entre ellos? Voy a enviarles una plaga que los destruya, pero de ti haré un pueblo más grande y fuerte que ellos.

Moisés le argumentó al SEÑOR:

—¡Recuerda que fuiste tú quien con tu poder sacaste de Egipto a este pueblo! Cuando los egipcios se enteren de lo ocurrido, se lo contarán a los habitantes de este país, quienes ya saben que tú, SEÑOR, estás en medio de este pueblo. También saben que a ti, SEÑOR, se te ha visto cara a cara; que tu nube reposa sobre tu pueblo, y que eres tú quien los guía, de día con la columna de nube y de noche con la columna de fuego. De manera que, si matas a todo este pueblo, las naciones que han oído hablar de tu fama dirán: "El SEÑOR no fue capaz de llevar a este pueblo a la tierra que juró darles, ¡y acabó matándolos en el desierto!"

»Ahora, SEÑOR, ¡deja sentir tu poder! Tú mismo has dicho que eres lento para la ira y grande en amor, y que aunque perdonas la maldad y la rebeldía, jamás dejas impune al culpable, sino que castigas la maldad de los padres en sus hijos, nietos, bisnietos y tataranietos. Por tu gran amor, te suplico que perdones la maldad de este pueblo, tal como lo has venido perdonando desde que salió de Egipto.

El SEÑOR le respondió:

—Me pides que los perdone, y los perdono. Pero juro por mí mismo, y por mi gloria que llena toda la tierra, que aunque vieron mi gloria y las maravillas que hice en Egipto y en el desierto, ninguno de los que me desobedecieron y me pusieron a prueba repetidas veces verá jamás la tierra que, bajo juramento, prometí dar a sus padres. NÚMEROS 14.1–23

Ninguno ... tomará posesión de la tierra que les prometí. Sólo entrarán en ella Caleb hijo de Jefone y Josué hijo de Nun. También entrarán en la tierra los niños que ustedes dijeron que serían botín de guerra. Y serán ellos los que gocen de la tierra que ustedes rechazaron. Pero los cadáveres de todos ustedes quedarán tirados en este desierto. Durante cuarenta años los hijos de ustedes andarán errantes por el desierto. Cargarán con esta infidelidad, hasta que el último de ustedes caiga muerto en el desierto. NÚMEROS 14.30–33

Aunque Dios no barrió a los rebeldes israelitas como se merecían, los hizo vagar por el desierto durante cuarenta años: un año por cada uno de los cuarenta días que los espías exploraron la tierra. Sin embargo, Dios demostró pacientemente su compromiso hacia el pacto hecho con Israel y estableció a la siguiente generación en la tierra prometida.

La paciencia de Dios se extiende más allá de los israelitas a todas las personas. Dios es justo. En la segunda carta de Pedro, él les habla a sus lectores sobre el «día del Señor», cuando Cristo regresará y consumará todas las cosas. Este será el día del juicio para los incrédulos, pero el día de la redención para los creyentes. Dios demuestra su paciencia hacia toda la humanidad demorando su juicio final definitivo para darles la oportunidad a más personas de dar un paso y recibir su perdón.

Queridos hermanos, ésta es ya la segunda carta que les escribo. En las dos he procurado refrescarles la memoria para que, con una mente íntegra, recuerden las palabras que los santos profetas pronunciaron en el pasado, y el mandamiento que dio nuestro Señor y Salvador por medio de los apóstoles.

Ante todo, deben saber que en los últimos días vendrá gente burlona que, siguiendo sus malos deseos, se mofará: «¿Qué hubo de esa promesa de su venida? Nuestros padres murieron, y nada ha cambiado desde el principio de la creación.» Pero intencionalmente olvidan que desde tiempos antiguos, por la palabra de Dios, existía el cielo y también la tierra, que surgió del agua y mediante el agua. Por la palabra y el agua, el mundo de aquel entonces pereció inundado. Y ahora, por esa misma palabra, el cielo y la tierra están guardados para el fuego, reservados para el día del juicio y de la destrucción de los impíos.

Pero no olviden, queridos hermanos, que para el Señor un día es como mil años, y mil años como un día. **El Señor no tarda en cumplir su promesa, según entienden algunos la tardanza. Más bien, él tiene paciencia con ustedes, porque no quiere que nadie perezca sino que todos se arrepientan.**

Pero el día del Señor vendrá como un ladrón. En aquel día los cielos desaparecerán con un estruendo espantoso, los elementos serán destruidos por el fuego, y la tierra, con todo lo que hay en ella, será quemada.

Ya que todo será destruido de esa manera, ¿no deberían vivir ustedes como Dios manda, siguiendo una conducta intachable y esperando ansiosamente la venida del día de Dios? Ese día los cielos serán destruidos por el fuego, y los elementos se derretirán con el calor de las llamas. Pero, según su promesa, esperamos un cielo nuevo y una tierra nueva, en los que habite la justicia.

Por eso, queridos hermanos, mientras esperan estos acontecimientos, esfuércense para que Dios los halle sin mancha y sin defecto, y en paz con él. Tengan presente que la paciencia de nuestro Señor significa salvación, tal como les escribió también nuestro querido hermano Pablo, con la sabiduría que Dios le dio. En todas sus cartas se refiere a estos mismos temas. Hay en ellas algunos puntos difíciles de entender, que los ignorantes e inconstantes tergiversan, como lo hacen también con las demás Escrituras, para su propia perdición.

Así que ustedes, queridos hermanos, puesto que ya saben esto de antemano, manténganse alerta, no sea que, arrastrados por el error de esos libertinos, pierdan la estabilidad y caigan. Más bien, crezcan en la gracia y en el conocimiento de nuestro Señor y Salvador Jesucristo. ¡A él sea la gloria ahora y para siempre! Amén.   2 Pedro 3.1–18

Ser lento para airarse

Una de las principales ideas detrás de la virtud de la paciencia consiste en tardar mucho en sobrecalentarse. La palabra griega da la idea de un termómetro. Si hubiera un termómetro espiritual en nuestra boca cuando enfrentamos una situación difícil, ¿cuánto tiempo tardaría en aumentar nuestra temperatura? A medida que maduramos, aprendemos a controlar nuestra ira y a practicar la paciencia en todas las circunstancias.

El joven David era una amenaza para el rey Saúl. Aunque ese no era el objetivo de David, llegó a ser popular en el pueblo de Israel. El rey Saúl ardía de enojo y celos hacia él. Durante los años siguientes, persiguió a David con la esperanza de capturarlo y matarlo. David, obligado a ser un fugitivo, demostró que era un «hombre conforme al corazón de Dios» al esperar el tiempo de Dios en vez de arreglar las cosas por sí mismo.

Mientras lees 1 Samuel 24, busca ejemplos de cómo David esperaba por el momento oportuno de Dios. ¿Por qué es tan difícil para las personas hacer esto?

Cuando Saúl regresó de perseguir a los filisteos, le informaron que David estaba en el desierto de Engadi. Entonces Saúl tomó consigo tres batallones de hombres escogidos de todo Israel, y se fue por los Peñascos de las Cabras, en busca de David y de sus hombres.

Por el camino, llegó a un redil de ovejas; y como había una cueva en el lugar, entró allí para hacer sus necesidades. David estaba escondido en el fondo de la cueva, con sus hombres, y éstos le dijeron:

—En verdad, hoy se cumple la promesa que te hizo el SEÑOR cuando te dijo: "Yo pondré a tu enemigo en tus manos, para que hagas con él lo que mejor te parezca."

David se levantó y, sin hacer ruido, cortó el borde del manto de Saúl. Pero le remordió la conciencia por lo que había hecho, y les dijo a sus hombres:

—¡Que el SEÑOR me libre de hacerle al rey lo que ustedes sugieren! No puedo alzar la mano contra él, porque es el ungido del SEÑOR.

De este modo David contuvo a sus hombres, y no les permitió que atacaran a Saúl. Pero una vez que éste salió de la cueva para proseguir su camino, David lo siguió, gritando:

—¡Majestad, Majestad!

Saúl miró hacia atrás, y David, postrándose rostro en tierra, se inclinó y le dijo:

—¿Por qué hace caso Su Majestad a los que dicen que yo quiero hacerle daño? Usted podrá ver con sus propios ojos que hoy mismo, en esta cueva, el SEÑOR lo había entregado en mis manos. Mis hombres me incitaban a que lo matara, pero yo respeté su vida y dije: "No puedo alzar la mano contra el rey, porque es el ungido del SEÑOR." Padre mío, mire usted el borde de su manto que tengo en la mano. Yo corté este pedazo, pero a usted no lo maté. Reconozca que yo no intento hacerle mal ni traicionarlo. Usted, sin embargo, me persigue para quitarme la vida, aunque yo no le he hecho ningún agravio. ¡Que el SEÑOR juzgue entre nosotros dos! ¡Y que el SEÑOR me vengue de usted! Pero mi mano no se alzará contra usted. Como dice el antiguo refrán: "De los malos, la maldad"; por eso mi mano jamás se alzará contra usted.

»¿Contra quién ha salido el rey de Israel? ¿A quién persigue? ¡A un perro muerto! ¡A una pulga! ¡Que sea el SEÑOR quien juzgue y dicte la sentencia entre nosotros dos! ¡Que examine mi causa, y me defienda y me libre de usted!

Cuando David terminó de hablar, Saúl le preguntó:

—David, hijo mío, ¡pero si eres tú quien me habla!

Y alzando la voz, se echó a llorar.

—Has actuado mejor que yo —continuó Saúl—. Me has devuelto bien por mal. Hoy me has hecho reconocer lo bien que me has tratado, pues el Señor me entregó en tus manos, y no me mataste. ¿Quién encuentra a su enemigo y le perdona la vida? ¡Que el Señor te recompense por lo bien que me has tratado hoy! Ahora caigo en cuenta de que tú serás el rey, y de que consolidarás el reino de Israel. Júrame entonces, por el Señor, que no exterminarás mi descendencia ni borrarás el nombre de mi familia.

David se lo juró. Luego Saúl volvió a su palacio, y David y sus hombres subieron al refugio.   1 Samuel 24.1–22 🔑

Saúl regresó a casa, pero sus celos se mantenían. Con el paso de los días, permitió que su ira contra David se alimentara y creciera. De nuevo Saúl dirigió tres mil tropas en una misión para capturar y matar a David.

Los habitantes de Zif fueron a Guibeá y le dijeron a Saúl:

—¿No sabe el rey que David está escondido en el monte de Jaquilá, frente al desierto?

Entonces Saúl se puso en marcha con los tres batallones de hombres escogidos de Israel, y bajó al desierto de Zif en busca de David. Acampó en el monte de Jaquilá, que está frente al desierto, junto al camino. Cuando David, que vivía en el desierto, se dio cuenta de que Saúl venía tras él, envió espías para averiguar dónde se encontraba. Luego se dirigió al campamento de Saúl, y observó el lugar donde dormían Saúl y Abner hijo de Ner, jefe del ejército. Saúl estaba dentro del campamento, y el ejército lo rodeaba. David entonces les preguntó a Ajimélec el hitita y a Abisay hijo de Sarvia, hermano de Joab:

—¿Quién quiere venir conmigo al campamento de Saúl?

—Yo voy contigo —respondió Abisay.

David y Abisay llegaron esa noche y vieron a Saúl dormido en medio del campamento, con su lanza hincada en tierra a su cabecera. Abner y el ejército estaban acostados a su alrededor.

—Hoy ha puesto Dios en tus manos a tu enemigo —le dijo Abisay a David—. Déjame matarlo. De un solo golpe de lanza lo dejaré clavado en el suelo. ¡Y no tendré que rematarlo!

—**¡No lo mates!** —exclamó David—. **¿Quién puede impunemente alzar la mano contra el ungido del Señor?**

Y añadió:

—**Tan cierto como que el Señor vive, que él mismo lo herirá. O le llegará la hora de morir, o caerá en batalla. En cuanto a mí, ¡que** el SEÑOR me libre de alzar la mano contra su ungido! Sólo toma la lanza y el jarro de agua que están a su cabecera, y vámonos de aquí.

David mismo tomó la lanza y el jarro de agua que estaban a la cabecera de Saúl, y los dos se marcharon. Nadie los vio, ni se dio cuenta, pues todos estaban dormidos. No se despertaron, pues el SEÑOR los había hecho caer en un sueño profundo. David cruzó al otro lado y se detuvo en la cumbre del monte, de modo que había una buena distancia entre ellos. Entonces llamó al ejército y a Abner hijo de Ner:

—¡Abner! ¿Me oyes?

Abner replicó:

—¿Quién le está gritando al rey?

David le contestó:

—¿No eres tú el valiente sin par en Israel? ¿Cómo es que no has protegido a tu señor el rey? Te cuento que uno del pueblo entró con la intención de matarlo. ¡Lo que has hecho no tiene nombre! Tan cierto como que el SEÑOR vive, que ustedes merecen la muerte por no haber protegido a su rey, el ungido del SEÑOR. A ver, ¿dónde están la lanza del rey y el jarro de agua que estaban a su cabecera?

Saúl, que reconoció la voz de David, dijo:

—David, hijo mío, ¡pero si eres tú quien habla!

—Soy yo, mi señor y rey —respondió David—. ¿Por qué persigue mi señor a este siervo suyo? ¿Qué le he hecho? ¿Qué delito he cometido? Le ruego a Su Majestad que escuche mis palabras. Si quien lo mueve a usted en mi contra es el SEÑOR, una ofrenda bastará para aplacarlo. Pero si son los hombres, ¡que el SEÑOR los maldiga! Hoy me expulsan de esta tierra, que es la herencia del SEÑOR, y me dicen: "¡Vete a servir a otros dioses!" Ahora bien, no deje usted que mi sangre sea derramada lejos de la presencia del SEÑOR. ¿Por qué ha salido el rey de Israel en busca de una simple pulga? ¡Es como si estuviera cazando una perdiz en los montes!

—¡He pecado! —exclamó Saúl—. Regresa, David, hijo mío. Ya no voy a hacerte daño. Tú has valorado hoy mi vida; yo, en cambio, me he portado como un necio.

David respondió:

—Su Majestad, aquí está su lanza. Mande usted a uno de sus criados a recogerla. Que el SEÑOR le pague a cada uno según su rectitud y lealtad, pues hoy él lo había puesto a usted en mis manos, pero yo no me atreví a tocar siquiera al ungido del SEÑOR. **Sin embargo, así como hoy valoré la vida de usted, quiera el SEÑOR valorar mi propia vida y librarme de toda angustia.**

—¡Bendito seas, David, hijo mío! —respondió Saúl—. Tú harás grandes cosas, y en todo triunfarás.

Luego David siguió su camino, y Saúl regresó a su palacio.

1 SAMUEL 26.1–25

Saúl fue herido de gravedad en una batalla contra los filisteos y al final murió después de dejarse caer sobre su propia espada. Cuando David se enteró de la muerte de Saúl y su hijo Jonatán, se rehusó a celebrar la victoria y en cambio lamentó la pérdida del rey de Israel. Con el transcurso del tiempo, David llegó a ser rey de su propia tribu, Judá, y siete años después fue coronado rey de todo Israel. Durante todos esos largos años, desde el momento en que fue escogido para ser rey a la edad de quince años hasta el día de su coronación quince años después, David esperó que Dios cumpliera su plan.

El hijo de David, Salomón, ocupó el trono de Israel tras la muerte de su padre. En Proverbios, Salomón comparte su increíble reserva de sabiduría proporcionada por Dios. Escuchemos y aprendamos de lo que él escribió acerca de la virtud de la paciencia.

Mientras lees Proverbios 14.29, 16.32, 19.11 y 25.15, considera estas dos preguntas. ¿Cómo tener paciencia evita los conflictos? ¿Cómo la impaciencia los agudiza?

El que es paciente muestra gran discernimiento;
el que es agresivo muestra mucha insensatez.

PROVERBIOS 14.29

**El que es iracundo provoca contiendas;
el que es paciente las apacigua.** PROVERBIOS 15.18

Más vale ser paciente que valiente;
más vale dominarse a sí mismo que conquistar
ciudades.

PROVERBIOS 16.32

El buen juicio hace al hombre paciente;
su gloria es pasar por alto la ofensa. PROVERBIOS 19.11

Con paciencia se convence al gobernante.
¡La lengua amable quebranta hasta los huesos!

PROVERBIOS 25.15

En el Nuevo Testamento, Santiago ofreció el siguiente consejo a fin de que lo usemos en nuestras relaciones con otros, en particular con aquellos que nos sacan de quicio.

Mis queridos hermanos, tengan presente esto: Todos deben estar listos para escuchar, y ser lentos para hablar y para enojarse; pues la ira humana no produce la vida justa que Dios quiere.

SANTIAGO 1.19–20

PERSEVERAR BAJO PRESIÓN

Otro aspecto de la paciencia es que nos permite soportar bajo las presiones de la vida, esperado la resolución del Señor. El apóstol Juan escribió acerca de un hombre que sufría de parálisis, el cual descubrió esta realidad cuando se encontró con Jesús.

Algún tiempo después, se celebraba una fiesta de los judíos, y subió Jesús a Jerusalén. Había allí, junto a la puerta de las Ovejas, un estanque rodeado de cinco pórticos, cuyo nombre en arameo es Betzatá. En esos pórticos se hallaban tendidos muchos enfermos, ciegos, cojos y paralíticos. Entre ellos se encontraba un hombre inválido que llevaba enfermo treinta y ocho años. Cuando Jesús lo vio allí, tirado en el suelo, y se enteró de que ya tenía mucho tiempo de estar así, le preguntó:

—¿Quieres quedar sano?

—Señor —respondió—, no tengo a nadie que me meta en el estanque mientras se agita el agua, y cuando trato de hacerlo, otro se mete antes.

—Levántate, recoge tu camilla y anda —le contestó Jesús.

Al instante aquel hombre quedó sano, así que tomó su camilla y echó a andar. Pero ese día era sábado. Por eso los judíos le dijeron al que había sido sanado:

—Hoy es sábado; no te está permitido cargar tu camilla.

—El que me sanó me dijo: "Recoge tu camilla y anda" —les respondió.

—¿Quién es ese hombre que te dijo: "Recógela y anda"? —le interpelaron.

El que había sido sanado no tenía idea de quién era, porque Jesús se había escabullido entre la mucha gente que había en el lugar.

Después de esto Jesús lo encontró en el templo y le dijo:

—Mira, ya has quedado sano. No vuelvas a pecar, no sea que te ocurra algo peor.

El hombre se fue e informó a los judíos que Jesús era quien lo había sanado. JUAN 5.1–15 ⛓🔑

En ocasiones la decisión del Señor es conceder la sanidad física, otras veces no. El apóstol Pablo descubrió que Dios tenía un plan diferente para él y aceptó el buen propósito que este tenía para su vida. (Nota: Pablo no especifica cuál era su problema crónico. Algunos piensan que se trataba de algún tipo de enfermedad en los ojos.)

Para evitar que me volviera presumido por estas sublimes revelaciones, una espina me fue clavada en el cuerpo, es decir, un mensajero de Satanás, para que me atormentara. **Tres veces le rogué al Señor que me la quitara; pero él me dijo: «Te basta con mi gracia, pues mi poder se perfecciona en la debilidad.» Por lo tanto, gustosamente haré más bien alarde de mis debilidades, para que permanezca sobre mí el poder de Cristo.** Por eso me regocijo en debilidades, insultos, privaciones, persecuciones y dificultades que sufro por Cristo; porque cuando soy débil, entonces soy fuerte.

2 CORINTIOS 12.7–10

¿Puedes entender por qué Dios sanó al hombre cojo y no a Pablo? ¿De qué manera confiar en la bondad de Dios nos da la fortaleza para soportar con paciencia nuestros problemas?

En el libro de Job leemos acerca de una conversación inusual que tiene lugar en el cielo entre Dios y Satanás. El resultado de esta conversación afectará gravemente la vida de un hombre justo llamado Job. Lo que tiene lugar luego representa la prueba suprema de la paciencia. ¿Maldecirá Job a Dios o le ofrecerá su alabanza en medio del quebrantamiento?

En la región de Uz había un hombre recto e intachable, que temía a Dios y vivía apartado del mal. Este hombre se llamaba Job. Tenía

siete hijos y tres hijas; era dueño de siete mil ovejas, tres mil camellos, quinientas yuntas de bueyes y quinientas asnas, y su servidumbre era muy numerosa. Entre todos los habitantes del oriente era el
personaje de mayor renombre.

Sus hijos acostumbraban turnarse para celebrar banquetes en sus
respectivas casas, e invitaban a sus tres hermanas a comer y beber
con ellos. Una vez terminado el ciclo de los banquetes, Job se ase-
guraba de que sus hijos se purificaran. Muy de mañana ofrecía un
holocausto por cada uno de ellos, pues pensaba: «Tal vez mis hijos
hayan pecado y maldecido en su corazón a Dios.» Para Job ésta era
una costumbre cotidiana.

Llegó el día en que los ángeles debían hacer acto de presencia
ante el SEÑOR, y con ellos se presentó también Satanás. Y el SEÑOR
le preguntó:

—¿De dónde vienes?

—Vengo de rondar la tierra, y de recorrerla de un extremo a otro
—le respondió Satanás.

—¿Te has puesto a pensar en mi siervo Job? —volvió a preguntarle el SEÑOR—. No hay en la tierra nadie como él; es un hombre recto
e intachable, que me honra y vive apartado del mal.

Satanás replicó:

—¿Y acaso Job te honra sin recibir nada a cambio? ¿Acaso no
están bajo tu protección él y su familia y todas sus posesiones? De tal
modo has bendecido la obra de sus manos que sus rebaños y ganados llenan toda la tierra. Pero extiende la mano y quítale todo lo que
posee, ¡a ver si no te maldice en tu propia cara!

—Muy bien —le contestó el SEÑOR—. Todas sus posesiones están
en tus manos, con la condición de que a él no le pongas la mano encima.

Dicho esto, Satanás se retiró de la presencia del SEÑOR.

Llegó el día en que los hijos y las hijas de Job celebraban un banquete en casa de su hermano mayor. Entonces un mensajero llegó a
decirle a Job: «Mientras los bueyes araban y los asnos pastaban por
allí cerca, nos atacaron los sabeanos y se los llevaron. A los criados
los mataron a filo de espada. ¡Sólo yo pude escapar, y ahora vengo a
contárselo a usted!»

No había terminado de hablar este mensajero cuando uno más
llegó y dijo: «Del cielo cayó un rayo que calcinó a las ovejas y a los
criados. ¡Sólo yo pude escapar para venir a contárselo!»

No había terminado de hablar este mensajero cuando otro más
llegó y dijo: «Unos salteadores caldeos vinieron y, dividiéndose en

tres grupos, se apoderaron de los camellos y se los llevaron. A los criados los mataron a filo de espada. ¡Sólo yo pude escapar, y ahora vengo a contárselo!»

No había terminado de hablar este mensajero cuando todavía otro llegó y dijo: «Los hijos y las hijas de usted estaban celebrando un banquete en casa del mayor de todos ellos cuando, de pronto, un fuerte viento del desierto dio contra la casa y derribó sus cuatro esquinas. ¡Y la casa cayó sobre los jóvenes, y todos murieron! ¡Sólo yo pude escapar, y ahora vengo a contárselo!»

Al llegar a este punto, Job se levantó, se rasgó las vestiduras, se rasuró la cabeza, y luego se dejó caer al suelo en actitud de adoración. Entonces dijo:

«Desnudo salí del vientre de mi madre,
    y desnudo he de partir.
El SEÑOR ha dado; el SEÑOR ha quitado.
¡Bendito sea el nombre del SEÑOR!»

A pesar de todo esto, Job no pecó ni le echó la culpa a Dios.

Llegó el día en que los ángeles debían hacer acto de presencia ante el SEÑOR, y con ellos llegó también Satanás para presentarse ante el SEÑOR. Y el SEÑOR le preguntó:

—¿De dónde vienes?

—Vengo de rondar la tierra, y de recorrerla de un extremo a otro —le respondió Satanás.

—¿Te has puesto a pensar en mi siervo Job? —volvió a preguntarle el SEÑOR—. No hay en la tierra nadie como él; es un hombre recto e intachable, que me honra y vive apartado del mal. Y aunque tú me incitaste contra él para arruinarlo sin motivo, ¡todavía mantiene firme su integridad!

—¡Una cosa por la otra! —replicó Satanás—. Con tal de salvar la vida, el hombre da todo lo que tiene. Pero extiende la mano y hiérelo, ¡a ver si no te maldice en tu propia cara!

—Muy bien —dijo el SEÑOR a Satanás—, Job está en tus manos. Eso sí, respeta su vida.

Dicho esto, Satanás se retiró de la presencia del SEÑOR para afligir a Job con dolorosas llagas desde la planta del pie hasta la coronilla. Y Job, sentado en medio de las cenizas, tomó un pedazo de teja para rascarse constantemente.

Su esposa le reprochó:

—¿Todavía mantienes firme tu integridad? ¡Maldice a Dios y muérete!

Job le respondió:

—Mujer, hablas como una necia. Si de Dios sabemos recibir lo bueno, ¿no sabremos también recibir lo malo?

A pesar de todo esto, Job no pecó ni de palabra.

Tres amigos de Job se enteraron de todo el mal que le había sobrevenido, y de común acuerdo salieron de sus respectivos lugares para ir juntos a expresarle a Job sus condolencias y consuelo. Ellos eran Elifaz de Temán, Bildad de Súah, y Zofar de Namat. Desde cierta distancia alcanzaron a verlo, y casi no lo pudieron reconocer. Se echaron a llorar a voz en cuello, rasgándose las vestiduras y arrojándose polvo y ceniza sobre la cabeza, y durante siete días y siete noches se sentaron en el suelo para hacerle compañía. Ninguno de ellos se atrevía a decirle nada, pues veían cuán grande era su sufrimiento. JOB 1.1—2.13

Los tres amigos de Job hicieron su mejor obra cuando simplemente se sentaron en silencio con Job en las cenizas. Sin embargo, no se quedaron callados. Sintieron la obligación de abrir sus bocas e interpretar la tragedia que le había ocurrido a Job. Sugirieron que solo su pecado podría ser el causante de una catástrofe así. Por supuesto, eso no era cierto. Comprensiblemente, Job consideraba rendirse; también tenía preguntas directas para Dios y se defendió a sí mismo. No obstante, Job nunca maldijo a Dios como Satanás afirmó que lo haría. La paciencia de Job en medio de las pruebas es un modelo para nosotros. Al final, Dios lo restauró.

Después de haberle dicho todo esto a Job, el SEÑOR se dirigió a Elifaz de Temán y le dijo: «Estoy muy irritado contigo y con tus dos amigos porque, a diferencia de mi siervo Job, lo que ustedes han dicho de mí no es verdad. Tomen ahora siete toros y siete carneros, y vayan con mi siervo Job y ofrezcan un holocausto por ustedes mismos. Mi siervo Job orará por ustedes, y yo atenderé a su oración y no los haré quedar en vergüenza. Y conste que, a diferencia de mi siervo Job, lo que ustedes han dicho de mí no es verdad.»

Elifaz de Temán, Bildad de Súah y Zofar de Namat fueron y cumplieron con lo que el SEÑOR les había ordenado, y el SEÑOR atendió a la oración de Job.

Después de haber orado Job por sus amigos, el Señor lo hizo prosperar de nuevo y le dio dos veces más de lo que antes tenía. Todos sus hermanos y hermanas, y todos los que antes lo habían conocido, fueron a su casa y celebraron con él un banquete. Lo animaron y lo consolaron por todas las calamidades que el Señor le había enviado, y cada uno de ellos le dio una moneda de plata y un anillo de oro.

El Señor bendijo más los últimos años de Job que los primeros, pues llegó a tener catorce mil ovejas, seis mil camellos, mil yuntas de bueyes y mil asnas. Tuvo también catorce hijos y tres hijas. A la primera de ellas le puso por nombre Paloma, a la segunda la llamó Canela, y a la tercera, Linda. No había en todo el país mujeres tan bellas como las hijas de Job. Su padre les dejó una herencia, lo mismo que a sus hermanos.

Después de estos sucesos Job vivió ciento cuarenta años. Llegó a ver a sus hijos, y a los hijos de sus hijos, hasta la cuarta generación. Disfrutó de una larga vida y murió en plena ancianidad. Job 42.7–17

¿Te resulta más difícil ser paciente con otras personas o al tratar con los inevitables problemas de la vida? ¿Qué aprendiste a partir de este capítulo que puede ayudarte?

LO QUE CREEMOS

No todas nuestras historias resultan iguales, sin embargo, somos llamados a responder con paciencia. La paciencia es una virtud clave que debemos practicar a fin de desarrollarla. Esto agrada a Dios, quien es paciente con nosotros. Mostrar paciencia afecta positivamente nuestras relaciones y trae gozo a nuestra vida y comunidad. Si confiamos en Dios y queremos tratar a otros de la forma que él nos trata a nosotros, debemos aprender cada día más a ser lentos para airarnos y tolerar las inevitables presiones de la vida.

CAPÍTULO

27

Bondad

PREGUNTA CLAVE

¿Qué significa hacer lo correcto en mis relaciones? ¿Cómo lograrlo?

IDEA CLAVE

Escojo ser amable y bueno en mis relaciones con los demás.

VERSÍCULO CLAVE

Asegúrense de que nadie pague mal por mal; más bien, esfuércense siempre por hacer el bien, no sólo entre ustedes sino a todos.

—1 Tesalonicenses 5.15

NUESTRO MAPA

La virtud de la bondad se encuentra en la lista del fruto del Espíritu en Gálatas 5.22. Esta virtud se asocia a menudo a la amabilidad, y aunque el significado detrás de estas dos palabras en el original griego es similar, ellas son más bien primas que gemelas. Ambas indican cómo responder a los demás a partir de una profunda convicción moral interna de lo que es correcto hacer por el bien de otra persona. El fundamento de nuestra convicción fluye de las diez creencias clave que aceptamos y abrazamos en nuestro corazón. La amabilidad comprende hacer algo positivo por la persona que la recibe. Sin embargo, la bondad a veces implica un gran amor en beneficio de la otra persona, ya que conlleva una ayuda genuina. Esto podría incluir hablar la verdad con amor e incluso impedir algo que pudiera lastimar a los demás. No obstante, ambas virtudes buscan lo mejor para los otros. ¿Cómo hacer lo correcto en mis relaciones? Este capítulo nos ayudará mucho mientras leemos sobre:

- Nuestro Dios amable y bueno.
- Historias de bondad: Rajab.
- Historias de bondad: David.
- Historias de bondad: El invitado a la cena.
- Historias de bondad: Pablo, Enésimo y Filemón.
- Historias de bondad: Onesíforo.
- Enseñanzas sobre la bondad.

NUESTRO DIOS AMABLE Y BUENO

Como sucede con todas las virtudes, nuestro Dios es el ejemplo perfecto. Este salmo probablemente fue escrito después que los israelitas regresaran de la cautividad en Babilonia, y se recitaba cada año en una de las fiestas religiosas anuales. A lo largo de su historia, los israelitas clamaron a Dios pidiendo misericordia y ayuda. En cada ocasión, él respondió con un corazón tierno y bondadoso. Al mirar atrás a nuestra propia vida veremos el mismo patrón de respuesta de parte de Dios.

Den gracias al SEÑOR, porque él es bueno;
su gran amor perdura para siempre.
Que lo digan los redimidos del SEÑOR,

a quienes redimió del poder del adversario,
a quienes reunió de todos los países,
de oriente y de occidente, del norte y del sur.

Vagaban perdidos por parajes desiertos,
sin dar con el camino a una ciudad habitable.
Hambrientos y sedientos,
la vida se les iba consumiendo.
En su angustia clamaron al SEÑOR,
y él los libró de su aflicción.
Los llevó por el camino recto
hasta llegar a una ciudad habitable.

¡Que den gracias al SEÑOR por su gran amor,
por sus maravillas en favor de los hombres!
¡Él apaga la sed del sediento,
y sacia con lo mejor al hambriento!

Afligidos y encadenados,
habitaban en las más densas tinieblas
por haberse rebelado contra las palabras de Dios,
por menospreciar los designios del Altísimo.
Los sometió a trabajos forzados;
tropezaban, y no había quien los ayudara.
En su angustia clamaron al SEÑOR,
y él los salvó de su aflicción.
Los sacó de las sombras tenebrosas
y rompió en pedazos sus cadenas.

¡Que den gracias al SEÑOR por su gran amor,
por sus maravillas en favor de los hombres!
¡Él hace añicos las puertas de bronce
y rompe en mil pedazos las barras de hierro!

Trastornados por su rebeldía,
afligidos por su iniquidad,
todo alimento les causaba asco.
¡Llegaron a las puertas mismas de la muerte!
En su angustia clamaron al SEÑOR,
y él los salvó de su aflicción.

Envió su palabra para sanarlos,
y así los rescató del sepulcro.

¡Que den gracias al Señor por su gran amor,
por sus maravillas en favor de los hombres!
¡Que ofrezcan sacrificios de gratitud,
y jubilosos proclamen sus obras!

Se hicieron a la mar en sus barcos;
para comerciar surcaron las muchas aguas.
Allí, en las aguas profundas,
vieron las obras del Señor y sus maravillas.
Habló Dios, y se desató un fuerte viento
que tanto encrespó las olas
que subían a los cielos y bajaban al abismo.
Ante el peligro, ellos perdieron el coraje.
Como ebrios tropezaban, se tambaleaban;
de nada les valía toda su pericia.
En su angustia clamaron al Señor,
y él los sacó de su aflicción.
Cambió la tempestad en suave brisa:
se sosegaron las olas del mar.
Ante esa calma se alegraron,
y Dios los llevó al puerto anhelado.

¡Que den gracias al Señor por su gran amor,
por sus maravillas en favor de los hombres!
¡Que lo exalten en la asamblea del pueblo!
¡Que lo alaben en el consejo de los ancianos!

Dios convirtió los ríos en desiertos,
los manantiales en tierra seca,
los fértiles terrenos en tierra salitrosa,
por la maldad de sus habitantes.
Convirtió el desierto en fuentes de agua,
la tierra seca en manantiales;
hizo habitar allí a los hambrientos,
y ellos fundaron una ciudad habitable.
Sembraron campos, plantaron viñedos,
obtuvieron abundantes cosechas.

Dios los bendijo y se multiplicaron,
y no dejó que menguaran sus rebaños.

Pero si merman y son humillados,
es por la opresión, la maldad y la aflicción.
Dios desdeña a los nobles
y los hace vagar por desiertos sin senderos.
Pero a los necesitados los saca de su miseria,
y hace que sus familias crezcan como rebaños.
Los rectos lo verán y se alegrarán,
pero todos los impíos serán acallados.

Quien sea sabio, que considere estas cosas
y entienda bien el gran amor del SEÑOR.   SALMOS 107.1–43

Escribe tu propio salmo. Empieza con las mismas palabras
de Salmos 107: «Den gracias al SEÑOR, porque él es bueno;
su gran amor perdura para siempre. Que lo digan los redimidos
del SEÑOR». Luego describe un acto de bondad y amabilidad
que Dios haya mostrado hacia ti.

HISTORIAS DE BONDAD: RAJAB

La Biblia contiene muchas historias de amabilidad a lo largo de sus páginas. En el Antiguo Testamento, Josué, el líder grande y valiente de Israel, envió a dos espías para recorrer la tierra de Canaán como preparación para la conquista. Mientras se hallaban adentrados en territorio enemigo, Dios usó a un personaje poco común para mostrarles amabilidad.

Luego Josué hijo de Nun envió secretamente, desde Sitín, a dos espías con la siguiente orden: «Vayan a explorar la tierra, especialmente Jericó.» Cuando los espías llegaron a Jericó, se hospedaron en la casa de una prostituta llamada Rajab. Pero el rey de Jericó se enteró de que dos espías israelitas habían entrado esa noche en la ciudad para reconocer el país. Así que le envió a Rajab el siguiente mensaje: «Echa fuera a los hombres que han entrado en tu casa, pues vinieron a espiar nuestro país.»

Pero la mujer, que ya había escondido a los espías, le respondió al rey: «Es cierto que unos hombres vinieron a mi casa, pero no sé quiénes eran ni de dónde venían. Salieron cuando empezó a oscurecer, a la hora de cerrar las puertas de la ciudad, y no sé a dónde se fueron. Vayan tras ellos; tal vez les den alcance.» (En realidad, la mujer había llevado a los hombres al techo de la casa y los había escondido entre los manojos de lino que allí secaba.) Los hombres del rey fueron tras los espías, por el camino que lleva a los vados del río Jordán. En cuanto salieron, las puertas de Jericó se cerraron.

Antes de que los espías se acostaran, Rajab subió al techo y les dijo:

—Yo sé que el Señor les ha dado esta tierra, y por eso estamos aterrorizados; todos los habitantes del país están muertos de miedo ante ustedes. Tenemos noticias de cómo el Señor secó las aguas del Mar Rojo para que ustedes pasaran, después de haber salido de Egipto. También hemos oído cómo destruyeron completamente a los reyes amorreos, Sijón y Og, al este del Jordán. Por eso estamos todos tan amedrentados y descorazonados frente a ustedes. Yo sé que el Señor y Dios es Dios de dioses tanto en el cielo como en la tierra. Por lo tanto, les pido ahora mismo que juren en el nombre del Señor que serán bondadosos con mi familia, como yo lo he sido con ustedes. Quiero que me den como garantía una señal de que perdonarán la vida de mis padres, de mis hermanos y de todos los que viven con ellos. ¡Juren que nos salvarán de la muerte!

—¡Juramos por nuestra vida que la de ustedes no correrá peligro! —contestaron ellos—. Si no nos delatas, seremos bondadosos contigo y cumpliremos nuestra promesa cuando el Señor nos entregue este país.

Entonces Rajab los bajó por la ventana con una soga, pues la casa donde ella vivía estaba sobre la muralla de la ciudad. Ya les había dicho previamente: «Huyan rumbo a las montañas para que sus perseguidores no los encuentren. Escóndanse allí por tres días, hasta que ellos regresen. Entonces podrán seguir su camino.»

Los hombres le dijeron a Rajab:

—Quedaremos libres del juramento que te hemos hecho si, cuando conquistemos la tierra, no vemos este cordón rojo atado a la ventana por la que nos bajas. Además, tus padres, tus hermanos y el resto de tu familia deberán estar reunidos en tu casa. Quien salga de la casa en ese momento, será responsable de su propia vida, y nosotros seremos inocentes. Sólo nos haremos responsables de quienes permanezcan en la casa, si alguien se atreve a ponerles la mano encima. Conste que si nos delatas, nosotros quedaremos libres del juramento que nos obligaste hacer.

—De acuerdo —respondió Rajab—. Que sea tal como ustedes han dicho.

Luego los despidió; ellos partieron, y ella ató el cordón rojo a la ventana.

Los hombres se dirigieron a las montañas y permanecieron allí tres días, hasta que sus perseguidores regresaron a la ciudad. Los habían buscado por todas partes, pero sin éxito. Los dos hombres emprendieron el regreso; bajando de las montañas, vadearon el río y llegaron adonde estaba Josué hijo de Nun. Allí le relataron todo lo que les había sucedido: «El SEÑOR ha entregado todo el país en nuestras manos. ¡Todos sus habitantes tiemblan de miedo ante nosotros!»

JOSUÉ 2.1–24

Con la mano de Dios obviamente de su lado, los israelitas conquistaron la ciudad de Jericó, y Rajab fue recompensada por su acto de bondad.

Al día siguiente, Josué se levantó temprano, y los sacerdotes cargaron el arca del SEÑOR. Los siete sacerdotes que llevaban las trompetas tomaron la delantera y marcharon al frente del arca mientras tocaban sus trompetas. Los hombres armados marchaban al frente de ellos, y tras el arca del SEÑOR marchaba la retaguardia. ¡Nunca dejaron de oírse las trompetas! También en este segundo día marcharon una sola vez alrededor de Jericó, y luego regresaron al campamento. Así hicieron durante seis días.

El séptimo día, a la salida del sol, se levantaron y marcharon alrededor de la ciudad tal como lo habían hecho los días anteriores, sólo que en ese día repitieron la marcha siete veces. A la séptima vuelta, los sacerdotes tocaron las trompetas, y Josué le ordenó al ejército: «¡Empiecen a gritar! ¡El SEÑOR les ha entregado la ciudad! Jericó, con todo lo que hay en ella, será destinada al exterminio como ofrenda al SEÑOR. Sólo se salvarán la prostituta Rajab y los que se encuentren en su casa, porque ella escondió a nuestros mensajeros. No vayan a tomar nada de lo que ha sido destinado al exterminio para que ni ustedes ni el campamento de Israel se pongan en peligro de exterminio y de desgracia. El oro y la plata y los utensilios de bronce y de hierro pertenecen al SEÑOR: colóquenlos en su tesoro.»

Entonces los sacerdotes tocaron las trompetas, y la gente gritó a voz en cuello, ante lo cual las murallas de Jericó se derrumbaron.

El pueblo avanzó, sin ceder ni un centímetro, y tomó la ciudad. Mataron a filo de espada a todo hombre y mujer, joven y anciano. Lo mismo hicieron con las vacas, las ovejas y los burros; destruyeron todo lo que tuviera aliento de vida. ¡La ciudad entera quedó arrasada!

Ahora bien, Josué les había dicho a los dos exploradores: «Vayan a casa de la prostituta, y tráiganla junto con sus parientes, tal como se lo juraron.» Así que los jóvenes exploradores entraron y sacaron a Rajab junto con sus padres y hermanos, y todas sus pertenencias, y llevaron a toda la familia a un lugar seguro, fuera del campamento israelita. Sólo entonces los israelitas incendiaron la ciudad con todo lo que había en ella, menos los objetos de plata, de oro, de bronce y de hierro, los cuales depositaron en el tesoro de la casa del Señor. **Así Josué salvó a la prostituta Rajab, a toda su familia y todas sus posesiones, por haber escondido a los mensajeros que él había enviado a Jericó. Y desde entonces, Rajab y su familia viven con el pueblo de Israel.** Josué 6.12–25

¿Cómo reconcilias la decisión de Rajab de mentir en cuanto al paradero de los espías con su acto de bondad?

Historias de bondad: David

El profeta Samuel ungió a David, cuando era tan solo un adolescente, para que fuera el siguiente rey de Israel. Sin embargo, todavía faltaba algún tiempo para que se produjera su coronación. Durante los próximos años, el Señor usaría el rebelde corazón del rey Saúl a fin de hacer crecer la confianza de David en Dios. Antes de que David huyera del rey Saúl, Jonatán, el hijo de Saúl y sucesor al trono, mantuvo una aleccionadora conversación con él. Jonatán reconoció y aceptó el plan de Dios de que David, no él, fuera el siguiente rey. Sin embargo, le hizo una petición al futuro rey de Israel.

Si mi padre intenta hacerte daño, y yo no te aviso para que puedas escapar, ¡que el Señor me castigue sin piedad, y que esté contigo como estuvo con mi padre! Y **si todavía estoy vivo cuando el Señor te muestre su bondad, te pido que también tú seas bondadoso conmigo y no dejes que me maten. ¡Nunca dejes de ser bondadoso con mi familia, aun cuando el Señor borre de la faz**

de la tierra a todos tus enemigos! ¡Que el SEÑOR pida cuentas de
esto a tus enemigos!
De ese modo Jonatán hizo un pacto con la familia de David.

1 SAMUEL 20.13–16

*Avancemos muchos años. Saúl y Jonatán ya estaban muertos y
David ahora era el rey. Todas las posibles amenazas de la antigua
casa real de Saúl habían sido neutralizadas, y David recordó su
promesa a Jonatán.*

**El rey David averiguó si había alguien de la familia de Saúl a
quien pudiera beneficiar en memoria de Jonatán,** y como la familia
de Saúl había tenido un administrador que se llamaba Siba, mandaron a llamarlo. Cuando Siba se presentó ante David, éste le preguntó:

—¿Tú eres Siba?

—A las órdenes de Su Majestad —respondió.

—¿No queda nadie de la familia de Saúl a quien yo pueda beneficiar en el nombre de Dios? —volvió a preguntar el rey.

—Sí, Su Majestad. Todavía le queda a Jonatán un hijo que está
tullido de ambos pies —le respondió Siba.

—¿Y dónde está?

—En Lo Debar; vive en casa de Maquir hijo de Amiel.

Entonces el rey David mandó a buscarlo a casa de Maquir hijo de
Amiel, en Lo Debar. Cuando Mefiboset, que era hijo de Jonatán y nieto
de Saúl, estuvo en presencia de David, se inclinó ante él rostro en tierra.

—¿Tú eres Mefiboset? —le preguntó David.

—A las órdenes de Su Majestad —respondió.

—No temas, pues en memoria de tu padre Jonatán he decidido
beneficiarte. Voy a devolverte todas las tierras que pertenecían a tu
abuelo Saúl, y de ahora en adelante te sentarás a mi mesa.

Mefiboset se inclinó y dijo:

—¿Y quién es este siervo suyo, para que Su Majestad se fije en él?
¡Si no valgo más que un perro muerto!

Pero David llamó a Siba, el administrador de Saúl, y le dijo:

—**Todo lo que pertenecía a tu amo Saúl y a su familia se lo
entrego a su nieto Mefiboset. Te ordeno que cultives para él la
tierra y guardes la cosecha para el sustento de su casa. Que te
ayuden tus quince hijos y tus veinte criados. En cuanto al nieto
de tu amo, siempre comerá en mi mesa.**

—Yo estoy para servir a Su Majestad. Haré todo lo que Su Majestad me mande —respondió Siba.

A partir de ese día Mefiboset se sentó a la mesa de David como uno más de los hijos del rey. Toda la familia de Siba estaba al servicio de Mefiboset, quien tenía un hijo pequeño llamado Micaías. Tullido de ambos pies, Mefiboset vivía en Jerusalén, pues siempre se sentaba a la mesa del rey. 2 Samuel 9.1–13 ⚷

Historias de bondad: el invitado a la cena

Los líderes religiosos judíos en los tiempos de Jesús tenían cenas exclusivas privadas. Solo los invitados de una alta categoría pública podían asistir. A su llegada, el anfitrión sentaba a los invitados por orden de importancia. En una ocasión en que Jesús estaba invitado a comer en la mesa con un fariseo muy conocido, aprovechó la oportunidad para enseñar una lección primero acerca de la humildad y después sobre el tipo de personas que debería estar en la lista de invitados en tales ocasiones.

⚷ Un día Jesús fue a comer a casa de un notable de los fariseos. Era sábado, así que éstos estaban acechando a Jesús. Lucas 14.1

Al notar cómo los invitados escogían los lugares de honor en la mesa, les contó esta parábola:

—Cuando alguien te invite a una fiesta de bodas, no te sientes en el lugar de honor, no sea que haya algún invitado más distinguido que tú. Si es así, el que los invitó a los dos vendrá y te dirá: "Cédele tu asiento a este hombre." Entonces, avergonzado, tendrás que ocupar el último asiento. Más bien, cuando te inviten, siéntate en el último lugar, para que cuando venga el que te invitó, te diga: "Amigo, pasa más adelante a un lugar mejor." Así recibirás honor en presencia de todos los demás invitados. Todo el que a sí mismo se enaltece será humillado, y el que se humilla será enaltecido.

También dijo Jesús al que lo había invitado:

—Cuando des una comida o una cena, no invites a tus amigos, ni a tus hermanos, ni a tus parientes, ni a tus vecinos ricos; no sea que ellos, a su vez, te inviten y así seas recompensado. Más bien, cuando des un banquete, invita a los pobres, a los inválidos, a los cojos y a los ciegos. Entonces serás dichoso, pues aunque ellos no tienen con qué recompensarte, serás recompensado en la resurrección de los justos.

Lucas 14.7–14 ⚷

Jesús nos enseña a hacer exactamente lo que David hizo por Mefiboset. ¿Por qué es importante que invitemos a las personas que no pueden devolvernos los favores a ser parte de nuestra vida? ¿Puedes pensar en alguna forma de incluir en tus actividades a alguien que con frecuencia es dejado fuera?

HISTORIAS DE BONDAD: PABLO, ONÉSIMO Y FILEMÓN

Mientras Pablo estaba en prisión, probablemente en Roma, se encontró con un esclavo llamado Onésimo, quien al parecer le robó a su amo antes de huir. Por medio del ministerio de Pablo, Onésimo se convirtió en cristiano y finalmente decidió que regresaría a casa de su amo. Resultó ser que el amo, un hombre llamado Filemón, era cristiano y amigo íntimo de Pablo. Pablo envió a Onésimo a casa con una carta personal que había escrito para dársela a Filemón. La carta animaba a este último a poner en práctica la bondad con su esclavo y aceptar a Onésimo como un hermano cristiano.

Mientras lees Filemón 1–25, nota cómo Pablo muestra bondad en la solicitud que le hace a Filemón. ¿Hubieras accedido al pedido de Pablo? ¿Por qué sí o por qué no?

Pablo, prisionero de Cristo Jesús, y el hermano Timoteo,

a ti, querido Filemón, compañero de trabajo, a la hermana Apia, a Arquipo nuestro compañero de lucha, y a la iglesia que se reúne en tu casa:

Que Dios nuestro Padre y el Señor Jesucristo les concedan gracia y paz.

Siempre doy gracias a mi Dios al recordarte en mis oraciones, porque tengo noticias de tu amor y tu fidelidad hacia el Señor Jesús y hacia todos los creyentes. Pido a Dios que el compañerismo que brota de tu fe sea eficaz para la causa de Cristo mediante el reconocimiento de todo lo bueno que compartimos. Hermano, tu amor me ha alegrado y animado mucho porque has reconfortado el corazón de los santos.

Por eso, aunque en Cristo tengo la franqueza suficiente para ordenarte lo que debes hacer, prefiero rogártelo en nombre del amor. Yo, Pablo, ya anciano y ahora, además, prisionero de Cristo Jesús, te suplico por mi hijo Onésimo, quien llegó a ser hijo mío mientras yo estaba preso. En otro tiempo te era inútil, pero ahora nos es útil tanto a ti como a mí.

Te lo envío de vuelta, y con él va mi propio corazón. Yo hubiera querido retenerlo para que me sirviera en tu lugar mientras estoy preso por causa del evangelio. Sin embargo, no he querido hacer nada sin tu consentimiento, para que tu favor no sea por obligación sino espontáneo. Tal vez por eso Onésimo se alejó de ti por algún tiempo, para que ahora lo recibas para siempre, ya no como a esclavo, sino como algo mejor: como a un hermano querido, muy especial para mí, pero mucho más para ti, como persona y como hermano en el Señor.

De modo que, si me tienes por compañero, recíbelo como a mí mismo. Si te ha perjudicado o te debe algo, cárgalo a mi cuenta. Yo, Pablo, lo escribo de mi puño y letra: te lo pagaré; por no decirte que tú mismo me debes lo que eres. Sí, hermano, ¡que reciba yo de ti algún beneficio en el Señor! Reconforta mi corazón en Cristo. Te escribo confiado en tu obediencia, seguro de que harás aún más de lo que te pido.

Además de eso, prepárame alojamiento, porque espero que Dios les conceda el tenerme otra vez con ustedes en respuesta a sus oraciones.

Te mandan saludos Epafras, mi compañero de cárcel en Cristo Jesús, y también Marcos, Aristarco, Demas y Lucas, mis compañeros de trabajo.

Que la gracia del Señor Jesucristo sea con su espíritu.

FILEMÓN 1–25

HISTORIAS DE BONDAD: ONESÍFORO

Mientras Pablo pasaba sus años en el ministerio animando a otros a demostrar bondad, de vez en cuando fue él quien estuvo en el lado del que la recibió, y se mostró agradecido. Al final de su ministerio y su vida, desde una fría celda, Pablo escribió su última carta a su niño prodigio, Timoteo, que estaba pastoreando la iglesia en Éfeso. La vida en esta etapa había sido extremadamente dura para Pablo. En la carta compartió con Timoteo su gratitud por un creyente en particular.

Ya sabes que todos los de la provincia de Asia me han abandonado, incluso Figelo y Hermógenes. **Que el Señor le conceda misericordia a la familia de Onesíforo, porque muchas veces me dio ánimo y no se avergonzó de mis cadenas. Al contrario, cuando estuvo en Roma me buscó sin descanso hasta encontrarme.** Que el Señor le conceda hallar misericordia divina en aquel día. Tú conoces muy bien los muchos servicios que me prestó en Éfeso.   2 TIMOTEO 1.15–18

ENSEÑANZAS SOBRE LA BONDAD

Jesús nos dejó instrucciones tanto prácticas como radicales a fin de ser bondadosos con los demás. Recuerda que la amabilidad implica hacer algo que el que la recibe considera positivo, pero la bondad significa hacer lo correcto por una persona, aunque esto no la haga sentirse bien. Ser bondadoso a veces conlleva a mostrar un «amor difícil», porque comprende hablar la verdad o evitar algo dañino para la persona que es objeto de nuestra bondad.

Escribe una lista de todos los principios que encuentras en las enseñanzas de Jesús, Pedro y Pablo sobre no solo ser bondadoso en nuestras relaciones, sino actuar del modo correcto. ¿Cuál principio te impacta más?

«Pero a ustedes que me escuchan les digo: Amen a sus enemigos, hagan bien a quienes los odian, bendigan a quienes los maldicen, oren por quienes los maltratan. Si alguien te pega en una mejilla, vuélvele también la otra. Si alguien te quita la camisa, no le impidas que se lleve también la capa. Dale a todo el que te pida, y si alguien se lleva lo que es tuyo, no se lo reclames. **Traten a los demás tal y como quieren que ellos los traten a ustedes.**

»¿Qué mérito tienen ustedes al amar a quienes los aman? Aun los pecadores lo hacen así. ¿Y qué mérito tienen ustedes al hacer bien a quienes les hacen bien? Aun los pecadores actúan así. ¿Y qué mérito tienen ustedes al dar prestado a quienes pueden corresponderles? Aun los pecadores se prestan entre sí, esperando recibir el mismo trato. Ustedes, por el contrario, amen a sus enemigos, háganles bien y denles prestado sin esperar nada a cambio. Así tendrán una gran recompensa y serán hijos del Altísimo, porque él es bondadoso con los ingratos y malvados. Sean compasivos, así como su Padre es compasivo.

»No juzguen, y no se les juzgará. No condenen, y no se les condenará. Perdonen, y se les perdonará. Den, y se les dará: se les echará en el regazo una medida llena, apretada, sacudida y desbordante. Porque con la medida que midan a otros, se les medirá a ustedes.» También les contó esta parábola: «¿Acaso puede un ciego guiar a otro ciego? ¿No caerán ambos en el hoyo? El discípulo no está por encima de su maestro, pero todo el que haya completado su aprendizaje, a lo sumo llega al nivel de su maestro.

»¿Por qué te fijas en la astilla que tiene tu hermano en el ojo y no le das importancia a la viga que tienes en el tuyo? ¿Cómo puedes decirle a tu hermano: "Hermano, déjame sacarte la astilla del ojo", cuando tú mismo no te das cuenta de la viga en el tuyo? ¡Hipócrita! Saca primero la viga de tu propio ojo, y entonces verás con claridad para sacar la astilla del ojo de tu hermano.

»Ningún árbol bueno da fruto malo; tampoco da buen fruto el árbol malo. A cada árbol se le reconoce por su propio fruto. No se recogen higos de los espinos ni se cosechan uvas de las zarzas. **El que es bueno, de la bondad que atesora en el corazón produce el bien; pero el que es malo, de su maldad produce el mal, porque de lo que abunda en el corazón habla la boca.»** Lucas 6.27–45

Dos hombres buenos que eran seguidores de Jesús, los apóstoles Pedro y Pablo, les dieron instrucciones a los primeros cristianos acerca de vivir una vida de amabilidad y bondad. Los pasajes de las Escrituras siguientes nos recuerdan cómo la bondad que expresamos a otros le muestra al mundo a nuestro buen Dios. En otras palabras, la forma en que tratamos a las personas es un reflejo de nuestra relación con Dios.

En fin, vivan en armonía los unos con los otros; compartan penas y alegrías, practiquen el amor fraternal, sean compasivos y humildes. No devuelvan mal por mal ni insulto por insulto; más bien, bendigan, porque para esto fueron llamados, para heredar una bendición. En efecto,

«el que quiera amar la vida
    y gozar de días felices,
que refrene su lengua de hablar el mal
    y sus labios de proferir engaños;
que se aparte del mal y haga el bien;

que busque la paz y la siga.
Porque los ojos del Señor están sobre los justos,
   y sus oídos, atentos a sus oraciones;
pero el rostro del Señor está contra los que hacen el mal.»

Y a ustedes, ¿quién les va a hacer daño si se esfuerzan por hacer el bien? ¡Dichosos si sufren por causa de la justicia! «No teman lo que ellos temen, ni se dejen asustar.» Más bien, honren en su corazón a Cristo como Señor. Estén siempre preparados para responder a todo el que les pida razón de la esperanza que hay en ustedes. Pero háganlo con gentileza y respeto, manteniendo la conciencia limpia, para que los que hablan mal de la buena conducta de ustedes en Cristo, se avergüencen de sus calumnias. Si es la voluntad de Dios, es preferible sufrir por hacer el bien que por hacer el mal.   1 PEDRO 3.8–17

Los fuertes en la fe debemos apoyar a los débiles, en vez de hacer lo que nos agrada. Cada uno debe agradar al prójimo para su bien, con el fin de edificarlo.   ROMANOS 15.1–2

«Todo está permitido», pero no todo es provechoso. «Todo está permitido», pero no todo es constructivo. **Que nadie busque sus propios intereses sino los del prójimo.**   1 CORINTIOS 10.23–24

No nos cansemos de hacer el bien, porque a su debido tiempo cosecharemos si no nos damos por vencidos. Por lo tanto, siempre que tengamos la oportunidad, hagamos bien a todos, y en especial a los de la familia de la fe.   GÁLATAS 6.9–10

Abandonen toda amargura, ira y enojo, gritos y calumnias, y toda forma de malicia. **Más bien, sean bondadosos y compasivos unos con otros, y perdónense mutuamente, así como Dios los perdonó a ustedes en Cristo.**
Por tanto, imiten a Dios, como hijos muy amados, y lleven una vida de amor, así como Cristo nos amó y se entregó por nosotros como ofrenda y sacrificio fragante para Dios.   EFESIOS 4.31—5.2

Asegúrense de que nadie pague mal por mal; más bien, esfuércense siempre por hacer el bien, no sólo entre ustedes sino a todos.   1 TESALONICENSES 5.15

Con tus buenas obras, dales tú mismo ejemplo en todo. Tito 2.7

Recuérdales a todos que deben mostrarse obedientes y sumisos ante los gobernantes y las autoridades. Siempre deben estar dispuestos a hacer lo bueno: a no hablar mal de nadie, sino a buscar la paz y ser respetuosos, demostrando plena humildad en su trato con todo el mundo. En otro tiempo también nosotros éramos necios y desobedientes. Estábamos descarriados y éramos esclavos de todo género de pasiones y placeres. Vivíamos en la malicia y en la envidia. Éramos detestables y nos odiábamos unos a otros. **Pero cuando se manifestaron la bondad y el amor de Dios nuestro Salvador, él nos salvó, no por nuestras propias obras de justicia sino por su misericordia.** Nos salvó mediante el lavamiento de la regeneración y de la renovación por el Espíritu Santo, el cual fue derramado abundantemente sobre nosotros por medio de Jesucristo nuestro Salvador. Así lo hizo para que, justificados por su gracia, llegáramos a ser herederos que abrigan la esperanza de recibir la vida eterna. Este mensaje es digno de confianza, y quiero que lo recalques, para que los que han creído en Dios se empeñen en hacer buenas obras. Esto es excelente y provechoso para todos. Tito 3.1–8

Que aprendan los nuestros a empeñarse en hacer buenas obras, a fin de que atiendan a lo que es realmente necesario y no lleven una vida inútil. Tito 3.14

LO QUE CREEMOS

A lo largo de la historia, Dios constantemente les ha mostrado su bondad a todas las personas. Si el amor de Dios está en nosotros, del mismo modo buscaremos mostrarle ese amor a aquellos que forman parte de nuestra vida. La mayoría de las veces llevaremos a cabo actos positivos de amabilidad hacia los demás. Sin embargo, en ocasiones podemos ayudar a alguien mostrándole un amor difícil: por medio de una confrontación, un regaño o una negativa. Tenemos muchos ejemplos en cuanto a esto que considerar en la Biblia, incluido el de Rajab, David, Jesús, Pablo y Onesíforo. También se nos han dado muchos principios prácticos para guiarnos en nuestra demostración de actos de bondad, ya sean intencionales o casuales. ¡Escoge un principio y una persona en tu vida que lo necesite más e inténtalo!

CAPÍTULO

28

Fidelidad

PREGUNTA CLAVE

¿Por qué resulta tan importante ser leal
y comprometido con Dios y los demás?

IDEA CLAVE

He establecido un buen nombre con Dios
y los demás basado en mi lealtad a esas relaciones.

VERSÍCULO CLAVE

Que nunca te abandonen el amor y la verdad: llévalos siempre
alrededor de tu cuello y escríbelos en el libro de tu corazón.
Contarás con el favor de Dios y tendrás buena fama entre la gente.
—*Proverbios 3.3–4*

NUESTRO MAPA

Como sucede con las demás virtudes, la fidelidad benefi-cia a las personas que forman parte de nuestra vida. Cuan-do somos fieles, ellas resultan bendecidas. Y con el tiempo, nuestra fidelidad a los demás también produce un beneficio recíproco. En primer lugar, nos ganamos el favor de la gente. A medida que surgen las necesidades en nuestra vida, otros se sentirán inclinados a ayudarnos. En segundo lugar, forja-mos un nombre. Cuando nuestro nombre surge, incluso si no estamos presentes, se habla de nosotros con alta estima. Un buen nombre establecido mediante una vida de fidelidad es un regalo ilimitado que transmitir a nuestros hijos.

Y más que todo, nuestra fidelidad agrada a Dios, quien es siempre fiel y está comprometido con nosotros. Nuestra leal-tad y compromiso con los demás refleja el amor que Dios nos ha mostrado. Sin embargo, debido a nuestra naturaleza peca-minosa, luchamos para ser fieles. Es aquí donde la presencia de Dios en nuestra vida juega un papel importante.

En este capítulo, leeremos pasajes de las Escrituras que tratan sobre los siguientes temas a fin de instruirnos e inspirarnos:

- *La fidelidad de Dios.*
- *Llamado a la fidelidad.*
- *Historias de fidelidad: José.*
- *Historias de fidelidad: Rut.*
- *Historias de fidelidad: María.*

LA FIDELIDAD DE DIOS

Muchos de los autores de la Biblia narraron sus meditaciones acerca de la fidelidad de Dios. En el cántico de Moisés narrado en Deuteronomio 32, él exalta la fidelidad del Dios que cumple el pacto.

Mientras lees los pasajes de Deuteronomio 32, Salmos 36 y Lamentaciones 3, considera las frases que expresan mejor la fidelidad de Dios hacia ti.

«Escuchen, cielos, y hablaré;
    oye, tierra, las palabras de mi boca.
Que caiga mi enseñanza como lluvia
    y desciendan mis palabras como rocío,
como aguacero sobre el pasto nuevo,
    como lluvia abundante sobre plantas tiernas.
Proclamaré el nombre del Señor.
    ¡Alaben la grandeza de nuestro Dios!
Él es la Roca, sus obras son perfectas,
    y todos sus caminos son justos.
Dios es fiel; no practica la injusticia.
    Él es recto y justo.»   Deuteronomio 32.1–4

De igual modo, mientras vivía en un mundo lleno de incertidumbre, el autor de Salmos 36 encontró un gran consuelo en el alcance de la fidelidad de Dios.

> **Tu amor, Señor, llega hasta los cielos;**
>   **tu fidelidad alcanza las nubes.**
> Tu justicia es como las altas montañas;
>   tus juicios, como el gran océano.
>
> Tú, Señor, cuidas de hombres y animales;
>   ¡cuán precioso, oh Dios, es tu gran amor!
> Todo ser humano halla refugio
>   a la sombra de tus alas.
> Se sacian de la abundancia de tu casa;
>   les das a beber de tu río de deleites.
> Porque en ti está la fuente de la vida,
>   y en tu luz podemos ver la luz.   Salmos 36.5–9

Aunque Dios siempre permaneció fiel, los israelitas no lo hicieron, de modo que los disciplinó por ello. En el año 586 a.c., Jerusalén y el templo habían sido destruidos y el pueblo exiliado a Babilonia. Dios llamó al profeta Jeremías para dar testimonio de estos sucesos y advertirle al reino del sur de Judá del justo castigo divino. El autor (la tradición antigua acredita a Jeremías el libro de Lamentaciones) de esta serie de poemas acrósticos alfabéticos se lamentaba de lo que vio y sintió, pero también le recordó al pueblo la constante fidelidad de Dios.

Recuerda que ando errante y afligido,
que me embargan la hiel y la amargura.
Siempre tengo esto presente,
y por eso me deprimo.
Pero algo más me viene a la memoria,
lo cual me llena de esperanza:

**El gran amor del Señor nunca se acaba,
y su compasión jamás se agota.
Cada mañana se renuevan sus bondades;
¡muy grande es su fidelidad!**
Por tanto, digo:
«El Señor es todo lo que tengo.
¡En él esperaré!»   Lamentaciones 3.19–24

Llamado a la fidelidad

El escritor de los libros sapienciales llama al lector a llevar una vida de fidelidad y también destaca las abundantes recompensas de esto para nuestra vida.

Hijo mío, no te olvides de mis enseñanzas;
más bien, guarda en tu corazón mis mandamientos.
Porque prolongarán tu vida muchos años
y te traerán prosperidad.
**Que nunca te abandonen el amor y la verdad:
llévalos siempre alrededor de tu cuello
y escríbelos en el libro de tu corazón.
Contarás con el favor de Dios
y tendrás buena fama entre la gente.**
Confía en el Señor de todo corazón,
y no en tu propia inteligencia.
Reconócelo en todos tus caminos,
y él allanará tus sendas.   Proverbios 3.1–6

Son muchos los que proclaman su lealtad,
¿pero quién puede hallar a alguien digno de confianza?
                                             Proverbios 20.6

El hombre fiel recibirá muchas bendiciones;
el que tiene prisa por enriquecerse no quedará impune.
                                             Proverbios 28.20

¿Por qué una persona fiel será ricamente bendecida y una ávida de riquezas será castigada?

El llamado que Pablo compartió con los corintios con respecto a su propia vida es aplicable a todos los seguidores de Cristo.

Que todos nos consideren servidores de Cristo, encargados de administrar los misterios de Dios. Ahora bien, a los que reciben un encargo se les exige que demuestren ser dignos de confianza.

1 Corintios 4.1–2

Historias de fidelidad: José

Dios edificó a la nación de Israel de la nada, comenzando con Abraham, a fin de revelar su plan para proveer un camino de modo que todos regresaran a tener una relación con él. La fidelidad de Israel hacia Dios durante los siguientes dos mil años resultó, cuando mucho, escasa. Sin embargo, unos pocos israelitas, como José, demostraron una fidelidad tenaz, tanto a Dios como a los demás.

A la edad de diecisiete años, José, uno de los doce hijos de Jacob, tuvo dos sueños consecutivos en los cuales sus hermanos se inclinaban ante él. Los hermanos estaban furiosos con José, que además era el favorito de su padre. Así que un día planearon juntos deshacerse de su hermano menor y lo vendieron a una caravana de ismaelitas, los cuales a su vez lo vendieron luego como esclavo en Egipto. Los hermanos regresaron a casa y le mintieron a su padre, diciéndole que a José lo había matado un animal feroz. Jacob se sintió devastado. Sin embargo, José prosperó a pesar de los intentos de sus celosos hermanos de destruirlo.

Mientras lees la historia de José, considera nuestro versículo clave correspondiente a Proverbios 3.3–4. ¿Cómo José experimentó la verdad de este verso?

Cuando José fue llevado a Egipto, los ismaelitas que lo habían trasladado allá lo vendieron a Potifar, un egipcio que era funcionario del faraón y capitán de su guardia. Ahora bien, el Señor estaba con José y las cosas le salían muy bien. Mientras José vivía en la casa de su patrón egipcio, éste se dio cuenta de que el Señor estaba con José y lo hacía prosperar en todo. José se ganó la confianza de Potifar, y éste lo nombró mayordomo de toda su casa y le confió la administración de todos sus bienes. Por causa de José, el SEÑOR bendijo la casa del egipcio Potifar a partir del momento en que puso a José a cargo de su casa y de todos sus bienes. La bendición del SEÑOR se extendió sobre todo lo que tenía el egipcio, tanto en la casa como en el campo. Por esto Potifar dejó todo a cargo de José, y tan sólo se preocupaba por lo que tenía que comer.   GÉNESIS 39.1–6 🗝

Como parte del plan maestro de Dios, José se volvió a levantar solo para volver a caer en otro pozo. La esposa de Potifar intentó seducirlo, pero José mantuvo su integridad y su fidelidad tanto con respecto a Potifar como a Dios al resistir la tentación. Como él la rechazó, la esposa de Potifar levantó falsas acusaciones contra José y fue arrojado en prisión. Sin embargo, Dios permaneció con él allí también y lo volvió a levantar.

Tiempo después, el copero y el panadero del rey de Egipto ofendieron a su señor. El faraón se enojó contra estos dos funcionarios suyos, es decir, contra el jefe de los coperos y el jefe de los panaderos, así que los mandó presos a la casa del capitán de la guardia, que era la misma cárcel donde estaba preso José. Allí el capitán de la guardia le encargó a José que atendiera a estos funcionarios.

Después de haber estado algún tiempo en la cárcel, una noche los dos funcionarios, es decir, el copero y el panadero, tuvieron cada uno un sueño, cada sueño con su propio significado. A la mañana siguiente, cuando José fue a verlos, los encontró muy preocupados, y por eso les preguntó:

—¿Por qué andan hoy tan cabizbajos?

—Los dos tuvimos un sueño —respondieron—, y no hay nadie que nos lo interprete.

—¿Acaso no es Dios quien da la interpretación? —preguntó José—. ¿Por qué no me cuentan lo que soñaron?

Entonces el jefe de los coperos le contó a José el sueño que había tenido:

—Soñé que frente a mí había una vid, la cual tenía tres ramas. En cuanto la vid echó brotes, floreció; y maduraron las uvas en los racimos. Yo tenía la copa del faraón en la mano. Tomé las uvas, las exprimí en la copa, y luego puse la copa en manos del faraón.

Entonces José le dijo:

—Ésta es la interpretación de su sueño: Las tres ramas son tres días. Dentro de los próximos tres días el faraón lo indultará a usted y volverá a colocarlo en su cargo. Usted volverá a poner la copa del faraón en su mano, tal como lo hacía antes, cuando era su copero. Yo le ruego que no se olvide de mí. Por favor, cuando todo se haya arreglado, háblele usted de mí al faraón para que me saque de esta cárcel. A mí me trajeron por la fuerza, de la tierra de los hebreos. ¡Yo no hice nada aquí para que me echaran en la cárcel!

Al ver que la interpretación había sido favorable, el jefe de los panaderos le dijo a José:

—Yo también tuve un sueño. En ese sueño, llevaba yo tres canastas de pan sobre la cabeza. En la canasta de arriba había un gran surtido de repostería para el faraón, pero las aves venían a comer de la canasta que llevaba sobre la cabeza.

José le respondió:

—Ésta es la interpretación de su sueño: Las tres canastas son tres días. Dentro de los próximos tres días, el faraón mandará que a usted lo decapiten y lo cuelguen de un árbol, y las aves devorarán su cuerpo.

En efecto, tres días después el faraón celebró su cumpleaños y ofreció una gran fiesta para todos sus funcionarios. En presencia de éstos, mandó sacar de la cárcel al jefe de los coperos y al jefe de los panaderos. Al jefe de los coperos lo restituyó en su cargo para que, una vez más, pusiera la copa en manos del faraón. Pero, tal como lo había predicho José, al jefe de los panaderos mandó que lo ahorcaran. Sin embargo, el jefe de los coperos no se acordó de José, sino que se olvidó de él por completo. GÉNESIS 40.1–23

José estuvo en prisión más de dos años. No fue hasta que el faraón tuvo un sueño que ninguno de sus magos ni hombres sabios pudo interpretar que el restaurado copero finalmente se acordó de José y lo sacaron de la mazmorra para explicar el significado del sueño. Cuando estaba ante el rey, José mantuvo su fidelidad a Dios.

El faraón mandó llamar a José, y en seguida lo sacaron de la cárcel. Luego de afeitarse y cambiarse de ropa, José se presentó ante el faraón, quien le dijo:

—Tuve un sueño que nadie ha podido interpretar. Pero me he enterado de que, cuando tú oyes un sueño, eres capaz de interpretarlo.

—No soy yo quien puede hacerlo —respondió José—, sino que es Dios quien le dará al faraón una respuesta favorable.

El faraón le contó a José lo siguiente:

—En mi sueño, estaba yo de pie a orillas del río Nilo. De pronto, salieron del río siete vacas gordas y hermosas, y se pusieron a pastar entre los juncos. Detrás de ellas salieron otras siete vacas, feas y flacas. ¡Jamás se habían visto vacas tan raquíticas en toda la tierra de Egipto! Y las siete vacas feas y flacas se comieron a las siete vacas gordas. Pero, después de habérselas comido, no se les notaba en lo más mínimo, porque seguían tan feas como antes. Entonces me desperté.

»Después tuve otro sueño: Siete espigas de trigo, grandes y hermosas, crecían de un solo tallo. Tras ellas brotaron otras siete espigas marchitas, delgadas y quemadas por el viento solano. Las siete espigas delgadas se comieron a las espigas grandes y hermosas. Todo esto se lo conté a los magos, pero ninguno de ellos me lo pudo interpretar.

José le explicó al faraón:

—En realidad, los dos sueños del faraón son uno solo. Dios le ha anunciado lo que está por hacer. Las siete vacas hermosas y las siete espigas hermosas son siete años. Se trata del mismo sueño. Y las siete vacas flacas y feas, que salieron detrás de las otras, y las siete espigas delgadas y quemadas por el viento solano, son también siete años. Pero éstos serán siete años de hambre.

»Tal como le he dicho al faraón, Dios le está mostrando lo que está por hacer. Están por venir siete años de mucha abundancia en todo Egipto, a los que les seguirán siete años de hambre, que harán olvidar toda la abundancia que antes hubo. ¡El hambre acabará con Egipto! Tan terrible será el hambre, que nadie se acordará de la abundancia que antes hubo en el país. El faraón tuvo el mismo sueño dos veces porque Dios ha resuelto firmemente hacer esto, y lo llevará a cabo muy pronto.

»Por todo esto, el faraón debería buscar un hombre competente y sabio, para que se haga cargo de la tierra de Egipto. Además, el faraón debería nombrar inspectores en todo Egipto, para que durante los siete años de abundancia recauden la quinta parte de la cosecha en todo el país. Bajo el control del faraón, esos inspectores deberán juntar el grano de los años buenos que vienen y almacenarlo en las ciudades, para que haya una reserva de alimento. Este alimento almacenado le servirá a Egipto para los siete años de hambre que sufrirá, y así la gente del país no morirá de hambre.

Al faraón y a sus servidores les pareció bueno el plan. Entonces el faraón les preguntó a sus servidores:

—¿Podremos encontrar una persona así, en quien repose el espíritu de Dios?

Luego le dijo a José:

—Puesto que Dios te ha revelado todo esto, no hay nadie más competente y sabio que tú. Quedarás a cargo de mi palacio, y todo mi pueblo cumplirá tus órdenes. Sólo yo tendré más autoridad que tú, porque soy el rey.

Así que el faraón le informó a José:

—Mira, yo te pongo a cargo de todo el territorio de Egipto.

De inmediato, el faraón se quitó el anillo oficial y se lo puso a José. Hizo que lo vistieran con ropas de lino fino, y que le pusieran un collar de oro en el cuello. Después lo invitó a subirse al carro reservado para el segundo en autoridad, y ordenó que gritaran: «¡Abran paso!» Fue así como el faraón puso a José al frente de todo el territorio de Egipto.

Entonces el faraón le dijo:

—Yo soy el faraón, pero nadie en todo Egipto podrá hacer nada sin tu permiso.

Y le cambió el nombre a José, y lo llamó Zafenat Panea; además, le dio por esposa a Asenat, hija de Potifera, sacerdote de la ciudad de On. De este modo quedó José a cargo de Egipto.

Tenía treinta años cuando comenzó a trabajar al servicio del faraón, rey de Egipto. Génesis 41.14–46

Como José había pronosticado, se produjeron siete años consecutivos de cosechas abundantes seguidos de siete años de hambre a través de la tierra. José se aseguró de que Egipto reuniera suficiente comida durante los años buenos para sobrevivir los años difíciles. A pesar de que era ahora un hombre rico e influyente, él permaneció fiel a su promesa de ayudar a Egipto a sobrevivir a la hambruna. Mientras tanto, en la tierra natal de José, su padre y sus hermanos comenzaron a preguntarse dónde podrían encontrar más alimentos para sus familias El sueño de tiempo atrás de José estaba a punto de hacerse realidad.

Cuando Jacob se enteró de que había alimento en Egipto, les dijo a sus hijos: «¿Qué hacen ahí parados, mirándose unos a otros? He sabido que hay alimento en Egipto. Vayan allá y compren comida para nosotros, para que no muramos, sino que podamos sobrevivir.»

Diez de los hermanos de José fueron a Egipto a comprar alimento. Pero Jacob no dejó que Benjamín, el hermano de José, se fuera con ellos porque pensó que podría sucederle alguna desgracia. Fue así como los hijos de Israel fueron a comprar alimento, al igual que otros, porque el hambre se había apoderado de Canaán. **José era el gobernador del país, y el que vendía trigo a todo el mundo. Cuando sus hermanos llegaron ante él, se postraron rostro en tierra.** GÉNESIS 42.1–6 ⚷

Del pozo a la cima. Los sueños de José tardaron veintiún años en cumplirse, pero a través de todo ese tiempo Dios fue fiel. José también se mantuvo fiel a Dios , sin importar si sus circunstancias eran terriblemente injustas o tremendamente prósperas. Debido a la fidelidad de ambos, la nación emergente de Israel sobrevivió a la hambruna. Como resultado, José se reunió con su padre y disfrutó de una posición de prosperidad y bendición durante más de 70 años hasta su muerte.

Dios nunca nos llama a ser exitosos a través de toda la Biblia, sino nos pide ser fieles. Al considerar la vida de José, vemos que algunas veces el éxito le sigue a la fidelidad y en otras ocasiones no. ¿Qué piensas de esto? ¿Cómo te está yendo en cuanto a ser fiel?

HISTORIAS DE FIDELIDAD: RUT

Ahora avanzamos hasta el período de la historia de Israel en que los israelitas habían ocupado la tierra de Canaán. Una joven moabita, no un israelita, lleva a cabo una de las historias más conmovedoras de fidelidad y lealtad.

En el tiempo en que los caudillos gobernaban el país, hubo allí una época de hambre. Entonces un hombre de Belén de Judá emigró a la tierra de Moab, junto con su esposa y sus dos hijos. El hombre se llamaba Elimélec, su esposa se llamaba Noemí y sus dos hijos, Majlón y Quilión, todos ellos efrateos, de Belén de Judá. Cuando llegaron a la tierra de Moab, se quedaron a vivir allí.

Pero murió Elimélec, esposo de Noemí, y ella se quedó sola con sus dos hijos. Éstos se casaron con mujeres moabitas, la una llamada Orfa y la otra Rut. Después de haber vivido allí unos diez años, murieron también Majlón y Quilión, y Noemí se quedó viuda y sin hijos.

Noemí regresó de la tierra de Moab con sus dos nueras, porque allí se enteró de que el SEÑOR había acudido en ayuda de su pueblo al proveerle de alimento. Salió, pues, con sus dos nueras del lugar donde había vivido, y juntas emprendieron el camino que las llevaría hasta la tierra de Judá.

Entonces Noemí les dijo a sus dos nueras:

—¡Miren, vuelva cada una a la casa de su madre! Que el SEÑOR las trate a ustedes con el mismo amor y lealtad que ustedes han mostrado con los que murieron y conmigo. Que el SEÑOR les conceda hallar seguridad en un nuevo hogar, al lado de un nuevo esposo.

Luego las besó. Pero ellas, deshechas en llanto, alzaron la voz y exclamaron:

—¡No! Nosotras volveremos contigo a tu pueblo.

—¡Vuelvan a su casa, hijas mías! —insistió Noemí—. ¿Para qué se van a ir conmigo? ¿Acaso voy a tener más hijos que pudieran casarse con ustedes? ¡Vuelvan a su casa, hijas mías! ¡Váyanse! Yo soy demasiado vieja para volver a casarme. Aun si abrigara esa esperanza, y esta misma noche me casara y llegara a tener hijos, ¿los esperarían ustedes hasta que crecieran? ¿Y por ellos se quedarían sin casarse? ¡No, hijas mías! Mi amargura es mayor que la de ustedes; ¡la mano del SEÑOR se ha levantado contra mí!

Una vez más alzaron la voz, deshechas en llanto. Luego Orfa se despidió de su suegra con un beso, pero Rut se aferró a ella.

—Mira —dijo Noemí—, tu cuñada se vuelve a su pueblo y a sus dioses. Vuélvete con ella.

Pero Rut respondió:

—**¡No insistas en que te abandone o en que me separe de ti!**

> **»Porque iré adonde tú vayas,**
> **y viviré donde tú vivas.**
> **Tu pueblo será mi pueblo,**
> **y tu Dios será mi Dios.**
> **Moriré donde tú mueras,**
> **y allí seré sepultada.**
> **¡Que me castigue el SEÑOR con toda severidad**
> **si me separa de ti algo que no sea la muerte!**

Al ver Noemí que Rut estaba tan decidida a acompañarla, no le insistió más.

Entonces las dos mujeres siguieron caminando hasta llegar a Belén. Apenas llegaron, hubo gran conmoción en todo el pueblo a causa de ellas.

—¿No es ésta Noemí? —se preguntaban las mujeres del pueblo.

—Ya no me llamen Noemí —repuso ella—. Llámenme Mara, porque el Todopoderoso ha colmado mi vida de amargura.

»Me fui con las manos llenas,
    pero el Señor me ha hecho volver sin nada.
¿Por qué me llaman Noemí
    si me ha afligido el Señor,
    si me ha hecho desdichada el Todopoderoso?

Así fue como Noemí volvió de la tierra de Moab acompañada por su nuera, Rut la moabita. Cuando llegaron a Belén, comenzaba la cosecha de cebada.   Rut 1.1–22

Dios demostró su fidelidad a Noemí y Rut por medio de Booz, su «guardián redentor», que proveyó para sus necesidades y se casó con Rut. Booz y Rut tuvieron un hijo llamado Obed, el cual tuvo un hijo llamado Isaí, que a su vez tuvo un hijo llamado David, quien se convirtió en el gran rey de Israel.

Historias de fidelidad: María

El profeta Miqueas profetizó que el Mesías vendría de la ciudad de David, de Belén. Mil años después de que David viviera, llegó el tiempo en que el Mesías nacería de la tribu de Judá, la familia de David, en la ciudad de Belén. Dios organizó todo esto a través de una descendiente de Rut muy joven y fiel, María. Su respuesta a un sorprendente anuncio demostró la fidelidad de su corazón.

A los seis meses, Dios envió al ángel Gabriel a Nazaret, pueblo de Galilea, a visitar a una joven virgen comprometida para casarse con un hombre que se llamaba José, descendiente de David. La virgen se llamaba María. El ángel se acercó a ella y le dijo:

—¡Te saludo, tú que has recibido el favor de Dios! El Señor está contigo.

Ante estas palabras, María se perturbó, y se preguntaba qué podría significar este saludo.

—No tengas miedo, María; Dios te ha concedido su favor —le dijo el ángel—. Quedarás encinta y darás a luz un hijo, y le pondrás por nombre Jesús. Él será un gran hombre, y lo llamarán Hijo del Altísimo. Dios el Señor le dará el trono de su padre David, y reinará sobre el pueblo de Jacob para siempre. Su reinado no tendrá fin.

—¿Cómo podrá suceder esto —le preguntó María al ángel—, puesto que soy virgen?

—El Espíritu Santo vendrá sobre ti, y el poder del Altísimo te cubrirá con su sombra. Así que al santo niño que va a nacer lo llamarán Hijo de Dios. También tu parienta Elisabet va a tener un hijo en su vejez; de hecho, la que decían que era estéril ya está en el sexto mes de embarazo. Porque para Dios no hay nada imposible.

—**Aquí tienes a la sierva del Señor** —contestó María—. **Que él haga conmigo como me has dicho.**

Con esto, el ángel la dejó.

A los pocos días María emprendió el viaje y se fue de prisa a un pueblo en la región montañosa de Judea. Al llegar, entró en casa de Zacarías y saludó a Elisabet. Tan pronto como Elisabet oyó el saludo de María, la criatura saltó en su vientre. Entonces Elisabet, llena del Espíritu Santo, exclamó:

—¡Bendita tú entre las mujeres, y bendito el hijo que darás a luz! Pero, ¿cómo es esto, que la madre de mi Señor venga a verme? Te digo que tan pronto como llegó a mis oídos la voz de tu saludo, saltó de alegría la criatura que llevo en el vientre. ¡Dichosa tú que has creído, porque lo que el Señor te ha dicho se cumplirá!

Entonces dijo María:

—Mi alma glorifica al Señor,
    y mi espíritu se regocija en Dios mi Salvador,
    porque se ha dignado fijarse en su humilde sierva.
Desde ahora me llamarán dichosa todas las generaciones,
    porque el Poderoso ha hecho grandes cosas por mí.
¡Santo es su nombre!
De generación en generación
    se extiende su misericordia a los que le temen.
Hizo proezas con su brazo;
    desbarató las intrigas de los soberbios.
De sus tronos derrocó a los poderosos,
    mientras que ha exaltado a los humildes.

A los hambrientos los colmó de bienes,
y a los ricos los despidió con las manos vacías.
Acudió en ayuda de su siervo Israel
y, cumpliendo su promesa a nuestros padres,
mostró su misericordia a Abraham
y a su descendencia para siempre.

María se quedó con Elisabet unos tres meses y luego regresó a su casa. LUCAS 1.26–56 🔑

María se comprometió, como «sierva del Señor», a ser fiel al plan de Dios y elogió la fidelidad divina. Tras visitar a su parienta Elisabet, María, ahora embarazada de tres meses, regresó a su ciudad natal de Nazaret. Sin embargo, Nazaret estaba al menos a tres días de camino de Belén. ¿Cómo se iba a cumplir entonces la profecía de que el Mesías vendría de la ciudad de Belén?

Por aquellos días Augusto César decretó que se levantara un censo en todo el imperio romano. (Este primer censo se efectuó cuando Cirenio gobernaba en Siria.) Así que iban todos a inscribirse, cada cual a su propio pueblo.

También José, que era descendiente del rey David, subió de Nazaret, ciudad de Galilea, a Judea. Fue a Belén, la ciudad de David, para inscribirse junto con María su esposa. Ella se encontraba encinta y, mientras estaban allí, se le cumplió el tiempo. Así que dio a luz a su hijo primogénito. Lo envolvió en pañales y lo acostó en un pesebre, porque no había lugar para ellos en la posada.

En esa misma región había unos pastores que pasaban la noche en el campo, turnándose para cuidar sus rebaños. Sucedió que un ángel del Señor se les apareció. La gloria del Señor los envolvió en su luz, y se llenaron de temor. Pero el ángel les dijo: «No tengan miedo. Miren que les traigo buenas noticias que serán motivo de mucha alegría para todo el pueblo. Hoy les ha nacido en la ciudad de David un Salvador, que es Cristo el Señor. Esto les servirá de señal: Encontrarán a un niño envuelto en pañales y acostado en un pesebre.»

De repente apareció una multitud de ángeles del cielo, que alababan a Dios y decían:

«Gloria a Dios en las alturas,
y en la tierra paz a los que gozan de su buena voluntad.»

Cuando los ángeles se fueron al cielo, los pastores se dijeron unos a otros: «Vamos a Belén, a ver esto que ha pasado y que el Señor nos ha dado a conocer.»

Así que fueron de prisa y encontraron a María y a José, y al niño que estaba acostado en el pesebre. Cuando vieron al niño, contaron lo que les habían dicho acerca de él, y cuantos lo oyeron se asombraron de lo que los pastores decían. María, por su parte, guardaba todas estas cosas en su corazón y meditaba acerca de ellas. Los pastores regresaron glorificando y alabando a Dios por lo que habían visto y oído, pues todo sucedió tal como se les había dicho.

Cuando se cumplieron los ocho días y fueron a circuncidarlo, lo llamaron Jesús, nombre que el ángel le había puesto antes de que fuera concebido. LUCAS 2.1–21

Basándote en lo que has aprendido acerca de la fidelidad, ¿quiénes son algunas de las personas más fieles que has conocido? ¿Cómo piensas que han recibido honor y reconocimiento de tu parte? ¿Y de parte de otros? Si es posible, permite que lo sepan.

LO QUE CREEMOS

A lo largo de la Biblia, Dios llamó a los creyentes a ser fieles a la tarea que tenía para ellos, sin importar la dificultad. En realidad, a menudo fue en medio de las etapas difíciles cuando más descubrieron la fidelidad de Dios. Siempre que alinearon sus vidas con la historia de Dios, él estuvo a su lado y logró grandes cosas a través de ellos. Todos los creyentes tienen la oportunidad de dedicar sus vidas a cumplir la voluntad de Dios y demostrar su fidelidad. El resultado de esta fidelidad puede ser tanto grande como hermoso cuando Dios obra a través de los que creen.

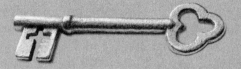

CAPÍTULO

29

Amabilidad

PREGUNTA CLAVE

¿Cómo demuestro calma y consideración hacia los demás?

IDEA CLAVE

Soy amable, considerado y apacible en mis tratos con los demás.

VERSÍCULO CLAVE

Que su amabilidad sea evidente a todos. El Señor está cerca.
—*Filipenses 4.5*

Nada mata a una familia, una amistad, un vecindario o incluso una iglesia tanto como el orgullo, la arrogancia, la ira, los oídos cerrados y las voces elevadas. Debido a que Dios está muy interesado en las comunidades, llama a sus seguidores a ser amables.

En el Nuevo Testamento, la palabra para «amabilidad» proviene de un término médico que se asocia con un medicamento suave. En esencia, podemos decir que una persona amable es alguien que resulta «fácil para el estómago». Cuando alguien carece de amabilidad, nuestro estómago se agita y casi sentimos náuseas. Dios quiere que seamos agentes sanadores en la vida de aquellos que nos rodean. Así que, ¿cómo demostramos calma y consideración hacia los demás? Ese es el enfoque de este capítulo, el cual contiene pasajes de las Escrituras que se centran en:

- El amable Jesús.
- Perlas sobre la amabilidad.
- Historias de amabilidad: Abigaíl.
- Historias de amabilidad: David.
- Historias de amabilidad: Pablo.

Lee de nuevo el versículo clave. ¿Por qué piensas que Pablo puso estas dos oraciones juntas?

EL AMABLE JESÚS

A lo largo de la Biblia encontramos historias y personas que refuerzan el hecho de que la amabilidad es un rasgo del carácter que Dios ha querido para nosotros. Jesús, por supuesto, es nuestro mejor ejemplo de alguien que mostró amabilidad en su trato con los demás. Esto es particularmente cierto en su relación con Pedro. En la última cena, la noche antes de que Jesús fuera crucificado, Pedro le dijo que moriría por él. Pronosticando la futura traición de su discípulo, el Señor lo corrigió. Ya había pronosticado la traición de Judas, que acababa de salir de la sala.

Cuando Judas hubo salido, Jesús dijo:

—Ahora es glorificado el Hijo del hombre, y Dios es glorificado en él. Si Dios es glorificado en él, Dios glorificará al Hijo en sí mismo, y lo hará muy pronto.

»Mis queridos hijos, poco tiempo me queda para estar con ustedes. Me buscarán, y lo que antes les dije a los judíos, ahora se lo digo a ustedes: Adonde yo voy, ustedes no pueden ir.

»Este mandamiento nuevo les doy: que se amen los unos a los otros. Así como yo los he amado, también ustedes deben amarse los unos a los otros. De este modo todos sabrán que son mis discípulos, si se aman los unos a los otros.

—¿Y a dónde vas, Señor? —preguntó Simón Pedro.

—Adonde yo voy, no puedes seguirme ahora, pero me seguirás más tarde.

—Señor —insistió Pedro—, ¿por qué no puedo seguirte ahora? Por ti daré hasta la vida.

—**¿Tú darás la vida por mí? ¡De veras te aseguro que antes de que cante el gallo, me negarás tres veces!**   Juan 13.31–38

Pedro no podía imaginarse traicionando a su Maestro. Lo había dejado todo por seguir a Jesús. Sin embargo, cuando Jesús fue arrestado más avanzada la noche, el temor de Pedro superó a su fe.

Entonces los soldados, con su comandante, y los guardias de los judíos, arrestaron a Jesús. Lo ataron y lo llevaron primeramente a Anás, que era suegro de Caifás, el sumo sacerdote de aquel año. Caifás era el que había aconsejado a los judíos que era preferible que muriera un solo hombre por el pueblo.

Simón Pedro y otro discípulo seguían a Jesús. Y como el otro discípulo era conocido del sumo sacerdote, entró en el patio del sumo sacerdote con Jesús; Pedro, en cambio, tuvo que quedarse afuera, junto a la puerta. El discípulo conocido del sumo sacerdote volvió entonces a salir, habló con la portera de turno y consiguió que Pedro entrara.

—**¿No eres tú también uno de los discípulos de ese hombre?** —le preguntó la portera.

—**No lo soy** —respondió Pedro.

Los criados y los guardias estaban de pie alrededor de una fogata que habían hecho para calentarse, pues hacía frío. Pedro también estaba de pie con ellos, calentándose.

Mientras tanto, el sumo sacerdote interrogaba a Jesús acerca de sus discípulos y de sus enseñanzas.

—Yo he hablado abiertamente al mundo —respondió Jesús—. Siempre he enseñado en las sinagogas o en el templo, donde se congregan todos los judíos. En secreto no he dicho nada. ¿Por qué me interrogas a mí? ¡Interroga a los que me han oído hablar! Ellos deben saber lo que dije.

Apenas dijo esto, uno de los guardias que estaba allí cerca le dio una bofetada y le dijo:

—¿Así contestas al sumo sacerdote?

—Si he dicho algo malo —replicó Jesús—, demuéstramelo. Pero si lo que dije es correcto, ¿por qué me pegas?

Entonces Anás lo envió, todavía atado, a Caifás, el sumo sacerdote.

Mientras tanto, Simón Pedro seguía de pie, calentándose.

—¿No eres tú también uno de sus discípulos? —le preguntaron.

—No lo soy —dijo Pedro, negándolo.

—¿Acaso no te vi en el huerto con él? —insistió uno de los siervos del sumo sacerdote, pariente de aquel a quien Pedro le había cortado la oreja.

Pedro volvió a negarlo, y en ese instante cantó el gallo.

JUAN 18.12–27

En algún momento entre la resurrección y la ascensión de Jesús al cielo, se apareció ante siete de sus discípulos que habían ido a pescar. Con un corazón lleno de amabilidad, Jesús restauró la relación entre él y Pedro, y le asignó al discípulo una posición de especial responsabilidad en la iglesia.

Después de esto Jesús se apareció de nuevo a sus discípulos, junto al lago de Tiberíades. Sucedió de esta manera: Estaban juntos Simón Pedro, Tomás (al que apodaban el Gemelo), Natanael, el de Caná de Galilea, los hijos de Zebedeo, y otros dos discípulos.

—Me voy a pescar —dijo Simón Pedro.

—Nos vamos contigo —contestaron ellos.

Salieron, pues, de allí y se embarcaron, pero esa noche no pescaron nada.

Al despuntar el alba Jesús se hizo presente en la orilla, pero los discípulos no se dieron cuenta de que era él.

—Muchachos, ¿no tienen algo de comer? —les preguntó Jesús.

—No —respondieron ellos.

—Tiren la red a la derecha de la barca, y pescarán algo. Así lo hicieron, y era tal la cantidad de pescados que ya no podían sacar la red.

—¡Es el Señor! —dijo a Pedro el discípulo a quien Jesús amaba. Tan pronto como Simón Pedro le oyó decir: «Es el Señor», se puso la ropa, pues estaba semidesnudo, y se tiró al agua. Los otros discípulos lo siguieron en la barca, arrastrando la red llena de pescados, pues estaban a escasos cien metros de la orilla. Al desembarcar, vieron unas brasas con un pescado encima, y un pan.

—Traigan algunos de los pescados que acaban de sacar —les dijo Jesús.

Simón Pedro subió a bordo y arrastró hasta la orilla la red, la cual estaba llena de pescados de buen tamaño. Eran ciento cincuenta y tres, pero a pesar de ser tantos la red no se rompió.

—Vengan a desayunar —les dijo Jesús.

Ninguno de los discípulos se atrevía a preguntarle: «¿Quién eres tú?», porque sabían que era el Señor. Jesús se acercó, tomó el pan y se lo dio a ellos, e hizo lo mismo con el pescado. Ésta fue la tercera vez que Jesús se apareció a sus discípulos después de haber resucitado.

Cuando terminaron de desayunar, Jesús le preguntó a Simón Pedro:

—Simón, hijo de Juan, ¿me amas más que éstos?

—Sí, Señor, tú sabes que te quiero —contestó Pedro.

—Apacienta mis corderos —le dijo Jesús.

Y volvió a preguntarle:

—Simón, hijo de Juan, ¿me amas?

—Sí, Señor, tú sabes que te quiero.

—Cuida de mis ovejas.

Por tercera vez Jesús le preguntó:

—Simón, hijo de Juan, ¿me quieres?

A Pedro le dolió que por tercera vez Jesús le hubiera preguntado: «¿Me quieres?» Así que le dijo:

—Señor, tú lo sabes todo; tú sabes que te quiero.

—Apacienta mis ovejas —le dijo Jesús—. De veras te aseguro que cuando eras más joven te vestías tú mismo e ibas adonde querías; pero cuando seas viejo, extenderás las manos y otro te vestirá y te llevará adonde no quieras ir.

Esto dijo Jesús para dar a entender la clase de muerte con que Pedro glorificaría a Dios. Después de eso añadió:

—¡Sígueme!   JUAN 21.1–19 ⚷

Algunos piensas que Jesús le preguntó tres veces a Pedro si lo amaba para ayudarlo a rectificar las tres veces que lo negó. ¿Consideras que esta era la intención de Jesús? ¿Piensas que eso te hubiera ayudado si estuvieras en el lugar de Pedro?

La relación de Pedro quedó totalmente restaurada a través de la amable invitación de Jesús. El resto del Nuevo Testamento nos narra cómo Pedro cumplió la misión que Jesús le dio. Él declaró la Palabra de Dios con valentía y fue un líder para el pueblo de Dios. Jesús no trató con amabilidad solo a Pedro. Él invita a todas las personas a recibir su regalo de paz y descanso.

«Vengan a mí todos ustedes que están cansados y agobiados, y yo les daré descanso. Carguen con mi yugo y aprendan de mí, pues yo soy apacible y humilde de corazón, y encontrarán descanso para su alma. Porque mi yugo es suave y mi carga es liviana.»   MATEO 11.28–30

PERLAS SOBRE LA AMABILIDAD

El Nuevo Testamento nos ofrece enseñanzas preciosas acerca de ser amables, considerados y apacibles. Jesús nos ofreció poderosas percepciones y nos dio ánimo en el Sermón del Monte.

Mientras lees los consejos de Jesús en cuanto a la amabilidad, identifica el que más influye en ti. ¿Por qué escogiste ese?

Dichosos los humildes,
    porque recibirán la tierra como herencia.   MATEO 5.5

«Ustedes han oído que se dijo: "Ojo por ojo y diente por diente." Pero yo les digo: No resistan al que les haga mal. **Si alguien te da una bofetada en la mejilla derecha, vuélvele también la otra.** Si alguien te pone pleito para quitarte la capa, déjale también la camisa. Si alguien te obliga a llevarle la carga un kilómetro, llévasela dos. Al que te pida, dale; y al que quiera tomar de ti prestado, no le vuelvas la espalda.» MATEO 5.38–42

«No juzguen a nadie, para que nadie los juzgue a ustedes. Porque tal como juzguen se les juzgará, y con la medida que midan a otros, se les medirá a ustedes.

»¿Por qué te fijas en la astilla que tiene tu hermano en el ojo, y no le das importancia a la viga que está en el tuyo? ¿Cómo puedes decirle a tu hermano: "Déjame sacarte la astilla del ojo", cuando ahí tienes una viga en el tuyo? ¡Hipócrita!, saca primero la viga de tu propio ojo, y entonces verás con claridad para sacar la astilla del ojo de tu hermano.» MATEO 7.1–5

Inspirados por la vida y las enseñanzas de Jesús, y guiados por el Espíritu Santo, los apóstoles ofrecieron más opiniones y ánimo en cuanto a la virtud de la amabilidad.

El fruto del Espíritu es amor, alegría, paz, paciencia, amabilidad, bondad, fidelidad, humildad y dominio propio. No hay ley que condene estas cosas. GÁLATAS 5.22–23

Siempre humildes y amables, pacientes, tolerantes unos con otros en amor. EFESIOS 4.2

«Si se enojan, no pequen.» No dejen que el sol se ponga estando aún enojados, ni den cabida al diablo. El que robaba, que no robe más, sino que trabaje honradamente con las manos para tener qué compartir con los necesitados.

Eviten toda conversación obscena. Por el contrario, que sus palabras contribuyan a la necesaria edificación y sean de bendición para quienes escuchan. No agravien al Espíritu Santo de Dios, con el cual fueron sellados para el día de la redención. Abandonen toda amargura, ira y enojo, gritos y calumnias, y toda forma de malicia. Más bien, sean bondadosos y compasivos unos con otros, y perdónense mutuamente, así como Dios los perdonó a ustedes en Cristo. EFESIOS 4.26–32

Y ustedes, padres, no hagan enojar a sus hijos, sino críenlos según la disciplina e instrucción del Señor. EFESIOS 6.4

Por lo tanto, como escogidos de Dios, santos y amados, revístanse de afecto entrañable y de bondad, humildad, amabilidad y paciencia.

COLOSENSES 3.12

Se dice, y es verdad, que si alguno desea ser obispo, a noble función aspira. Así que el obispo debe ser intachable, esposo de una sola mujer, moderado, sensato, respetable, hospitalario, capaz de enseñar; no debe ser borracho ni pendenciero, ni amigo del dinero, sino amable y apacible. Debe gobernar bien su casa y hacer que sus hijos le obedezcan con el debido respeto.   1 TIMOTEO 3.1–4

No reprendas con dureza al anciano, sino aconséjalo como si fuera tu padre. Trata a los jóvenes como a hermanos; a las ancianas, como a madres; a las jóvenes, como a hermanas, con toda pureza.   1 TIMOTEO 5.1–2

El amor al dinero es la raíz de toda clase de males. Por codiciarlo, algunos se han desviado de la fe y se han causado muchísimos sinsabores.

Tú, en cambio, hombre de Dios, huye de todo eso, y esmérate en seguir la justicia, la piedad, la fe, el amor, la constancia y la humildad.

1 TIMOTEO 6.10–11

Y un siervo del Señor no debe andar peleando; más bien, debe ser amable con todos, capaz de enseñar y no propenso a irritarse. Así, humildemente, debe corregir a los adversarios, con la esperanza de que Dios les conceda el arrepentimiento para conocer la verdad, de modo que se despierten y escapen de la trampa en que el diablo los tiene cautivos, sumisos a su voluntad.   2 TIMOTEO 2.24–26

Recuérdales a todos que deben mostrarse obedientes y sumisos ante los gobernantes y las autoridades. Siempre deben estar dispuestos a hacer lo bueno: a no hablar mal de nadie, sino a buscar la paz y ser respetuosos, demostrando plena humildad en su trato con todo el mundo.   TITO 3.1–2

La sabiduría que desciende del cielo es ante todo pura, y además pacífica, bondadosa, dócil, llena de compasión y de buenos frutos, imparcial y sincera. En fin, el fruto de la justicia se siembra en paz para los que hacen la paz.   SANTIAGO 3.17–18

> Reflexiona de nuevo en Efesios 4.26–28. ¿Cómo le damos lugar
> al diablo en nuestra vida si dejamos que el sol se ponga
> estando aún enojados?

Pablo animó a dos mujeres cristianas en la iglesia de Filipos a reconciliar sus diferencias, y luego exhortó a toda la congregación a mostrar su amabilidad públicamente a la luz de la pronta llegada del Señor.

Ruego a Evodia y también a Síntique que se pongan de acuerdo en el Señor. Y a ti, mi fiel compañero, te pido que ayudes a estas mujeres que han luchado a mi lado en la obra del evangelio, junto con Clemente y los demás colaboradores míos, cuyos nombres están en el libro de la vida. Alégrense siempre en el Señor. Insisto: ¡Alégrense! **Que su amabilidad sea evidente a todos. El Señor está cerca.** FILIPENSES 4.2–5

Del mismo modo, Pedro les dijo a sus lectores que ser amable, considerado y apacible resulta clave en una relación matrimonial.

Así mismo, esposas, sométanse a sus esposos, de modo que si algunos de ellos no creen en la palabra, puedan ser ganados más por el comportamiento de ustedes que por sus palabras, al observar su conducta íntegra y respetuosa. **Que la belleza de ustedes no sea la externa, que consiste en adornos tales como peinados ostentosos, joyas de oro y vestidos lujosos. Que su belleza sea más bien la incorruptible, la que procede de lo íntimo del corazón y consiste en un espíritu suave y apacible. Ésta sí que tiene mucho valor delante de Dios.** 1 PEDRO 3.1–4

De igual manera, ustedes esposos, sean comprensivos en su vida conyugal, tratando cada uno a su esposa con respeto, ya que como mujer es más delicada, y ambos son herederos del grato don de la vida. Así nada estorbará las oraciones de ustedes. 1 PEDRO 3.7

HISTORIAS DE AMABILIDAD: ABIGAÍL

> Mientras lees las tres historias de 1 Samuel 25, 2 Samuel 16 y 1
> Tesalonicenses 2, busca las formas en que el enojo se aviva y cómo
> la amabilidad influye en las situaciones tensas.

Samuel ungió al joven David como el siguiente rey de Israel, pero el rey imperante, Saúl, lo odiaba, provocando que David tuviera que vivir como un fugitivo. Mientras huía de Saúl, David se encontró con una pareja que mostraba cualidades opuestas: Abigaíl era sabia y amable, mientras que Nabal era necio y cruel. David le pidió a Nabal solo un pago razonable por la protección que él y sus hombres habían proporcionado de forma voluntaria para beneficio de Nabal. La respuesta de Nabal fue descortés y ruda. Abigaíl reparó la situación con amabilidad y diplomacia.

Samuel murió, y fue enterrado en Ramá, donde había vivido. Todo Israel se reunió para hacer duelo por él. Después de eso David bajó al desierto de Maón.

Había en Maón un hombre muy rico, dueño de mil cabras y tres mil ovejas, las cuales esquilaba en Carmel, donde tenía su hacienda. Se llamaba Nabal y pertenecía a la familia de Caleb. Su esposa, Abigaíl, era una mujer bella e inteligente; Nabal, por el contrario, era insolente y de mala conducta.

Estando David en el desierto, se enteró de que Nabal estaba esquilando sus ovejas. Envió entonces diez de sus hombres con este encargo: «Vayan a Carmel para llevarle a Nabal un saludo de mi parte. Díganle: "¡Que tengan salud y paz tú y tu familia, y todo lo que te pertenece! Acabo de escuchar que estás esquilando tus ovejas. Como has de saber, cuando tus pastores estuvieron con nosotros, jamás los molestamos. En todo el tiempo que se quedaron en Carmel, nunca se les quitó nada. Pregúntales a tus criados, y ellos mismos te lo confirmarán. Por tanto, te agradeceré que recibas bien a mis hombres, pues este día hay que celebrarlo. Dales, por favor, a tus siervos y a tu hijo David lo que tengas a la mano."»

Cuando los hombres de David llegaron, le dieron a Nabal este mensaje de parte de David y se quedaron esperando. Pero Nabal les contestó:

—¿Y quién es ese tal David? ¿Quién es el hijo de Isaí? Hoy día son muchos los esclavos que se escapan de sus amos. ¿Por qué he de compartir mi pan y mi agua, y la carne que he reservado para mis esquiladores, con gente que ni siquiera sé de dónde viene?

Los hombres de David se dieron la vuelta y se pusieron en camino. Cuando llegaron ante él, le comunicaron todo lo que Nabal había dicho. Entonces David les ordenó: «¡Cíñanse todos la espada!» Y todos, incluso él, se la ciñeron. Acompañaron a David unos cuatrocientos hombres, mientras que otros doscientos se quedaron cuidando el bagaje.

Uno de los criados avisó a Abigaíl, la esposa de Nabal: «David envió desde el desierto unos mensajeros para saludar a nuestro amo, pero él los trató mal. Esos hombres se portaron muy bien con nosotros. En todo el tiempo que anduvimos con ellos por el campo, jamás nos molestaron ni nos quitaron nada. Día y noche nos protegieron mientras cuidábamos los rebaños cerca de ellos. Piense usted bien lo que debe hacer, pues la ruina está por caer sobre nuestro amo y sobre toda su familia. Tiene tan mal genio que ni hablar se puede con él.»

Sin perder tiempo, Abigaíl reunió doscientos panes, dos odres de vino, cinco ovejas asadas, treinta y cinco litros de trigo tostado, cien tortas de uvas pasas y doscientas tortas de higos. Después de cargarlo todo sobre unos asnos, les dijo a los criados: «Adelántense, que yo los sigo.» Pero a Nabal, su esposo, no le dijo nada de esto.

Montada en un asno, Abigaíl bajaba por la ladera del monte cuando vio que David y sus hombres venían en dirección opuesta, de manera que se encontraron. David recién había comentado: «De balde estuve protegiendo en el desierto las propiedades de ese tipo, para que no perdiera nada. Ahora resulta que me paga mal por el bien que le hice. ¡Que Dios me castigue sin piedad si antes del amanecer no acabo con todos sus hombres!»

Cuando Abigaíl vio a David, se bajó rápidamente del asno y se inclinó ante él, postrándose rostro en tierra. Se arrojó a sus pies y dijo:

—Señor mío, yo tengo la culpa. Deje que esta sierva suya le hable; le ruego que me escuche. No haga usted caso de ese grosero de Nabal, pues le hace honor a su nombre, que significa "necio". La necedad lo acompaña por todas partes. Yo, por mi parte, no vi a los mensajeros que usted, mi señor, envió.

»Pero ahora el SEÑOR le ha impedido a usted derramar sangre y hacerse justicia con sus propias manos. ¡Tan cierto como que el SEÑOR y usted viven! Por eso, pido que a sus enemigos, y a todos los que quieran hacerle daño, les pase lo mismo que a Nabal. Acepte usted este regalo que su servidora le ha traído, y repártalo entre los criados que lo acompañan. Yo le ruego que perdone la falta de esta servidora suya. Ciertamente, el SEÑOR le dará a usted una dinastía que se mantendrá firme, y nunca nadie podrá hacerle a usted ningún daño, pues usted pelea las batallas del SEÑOR. Aun si alguien lo persigue con la intención de matarlo, su vida estará protegida por el SEÑOR su Dios, mientras que sus enemigos serán lanzados a la destrucción. Así que, cuando el SEÑOR le haya hecho todo el bien que le ha prometido, y lo haya establecido como jefe de Israel, no tendrá usted que sufrir la pena y el remordimiento de haberse vengado por sí mismo, ni de haber derramado sangre inocente. Acuérdese usted de esta servidora suya cuando el SEÑOR le haya dado prosperidad.

David le dijo entonces a Abigaíl:

—¡Bendito sea el SEÑOR, Dios de Israel, que te ha enviado hoy a mi encuentro! ¡Y bendita seas tú por tu buen juicio, pues me has impedido derramar sangre y vengarme con mis propias manos! El SEÑOR, Dios de Israel, me ha impedido hacerte mal; pero te digo que si no te hubieras dado prisa en venir a mi encuentro, para mañana no le habría quedado vivo a Nabal ni uno solo de sus hombres. ¡Tan cierto como que el SEÑOR vive!

Dicho esto, David aceptó lo que ella le había traído.

—Vuelve tranquila a tu casa —añadió—. Como puedes ver, te he hecho caso: te concedo lo que me has pedido.

Cuando Abigaíl llegó a la casa, Nabal estaba dando un regio banquete. Se encontraba alegre y muy borracho, así que ella no le dijo nada hasta el día siguiente. Por la mañana, cuando a Nabal ya se le había pasado la borrachera, su esposa le contó lo sucedido. Al oírlo, Nabal sufrió un ataque al corazón y quedó paralizado. Unos diez días después, el SEÑOR hirió a Nabal, y así murió.

Cuando David se enteró de que Nabal había muerto, exclamó: «¡Bendito sea el SEÑOR, que me ha hecho justicia por la afrenta que recibí de Nabal! El SEÑOR libró a este siervo suyo de hacer mal, pero hizo recaer sobre Nabal su propia maldad.»

Entonces David envió un mensaje a Abigaíl, proponiéndole matrimonio. Cuando los criados llegaron a Carmel, hablaron con Abigaíl y le dijeron:

—David nos ha enviado para pedirle a usted que se case con él.

Ella se inclinó, y postrándose rostro en tierra dijo:

—Soy la sierva de David, y estoy para servirle. Incluso estoy dispuesta a lavarles los pies a sus criados.

Sin perder tiempo, Abigaíl se dispuso a partir. Se montó en un asno y, acompañada de cinco criadas, se fue con los mensajeros de David. Después se casó con él.   1 SAMUEL 25.1–42 ⚷

HISTORIAS DE AMABILIDAD: DAVID

Nuestra amabilidad con los demás es probada al máximo cuando las cosas no nos van bien; cuando estamos frustrados, cansados o desanimados. David era ahora el rey de Israel, pero su hijo Absalón conspiró contra él para tomar el trono. Inseguro del alcance del apoyo que tenía Absalón, David temía quedar atrapado en Jerusalén y deseaba evitarle a la ciudad un baño de sangre. Así que huyó como fugitivo una vez más. En su camino a Jerusalén, David experimentó una situación que casi era insoportable. ¿Cómo respondió?

Cuando el rey David llegó a Bajurín, salía de allí un hombre de la familia de Saúl, llamado Simí hijo de Guerá. Éste se puso a maldecir, y a tirarles piedras a David y a todos sus oficiales, a pesar de que las tropas y la guardia real rodeaban al rey. En sus insultos, Simí le decía al rey:

—¡Largo de aquí! ¡Asesino! ¡Canalla! El SEÑOR te está dando tu merecido por haber masacrado a la familia de Saúl para reinar en su lugar. Por eso el SEÑOR le ha entregado el reino a tu hijo Absalón. Has caído en desgracia, porque eres un asesino.

Abisay hijo de Sarvia le dijo al rey:

—¿Cómo se atreve este perro muerto a maldecir a Su Majestad? ¡Déjeme que vaya y le corte la cabeza!

Pero el rey respondió:

—Esto no es asunto mío ni de ustedes, hijos de Sarvia. A lo mejor el SEÑOR le ha ordenado que me maldiga. Y si es así, ¿quién se lo puede reclamar?

Dirigiéndose a Abisay y a todos sus oficiales, David añadió:

—Si el hijo de mis entrañas intenta quitarme la vida, ¡qué no puedo esperar de este benjaminita! Déjenlo que me maldiga, pues el SEÑOR se lo ha mandado. A lo mejor el SEÑOR toma en cuenta mi aflicción y me paga con bendiciones las maldiciones que estoy recibiendo.

David y sus hombres reanudaron el viaje. Simí, por su parte, los seguía por la ladera del monte, maldiciendo a David, tirándole piedras y levantando polvo. El rey y quienes lo acompañaban llegaron agotados a su destino, así que descansaron allí.   2 SAMUEL 16.5–14

HISTORIAS DE AMABILIDAD: PABLO

Al igual que David, Pablo llevaba una gran responsabilidad sobre sus hombros, y a menudo otros lo desafiaron y socavaron su trabajo. Hubiera sido muy fácil que Pablo perdiera los estribos con los nuevos creyentes a los que intentaba ayudar a crecer en Cristo. Sin embargo, no lo hizo. En su primera carta a la iglesia en Tesalónica, Pablo expuso su efectivo enfoque de la amabilidad al ministrarles. Este es un enfoque que nosotros deberíamos ser sabios y emularlo con las personas que Dios ha puesto en nuestra vida.

Hermanos, bien saben que nuestra visita a ustedes no fue un fracaso. Y saben también que, a pesar de las aflicciones e insultos que antes sufrimos en Filipos, cobramos confianza en nuestro Dios y nos atrevimos a comunicarles el evangelio en medio de una gran lucha. Nuestra predicación no se origina en el error ni en malas intenciones, ni procura engañar a nadie. Al contrario, hablamos como hombres a quienes Dios aprobó y les confió el evangelio: no tratamos de agradar a la gente sino a Dios, que examina nuestro corazón. Como saben, nunca hemos recurrido a las adulaciones ni a las excusas para obtener dinero; Dios es testigo. Tampoco hemos buscado honores de nadie; ni de ustedes ni de otros. Aunque como apóstoles de Cristo hubiéramos podido ser exigentes con ustedes, los tratamos con delicadeza. Como una madre que amamanta y cuida a sus hijos, así nosotros, por el cariño que les tenemos, nos deleitamos en compartir con ustedes no sólo el evangelio de Dios sino también nuestra vida. ¡Tanto llegamos a quererlos! Recordarán, hermanos, nuestros esfuerzos y fatigas para proclamarles el evangelio de Dios, y cómo trabajamos día y noche para no serles una carga.

Dios y ustedes me son testigos de que nos comportamos con ustedes los creyentes en una forma santa, justa e irreprochable. Saben también que a cada uno de ustedes lo hemos tratado como trata un padre a sus propios hijos. Los hemos animado, consolado y exhortado a llevar una vida digna de Dios, que los llama a su reino y a su gloria.

Así que no dejamos de dar gracias a Dios, porque al oír ustedes la palabra de Dios que les predicamos, la aceptaron no como palabra humana sino como lo que realmente es, palabra de Dios, la cual actúa en ustedes los creyentes. 1 Tesalonicenses 2.1–13

LO QUE CREEMOS

La amabilidad se fundamenta en nuestra creencia en la humanidad. Cuando vemos a las personas de la forma que Dios las ve, nos sentimos motivados a tratarlas bien. Una persona amable, de acuerdo a la visión de Dios, es cortés. Piensa antes de hablar o actuar. Una persona amable es considerada. Constantemente se pone en el lugar de los demás y actúa en consecuencia. Una persona amable es calmada. Es conocida por su temperamento moderado y su energía positiva. Jesús modeló esta virtud para nosotros en muchas de sus relaciones. También podemos encontrar ejemplos de gentileza en las historias de Abigaíl, David y Pablo. Del mismo modo, debemos prestarle atención a la vida de hombres como Nabal. A veces observar un ejemplo negativo puede abrir nuestros ojos. Busca las perlas de amabilidad sobre las que leíste al principio del capítulo, escoge una sugerencia, inténtala por siete días y considera si no produce un cambio en tu vida y las vidas de aquellos que Dios ha puesto a tu alrededor con un propósito determinado.

CAPÍTULO

30

Humildad

PREGUNTA CLAVE

¿Qué significa valorar a otros antes que a mí mismo?

IDEA CLAVE

Decido estimar a otros más que a mí mismo.

VERSÍCULO CLAVE

No hagan nada por egoísmo o vanidad; más bien, con humildad consideren a los demás como superiores a ustedes mismos. Cada uno debe velar no sólo por sus propios intereses sino también por los intereses de los demás.

—Filipenses 2.3–4

NUESTRO MAPA

La humildad es una virtud impulsora en la vida y la comunidad cristiana. Decidir estimar a otros más que a nosotros mismos fomenta la armonía y el amor. Lo contrario de la humildad es el orgullo. Las personas orgullosas normalmente creen que son mejores que los demás. Se esfuerzan por hacer las cosas a su forma a expensas de otros, o alardean como una manera de mejorar una baja autoestima. Cuando una persona demuestra tener la humildad bíblica, se alimenta de la «estima de Dios» en su interior. Ha recibido el amor incondicional de Dios y acepta su valía intrínseca como su hijo o hija, su identidad en Cristo.

Basándonos en esta creencia somos capaces de levantar a otros. Este capítulo nos proporciona pasajes de las Escrituras en cuanto a los temas:

- *Cristo como nuestro ejemplo.*
- *Dios se opone a los orgullosos, pero da favor a los humildes.*
- *La paradoja de la humildad.*
- *El requisito de Dios.*

CRISTO COMO NUESTRO EJEMPLO

Jesús es nuestro ejemplo supremo de humildad. El Dios del universo podría haber llegado a nuestro mundo en un caballo blanco con un gran séquito y mucha algarabía. En cambio, vino a nosotros como un bebé nacido en un establo de padres pobres.

Por aquellos días Augusto César decretó que se levantara un censo en todo el imperio romano. (Este primer censo se efectuó cuando Cirenio gobernaba en Siria.) Así que iban todos a inscribirse, cada cual a su propio pueblo.

También José, que era descendiente del rey David, subió de Nazaret, ciudad de Galilea, a Judea. Fue a Belén, la ciudad de David, para inscribirse junto con María su esposa. Ella se encontraba encinta y, mientras estaban allí, se le cumplió el tiempo. Así que dio a luz a su hijo primogénito. **Lo envolvió en pañales y lo acostó en un pesebre, porque no había lugar para ellos en la posada.**

En esa misma región había unos pastores que pasaban la noche en el campo, turnándose para cuidar sus rebaños. Sucedió que un ángel del Señor se les apareció. La gloria del Señor los envolvió en su luz, y se llenaron de temor. Pero el ángel les dijo: «No tengan miedo. Miren que les traigo buenas noticias que serán motivo de mucha alegría para todo el pueblo. Hoy les ha nacido en la ciudad de David un Salvador, que es Cristo el Señor. Esto les servirá de señal: Encontrarán a un niño envuelto en pañales y acostado en un pesebre.»

De repente apareció una multitud de ángeles del cielo, que alababan a Dios y decían:

«Gloria a Dios en las alturas,
y en la tierra paz a los que gozan de su buena voluntad.»

Cuando los ángeles se fueron al cielo, los pastores se dijeron unos a otros: «Vamos a Belén, a ver esto que ha pasado y que el Señor nos ha dado a conocer.»

Así que fueron de prisa y encontraron a María y a José, y al niño que estaba acostado en el pesebre. Cuando vieron al niño, contaron lo que les habían dicho acerca de él, y cuantos lo oyeron se asombraron de lo que los pastores decían. María, por su parte, guardaba todas estas cosas en su corazón y meditaba acerca de ellas. Los pastores regresaron glorificando y alabando a Dios por lo que habían visto y oído, pues todo sucedió tal como se les había dicho. Lucas 2.1–20

Cuando Jesús estaba llegando al final de su tiempo en la tierra, deseaba dejar grabada en sus discípulos la importancia de la humildad. Él lo hace de una manera inolvidable.

Se acercaba la fiesta de la Pascua. Jesús sabía que le había llegado la hora de abandonar este mundo para volver al Padre. Y habiendo amado a los suyos que estaban en el mundo, los amó hasta el fin.

Llegó la hora de la cena. El diablo ya había incitado a Judas Iscariote, hijo de Simón, para que traicionara a Jesús. **Sabía Jesús que el Padre había puesto todas las cosas bajo su dominio, y que había salido de Dios y a él volvía; así que se levantó de la mesa, se quitó el manto y se ató una toalla a la cintura. Luego echó agua en un recipiente y comenzó a lavarles los pies a sus discípulos y a secárselos con la toalla que llevaba a la cintura.**

Cuando llegó a Simón Pedro, éste le dijo:

—¿Y tú, Señor, me vas a lavar los pies a mí?

—Ahora no entiendes lo que estoy haciendo —le respondió Jesús—, pero lo entenderás más tarde.

—¡No! —protestó Pedro—. ¡Jamás me lavarás los pies!

—Si no te los lavo, no tendrás parte conmigo.

—Entonces, Señor, ¡no sólo los pies sino también las manos y la cabeza!

—El que ya se ha bañado no necesita lavarse más que los pies —le contestó Jesús—; pues ya todo su cuerpo está limpio. Y ustedes ya están limpios, aunque no todos.

Jesús sabía quién lo iba a traicionar, y por eso dijo que no todos estaban limpios.

Cuando terminó de lavarles los pies, se puso el manto y volvió a su lugar. Entonces les dijo:

—¿Entienden lo que he hecho con ustedes? Ustedes me llaman Maestro y Señor, y dicen bien, porque lo soy. Pues si yo, el Señor y el Maestro, les he lavado los pies, también ustedes deben lavarse los pies los unos a los otros. Les he puesto el ejemplo, para que hagan lo mismo que yo he hecho con ustedes. Ciertamente les aseguro que ningún siervo es más que su amo, y ningún mensajero es más que el que lo envió. ¿Entienden esto? Dichosos serán si lo ponen en práctica.   JUAN 13.1–17 🔑

Jesús modeló un liderazgo basado en el servicio
mientras estuvo en la tierra. ¿De qué otras formas
podemos demostrar este principio además de lavando
los pies de una persona?

Siguiendo los pasos del Salvador, el apóstol Pablo le escribió una tierna carta a la iglesia en Filipos, pidiéndole que practicara la humildad. Él citó a Jesús como el modelo.

Por tanto, si sienten algún estímulo en su unión con Cristo, algún consuelo en su amor, algún compañerismo en el Espíritu, algún afecto entrañable, llénenme de alegría teniendo un mismo parecer, un mismo amor, unidos en alma y pensamiento. No hagan nada por egoísmo o vanidad; más bien, con humildad consideren a los demás como superiores a ustedes mismos. Cada uno debe velar no sólo por sus propios intereses sino también por los intereses de los demás.

La actitud de ustedes debe ser como la de Cristo Jesús,

> **quien, siendo por naturaleza Dios,**
> **no consideró el ser igual a Dios como algo a qué**
> **aferrarse.**
> **Por el contrario, se rebajó voluntariamente,**
> **tomando la naturaleza de siervo**
> **y haciéndose semejante a los seres humanos.**
> **Y al manifestarse como hombre,**
> **se humilló a sí mismo**
> **y se hizo obediente hasta la muerte,**
> **¡y muerte de cruz!**

> Por eso Dios lo exaltó hasta lo sumo
> y le otorgó el nombre
> que está sobre todo nombre,
> para que ante el nombre de Jesús
> se doble toda rodilla
> en el cielo y en la tierra
> y debajo de la tierra,
> y toda lengua confiese que Jesucristo es el Señor,
> para gloria de Dios Padre.

Así que, mis queridos hermanos, como han obedecido siempre —no sólo en mi presencia sino mucho más ahora en mi ausencia— lleven a cabo su salvación con temor y temblor, pues Dios es quien produce en ustedes tanto el querer como el hacer para que se cumpla su buena voluntad. FILIPENSES 2.1–13

¿A qué piensas que se hace referencia cuando se afirma que Jesús «se rebajó voluntariamente»? ¿Quién era él antes de que se rebajara a sí mismo? ¿Por qué hizo eso?

DIOS SE OPONE A LOS ORGULLOSOS, PERO DA FAVOR A LOS HUMILDES

A lo largo de la Biblia encontramos un patrón, y es que Dios se opone a los orgullosos y da favor a los humildes. Los siguientes pasajes de los libros de Salmos y Proverbios son breves, pero sus mensajes resultan poderosos.

Mientras lees pasajes de Salmos y Proverbios,
anota todas las formas en que Dios se opone a los orgullosos
y da gracia a los humildes.

Con arrogancia persigue el malvado al indefenso,
     pero se enredará en sus propias artimañas.
El malvado hace alarde de su propia codicia;
     alaba al ambicioso y menosprecia al SEÑOR.
El malvado levanta insolente la nariz,
     y no da lugar a Dios en sus pensamientos.   SALMOS 10.2–4

Tú das la victoria a los humildes,
     pero humillas a los altaneros.   SALMOS 18.27

Bueno y justo es el SEÑOR;
     por eso les muestra a los pecadores el camino.
Él dirige en la justicia a los humildes,
     y les enseña su camino.   SALMOS 25.8–9

El SEÑOR sostiene a los pobres,
     pero hace morder el polvo a los impíos.   SALMOS 147.6

La maldición del SEÑOR cae sobre la casa del malvado;
     su bendición, sobre el hogar de los justos.
El SEÑOR se burla de los burlones,
     pero muestra su favor a los humildes.
                                   PROVERBIOS 3.33–34

Con el orgullo viene el oprobio;
     con la humildad, la sabiduría.   PROVERBIOS 11.2

Al orgullo le sigue la destrucción;
a la altanería, el fracaso.
Vale más humillarse con los oprimidos
     que compartir el botín con los orgullosos.
                                   PROVERBIOS 16.18–19

Al fracaso lo precede la soberbia humana;
     a los honores los precede la humildad.   PROVERBIOS 18.12

Los ojos altivos, el corazón orgulloso
y la lámpara de los malvados son pecado. PROVERBIOS 21.4

Orgulloso y arrogante, y famoso por insolente,
es quien se comporta con desmedida soberbia.

PROVERBIOS 21.24

Recompensa de la humildad y del temor del SEÑOR
son las riquezas, la honra y la vida. PROVERBIOS 22.4

No te des importancia en presencia del rey,
ni reclames un lugar entre los magnates;
vale más que el rey te diga: «Sube acá»,
y no que te humille ante gente importante.

PROVERBIOS 25.6–7

El altivo será humillado,
pero el humilde será enaltecido. PROVERBIOS 29.23

Un ejemplo de Dios oponiéndose a los orgullosos y dando favor a los humildes lo podemos encontrar en la historia de un joven hebreo llamado Daniel, que fue llevado cautivo de Jerusalén a Babilonia en el año 605 A.C. Allí, después de tres años de entrenamiento, Daniel recibió un puesto de responsabilidad al servicio del rey Nabucodonosor. Mediante la sabiduría divina, Daniel era capaz de interpretar sueños, y pronto se convirtió en una de las figuras más prominentes de la corte real. Dios usó a Daniel para enseñarle a Nabucodonosor una lección memorable sobre la humildad. El libro de Daniel incluye la siguiente carta que el rey les escribió a sus súbditos con respecto a esta experiencia.

El rey Nabucodonosor,

a todos los pueblos y naciones que habitan en este mundo, y a toda lengua:

¡Paz y prosperidad para todos!

Me es grato darles a conocer las señales y maravillas que el Dios Altísimo ha realizado en mi favor. ¡Cuán grandes son sus señales!

¡Cuán portentosas son sus maravillas! ¡Su reino es un reino eterno! ¡Su soberanía permanece de generación en generación!

Yo, Nabucodonosor, estaba en mi palacio, feliz y lleno de prosperidad, cuando tuve un sueño que me infundió miedo. Recostado en mi lecho, las imágenes y visiones que pasaron por mi mente me llenaron de terror. Ordené entonces que vinieran a mi presencia todos los sabios de Babilonia para que me interpretaran el sueño. Cuando llegaron los magos, hechiceros, astrólogos y adivinos, les conté mi sueño pero no me lo pudieron interpretar. Finalmente Daniel, que en honor a mi Dios también se llama Beltsasar, se presentó ante mí y le conté mi sueño, pues en él reposa el espíritu de los santos dioses.

Yo le dije: «Beltsasar, jefe de los magos, yo sé que en ti reposa el espíritu de los santos dioses, y que no hay para ti ningún misterio demasiado difícil de resolver. Te voy a contar mi sueño, y quiero que me digas lo que significa. Y ésta es la tremenda visión que tuve mientras reposaba en mi lecho: Veía ante mí un árbol de altura impresionante, plantado en medio de la tierra. El árbol creció y se hizo fuerte, y su copa tocaba el cielo, ¡hasta podía verse desde cualquier punto de la tierra! Tenía un hermoso follaje y abundantes frutos; ¡todo el mundo hallaba en él su alimento! Hasta las bestias salvajes venían a refugiarse bajo su sombra, y en sus ramas anidaban las aves del cielo. ¡Ese árbol alimentaba a todos los animales!

»En la visión que tuve mientras reposaba en mi lecho, vi ante mí a un mensajero santo que descendía del cielo y que a voz en cuello me gritaba: "¡Derriba el árbol y córtale las ramas; arráncale las hojas y esparce los frutos! ¡Haz que las bestias huyan de su sombra, y que las aves abandonen sus nidos! Pero deja enterrados el tocón y las raíces; sujétalos con hierro y bronce entre la hierba del campo. Deja que se empape con el rocío del cielo, y que habite con los animales y entre las plantas de la tierra. Deja que su mente humana se trastorne y se vuelva como la de un animal, hasta que hayan transcurrido siete años."

»Los santos mensajeros han anunciado la decisión, es decir, el veredicto, para que todos los vivientes reconozcan que el Dios Altísimo es el soberano de todos los reinos humanos, y que se los entrega a quien él quiere, y hasta pone sobre ellos al más humilde de los hombres.

»Yo, Nabucodonosor, tuve este sueño. Ahora tú, Beltsasar, dime qué es lo que significa, ya que ninguno de los sabios de mi reino me lo pudo interpretar. ¡Pero tú sí puedes hacerlo, porque en ti reposa el espíritu de los santos dioses!»

Daniel, conocido también como Beltsasar, se quedó desconcertado por algún tiempo y aterrorizado por sus propios pensamientos; por eso el rey le dijo:

—Beltsasar, no te dejes alarmar por este sueño y su significado.

A esto Daniel respondió:

—¡Ojalá que el sueño y su significado tengan que ver con los acérrimos enemigos de Su Majestad! La copa del árbol que Su Majestad veía crecer y fortalecerse, tocaba el cielo; ¡hasta podía verse desde cualquier punto de la tierra! Ese árbol tenía un hermoso follaje y daba abundantes frutos, y alimentaba a todo el mundo; bajo su sombra se refugiaban las bestias salvajes, y en sus ramas anidaban las aves del cielo. Ese árbol es Su Majestad, que se ha hecho fuerte y poderoso, y con su grandeza ha alcanzado el cielo. ¡Su dominio se extiende a los lugares más remotos de la tierra!

»Su Majestad veía que del cielo bajaba un mensajero santo, el cual le ordenaba derribar el árbol y destruirlo, y dejarlo enterrado para que se empapara con el rocío del cielo, aunque tenía que sujetar con hierro y bronce el tocón y las raíces. De este modo viviría como los animales salvajes hasta que transcurrieran siete años.

»**La interpretación del sueño, y el decreto que el Altísimo ha emitido contra Su Majestad, es como sigue: Usted será apartado de la gente y habitará con los animales salvajes; comerá pasto como el ganado, y se empapará con el rocío del cielo. Siete años pasarán hasta que Su Majestad reconozca que el Altísimo es el soberano de todos los reinos del mundo, y que se los entrega a quien él quiere.** La orden de dejar el tocón y las raíces del árbol quiere decir que Su Majestad recibirá nuevamente el reino, cuando haya reconocido que el verdadero reino es el del cielo. **Por lo tanto, yo le ruego a Su Majestad aceptar el consejo que le voy a dar: Renuncie usted a sus pecados y actúe con justicia; renuncie a su maldad y sea bondadoso con los oprimidos. Tal vez entonces su prosperidad vuelva a ser la de antes.**

En efecto, todo esto le sucedió al rey Nabucodonosor. Doce meses después, mientras daba un paseo por la terraza del palacio real de Babilonia, exclamó: «¡Miren la gran Babilonia que he construido como capital del reino! ¡La he construido con mi gran poder, para mi propia honra!»

No había terminado de hablar cuando, desde el cielo, se escuchó una voz que decía:

«Éste es el decreto en cuanto a ti, rey Nabucodonosor. Tu autoridad real se te ha quitado. Serás apartado de la gente y vivirás entre los animales salvajes; comerás pasto como el ganado, y siete años transcurrirán hasta que reconozcas que el Altísimo es el soberano de todos los reinos del mundo, y que se los entrega a quien él quiere.»

Y al instante se cumplió lo anunciado a Nabucodonosor. Lo separaron de la gente, y comió pasto como el ganado. Su cuerpo se empapó con el rocío del cielo, y hasta el pelo y las uñas le crecieron como plumas y garras de águila.

Pasado ese tiempo yo, Nabucodonosor, elevé los ojos al cielo, y recobré el juicio. Entonces alabé al Altísimo; honré y glorifiqué al que vive para siempre:

Su dominio es eterno;
su reino permanece para siempre.
Ninguno de los pueblos de la tierra
merece ser tomado en cuenta.
Dios hace lo que quiere
con los poderes celestiales
y con los pueblos de la tierra.
No hay quien se oponga a su poder
ni quien le pida cuentas de sus actos.

Recobré el juicio, y al momento me fueron devueltos la honra, el esplendor y la gloria de mi reino. Mis consejeros y cortesanos vinieron a buscarme, y me fue devuelto el trono. ¡Llegué a ser más poderoso que antes! Por eso yo, Nabucodonosor, alabo, exalto y glorifico al Rey del cielo, porque siempre procede con rectitud y justicia, **y es capaz de humillar a los soberbios.**

DANIEL 4.1–37 ⌐╥

Santiago, el hermano de Jesús, escribió un libro de aplicación práctica para los primeros seguidores de Jesús. La carta contiene un análisis del «costo-beneficio» entre el orgullo y la humildad, lo cual es algo que Nabucodonosor pudo atestiguar personalmente.

¿De dónde surgen las guerras y los conflictos entre ustedes? ¿No es precisamente de las pasiones que luchan dentro de ustedes mismos? Desean algo y no lo consiguen. Matan y sienten envidia, y no pueden obtener lo que quieren. Riñen y se hacen la guerra. No tienen, porque no piden. Y cuando piden, no reciben porque piden con malas intenciones, para satisfacer sus propias pasiones. ¡Oh gente adúltera! ¿No saben que la amistad con el mundo es enemistad con Dios? Si alguien quiere ser amigo del mundo se vuelve enemigo de Dios. ¿O creen que la Escritura dice en vano que Dios ama celosamente al espíritu que hizo morar en nosotros? Pero él nos da mayor ayuda con su gracia. Por eso dice la Escritura:

> **«Dios se opone a los orgullosos,**
> **pero da gracia a los humildes.»**

Así que sométanse a Dios. Resistan al diablo, y él huirá de ustedes. Acérquense a Dios, y él se acercará a ustedes. ¡Pecadores, límpiense las manos! ¡Ustedes los inconstantes, purifiquen su corazón! Reconozcan sus miserias, lloren y laméntense. Que su risa se convierta en llanto, y su alegría en tristeza. Humíllense delante del Señor, y él los exaltará.

Hermanos, no hablen mal unos de otros. Si alguien habla mal de su hermano, o lo juzga, habla mal de la ley y la juzga. Y si juzgas la ley, ya no eres cumplidor de la ley, sino su juez. No hay más que un solo legislador y juez, aquel que puede salvar y destruir. Tú, en cambio, ¿quién eres para juzgar a tu prójimo?

Ahora escuchen esto, ustedes que dicen: «Hoy o mañana iremos a tal o cual ciudad, pasaremos allí un año, haremos negocios y ganaremos dinero.» ¡Y eso que ni siquiera saben qué sucederá mañana! ¿Qué es su vida? Ustedes son como la niebla, que aparece por un momento y luego se desvanece. Más bien, debieran decir: «Si el Señor quiere, viviremos y haremos esto o aquello.» Pero ahora se jactan en sus fanfarronerías. Toda esta jactancia es mala. Así que comete pecado todo el que sabe hacer el bien y no lo hace. Santiago 4.1–17

En la primera carta de Pedro al grupo cada vez mayor de cristianos en Asia Menor, les mandó a los creyentes de todas las edades que practicaran la virtud de la humildad.

A los ancianos que están entre ustedes, yo, que soy anciano como ellos, testigo de los sufrimientos de Cristo y partícipe con ellos de la gloria que se ha de revelar, les ruego esto: cuiden como pastores el rebaño de Dios que está a su cargo, no por obligación ni por ambición de dinero, sino con afán de servir, como Dios quiere. No sean tiranos con los que están a su cuidado, sino sean ejemplos para el rebaño. Así, cuando aparezca el Pastor supremo, ustedes recibirán la inmarcesible corona de gloria.

Así mismo, jóvenes, sométanse a los ancianos. Revístanse todos de humildad en su trato mutuo, porque

«**Dios se opone a los orgullosos,**
pero da gracia a los humildes».

Humíllense, pues, bajo la poderosa mano de Dios, para que él los exalte a su debido tiempo. 1 PEDRO 5.1–6

LA PARADOJA DE LA HUMILDAD

Una paradoja es una afirmación que parece contraria al sentido común y sin embargo es verdadera. Quizá algunos crean que una persona humilde siempre pierde, es menospreciada y se queda de última, mientras que alguien con menos humildad siempre gana, sobresale y es el primero. No obstante, la Biblia enseña lo opuesto. Hay grandes bendiciones esperando para aquellos que demuestran humildad. Esto no significa que la persona humilde siempre «gana» o «va primero» en el sentido mundano, sino que puede experimentar verdadero gozo y contentamiento.

Mientras lees el pasaje de Mateo 5, identifica todas las paradojas de Dios (tales como regocijarse cuando somos perseguidos). ¿Has experimentado la verdad de alguna de estas paradojas en tu propia vida?

Cuando vio a las multitudes, subió a la ladera de una montaña y se sentó. Sus discípulos se le acercaron, y tomando él la palabra, comenzó a enseñarles diciendo:

«Dichosos los pobres en espíritu,
porque el reino de los cielos les pertenece.

Dichosos los que lloran,
    porque serán consolados.
Dichosos los humildes,
    porque recibirán la tierra como herencia.
Dichosos los que tienen hambre y sed de justicia,
    porque serán saciados.
Dichosos los compasivos,
    porque serán tratados con compasión.
Dichosos los de corazón limpio,
    porque ellos verán a Dios.
Dichosos los que trabajan por la paz,
    porque serán llamados hijos de Dios.
Dichosos los perseguidos por causa de la justicia,
    porque el reino de los cielos les pertenece.

»Dichosos serán ustedes cuando por mi causa la gente los insulte, los persiga y levante contra ustedes toda clase de calumnias.

Alégrense y llénense de júbilo, porque les espera una gran recompensa en el cielo. Así también persiguieron a los profetas que los precedieron a ustedes.» MATEO 5.1–12

No era algo extraño que multitudes de personas siguieran a Jesús y se reunieran en torno a él para oírle enseñar y verlo llevar a cabo todo tipo de milagros. En una ocasión, después de que sanara a un chico poseído por un demonio, surgió una discrepancia entre los discípulos. Antes de que el orgullo se apoderara de ellos, Jesús reiteró el papel de la humildad en la vida del creyente.

Al día siguiente, cuando bajaron de la montaña, le salió al encuentro mucha gente. Y un hombre de entre la multitud exclamó:

—Maestro, te ruego que atiendas a mi hijo, pues es el único que tengo. Resulta que un espíritu se posesiona de él, y de repente el muchacho se pone a gritar; también lo sacude con violencia y hace que eche espumarajos. Cuando lo atormenta, a duras penas lo suelta. Ya les rogué a tus discípulos que lo expulsaran, pero no pudieron.

—¡Ah, generación incrédula y perversa! —respondió Jesús—. ¿Hasta cuándo tendré que estar con ustedes y soportarlos? Trae acá a tu hijo.

Estaba acercándose el muchacho cuando el demonio lo derribó con una convulsión. Pero Jesús reprendió al espíritu maligno, sanó al muchacho y se lo devolvió al padre. Y todos se quedaron asombrados de la grandeza de Dios.

En medio de tanta admiración por todo lo que hacía, Jesús dijo a sus discípulos:

—Presten mucha atención a lo que les voy a decir: El Hijo del hombre va a ser entregado en manos de los hombres.

Pero ellos no entendían lo que quería decir con esto. Les estaba encubierto para que no lo comprendieran, y no se atrevían a preguntárselo.

Surgió entre los discípulos una discusión sobre quién de ellos sería el más importante. Como Jesús sabía bien lo que pensaban, tomó a un niño y lo puso a su lado.

—El que recibe en mi nombre a este niño —les dijo—, me recibe a mí; y el que me recibe a mí, recibe al que me envió. El que es más insignificante entre todos ustedes, ése es el más importante.

LUCAS 9.37–48

Esta pregunta acerca de quién de los discípulos sería el mayor surgió en varias ocasiones. Podríamos pensar que el mensaje finalmente ya habría sido entendido, pero no fue así. Cuando Jesús iba de camino a Jerusalén por última vez, los hermanos Santiago y Juan, dos discípulos del círculo íntimo de los discípulos, se acercaron a él con una petición.

Se le acercaron Jacobo y Juan, hijos de Zebedeo.

—Maestro —le dijeron—, queremos que nos concedas lo que te vamos a pedir.

—¿Qué quieren que haga por ustedes?

—Concédenos que en tu glorioso reino uno de nosotros se siente a tu derecha y el otro a tu izquierda.

—No saben lo que están pidiendo —les replicó Jesús—. ¿Pueden acaso beber el trago amargo de la copa que yo bebo, o pasar por la prueba del bautismo con el que voy a ser probado?

—Sí, podemos.

—Ustedes beberán de la copa que yo bebo —les respondió Jesús— y pasarán por la prueba del bautismo con el que voy a ser probado, pero el sentarse a mi derecha o a mi izquierda no me corresponde a mí concederlo. Eso ya está decidido.

Los otros diez, al oír la conversación, se indignaron contra Jacobo y Juan. Así que Jesús los llamó y les dijo:

—Como ustedes saben, los que se consideran jefes de las naciones oprimen a los súbditos, y los altos oficiales abusan de su autoridad. Pero entre ustedes no debe ser así. **Al contrario, el que quiera hacerse grande entre ustedes deberá ser su servidor, y el que quiera ser el primero deberá ser esclavo de todos. Porque ni aun el Hijo del hombre vino para que le sirvan, sino para servir y para dar su vida en rescate por muchos.** MARCOS 10.35–45

Jesús mencionó a alguien que lo había entendido bien. Lo que dijo a continuación está en correspondencia con la paradoja de la humildad.

Les aseguro que entre los mortales no se ha levantado nadie más grande que Juan el Bautista; sin embargo, el más pequeño en el reino de los cielos es más grande que él. MATEO 11.11

¿Cuál fue el secreto del éxito de Juan? Juan mismo dio quizá la más breve descripción de cómo llegar a ser humilde en una conversación poderosa con sus discípulos.

Jesús fue con sus discípulos a la región de Judea. Allí pasó algún tiempo con ellos, y bautizaba. También Juan estaba bautizando en Enón, cerca de Salín, porque allí había mucha agua. Así que la gente iba para ser bautizada. (Esto sucedió antes de que encarcelaran a Juan.) Se entabló entonces una discusión entre los discípulos de Juan y un judío en torno a los ritos de purificación. Aquéllos fueron a ver a Juan y le dijeron:

—Rabí, fíjate, el que estaba contigo al otro lado del Jordán, y de quien tú diste testimonio, ahora está bautizando, y todos acuden a él.

—Nadie puede recibir nada a menos que Dios se lo conceda —les respondió Juan—. Ustedes me son testigos de que dije: "Yo no soy el Cristo, sino que he sido enviado delante de él." El que tiene a la novia es el novio. Pero el amigo del novio, que está a su lado y lo escucha, se llena de alegría cuando oye la voz del novio. Ésa es la alegría que me inunda. **A él le toca crecer, y a mí menguar.**

»El que viene de arriba está por encima de todos; el que es de la tierra, es terrenal y de lo terrenal habla. El que viene del cielo está por encima de todos. JUAN 3.22–31

Las personas que batallan para ser humildes a menudo se ven atrapadas en el orgullo o alardean de sí mismas. En 2 Corintios, Pablo respondió a las críticas que recibió acerca de su ministerio. Usando un estilo de escritura único, casi de forma irónica Pablo les presentó a sus lectores una forma correcta de enorgullecerse.

Si alguien se atreve a dárselas de algo, también yo me atrevo a hacerlo; lo digo como un insensato. ¿Son ellos hebreos? Pues yo también. ¿Son israelitas? También yo lo soy. ¿Son descendientes de Abraham? Yo también. ¿Son servidores de Cristo? ¡Qué locura! Yo lo soy más que ellos. He trabajado más arduamente, he sido encarcelado más veces, he recibido los azotes más severos, he estado en peligro de muerte repetidas veces. Cinco veces recibí de los judíos los treinta y nueve azotes. Tres veces me golpearon con varas, una vez me apedrearon, tres veces naufragué, y pasé un día y una noche como náufrago en alta mar. Mi vida ha sido un continuo ir y venir de un sitio a otro; en peligros de ríos, peligros de bandidos, peligros de parte de mis compatriotas, peligros a manos de los gentiles, peligros en la ciudad, peligros en el campo, peligros en el mar y peligros de parte de falsos hermanos. He pasado muchos trabajos y fatigas, y muchas veces me he quedado sin dormir; he sufrido hambre y sed, y muchas veces me he quedado en ayunas; he sufrido frío y desnudez. Y como si fuera poco, cada día pesa sobre mí la preocupación por todas las iglesias. ¿Cuando alguien se siente débil, no comparto yo su debilidad? ¿Y cuando a alguien se le hace tropezar, no ardo yo de indignación?

Si me veo obligado a jactarme, me jactaré de mi debilidad.

2 CORINTIOS 11.21–30

Para evitar que me volviera presumido por estas sublimes revelaciones, una espina me fue clavada en el cuerpo, es decir, un mensajero de Satanás, para que me atormentara. Tres veces le rogué al Señor que me la quitara; pero él me dijo: «Te basta con mi gracia, pues mi poder se perfecciona en la debilidad.» Por lo tanto, gustosamente haré más bien alarde de mis debilidades, para que permanezca sobre mí el poder de Cristo. Por eso me regocijo en debilidades, insultos, privaciones, persecuciones y dificultades que sufro por Cristo; porque **cuando soy débil, entonces soy fuerte**.

2 CORINTIOS 12.7–10

*Aunque al final se convirtió en uno de los seguidores más fiables
de Cristo, Pablo no siempre fue un siervo humilde de Jesús. Antes
era arrogante y violento, un vehemente perseguidor de los cristianos. En su primera carta a Timoteo, el apóstol escribió de forma
honesta y franca acerca de este increíble cambio en su vida.*

Doy gracias al que me fortalece, Cristo Jesús nuestro Señor, pues
me consideró digno de confianza al ponerme a su servicio. Anteriormente, yo era un blasfemo, un perseguidor y un insolente; pero Dios
tuvo misericordia de mí porque yo era un incrédulo y actuaba con
ignorancia. Pero la gracia de nuestro Señor se derramó sobre mí con
abundancia, junto con la fe y el amor que hay en Cristo Jesús.

Este mensaje es digno de crédito y merece ser aceptado por todos:
que Cristo Jesús vino al mundo a salvar a los pecadores, de los cuales yo soy el primero. **Pero precisamente por eso Dios fue misericordioso conmigo, a fin de que en mí, el peor de los pecadores,
pudiera Cristo Jesús mostrar su infinita bondad. Así vengo a ser
ejemplo para los que, creyendo en él, recibirán la vida eterna.** Por
tanto, al Rey eterno, inmortal, invisible, al único Dios, sea honor y
gloria por los siglos de los siglos. Amén.   1 Timoteo 1.12–17

El requisito de Dios

*¿Qué requiere Dios de nosotros? Miqueas, un profeta enviado a
Israel y Judá en el siglo ocho antes de Cristo, respondió a esta
pregunta con una convincente declaración. Dios sigue requirien-
do de nosotros hoy lo mismo que requería entonces.*

¿Cómo podré acercarme al Señor
　　y postrarme ante el Dios Altísimo?
¿Podré presentarme con holocaustos
　　o con becerros de un año?
¿Se complacerá el Señor con miles de carneros,
　　o con diez mil arroyos de aceite?
¿Ofreceré a mi primogénito por mi delito,
　　al fruto de mis entrañas por mi pecado?

¡Ya se te ha declarado lo que es bueno!
　　**Ya se te ha dicho lo que de ti espera el Señor:
Practicar la justicia,**

**amar la misericordia,
y humillarte ante tu Dios.** Miqueas 6.6–8

Miqueas nos dice que Dios espera que practiquemos
la justicia, amemos la misericordia y nos humillemos ante él.
¿Cómo se relacionan estas acciones?

LO QUE CREEMOS

Una de las más asombrosas piezas de evidencia de que estamos llegando a ser cada vez más como Jesús es la virtud de la humildad. Los creyentes no exaltan a otros porque piensen menos de sí mismos. No, ellos estiman a otros más que a sí mismos porque han aceptado el gran valor que han encontrado a través de la fe en Cristo. Debido a que hemos sido liberados de la necesidad de probar que somos especiales, podemos ser humildes y buscar en cambio edificar a los demás. Cuando hacemos eso, demostramos la presencia de Dios en nuestra vida. Miramos al ejemplo supremo de Jesús. Recuerda, Dios se opone a los orgullosos, pero da gracia a los humildes. No dejes que el mundo te engañe; una persona humilde gana al final del día y al final de la eternidad. Dios requiere que sus seguidores actúen con justicia, amen la misericordia y se humillen ante él. Y esto es un requerimiento que conduce a una gran bendición. Recuerda: «Todo lo puedo en Cristo que me fortalece» (Filipenses 4.13)

Epílogo

Acabas de terminar de leer historias de personas reales que vivieron en tiempos de antaño y tuvieron un encuentro con el único y verdadero Dios. Ellas fueron invitadas a participar en el desarrollo de la grandiosa historia de amor de Dios.

Muchos creyeron; muchos no lo hicieron. Sin embargo, para todos ellos fue un viaje.

Vemos esto en una historia en particular de la Biblia. Un hombre le llevó a su hijo a Jesús para que lo librara de la posesión demoníaca.

—¿Cuánto tiempo hace que le pasa esto? —le preguntó Jesús al padre.

—Desde que era niño —contestó—. Muchas veces lo ha echado al fuego y al agua para matarlo. Si puedes hacer algo, ten compasión de nosotros y ayúdanos.

—¿Cómo que si puedo? Para el que cree, todo es posible.

—¡Sí creo! —exclamó de inmediato el padre del muchacho—. ¡Ayúdame en mi poca fe! (Marcos 9.22–24).

En este momento, Jesús te invita a creer: a creer en él y a creer las verdades que se enseñan en las páginas de las Escrituras, las cuales guían nuestras vidas diariamente y hasta la eternidad. Sé sincero como el padre de este muchacho y cuéntale a Jesús sobre tus dudas, y luego invítalo a ayudarte con tu poca fe. Él lo hará. Él no quiere que creas estas verdades solamente en tu mente, sino desea que las aceptes en tu corazón, desde donde influenciarán tu modo de vivir.

Esta es la promesa: lo que una vez pensaste que era imposible, ahora será posible. Mientras más crees, más ves y descubres el poder de Dios. Mientras más crees, más él te cambia desde dentro hacia afuera para que llegues a ser el tipo de persona con el que solo habías soñado: alguien lleno de amor, gozo, paz, paciencia, bondad, amabilidad, fidelidad, humildad y dominio propio. Estas virtudes se muestran en tu vida como el fruto en un árbol para que otros lo disfruten.

Cuando *pensamos* y *actuamos* como Jesús, capacitados por su presencia en nuestro interior, poco a poco llegamos a *ser* como él. Esto no es solamente la manera de vivir más veraz y abundante, sino también constituye en verdad el mejor regalo que podemos hacerles a nuestra familia y las demás personas que Dios sitúa de manera soberana en nuestras vidas.

Por lo tanto, peregrino espiritual, CREE.

«Prueben y vean que el Señor es bueno» (Salmos 34.8).

Índice de citas bíblicas

Capítulo 5: Identidad en Cristo

Génesis 17.1–7
Génesis 17.17
Génesis 17.19
Génesis 21.1–7
Jeremías 31.31–34
Juan 1.9–13
Hebreos 10.1–18
Lucas 19.1–9
Romanos 3.10–26
Romanos 5.1–2

Romanos 5.6–11
Romanos 6.1–7
Romanos 8.1–25
Efesios 2.1—3.21
1 Corintios 3.16–17
1 Corintios 6.19
1 Corintios 12.12–14
1 Pedro 1.1–5
1 Pedro 1.22–23
1 Pedro 2.4–10

Capítulo 6: Iglesia

Génesis 12.1–9
Génesis 15.1–6
Génesis 15.7–21
Mateo 16.13–19
Hechos 1.1–11
Hechos 2.1–41
Hechos 8.1–8
Hechos 8.14–17
Hechos 8.25

Hechos 9.31
Hechos 11.1–18
Hechos 11.19–26
Hechos 13.1–3
Hechos 13.38–52
Hechos 20.17—21.1
Efesios 4.1–16
Apocalipsis 2.1–7

Capítulo 7: Humanidad

Génesis 1.1–31
Génesis 4.1–5
Génesis 4.6–16
Jude 1–16
Romanos 1.18–32
Romanos 2.17–24
Romanos 3.9–20
Oseas 1.1–3
Oseas 3.1–3
Oseas 11.1–11
Juan 1.4
Juan 1.7
Juan 1.11–12
Juan 3.16
Juan 3.36

Juan 4.14
Juan 5.24
Juan 6.35
Juan 6.37
Juan 6.51
Juan 6.54
Juan 7.38
Juan 8.12
Juan 8.51
Juan 10.9
Juan 11.26
Juan 12.31–32
Mateo 18.1–14
Lucas 6.27–36
Filemón 1–25

Capítulo 13: Estudio bíblico

Deuteronomio 6.13–25
Deuteronomio 31.9–13
Josué 1.1–9
Nehemías 7.73—9.3
Salmos 19.7–14
Salmos 119.9–24
Salmos 119.33–40

Salmos 119.97–112
Mateo 13.1–23
Juan 14.15–27
1 Corintios 2.1–16
1 Timoteo 4.1–16
2 Timoteo 2.14–16
Hebreos 5.9—6.3

Capítulo 14: Enfoque

Éxodo 20.2–3
Deuteronomio 6.1–9
Mateo 6.19–24
Filipenses 3.1–14
2 Crónicas 20.1–30
Juan 8.12–30

Mateo 14.22–33
Hechos 5.12–42
Deuteronomio 29.16—30.20
Romanos 12.1–2
Colosenses 3.1–4
Colosenses 3.15–17

Capítulo 15: Rendición total

Éxodo 20.1–7
Daniel 3.1–28
Ester 3.1—4.16
Lucas 9.23–26

Lucas 22.24–62
Hechos 6.8—7.60
Hechos 21.4–14
Filipenses 1.12–21

Capítulo 16: Comunidad bíblica

Génesis 2.4–25
Eclesiastés 4.8–12
Éxodo 25.1–9
Éxodo 40.1–17
Éxodo 40.34–35
2 Crónicas 7.1–3
Efesios 2.11–22
Hechos 2.1–4
Hechos 2.42–47
Hechos 4.32–37
Hebreos 10.19–25
Mateo 18.20
Nehemías 2.11—3.32
Nehemías 6.15
Romanos 12.4–5
Romanos 12.10
Romanos 13.8

Romanos 15.5–7
Romanos 15.14
Gálatas 5.13
Gálatas 6.2
Efesios 4.1–2
Efesios 5.21
1 Tesalonicenses 5.9–11
Hebreos 13.1–3
Hebreos 13.15–16
Hechos 18.1–3
Hechos 18.18–19
Hechos 18.24–26
1 Corintios 16.19
Romanos 16.3–4
1 Juan 1.1–7
1 Juan 2.7–11
1 Juan 3.16–18

Capítulo 22: Gozo

Salmos 16.1–11
Lucas 2.1–21
Juan 15.1–11
Nehemías 8.13–17
1 Crónicas 16.7–36
Habacuc 3.16–19
Juan 13.1
Juan 16.16–24
Santiago 1.2–17
Filipenses 1.1–8

Filipenses 1.12–19
Filipenses 2.14–18
Filipenses 3.1–21
Filipenses 4.1
Filipenses 4.4
Filipenses 4.10–13
1 Pedro 1.3–9
1 Pedro 4.12–16
1 Pedro 5.6–11

Capítulo 23: Paz

Isaías 9.6–7
Romanos 5.1–11
Efesios 2.1–22
Génesis 13.1–18
1 Reyes 3.3–15
1 Reyes 4.20–25
Mateo 5.21–26
Romanos 14.1—15.13

Colosenses 3.1–17
Romanos 12.17–21
1 Timoteo 2.1–8
Tito 3.1–11
Mateo 6.25–34
Marcos 4.35–41
Filipenses 4.4–9

Capítulo 24: Dominio propio

Proverbios 16.32
Proverbios 17.27
Proverbios 25.28
Proverbios 29.11
Tito 1.4–9
Tito 2.1–15
Jueces 16.1–21
Génesis 39.1–23
1 Corintios 6.12–20

1 Corintios 10.14–22
1 Timoteo 6.3–16
2 Timoteo 2.22—3.7
Santiago 3.1—4.10
1 Pedro 5.8–11
1 Corintios 7.1–9
2 Pedro 1.3–11
Gálatas 5.16–25
Lucas 15.11–24

Capítulo 25: Esperanza

Job 6.1–13
Job 7.1–6
Salmos 52.1–9
1 Timoteo 6.17
Salmos 118.8–9
Salmos 146.3–4
Jeremías 17.5–6
Habacuc 2.18–19
Isaías 31.1
Isaías 31.3

Salmos 42.1–11
Hebreos 6.13–20
Colosenses 1.24–29
1 Pedro 1.1–25
1 Tesalonicenses 4.13–18
1 Juan 3.1–3
Isaías 40.25–31
Lucas 2.25–35
Hebreos 11.1—12.3

Capítulo 30: Humildad

Lucas 2.1–20
Juan 13.1–17
Filipenses 2.1–13
Salmos 10.2–4
Salmos 18.27
Salmos 25.8–9
Salmos 147.6
Proverbios 3.33–34
Proverbios 11.2
Proverbios 16.18–19
Proverbios 18.12
Proverbios 21.4
Proverbios 21.24
Proverbios 22.4

Proverbios 25.6–7
Proverbios 29.23
Daniel 4.1–37
Santiago 4.1–17
1 Pedro 5.1–6
Mateo 5.1–12
Lucas 9.37–48
Marcos 10.35–45
Mateo 11.11
Juan 3.22–31
2 Corintios 11.21–30
2 Corintios 12.7–10
1 Timoteo 1.12–17
Miqueas 6.6–8

CREER

Querido lector:

El destacado investigador George Gallup Jr. resumió sus descubrimientos sobre el estado del cristianismo estadounidense con esta sorprendente revelación: «Las iglesias no afrontan desafío mayor… que el de vencer el analfabetismo bíblico, y las probabilidades de hacerlo son formidables porque **el claro hecho es que muchos cristianos no saben lo que creen o por qué**».

El problema no es que las personas carezcan de hambre por la Palabra de Dios. La investigación nos dice que lo primero que las personas quieren de su iglesia es que les ayude a entender la Biblia, y que el compromiso con la Biblia es el catalizador número uno para el crecimiento espiritual. Ninguna otra cosa se le acerca.

Por eso estoy apasionado acerca del libro que tienes en tus manos: *Creer:* una experiencia de compromiso con la Biblia para anclar a cada miembro de tu familia en las enseñanzas clave de las Escrituras.

La experiencia *Creer* te ayuda a responder tres importantes preguntas: ¿Puedes articular claramente los puntos esenciales de la fe? ¿Te identificarían tus vecinos o compañeros de trabajo como cristiano basándose en sus interacciones contigo y con tu familia? ¿Está el reino de Dios extendiéndose en tu rincón del mundo?

Arraigado en las Escrituras, *Creer* es una experiencia de crecimiento espiritual para todas las edades, llevando a cada persona a un viaje hacia llegar a ser más como Jesús en sus creencias, acciones y carácter. Hay una edición para adultos, una para jóvenes y dos versiones para niños. Las cuatro ediciones adecuadas a la edad de *Creer* desentrañan las 10 creencias clave, 10 prácticas clave y 10 virtudes clave de un cristiano, de modo que todos en tu familia y tu iglesia puedan aprender juntos a ser más como Jesús.

Cuando estas verdades intemporales son entendidas, creídas en el corazón y aplicadas a nuestra vida diaria, transformarán una vida, una familia, una iglesia, una ciudad, una nación, e incluso nuestro mundo.

Imagina a miles de iglesias y cientos de miles de individuos en todo el mundo que finalmente serán capaces de declarar: «**Sé lo que creo y por qué, y en la fortaleza de Dios buscaré practicarlo todos los días de mi vida**». Podría cambiar el mundo. Lo ha hecho en el pasado; podría volver a suceder.

En Él,

Randy Frazee
Editor General de *Creer*

VIVIENDO LA HISTORIA DE LA BIBLIA PARA SER COMO JESÚS

¡Enseña a toda tu familia cómo vivir la historia de la Biblia!

- **Adultos:** Desarrolla las 10 creencias clave, 10 prácticas clave y 10 virtudes clave que ayudan a las personas a vivir la historia de la Biblia. Currículo en DVD y guía de estudio también disponibles.
- **_Pensar, actuar, ser como Jesús:_** Compañero de _Creer_, este nuevo recurso por el pastor Randy Frazee ayudará a los lectores a desarrollar una visión personal para el crecimiento espiritual y un sencillo plan para comenzar en el viaje de _Creer_.
- **Jóvenes:** Esta edición contiene las mismas Escrituras que la edición para adultos, pero con transiciones y características divertidas para hacer participar a adolescentes y jóvenes. Currículo en DVD también disponible.
- **Niños:** Con una edición para niños para edades entre 8 y 12 años, un Libro de Historias para edades entre 4 y 8 años, y tres niveles de currículo para preescolar y primeros años de escuela primaria, niños de todas las edades aprenderán a creer, actuar y ser como Jesús.
- **Iglesias:** _Creer_ es flexible, asequible y fácil de usar con tu iglesia, en cualquier ministerio, desde la guardería a la escuela dominical para adultos, grupos pequeños o grupo de jóvenes… e incluso en la iglesia entera.
- **Inglés:** Todos los recursos _Creer_ están disponibles también en inglés.

PARA ADULTOS

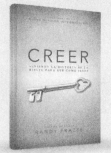

9780829766318   9780829766349

PARA JÓVENES

9780829766394

PARA NIÑOS

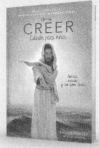

9780829766417   9780829766448

PARA IGLESIAS

9780829766486

LA HISTORIA

LEE LA HISTORIA. EXPERIMENTA LA BIBLIA

Aquí estoy, con 50 años de edad. He ido a la universidad, al seminario, he participado en el ministerio durante toda mi vida, mi papá está en el ministerio, mi abuelo estuvo en el ministerio, y **La Historia ha sido una de las experiencias más singulares de mi vida.** La Biblia ha sido renovada para mí. Ha hecho que el plan redentor de Dios cobre vida para mí una vez más.

—Seth Buckley, pastor de jóvenes Spartanburg Baptist Church, Spartanburg, SC

A medida que mi familia y yo recorrimos juntos La Historia, mas comencé a creer y más real se volvió [la Biblia] para mí, y **contagió a mis hijos y les ayudó en su caminar con el Señor.** La Historia inspiró conversaciones que normalmente no podríamos haber tenido.

—Kelly Leonard, padre, Shepherd of the Hills Christian Church, Porter Ranch, CA

Tenemos a personas leyendo La Historia; algunas la devoran y no pueden esperar a la semana siguiente. Algunos en realidad nunca han leído mucho la Biblia, de modo que es emocionante ver a muchos adultos leyendo la Palabra de Dios por primera vez. He oído cosas maravillosas de personas que son lectores de la Escritura por mucho tiempo. Están emocionadas respecto a cómo todo está cobrando sentido para ellos. Sencillamente parece tener más sentido.

—Lynnette Schulz, directora de alabanza, Peace Lutheran Church, Eau Claire, WI

PARA ADULTOS

9780829759099

PARA JÓVENES

9780829760682

PARA NIÑOS

9780829752939

¡Sumérgete en la Biblia de una manera totalmente nueva!

La Historia está cambiando vidas, haciendo que sea fácil para cualquier persona, independientemente de la edad o del nivel de conocimiento bíblico, entender la Biblia.

La Historia llega en cinco ediciones, una para cada grupo de diferentes edades, desde pequeños a adultos. Las cinco ediciones están organizadas cronológicamente en 31 capítulos con escrituras seleccionadas desde Génesis a Apocalipsis. Los recursos adicionales crean una experiencia de lectura bíblica en grupo participativa, ya sea que leas *La Historia* con toda tu iglesia, en grupos pequeños o con tu familia.

- **Adultos:** Lee la Biblia como una historia cautivadora y convincente, desde Génesis a Apocalipsis. Currículo en DVD y guía del participante también disponibles.

- **Jóvenes:** La edición para jóvenes de *La Historia*, con ayudas especiales para el estudio y características pensadas teniendo en mente a los jóvenes. Currículo en DVD también disponible.

- **Niños:** Con una edición para niños para edades entre los 8 y los 12 años, un Libro de Historias para edades entre 4 y 8 años, divertidos juegos de cartas, y tres niveles de currículo para preescolar y primeros años de escuela primaria, niños de todas las edades aprenderán el modo en que su historia encaja en la historia de Dios.

- **Iglesias:** *La Historia* es flexible, asequible y fácil de usar con tu iglesia, en cualquier ministerio, desde la guardería a la escuela dominical para adultos, grupos pequeños o grupo de jóvenes… e incluso en la iglesia entera.

- **Inglés:** Recursos de La Historia están disponibles también en inglés.

PARA NIÑOS

9780829760668

PARA IGLESIAS

9780829760743

LA HISTORIA
PROPULSADO POR